公路工程施工技术与管理研究

GONGLU GONGCHENG SHIGONG JISHU YU GUANLI YANJIU

马　波　陈大学　黄裕群　主编

文化发展出版社
Cultural Development Press

图书在版编目（CIP）数据

公路工程施工技术与管理研究 / 马波，陈大学，黄裕群主编 .—北京：文化发展出版社，2020. 12(2022.1重印)

ISBN 978-7-5142-3166-3

Ⅰ. ①公… Ⅱ. ①马… ②陈… ③黄… Ⅲ. ①道路施工－工程技术②道路施工－施工管理 Ⅳ. ① U415

中国版本图书馆 CIP 数据核字 (2020) 第 223561 号

公路工程施工技术与管理研究

主　　编：马　波　陈大学　黄裕群

责任编辑：张　琪　　责任校对：岳智勇
责任印制：邓辉明　　责任设计：侯　铮
出版发行：文化发展出版社有限公司（北京市翠微路 2 号 邮编：100036）
网　　址：www. wenhuafazhan. com
经　　销：各地新华书店
印　　刷：阳谷毕升印务有限公司

开　　本：787mm×1092mm　1/16
字　　数：423 千字
印　　张：22.875
印　　次：2021 年 5 月第 1 版　2022 年 1 月第 2 次印刷
定　　价：54. 00 元
I S B N：978-7-5142-3166-3

◆ 如发现任何质量问题请与我社发行部联系。发行部电话：010-88275710

●●●● 编委会 ●●●●

作　者	署名位置	工作单位
马　波	第一主编	昭通市交通建设工程质量安全监督局
陈大学	第二主编	昭通市公路工程检测中心
黄裕群	第三主编	湖北省交通规划设计院股份有限公司
晋墩鹏	副 主 编	济南金诺公路工程监理有限公司
李建明	副 主 编	甘肃省公路建设管理集团有限公司
仲伟滨	副 主 编	烟台市莱州公路建设养护中心
王军锋	副 主 编	烟台市福山公路建设养护中心
李　聪	副 主 编	遵义市交通建设服务中心

前　言

现如今对于我国的公路工程施工而言，虽然是发展十分快 速，但是项目的施工施工存在着较多的问题，比如检查管理的不严格以及施工质量差等，对于这些情况的出现会对公路工程的安全有着直接影响，并且由于施工人员自身的专业素质并不高，也会限制公路工程的发展。因此在公路工程进行建设时，不仅需要对公路工程的施工技术引起足够的重视，也是需要根据我 国实际的国情，必须要对施工工艺技术进行完善，并且采取相应的措施保证公路工程的建设顺利进行，促进我国交通事业快速的发展。

施工管理可分为广义和狭义两方面：广义的施工管理是对工程项目的施工准备、施工建设、竣工验收等整个过程的管理工作的总称；狭义的施工管理指施工建设时对施工内容进行管理，包括施工准备、现场指挥调度、组织施工、监测监督等。同普通的建筑施工管理不同，公路工程施工管理更具复杂性。由于公路工程施工受到地理环境因素的影响较大，整个工程往往会跨区域作业，导致施工范围加大，施工人员流动性较强，施工周期长，这些都给公路工程施工管理增加了难度。为了加强对公路工程的施工管理，应突出施工管理的重点，提升管理水平和质量，保证公路工程的顺利完成。

为了满足从事公路工程施工技术和公路工程管理研究和工作人员的实际要求，编委会的专家们翻阅大量公路工程施工技术和公路工程管理的相关文献，并结合自己多年的实践经验编写了此书。

由于编写时间和水平有限，尽管编者尽心尽力，反复推敲核实，但难免有疏漏及不妥之处，恳请广大读者批评指正，以便做进一步的修改和完善。

《公路工程施工技术与管理研究》编委会

前　言

目　录

第一章　公路工程施工测量基础

第一节　高程控制测量

一、水准点的设置

1. 水准点及其高程

（1）我国大地水准面

为了国防和经济建设的需要，国家必须有一个统一的标准（高程起算面）来衡量地面上各点的高低。由于海水面受潮汐和风浪的影响，水准面的高低时刻在变化，是个动态的曲面，平均静止的海水面实际在大自然中是不存在的。

为了解决这个问题，我国在青岛设立验潮站，长期观察和记录黄海海水面的高低变化，求得海水面的平均高度，取其平均值作为我国的大地水准面的位置（其高程为零），以通过该点的水准面为高程基准面——大地水准面，并在青岛建立了水准原点。

选用大地水准面作为高程起算面的理由除了大地水准面与地球自然表面非常接近外；还因为水准面是受地球重力影响和形成的重力等势面，是一个处处与重力方向（铅垂方向）垂直的连续曲面，而测量仪器是用水准器整平，用垂球对中的，所以，将大地水准面选为测量作业的基准面。

（2）地面点的高程

地面点沿铅垂线方向到大地水准面的铅垂距离，称为该点的绝对高程（或称海拔），通常以 H 表示。如图 1–1 所示，H_A 和 H_B 即为 A 点和 B 点的绝对高程。用于表示高程的坐标系统称为高程系。

当个别地区引用绝对高程有困难时，可采用假定高程系统，即采用任意假定的水准面作为高程起算的基准面。如图 1–6 所示，地面点到假定水准面的铅垂距离，如 H'_A 和 H'_B，称为假定高程。

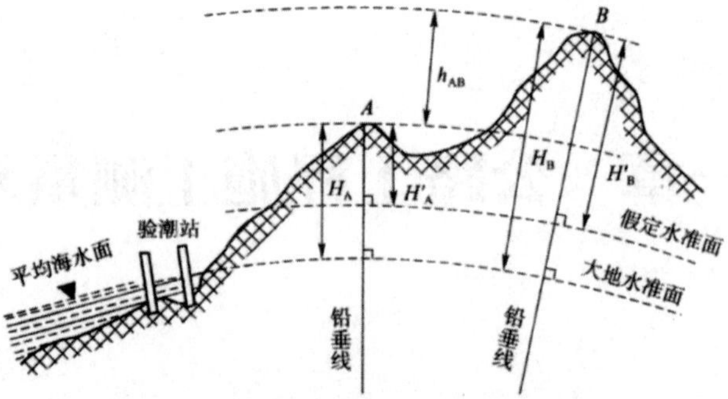

图1-1　大地水准面示意图

地面上两个点之间的高程差称为高差，通常用 h_{AB} 表示。如地面点 A 与点 B 之间的高差为 h_{AB}，由此可见，两点间的高差与高程起算面无关。

$$h_{AB}=H_B-H_A=H'_B-H'_A$$

（3）水准原点、国家水准网与水准点

1）水准原点

为了得到适用于我国工程建设需要的高程起算面——大地水准面，我国在沿海地区建立了多个验潮站来对潮汐、风浪对海水面的影响进行长期的观测，以求得平均海水面。其中，最早建立的验潮站位于山东省青岛市。青岛地处黄海，而我国把黄海海平面定为海拔基准面，而这个海拔基准面就是根据验潮站提供的数据来确定的。青岛验潮站 1900 年开始验潮，1904 年开始正式建立。

2）国家水准网

国家水准网是指在全国范围内由国家专门的测量机构建立的高程控制网，用于全国各种测绘和工程建设以及施工的基本控制，为了方便工程建设人员引用这一国家水准原点的高程，开展测量工作，国家测绘部门在全国范围内，从国家水准原点出发，逐级建立起了国家高程控制网，将水准原点的高程数据通过该网引测到全国各地。

国家高程控制网的按其精度分为一、二、三、四等。

一等水准是国家最高级的高程控制的骨干，沿地质构造稳定和坡度平缓的交通线布满全国，构成网状。一等水准路线全长为 93000 多千米，包括 100 个闭合环，环的周长为 800 ~ 1500km。

二等水准是国家高程控制网的全面基础，一般沿铁路、公路和河流布设。二等水准环线布设在一等水准环内，每个环的周长为 300 ~ 700km，全长为 137000 多千米，包括822个闭合环。

三、四等水准网在二等网的基础上进一步加密，直接为测绘地形图和各项工程建设提供必要的高程控制。三等水准网不超过300km；四等水准网一般布设为附合在高等级水准点上的附合路线，其长度不超过80km。

3）水准点

为了统一全国高程系统和满足各种测量的需要，测绘部门在全国各地设立并用水准测量方法获得其高程的固定点，这些点称为水准点（Bench Mark），简记为BM。工程建设人员，

利用布设在水准网上的水准点得到由控制网传递的高程数据。全国各地地面点的高程，都是根据国家水准网统一测算的。

2. 水准点的设置

（1）水准点位置选定要求

1）水准点应选在长期保存，便于施测，坚实、稳固的地方；

2）水准路线应尽可能沿坡度小的公路布设，尽量避免跨越河流、湖泊、沼泽等障碍物；

3）在选择水准点时，应考虑到高程控制网的进一步加密；

4）应考虑到便于与国家水准点进行联测；水准网应布设成附合路线、闭合网和支线网。

（2）公路水准点设置要求

1）水准点间的距离

对于公路工程专用水准点，应选择公路路线两侧距中线50 ~ 100m的范围内，水准点间距一般1 ~ 1.5km，山岭重丘区可适当加密；大桥两岸、隧道两端、垭口及其他大型构造物附近亦应增设水准点。

2）水准点的类型

水准点可分为永久性水准点和临时性水准点两种。永久性水准点一般用混凝土或钢筋混凝土制成，其顶部嵌入半球形的金属标志，如图1–2所示。

临时性水准点可利用地面上突出的坚硬岩石，或在建筑物的棱角处、电线杆上、大枯树上以及其他固定的、明显的、不易破坏的地物上，用红油漆画出临时水准点的标志“① BM_i”或“⊙ BM_i”。水准点标志后，绘记水准点附近的草图或对点周围的情形加以说明，注明水准点的编号i，一般在编号前加BM作为水准点的代号BM_i。

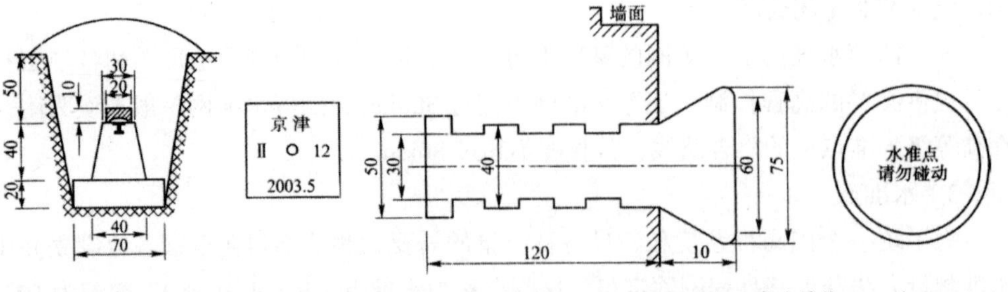

（a）混凝土普通水准标石（尺寸单位：cm）　（b）墙角水准标志埋设（尺寸单位：mm）

图1–2　永久性水准点示意图

（3）水准点的埋设方法与步骤

水准点的高程是指嵌入标石中心的瓷质或不易腐蚀的金属的标志顶面的高程。国家高程控制点为水准点，国家水准测量规范将标石分为基本水准标石和普通水准标石。水准点应埋设混凝土标石，水准点也可利用坚硬稳固的整体岩石凿成凸面设置，或者利用永久性建筑物的棱角及顶面凸出处设置。

下面介绍公路勘测和施工时永久性水准点和加密的临时水准点设置要求和方法：

1）水准点的结构形式和埋设要求

根据地质条件的不同，水准基点可埋在基岩内，或深埋于原状土内，决不允许埋在人工土（如大堤、建筑废弃土或地表土等）内，这种人工土有时可深达数米，故埋设时应谨慎勘察。对于重要的特大桥工程，水准基点应力求埋于基岩中。

①常用水准标石

A. 混凝土标石结构：这种水准点结构由柱石及与之相连接的底盘组成，柱石顶面安装一水准标志。若作为水准基点，还须在底盘正北加设一水准标志，作为副点，每个水准标志上均须用混凝土标志盖覆盖。标石的柱石和底盘全部用混凝土灌筑，标志则用铜质、不诱钢或圆钢车制而成，用圆钢车制的标志头应镀锌或镀铜以防锈蚀。混凝土标志盖制作时在其顶面宜用字模压印桥名、等级、水准点号，埋设日期。

B. 钢筋混凝土结构的标石：当最大冻土深度大于 0.5m 时，其底盘深度应埋在冻层线以下大于 65cm。埋石筑在地面以下时，宜在其周围砌成砖石井圈，四周须修建排水沟，保护盖上再加适当的覆盖物。

C. 钢管结构的水准标石：在桥址线附近若有完整基岩露头时，可埋设岩层水准基点，埋设前，首先对岩层外部的覆盖土及风化层进行彻底清理，然后在基岩层上开凿一适当深度的岩坑，此坑内再凿成两个高差约为 0.1m 的岩孔，岩孔内必须用水洗净石粉，以 1：2 水泥砂浆灌注，并分别埋入两个水准标志，每个水准标志上均以混凝土标志盖覆盖。另对副点及其岩坑均盖以混凝土盖板，然后在四周再修建挡水或排水设备。

②水准标志

一般按材质分有陶瓷水准标志和金属水准标志两种。按用途分则有墙上水准标志和平埋水准标志的区别。任何水准基点、施工水准点、观测沉降标志点或临时水准点，都必须埋设水准标志，以作为高程测算的标准点。用一、二等水准测量的水准基点，均必须采用不锈钢或铜质标志，三、四等以下的水准测量用水准点标志，则可用瓷质的或镀锌（圆头部分）的钢标志。

此种标志一般用不锈钢的圆钢车制，若无此尺寸圆钢，也可用散件焊制，顶板则宜刻印字记，若有困难，则必须在标石面上做出标记，内容为点的等级、统一编号，桥名，埋设年、月等。

若无不锈钢或铜的材料，则圆端头部必须镀铜或镀锌。

2）临时性水准点的埋设

①临时水准点制作所需材料准备

一般高速公路和高等级公路设置的临时水准点都与平面控制点一起设置，按照规范要求，如果平面控制点同时作为高程控制点使用，标石应按水准点标石的要求埋设。水准点制作所需材料的准备包括制作所需要的钢筋和埋设所需要的混凝土。

钢筋材料：一般选用 $\phi4$ ~ $\phi18$ 钢筋。长度一般选择为 40cm，钢筋选择好之后，再用切割机进行切割，切割好后钢筋在砂轮上磨成光面，使的中间部分凸起。

水泥混凝土：一般采用拌和水泥混凝土混合料。

②临时水准点位置选择及基坑开挖

在水准点位置选择好后，就可以进行基坑的开挖。基坑开挖一般要求长、宽度为 40cm，深度根据实际地质情况而定，一般不小于 40cm。基坑开挖好后，就可以进行混凝土填筑。

水泥混凝土填筑好后，就可以在上面抹平，并将编号写在上面。

二、水准点高程测量

1. DS_3 型微倾式水准仪的构造与使用

（1）DS_3 型微倾式水准仪的构造

公路工程测量一般使用 DS_3 级水准仪，对于大桥、特大桥、隧道、特长隧道，常使用精度更高的 DS_1，级水准仪，水准仪在使用时应安装在脚架上。

通过调整水准仪，使管水准气泡居中获得水平视线的水准仪称为微倾式水准仪。DS_3 型微倾式水准仪主要由望远镜、水准器和基座三个基本部分组成。

1）望远镜

望远镜是用来照准远处竖立的水准尺并读取水准尺上读数的，要求望远镜能看清水准尺上的分划和注记并有读数标志。图 1–3（a）是望远镜的构造图，它由物镜、目镜及对光凹透镜、十字丝分划板［图 1–3b）］、物镜对光旋钮、调焦透镜和视准轴组成。物镜的作用是使远处的目标在望远镜的焦距内形成一个倒立的缩小的实像。当目标处在不同距离时，可调节对光螺旋，带动凹透镜使成像始终落在十字丝分划板上，十字丝和物像同时被目镜放为虚像，以便观测者利用十字丝来瞄准目标。当十字丝的交点瞄准到目标上某一点，该目标点即在十字丝交点与物镜光心的连线上，这条线称为视准轴，也称为视线，常用 CC 表示。

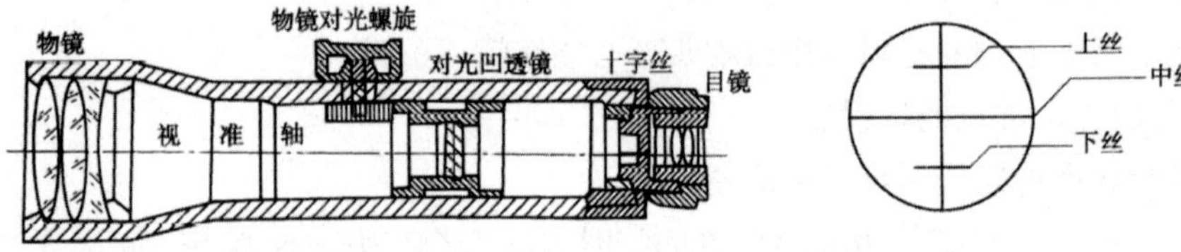

（a）　　（b）

图 1–3　望远镜构造示意图

望远镜照准目标所能放大的倍数，称为望远镜放大率，它是衡量望远镜光学性能的主要技术指标之一。放大倍数越大，表示望远镜看得越远，一定距离的目标看的越清楚。DS_3 级水准仪的放大率不小于相关规范要求。

2）水准器

水准器用于置平仪器。水准器有管水准器和圆水准器两种。

①管水准器

管水准器由玻璃圆管制成，其内壁磨成一定半径 R 的圆弧，如图 1–4 所示。管内注满酒精和乙醚的混合液，经过加热、封闭、冷却后，管内形成一个气泡。水准管内表面的中点 O 称为零点，通过零点作圆弧的纵向切线 LL 称为水准管轴。当气泡中点位于零点时，称为气泡居中，此时水准管轴水平。

自零点向两侧每隔 2mm 刻一个分划，每 2mm 弧长所对的圆心角称为水准管分划值 τ，分划值 τ 的实际意义可以理解为，当气泡移动 2mm 时，水准管轴所倾斜的角度，如图 1–5 所示。

$$\tau = \frac{2\rho''}{R}, \rho'' = 206265''$$

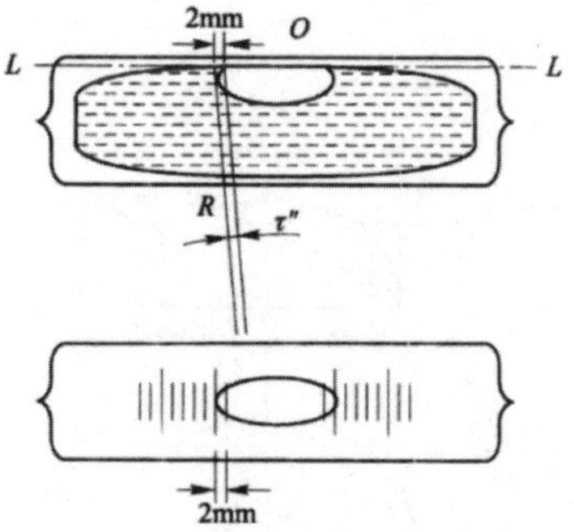

图1–4　水准管示意图

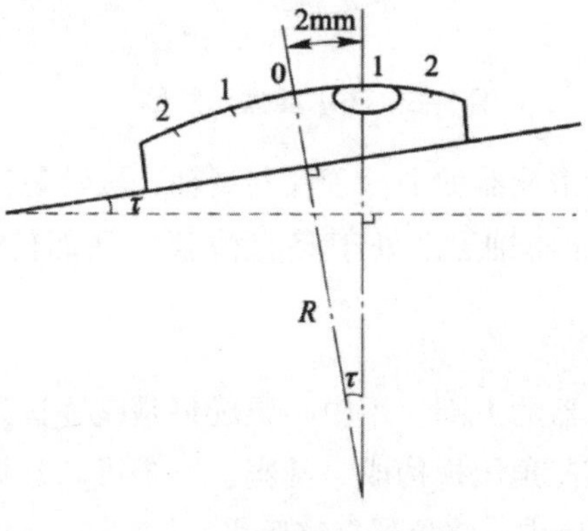

图1–5　水准管的分划值示意图

分划值 τ 越小，则水准管灵敏度越高，用它来整平仪器就越精确。灵敏度是指水准气泡准确、迅速移动至管中最高点的能力，灵敏度除与分划值密切相关外，与管内壁磨制质量、液体性质、气泡长短等也有关。为了提高目估水准管气泡居中的精度，在水准管上方都装有符合棱镜，这样可使水准管气泡两端的半个气泡影像借助棱镜的反射作用转到望远镜旁的水准管气泡观察窗内。当两端的半个气泡影像错开时，表示气泡没有居中，这时旋转微倾螺旋可使气泡居中，气泡居中后则两端的半个气泡影像对齐，这种水准管上不需要刻分划线。

②圆水准器

圆水准器由玻璃圆柱管制成，用于粗略整平仪器。如图 1–6 所示，其顶面内壁是磨成一定半径 R 的球面，中央刻有小圆圈，其圆心 0 是圆水准器的零点，过零点 O 的球面法线为圆水准器轴 $L'L'$，当圆水准气泡居中时，圆水准器轴处于竖直位置，当气泡不居中，气泡偏移零点 2mm 时，轴线所倾斜的角度值，称为圆水准器的分划值，一般为 8" ~ 10"。

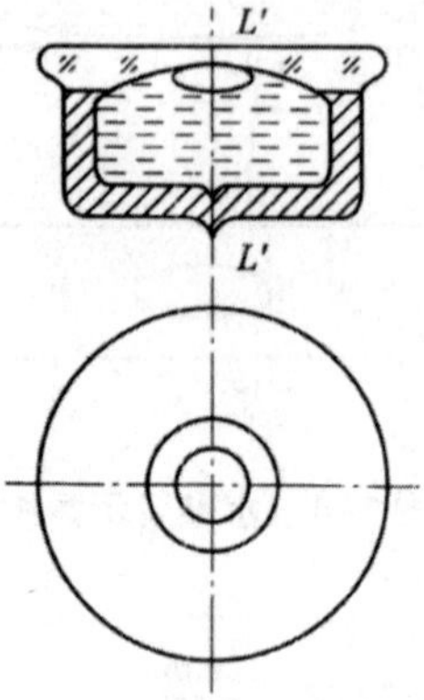

图 1–6　圆水准盒示意图

制造水准仪时，使圆水准器轴平行于仪器竖轴，旋转基座上的三个脚螺旋使圆水准气泡居中时，圆水准器轴 $L'L'$ 处于竖直位置，从而使仪器竖轴也处于竖直位置。

③基座

基座的作用是支承仪器的上部，用中心螺旋将基座连接到三脚架上。基座主要由轴座、脚螺旋、底板和三角压板构成。基座有三个可以升降的脚螺旋，转动脚螺旋可以使圆水准器的气泡居中，将仪器粗略整平。

④水准尺和尺垫

水准尺由干燥的优质木材、玻璃钢或铝合金等材料制成。水准尺有双面尺和塔尺两种，双面水准尺多用于三、四等水准测量，其长度为 3m，为不能伸缩和折叠的板尺，且两根尺为一对，尺的两面均有刻画，尺的正面是黑色注记，反面为红色注记，故又称红黑面尺。黑面的底部都从零开始，而红面的底部一般是一根为 4.687m，另一根为 4.787m。塔尺一般用在等外水准测量，其长度有 2m 和 5m 两种，可以伸缩，尺面分划为 1cm 和 0.5cm 两种，每分米处注有数字，每米处也注有数字或以红黑点表示数，尺底为零。

尺垫为一个三角形的铸铁（也有用较厚铁皮制作的），上部中央有一突起的半球体，为保证在水准测量过程中转点的高程不变，将水准尺放在半球体的顶端。

（2）水准仪的操作使用（相关资源见二维码3）

水准仪在一个测站上使用的基本程序为架设仪器、粗平、瞄准水准尺、精平和读数。

1）架设仪器

按观测者的身高调节好三脚架的高度，为便于整平仪器，还要求使三脚架的架头面大致水平，并将三脚架的三个脚尖踩入土中，使脚架稳定，然后从仪器箱内取出水准仪，放在三脚架的架头面，并立即用中心螺旋旋入仪器基座的螺孔内，以防止仪器从三脚架头上摔下来。

2）粗平

粗平即粗略整平仪器。旋转脚螺旋使圆水准气泡居中，仪器的竖轴大致铅垂，使望远镜的视准轴大致水平。旋转脚螺旋方向与圆水准气泡移动方向的规律是：用左手旋转脚螺旋，则左手大拇指移动方向即为水准气泡移动方向；用右手旋转脚螺旋，则右手食指移动方向即为水准气泡移动方向，初学者一般先练习用一只手操作，熟练后再练习用双手操作。

3）瞄准水准尺

瞄准水准尺的具体步骤及操作，见表1–1。

表1–1　步骤及操作

步骤	具体操作
先目镜对光	将望远镜对准明亮的背景，旋转目镜调焦螺旋，使十字丝清晰
初步照准	松开制动螺旋，转动望远镜，用望远镜上的准星和照门瞄准水准尺，拧紧制动螺旋
物镜对光	从望远镜中观察目标，旋转物镜调焦螺旋，使目标清晰，再旋转微动螺旋，使竖丝对准水准尺
消除视差	由于人眼的分辨能力不高，往往在像平面与十字丝平面还没有严格重合时，就误以为像是最清晰的了，如图1–7所示，这样就产生了视差而影响读数精度。为了检查并消除视差，当照准目标时，眼睛在目镜处上下移动，若发现十字丝和尺像相对移动，这种现象称为视差。它将影响读数的精确性，必须加以消除。其方法是再仔细反复调节对光螺旋，直至尺像与十字丝分划板平面重合时为止，即当眼睛在目镜处上下移动，十字丝与尺像没有相对移动为止

4）精平

转动微倾螺旋，使水准管气泡精确居中。从望远镜的一侧观察管水准气泡偏离零点的方向，旋转微倾螺旋，使气泡大致居中，这时再从目镜左边的附合气泡观察窗中察看两个气泡影像是否吻合，如不吻合，再慢慢旋转微倾螺旋直至完全吻合为止。

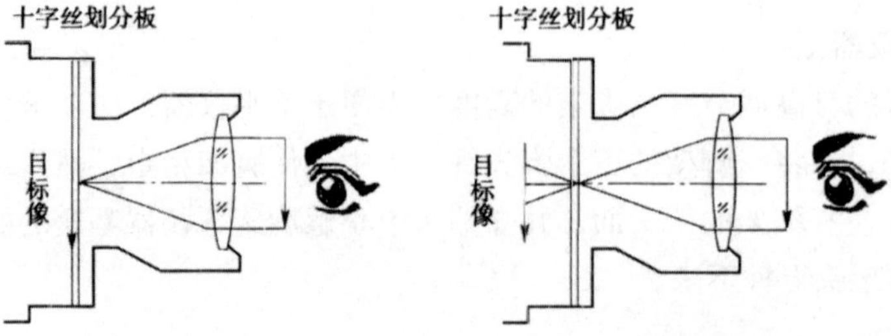

（a）没有视差现象　　（b）有视差现象

图1–7　视差现象示意图

当水准管气泡居中并稳定后，说明视准轴已成水平，此时，应迅速用十字丝中丝在水准尺上截取读数。读数后，还需要检查一下气泡是否移动了，若有偏离，则需用微倾螺旋调整气泡居中后再重新读数。

5）读数

仪器精平后，应立即用十字丝的横丝在水准标尺上读数。由于水准仪的生产厂家或型号的不同，导致望远镜有的成倒像，有的成正像。在读数时无论成倒像还是成正像，都应从小数往大数的方向读，即若望远镜成正像，则应从下往上读；反之，若望远镜成倒像，则应从上往下读。在读数时，一般应先估读毫米，再读米、分米、厘米。

2. 自动安平水准仪的构造与使用

（1）视线自动安平的原理

当水准仪的圆水准器气泡居中后，视准轴与水平线实际仍存在一个非常微小的倾角 α，在望远镜的光路上安置一补偿器，使通过物镜光心的水平光线经过补偿器后偏转一个 β 角，仍能通过十字丝交点，这样十字丝交点上读出的水准尺读数，即为视线水平时应该读出的水准尺读数。

由于无须精平，这样不仅可以缩短水准测量的观测时间，而且对于施工场地地面的微小振动、松软土地的仪器下沉以及大风吹刮等原因，引起的视线微小倾斜，能迅速自动安平仪器，从而提高了水准测量的观测精度。

（2）自动安平水准仪的特点与构造

1）自动安平水准仪的特点

自动安平水准仪是利用补偿器自动获取视线水平时水准标尺读数的水准仪，它的特点是没有水准管和微倾螺旋，而只需根据圆水准器将仪器整平。此时，视准轴尽管还有微小的倾斜，但可借助一种利用重力的补偿装置，依然能利用十字丝横丝读出相当于视准轴水平时的尺上读数。因此，自动安平水准仪是一种操作比较方便、有利于提高观测速度的新型仪器。

2）自动安平补偿器的结构

自动安平水准仪的补偿器，目前比较常见的有两种：一种是悬挂的十字丝板；另一种是悬挂的棱镜组。

（3）自动安平水准仪的构造与使用

1）DS_{3Z} 自动安平水准仪构造

我们主要介绍苏州第一光学仪器厂生产的 DS_{3Z} 型自动安平水准仪。

2）自动安平水准仪的操作

自动安平水准仪的使用与一般微倾式水准仪的操作方法基本相同，而不同之处为自动安平水准仪不需要“精平”这一项操作。自动安平水准仪仅有圆水准器，因此，安置自动安平水准仪时，只要转动脚螺旋，使圆水准器气泡居中，补偿器即能起自动安平的作用。

当自动安平水准仪通过圆水准器粗平后，观测者应在望远镜内观察警告指标窗是否全部呈绿色，若没有全部呈绿色，不能对水准尺读数，必须再调整圆水准器，直到警告指示窗全部呈绿色后，即视线在补偿器的补偿范围内，方可进行观测读数。

若自动安平水准仪长期未使用，则应在使用前检查补偿器是否失灵。检查方法：可以转动位于望远镜视准轴正下方的脚螺旋，如果警告指示窗两端能分别出现红色，反转该脚螺旋红色能消除，并由红色转为绿色，说明补偿器灵敏，可以进行水准测量的观测。

三、等外水准测量

1. 水准测量基本原理和方法

（1）水准测量的基本原理

水准测量的原理是利用水准仪提供的水平视线，通过竖立在两点的水准尺上读数，采用一定的计算方法测定两点的高差，从而由一点的已知高程推算另一点的高程。水准测量是高程测量中精度较高且最常用的一种方法。

如图 1–55 所示，已知地面 A 点的高程为 H_A，欲求 B 点高程 H_B，则必先测出 A、B 两点之间的高差 h_{AB}。将水准仪安置在 AB 两点间，利用水准仪建立一条水平视线，在测量时用该视线截取已知高程点 A 点上所立水准尺之读数 a，称为后视读数；再截取未知高程 B 点上所立水准尺之读数 b，称为前视读数。观测是从已知高程 A 点向未知高程 B 点进行，则称 A 点为后视点，B 点为前视点。由图 1–8 可知，A、B 两点之间的高差 h_{AB} 为：

$$h_{AB} = a - b$$

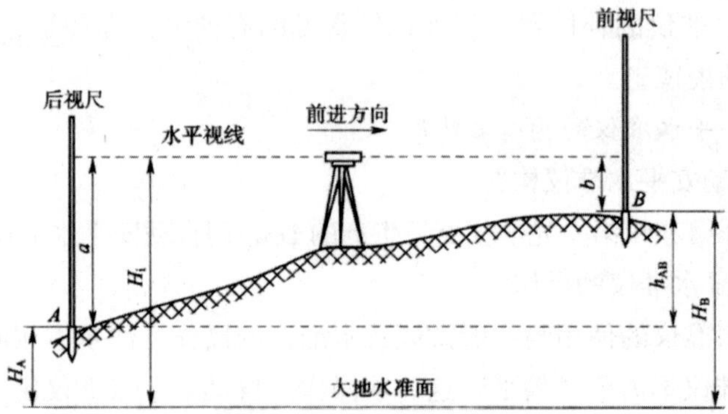

图 1–8　水准测量原理示意图

即两点间的高差等于后视读数减前视读数。从图中可以看出，当 a ＞ b 时，h_{AB} 为正；当 a ＜ b 时，h_{AB} 为负。根据 A 点已知高程 H_A 和测出的高差 h_{AB}，则 B 点的高程 H_B 为：

$$H_B = H_A + h_{AB}$$

（2）水准测量的施测方法

1）A、B 两点相隔较近时，单测站施测方法

当 A、B 两点距离较小（一般不大于 100m），且互相通视时，可以按照模块一中介绍水准测量原理时使用的测量方法，测出两点之间的高差，由已知点 A 的高程和两点之间高差，求出未知点 B 的高程。

2）A、B 两点距离较远时，多个测站的施测方法

当 A、B 两点距离较远或者不通视，以至于不能通过一个测站测出 A、B 两点间高差时，应在 A、B 两点间加设若干个临时立尺点，称为转点（以符号 ZD 表示）。转点是指在水准测量中既有前视读数，又有后视读数，只起传递高程作用的点。然后连续多次安置水准仪，测定两相邻点间的高差，最后取各个高差的代数和，可得到 A、B 两点的高差（图 1–9）。

（3）水准测量数据的三项校核与成果计算

测量人员进行外业工作时，应该认真负责，一丝不苟地做好外业测量工作。但

是，在观测过程中出现误差在所难免，即便经验的测量人员也不能保证其外业观测成果是完全正确的，因此在外业测量和内业计算中，应采取一定的方法和手段来发现误差，并对误差做出评价，判断其是否满足精度要求，进一步消除或减弱误差对观测成果的影响。

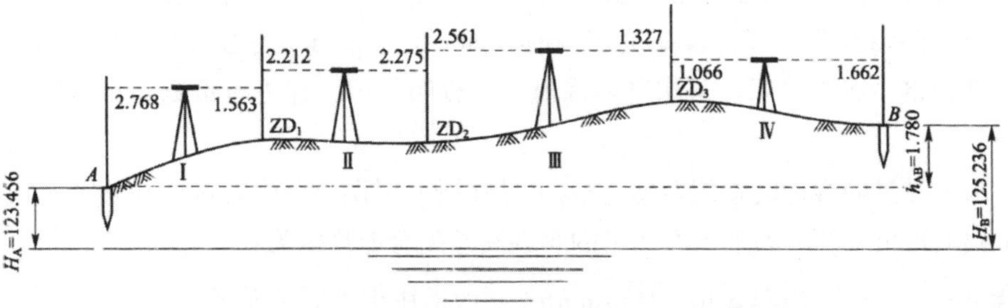

图1–9　水准测量的实施

1）计算检核

为校核高差计算有无错误，从下面公式不难看出，后视读数总和与前视读数总和之差数，应等于高差的代数和。

$$\sum h_i = \sum (a_i + b_i)$$

2）测站检核

在连续水准测量中，只进行计算检核，还无法保证每一个测站的高差没问题，如用计算检核无法查出测量过程中是否读错、听错、记错水准尺上的读数。因此，对每一站的高差，还应采取相应的措施进行检核，以保证每个测站高差的正确性。

通常采用下面两种方法进行测站检核：

①双仪高法。双仪高法又称变动仪器高法，是在同一个测站上使用两次不同的仪器高度，测得两次高差进行检核。第一次仪器观测高差 $h' = a' - b'$ 。然后重新安置仪器，改变仪器高度，观测第二次高差 $h'' = a'' - b''$ 。当两次高差满足下列条件时：

$$h' - h'' = \Delta h \langle \pm 5mm$$

可取平均 $h = \dfrac{h' + h''}{2}$ 该测站高差，否则应重测。当满足条件后，才允许搬测站。

②双面尺法。双面尺法是在同一测站用同一仪器高分别在红黑面水准尺读数，然后进行红黑面读数和高差的检核，该方法将在后面的内容中提到。

3）成果检核

计算检核只能发现计算是否有错，而测站检核只能检核每一个测站上是否有错误，不能发现立尺点变动的错误，更不能评定测量成果的精度，同时由于观测时受到观测条件（仪器、人、外界条件）的影响，随着测站数的增多而使误差积累，有时也会超过规定的限差，因此应对其成果进行检核，即进行高差闭合差的检核。

在水准测量中，由于测量误差的影响，使沿水准路线测得的起终点的高差值与起终点的实际应有高差值不相吻合，其二者差值，称为高差闭合差，一般以 f_h 表示。

当高差闭合差在容许误差范围内时，即 $f_h \leqslant f_{h容}$（$f_{h容}$为容许高差闭合差），认为精度合格，成果可用。若超过容许值，应查明原因，并进行重测，直到符合要求为止。

水准测量的容许高差闭合差（$f_{h容}$）是在研究了误差产生的规律和总结实践经验的基础上提出来的。图根水准测量的容许高差闭合差规定为：

$$f_{h容}=\pm 40\sqrt{L}\ (\text{mm})（一般适用于平原微丘区）$$

$$f_{h容}=\pm 12\sqrt{n}\ (\text{mm})（一般适用于山岭重丘区）$$

式中　L——水准路线长度，以千米为单位；

n——整个水准路线所设的测站数。

对于往返水准路线中，上述两式中 L 和 n 均按单程计算。

（4）水准测量路线类型

我们将水准测量设站观测经过的路线称为水准路线，根据地形和工程的实际需要，水准路线形式主要有三种情况，分别是附合水准路线、闭合水准路线和支水准路线。

1）附合水准路线

如图 1-10（a）所示，BM_1、BM_2 为已知高程的高级水准点，从 BM_1 点出发，经过 1、2、3 等若干个未知高程点进行水准测量，最后附合到另一高级水准点 BM_2 上，这样的水准路线称为附合水准路线。

2）闭合水准路线

如图 1-10（b）所示，BM_1 为已知高程的水准点，1、2、3 等为未知高程点。从已知高程的水准点 BM_1 出发，经过 1、2、3 等若干个未知高程点进行水准测量，最后又回到已知水准点 BM_1，这样的水准路线称为闭合水准路线。

3）支水准路线（又称为往返水准路线）

如图 1-10（c）所示，BM_1 为已知高程的水准点，从一个已知水准点 BM_1 出发，沿选定的路线施测到高程未知的水准点 1，其最终既不闭合也不附合，这样的水准路线称为支水准路线。

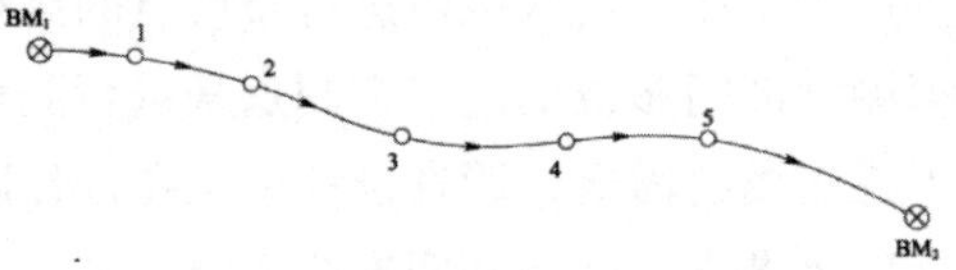

（a）附合水准线路

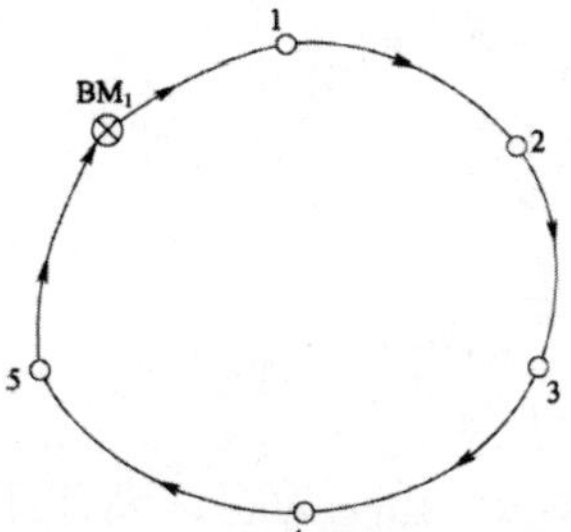

（b）闭合水准线路

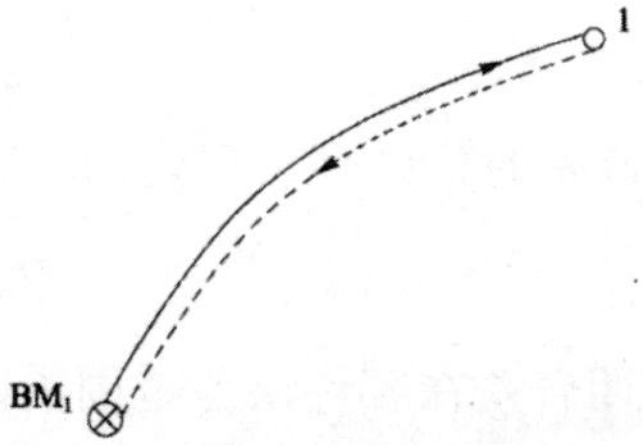

（c）支水准线路

图1–10　水准线路的三种类型

支水准路线应进行往测（已知高程点到未知高程点）和返测（未知高程点到已知高程点），从理论上讲，往、返测高差的绝对值应相等而符号相反。若往返测高差的代数和不等于零，即为闭合差，亦称较差。支水准路线不能过长，应根据其等级限制其长度。

2. 闭合水准路线测量

如图 1–11 所示，BM_1 为已知高程的水准点，1、2、3、4、5 等为增设的水准点，需要通过测量和计算得出增设水准点的高程。从已知高程的水准点 BM_1 出发，经过 1、2、3 等若干个未知水准点进行水准测量，最后又回到已知水准点 BM_1 的水准路线称为闭合水准路线。

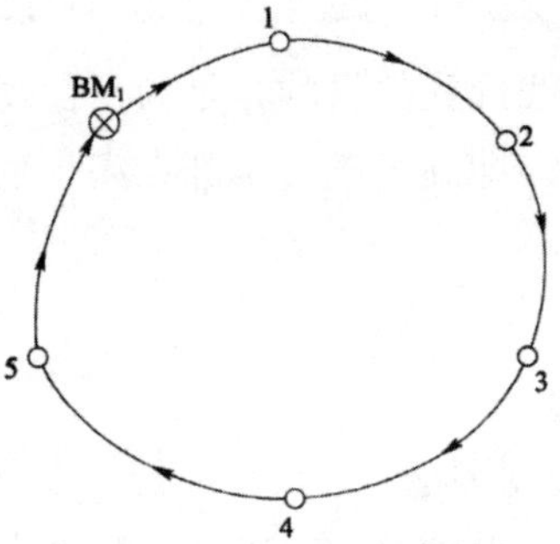

图1–11　闭合水准线路示意图

闭合水准路线测量适用于在一定区域内进行布设点的高程测量。一般在测区范围内利用已经有的国家测绘部门布设的高级控制点来进行测量。因此，在开始施工前，测量人员会根据工程建设的需要，调查设计单位在设计阶段布设的水准点或附近国家水准点来进行加密水准点，然后利用这些高级水准点的高程进行闭合水准路线测量。

在闭合路线中，各测站的高差总和理论上应为零，即：

$$\sum h_{理}=0$$

若实测高差的总和不等于零，即为高差闭合差：

$$f_{\mathrm{h}}=\sum h_{测}$$

当高差闭合差在容许误差范围内时，即 $f_h \leqslant f_{h容}$（$f_{h容}$为容许高差闭合差），认为精度合格，成果可用。若超过容许值，应查明原因，并进行重测，直到符合要求为止。

由于道路工程测量中，以附合水准路线为主，且其平差计算过程与闭合水准路线平差计算过程相近，故将在附合水准路线中详细举例说明平差计算过程。

3. 支水准路线测量

支水准路线应进行往测（已知高程点到未知高程点）和返测（未知高程点到已知高程点），从支水准路线上，往、返测高差绝对值相等而符号相反，即：

$$\sum h_{往}+\sum \mathrm{h}_{返}=0$$

支水准路线不宜过长，应限制其长度。

支水准路线应进行往返测，从理论上讲，往返测高差的绝对值应相等而符号相反。若往返测高差的代数和不等于零即为闭合差，亦称较差。

$$f_h=\sum h_{往}+\sum \mathrm{h}_{返}=\left|\sum h_{往}\right|-\left|\sum h\ \right|$$

将水准点布设成水准路线形式的目的，是为了发现外业测量时的误差，用以评定外业水准测量工作的精度，即确定施工水准点高程数据是否可以用于施工，外业测量是否需要返工等信息。

四、三、四等水准测量

1. 三、四等水准路线控制测量

在进行等外水准测量时，水准仪一定要满足各种轴线的相互关系，测量的结果才能满足精度要求，特别是望远镜的视准轴与水准管轴要平行，不能存在 i 角（水准仪仪器误差之一，将在后面的模块中介绍），但是当水准仪架设在两点中间，测出的两点高差都是不受 i 角误差影响，因此，在进行三、四等水准控制测量时，应严格控制前后视距的差值不能过大，以免影响测量的准确性。下面首先介绍三、四等水准测量的水准仪视距测量原理与方法。

（1）水准仪视距测量原理

视距测量是一种利用经纬仪望远镜内十字丝平面上的视距丝（即十字丝的上、下丝）装置，配合视距标尺（与普通水准尺通用），根据几何光学原理，同时测定两点间的水平距离和高差的方法。

视距测量特点：

1）测距精度较低，相对误差约为 1/300，低于钢尺量距，测定高差的精度低于水准测量，但精度能满足一般碎部测量的要求。

2）操作方法简便、迅速，受地形条件限制小。

如图 1–12 所示，A、B 公为地面上两点，为测定该两点间的水平距离 D 和高差 h。在 A 点安置水准仪器，B 点竖立视距尺，由于水准仪视线水平，则视准轴与视距尺垂直。由图 1–12 可知，A、B 两点的水平距离为：

$$D = d + f + \delta$$

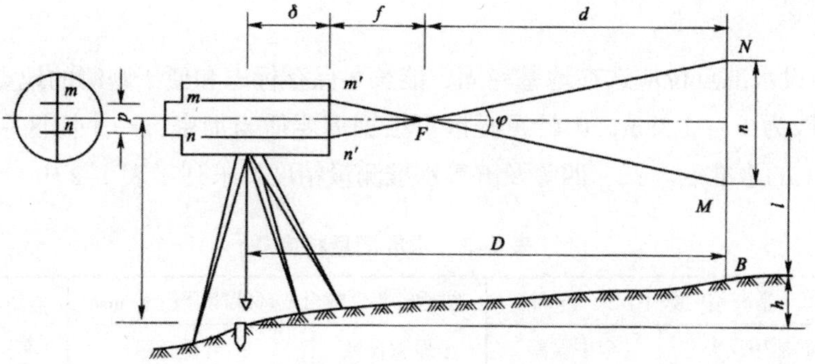

图1–12　水准仪视线水平的视距测量示意图

由 $\Delta MFN \sim \Delta m'Fn'$ 得：

$$d = f.\frac{n}{p}$$

$$D = f.\frac{n}{p} + f + \delta$$

式中 f ——望远镜的焦距；

n ——视距丝（上下丝）在B点的视距尺上的读数之差；

p ——望远镜内视距丝（上下丝）间距；

δ ——望远镜物镜至仪器中心的间距；

K=f/p ——视距乘常数；

C=f+ δ ——视距加常数。

$$D = K \cdot n + C$$

当 K=100，C=0 时，则水平距离和高差为：

$$D = 100 \times n = 100n$$
$$h = i - l$$

式中 i——仪器尚；

l——望远镜中十字丝的横丝在 B 点的视距尺上的读数。

（2）三、四等水准测量技术要求

三、四等水准测量起算点的高程一般引自国家一、二等水准点。

1）若测区附近没有国家水准三、四等水准网布设时，如果是作为测区的首级控制，一般布设成闭合环线。

2）如果是进行加密，则多采用附合水准路线或支水准路线。

3）三、四等水准路线一般沿公路、铁路或管线等坡度较小，便于施测的路线布设。

4）布设水准点位应选在地基稳固，能长久保存标志和便于观测的地点。水准点的间距一般为 1 ~ 1.5km，山岭重丘区可根据需要适当加密，一个测区一般至少埋设三个以上的水准点。三、四等及五等水准测量精度要求列于表 1–2 中。

表 1–2 水准测量精度

等级	每千米高差中数中误差（mm）		往返较差、附合或环线闭合差（mm）		检测已测测段高差之差（mm）
	偶然中误差	全中误差	平原微丘区	山岭重丘区	
三等	±3	±6	$\pm 12\sqrt{L}$	$\pm 3.5\sqrt{n}$ 或 $\pm 15\sqrt{L}$	$\pm 20\sqrt{L_i}$
四等	±5	±10	$\pm 20\sqrt{L}$	$\pm 6.0\sqrt{n}$ 或 $\pm 25\sqrt{L}$	$\pm 30\sqrt{L_i}$
五等	±8	±16	$\pm 30\sqrt{L}$	$\pm 45\sqrt{L}$	$\pm 40\sqrt{L_i}$

三、四等水准测量一般采用双面尺法，且应采用一对水准尺，其每一测站的技术要求见表 1–3。

表 1–3　水准测量的技术要求

<table>
<tr><th>等级</th><th>水准仪的型号</th><th>视线长度（m）</th><th>前后视距较差（m）</th><th>前后视距累积差（m）</th><th>视线距地面最低高度（m）</th><th>红、黑面读数差（mm）</th><th>黑、红面高差之差（mm）</th></tr>
<tr><td rowspan="2">三等</td><td>DS_1</td><td>100</td><td rowspan="2">3</td><td rowspan="2">6</td><td rowspan="2">0.3</td><td>1.0</td><td>1.5</td></tr>
<tr><td>DS_3</td><td>100</td><td>2.0</td><td>3.0</td></tr>
<tr><td>四等</td><td>DS_3</td><td>100</td><td>5</td><td>10</td><td>0.2</td><td>3.0</td><td>5.0</td></tr>
</table>

（3）三、四等水准控制测量施测方法

三、四等水准测量的施测方法与等外水准测量施测方法最大的不同在于增加了测站校核（一般采用双面尺法）。此外，还应填写用于记录观测数据的记录表——三、四等水准测量记录计算表（表 1–4）。

表 1–4　三、四等水准测量记录计算

<table>
<tr><th rowspan="4">测点编号</th><th rowspan="2">后尺</th><th>上丝</th><th rowspan="2">前尺</th><th>上丝</th><th rowspan="4">方向及尺号</th><th colspan="2" rowspan="2">标尺读数（m）</th><th rowspan="4">K+黑－红（mm）</th><th rowspan="4">高差中数（m）</th></tr>
<tr><th>下丝</th><th>下丝</th></tr>
<tr><th colspan="2">后距（m）</th><th colspan="2">前距（m）</th><th rowspan="2">黑面</th><th rowspan="2">红面</th></tr>
<tr><th colspan="2">视距差 d（m）</th><th colspan="2">Σd（m）</th></tr>
<tr><td rowspan="4">1</td><td colspan="2">（1）</td><td colspan="2">（4）</td><td>后</td><td>（3）</td><td>（8）</td><td>（14）</td><td rowspan="4">（18）</td></tr>
<tr><td colspan="2">（2）</td><td colspan="2">（5）</td><td>前</td><td>（6）</td><td>（7）</td><td>（13）</td></tr>
<tr><td colspan="2">（9）</td><td colspan="2">（10）</td><td>后－前</td><td>（15）</td><td>（16）</td><td>（17）</td></tr>
<tr><td colspan="2">（11）</td><td colspan="2">（12）</td><td colspan="4"></td></tr>
</table>

在开始讲述具体施测步骤前，有一点特别提醒初学者注意，由于三、四等水准测量增加了测站校核项目，因此，要求每一站测量完毕后就要进行测站校核，这项工作不能留到室内去完成，同时立尺员、仪器操作员只有在测站校核通过以后才可以搬移仪器或者水准尺。

1）一个测站的观测顺序

①照准后视尺黑面，分别读取上、下、中三丝读数，并记录在表 1–4（1）、（2）、（3）位置处。

②照准前视尺黑面，分别读取上、下、中三丝读数，并记录在表 1–4（4）、（5）、（6）位置处。

③照准前视尺红面，读取中丝读数，并记录于表 1–4（7）位置处。

④照准后视尺红面，读取中丝读数，并记录于表 1–4（8）位置处。

上述四步观测，简称为“后—前—前—后（黑—黑—红—红）”，这样的观测步骤可消除或减弱仪器或尺垫下沉误差的影响。对于四等水准测量，规范允许采用“后—后—前—前（黑—红—黑—红）”的观测步骤，这种步骤比上述的步骤要简便些。

2）一个测站的计算与校核

①视距的计算与校核

为了尽可能地消除仪器误差的影响，进行三、四等水准测量时，应该将仪器架设于两把水准尺之间，仪器距前后水准尺的距离不能超过规范的要求。同时，由于仪器的误差会随着测站数的增多而累积，因此，规范也规定前后视距累积差也不能超过一定的限值。

$$\text{后视距}(9)=[(1)-(2)]\times 100m$$

$$\text{前视距}(10)=[(4)-(5)]\times 100m$$

$$\text{前、后视距差}(11)=(9)-(10)$$

$$\text{前、后视距差累积}(12)=\text{本站}(11)+\text{上站}(12)$$

规范规定：

对于（9）（10），三等水准测量不得大于 75m，四等水准测量不得大于 100m；

对于（11），三等水准测量不得大于 ±3m，四等水准测量不得大于 ±5m；

对于（12），三等水准测量不得大于 ±6m，四等水准测量不得大于 ±10m。

②水准尺读数的校核

同一根水准尺黑面和红面中丝读数之差应为 4.687 或者 4.787。

前尺黑面与红面中丝读数之差：（13）=（6）+K–（7）

后尺黑面与红面中丝读数之差：（14）=（3）+K–（8）

式中　K——红面尺起点数，一般为4.687m或4.787m。

规范规定：对于（13）（14），三等水准测量不得大于 ±2mm，四等水准测量不得大于 ±3mm。

③高差的计算与校核

$$\text{黑面测得的高差}(15)=(3)-(6)$$

$$\text{红面测得的高差}(16)=(8)-(7)$$

校核：

$$红、黑高差之差(17)=(15)-[(16)\pm 0.100]$$

$$或(17)=(14)-(13)$$

规范规定，对于（17），三等水准测量不得大于 ±3mm，四等水准测量不得大于 ±5mm。

当满足这一要求时，计算高差的平均值：（18）=［（15）+（16）±0.100］/2。

在测站上，当后尺红面起点为 4.687m，前尺红面起点为 4.787m 时，取 +0.100，反之取 -0.100。

3）测量记录表计算校核

①高差部分

在每张测量记录表上，后视红、黑面读数总和与前视红、黑面读数总和之差，应等于红、黑面局差之和。

对于测站数为偶数的测量记录表：

$$\sum[(3)+(8)]-\sum[(6)+(7)]=\sum[(15)+(16)]=2\sum(18)$$

对于测站数为奇数的测量记录表：

$$\sum[(3)+(8)]-\sum[(6)+(7)]=\sum[(15)+(16)]=2\sum(18)\pm 0.100$$

②视距部分

在每张测量记录表上，后视距总和与前视距总和之差应等于本测量记录表末站视距差累积值与上一测量记录表末站视距差累积值之差。校核无误后，可计算水准路线的总长度。

Σ（9）-Σ（10）= 本测量记录表末站之（12）- 上一测量记录表末站之（12）

水准路线总长度 Σ（9）+Σ（10）

（4）成果整理

三、四等水准测量的闭合路线或附合路线的成果整理，首先，其高差闭合差应满足表 1-2 的要求；然后，对高差闭合差进行调整，调整方法在请参考之前的水准测量平差部分；最后，调整后的高差计算各水准点的高程。若为支水准路线，则满足要求后，取往返测量结果的平均值为最后结果，据此计算水准点的高程。

2. 道路工程高程控制测量

（1）高程控制测量技术要求

国家高程控制网主要采用精密水准测量的方法建立的，按其精度分为一、二、三、四等。一等国家水准网是国家最高级的高程控制骨干，它除用作扩展低等级高程控制的基础以外，还为科学研究提供依据；二等国家水准网为一等水准网的加密，是国家高程控制的全面基础；三、四等水准网为在二等网的基础上进一步加密，直接为各种测区提供必要的高程控制。用于工程的小区域高程控制网，亦应根据工程施工的需要和测区面积的大小，采用分级建立的方法。

高程控制测量应采用水准测量或三角高程测量的方法进行。其等级依次为二等、三等、四等和五等，各等级的技术要求均有相应的规定。对于各级公路及构造物的高程控制测量级，不得低于表 1–5 的规定。对于二级及以下公路，可以按照水准测量的方法来布设控制点；但是高速公路、一级以及大中型桥梁和隧道，则要按照更高精度要求和方法来布设高程控制点，即公路工程高程控制测量的精度和等级选用随着公路等级的提高而提高。

表 1–5　高程控制测量技术规范

高架桥、路线控制测量	多跨桥梁总长 L（m）	单跨桥梁 L_K（m）	隧道贯通长度 L_G（m）	测量等级
—	$L \geqslant 3000$	$Lk \geqslant 500$	$L_G \geqslant 6000$	二等
—	$1000 \leqslant L<3000$	$150 \leqslant Lk<500$	$3000 \leqslant L_G<6000$	三等
高架桥、高速、一级公路	$L < 1000$	$L_k < 150$	$L_G < 3m$	四等
二、三、四级公路	—	—	—	五等

各等级路线高程控制网最弱点高程中误差不得大于 ±25mm，用于跨越水域和深谷的大桥、特大桥的高程控制网最弱点高程中误差不得大于 ±10mm，每千米观测高差中误差和附合（环线）水准路线长度应小于表 1–6 的规定。当附合（环线）水准路线长度超过规定时，应采用双摆站的方法进行测量，但其长度不得大于表 1–6 中规定的两倍。每站高差较差应小于基辅（黑红）面高差较差的规定（表 1–6）。一次双摆站为一单程，取其平均值计算的往返较差、附合（环线）闭合差应小于相应限差的 0.7 倍。

表 1–6　高程控制测量的技术要求

测量等级	每千米高差中数中误差（mm）		附合或环线水准路线长度（km）	
	偶然中误差 M_Δ	全中误差 M_w	路线、隧道	桥梁
二等	±1	±2	600	100
三等	±3	±6	60	10

续表

测量等级	每千米高差中数中误差（mm）		附合或环线水准路线长度（km）	
	偶然中误差 M_{Δ}	全中误差 M_w	路线、隧道	桥梁
四等	±5	±10	25	4
五等	±8	±16	10	1.6

（2）水准测量的技术要求

对于公路工程，各级公路及构造物的高程控制测量等级不得低于表 1–5 的规定。各等级水准测量的主要技术要求和观测的主要技术要求，列于表 1–7 和表 1–8 中。

表 1–7　水准测量的主要技术要求

等级	每千米高差中数中误差（mm）		附合或环线水准路线长度（km）		往返较差、附合或环线闭合差（mm）		检测已测测段高差之差（mm）
	偶然中误差 M_{Δ}	全中误差 M_W	路线、隧道	桥梁	平原、微丘	山岭、重丘	
二等	±1	±2	600	100	$\leqslant 4\sqrt{l}$	$\leqslant 4\sqrt{l}$	$\leqslant 6\sqrt{L_i}$
三等	±3	±6	60	10	$\leqslant 12\sqrt{l}$	$\leqslant 3.5\sqrt{n}$ 或 $\leqslant 15\sqrt{l}$	$\leqslant 20\sqrt{L_i}$
四等	±5	±10	25	4	$\leqslant 20\sqrt{l}$	$\leqslant 6.0\sqrt{n}$ 或 $\leqslant 25\sqrt{l}$	$\leqslant 30\sqrt{L_i}$
五等	±8	±16	10	1.6	$\leqslant 30\sqrt{l}$	$\leqslant 45\sqrt{l}$	$\leqslant 40\sqrt{L_i}$

表 1–8　水准测量观测的主要技术要求

等级	仪器类型	水准尺类型	视线长（m）	前后视较差（m）	前后视累积差（m）	视线离地面最低高度（m）	基辅（黑红）面读数差（mm）	基辅（黑红）面高差之差（mm）
二等	$DS_{0.5}$	铟瓦	≤50	≤1	≤3	≥0.3	≤0.4	≤0.6
三等	DS_1	铟瓦	≤100	≤3	≤6	≥0.3	≤1.0	≤1.5
	DS_2	双面	≤75				≤2.0	≤3.0
四等	DS_3	双面	≤100	≤5	≤10	≥0.2	≤3.0	≤5.0
五等	DS_3	单面	≤100	≤10	—	—	—	≤7.0

（3）道路工程高程控制网

道路工程高程控制网布设要求：一般按水准测量方法来建立。为了统一水准测量规格，考虑到工程建设的特点，规定：水准测量依次分为二、三、四等 3 个等级。首级高程控制网，一般要求布设成闭合环形，加密时可布设成附合路线和结点图形。各等级水准测量的精度和国家水准测量相应等级的精度一致。

道路工程水准测量实施流程：水准网的图上设计、水准点的选定、水准标石的埋设、水准测量观测、平差计算和成果表的编制。

1）道路工程高程控制网布设要求

水准网的布设应力求做到经济合理，因此，首先要对测区情况进行调查研究，搜集和分析测区已有的水准测量资料，从而拟定出比较合理的布设方案。如果测区的面积较大，则应先在 1：25000 ～ 1：100000 比例尺的地形图上进行图上设计。图上设计应遵循以下各点：

①水准路线应尽量沿坡度小的道路布设，以减弱前后视折光误差的影响。尽量避免跨越河流、湖泊、沼泽等障碍物。

②水准路线若与高压输电线或地下电缆平行，则应使水准路线在输电线或电缆 50m 以外布设，以避免电磁场对水准测量的影响。

③布设首级高程控制网时，应考虑到便于进一步加密。

④水准网应尽可能布设成环形网或结点网，个别情况下亦可布设成附合路线。水准点间的距离：一般地区为 2 ～ 4km；城市建筑区和工业区为 1 ～ 2km。

⑤应与国家水准点进行联测，以求得高程系统的统一；注意测区已有水准测量成果的利用。

根据上述要求，首先应在图上初步拟定水准网的布设方案，再到实地选定水准路线和水准点位置。在实地选线和选点时，除了要考虑上述要求外，还应注意使水准路线避开土质松软地段，确定水准点位置时，应考虑到水准标石埋设后点位的稳固安全，并能长期保存，便于施测。为此，水准点应设置在地质上最为可靠的地点，避免设置在水滩、沼泽、沙土、滑坡和地下水位高的地区；埋设在铁路、公路近旁时，一般要求离铁路的距离应大于 50m，离公路的距离应大于 20m，应尽量避免埋设在交通繁忙的岔道口；墙上水准点应选在永久性的大型建筑物上。

2）道路工程高程控制点埋设

水准点位置选定后，就可以进行水准标石的埋设工作。水准点的高程就是指嵌设在水准标石上面的水准标志顶面相对于高程基准面的高度，如果水准标石埋设质量不好，容易产生垂直位移或倾斜，那么即使水准测量观测质量再好，其最后成果也是不可靠的，因此，务必十分重视水准标石的埋设质量。

3. 高程控制测量成果报告

在完成高程控制测量后，应立即撰写测量成果报告。测量成果报告是上级主管单位审查测量成果是否符合测量规范要求的依据。因此，必须认真地对待测量成果报告的形式和内容。根据对测量人员和主管单位的测量报告的调查，道路高程控制测量成果报告包含如从下几个方面内容。

（1）测量前提

主要介绍本次测量的基本情况，包括整个工程概况、沿线设置的水准点、导线点、复测的基本要求等内容。

（2）测量依据

本次测量采用的技术等级、依据的法律、法规文件。包括国家标准、交通运输部的行业标准和规范、项目设计单位提供的设计文件等内容。

（3）测量人员

主要提交测量人员的身份证、毕业证书、职称证书及相关的资格证书。

（4）测量仪器设备鉴定证书

（5）高程控制测量

原始水准点表；新埋水准点位的选择；路线的确定；测量实施方案。

（6）成果处理

水准测量；平差计算；水准网成果表；水准测量结论。

（7）水准点测量原始记录

（8）测量体会与收获。

第二节　平面控制测量

一、导线点的设置

1. 大地平面控制网

为了限制误差的累积与传播，满足测图和施工的精度需要，使分区的测图能拼接成整体，或使整体的工程能分区施工放样，国家控制网测设过程中，必须遵循“从整体到局部”“先控制后碎部”的原则。

国家控制网是指在全国范围内由国家专门的测量机构建立的控制网，用于全国各种测绘和工程建设以及施工的基本控制，为空间科学技术和军事提供精确的点位坐标、距离和方位资料，并为确定地球的形状和大小、地震预报等提供重要的研究资料。

（1）国家平面控制网的等级

对于国家大地平面控制网，用于三角测量的三角网和用于导线测量的导线网，按其精度分为一、二、三、四等。其中以一等网精度最高，逐级降低，而控制点的密度则是以一等网最小，逐级增大。

国家平面控制网主要用三角测量法布设，在西部困难地区采用导线测量法。

一等三角网一般称为一等三角锁，它是在全国范围内，沿经线和纬线布设成纵横交叉的三角锁系，锁长为 200 ~ 250km，构成 120 个锁环。一等三角锁内由近于等边的三角形组成，边长为 20 ~ 30km。一等三角网是国家平面控制网的骨干，除用于作扩展低等级平面控制网的基础之外，还为测量学科研究地球的形状和大小提供精确数据。

二等三角网布设于一等三角锁环内，是国家平面控制网的全面基础。二等三角测量有两种布网形式，一种是由纵横交叉的两条二等基本锁将一等锁划分为 4 个大致相等的部分，其 4 个空白部分用二等补充网填充，称为纵横锁系布网方案；另一种是在一等锁环内布设全面二等三角网，称为全面布网方案。二等基本锁的边长为 20 ~ 25km，二等网的平均边长为 13km。一等锁的两端和二等网的中间，都要测定起算边长、天文经纬度和方位角。

国家一、二等网合称为天文大地网。我国天文大地网于 1951 年开始布设，1961 年基本完成，1975 年补测工作全部结束。

三、四等三角网为在二等三角网内的进一步加密，以满足测图和各项工程建设的需要。

在某些局部地区，当采用三角测量困难时，也可用同等级的导线测量代替，其中一、二等导线测量又称为精密导线测量。

用于工程的平面控制测量，一般是建立小区域平面控制网，它可根据工程的需要和测区面积的大小分级建立测区首级控制和图根控制。公路工程平面控制网，常规上一般采用导线测量的方法，其等级依次为三等、四等和一、二、三级导线，并应符合表 1–9 的规定。

（2）图根控制点

直接用于测图的控制点，称为图根控制点。测定图根控制点位置的工作，称为图根控制测量。

表 1-9 公路工程平面控制测量等级

等级	公路路线控制测量	桥梁桥位控制测量	隧道洞外控制测量
二等三角	—	＞5000m 特大桥	＞6000m 特长隧道
三等三角（导线）	—	2000 ~ 5000m 特大桥	4000 ~ 6000m 特长隧道
四等三角（导线）	—	1000 ~ 2000m 特大桥	2000 ~ 4000m 特长隧道
一级小三角（导线）	高速公路、一级公路	500 ~ 1000m 特大桥	1000 ~ 2000m 中长隧道
二级小三角（导线）	二级及二级以下公路	＜500m 大中桥	＜1000m 隧道
三级导线	级及三级以下公路	—	—

图根控制测量可直接利用高级控制点进行布设，称为一级图根点。若测区面积较大，可利用一级图根点再发展图根点，称为二级图根点。

图根控制点（包括高级控制点在内）的密度与测图比例尺和地形的复杂程度有关。在平坦开阔地区，图根点的密度一般不宜低于表 1-10 的规定。

表 1-10 图根点密度

测图比例尺	1 : 5000	1 : 2000	1 : 1000	1 : 500
图根点密度（点/km^2）	5	15	50	150

2. 导线点的设置

（1）平面控制导线点的位置选择

1）调查收集测区已有的地形图和控制点的成果资料

一般是先在中比例尺 1: 10000 ~ 1: 100000 的地形图上进行控制网设计。根据测区内现有的国家控制点或测区附近其他工程部门建立的可资利用的控制点，确定与其联测的方案及控制网点位置。在布网方案初步确定后，可对控制网进行精度估算，必要时需对初定控制点作调整。

2）野外去踏勘、核对、修改和落实点位

如需测定起始边，起始边位置应优先考虑。如果测区没有以前的地形资料，则需详细踏勘现场，根据已知控制点的分布、地形条件以及测图和施工需要等具体情况，合理地拟定导线点的位置，并建立标志。

3）平面控制导线点位置的选定应满足基本要求

①相邻导线点间要通视，对钢尺量距导线，相邻点间还要地势较平坦，以便丈量边长。

②导线点应选在土质坚硬、稳定的地方，以便于保存点的标志和安置仪器。

③导线点应选在地势较高，视野开阔的地方，以便于进行加密、扩展、寻找和碎部测量以及施工放样。

④导线各边的长度应规范规定长度，尽量接近于平均边长，且不同导线各边长不应相差过大，导线点的数量要足够，以便控制整个测区。

⑤所选的导线点，必须满足观测视线超越（或旁离）障碍物 1.5m 以上。

⑥路线平面控制点的位置应沿路线布设，距路中心的位置宜大于 50m 且小于 300m，同时，应便于测角、测距及地形测量和定线放样。

⑦在桥梁和隧道处，应考虑桥隧布设控制网的要求；在大型构造物的两侧应分别布设一对平面控制点。平面控制网的布设形式不同，对选点的具体要求亦不尽相同。

4）三角网（锁）的布设的要求

①定点后组成的各三角形的边长应接近相等，其平均边长应符合相应等级的规定，各内角值宜在 30° ~ 120° 之间，最好为 60° 左右，如受地形条件限制时，个别角可适当放宽要求，但也不应小于 25° 。

②三角点应选在土质坚实、视野开阔、通视良好、作业安全并便于保存点位和便于测图的地方。

③为桥梁、隧道布设的小三角网，应尽量将桥梁轴线的端点和隧道的进出口控制点选为二角点。

④若起始边（基线）采用精密量距法测量，则应将其选在地面平坦的地方。

小三角点选定以后，应及时进行统一编号，并绘制“点之记”，同时在地面上埋设标志。标志与导线点的标志类似，亦分为永久性标志和临时性标志。

5）三边网的布设的要求

①三边网布设为近似等边三角形为宜，各三角形的内角宜在 30° ~ 120° 之间；如受地形条件限制时，个别角可适当放宽要求，但也不应小于 25° 。

②三边网选点时应考虑组成中点多边形或大地四边形，以增加检核条件。

确定控制点后，应在地面上打下一大木桩，桩顶钉一小铁钉作为导线点的标志，如控制点需长期保存，应埋置水泥混凝土桩或石桩，桩顶刻凿十字或嵌入锯有十字的钢筋作点的标志。控制点应按顺序统一编号，为便于寻找，还应对每个控制点绘制“点之记”，即量测出控制点与其附近明显构造物上点的距离，绘出草图，注明尺寸。

（2）平面控制导线点的埋设

平面控制测量的标石中心就是控制点的实际点位。所有控制测量成果，包括坐标、距离、角度、方位角等，都是以标石中心标志为准。因此，标石的任何损坏或位移，都会使控制测量成果失去作用或精度受到很大影响。可以说，埋设稳定、坚固和耐久的中心标石，是保证控制测量质量的一个十分重要的环节。

公路工程测量控制网三角点或导线点标石一般采用混凝土桩，具体结构与尺寸如图 1-13 所示。当有整体坚固的岩石或建筑物时，三角点或导线点可设在岩石或建筑物上。

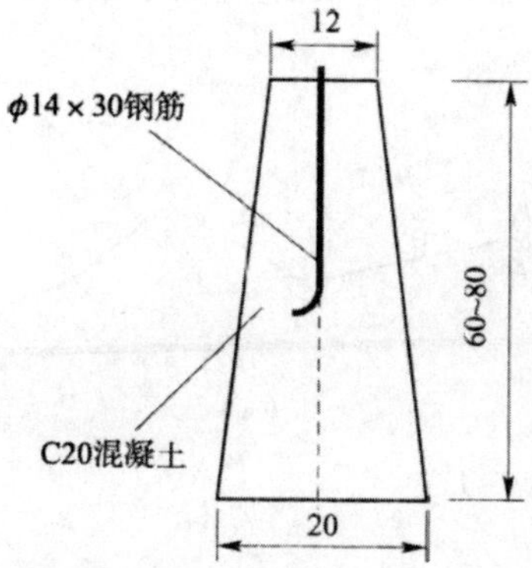

图 1-13 三角点的标石示意图

（3）临时导线点的设置步骤

1）导线点制作所需材料的准备

高速公路和高等级公路设置的导线点平面控制点制作所需材料的准备包括制作所需要的钢筋和埋设所需要的混凝土。

钢筋材料：一般选用 Φ14 ~ Φ18mm 钢筋。长度一般选择为 40cm。钢筋选择好之后，再用切割机进行切割，再在砂轮上磨成光面，最后，再用钢锯锯成十字丝。

水泥混凝土：一般采用拌和好的水泥混凝土混合料，其强度不小于 C30。

2）导线点位置选择及基坑开挖

在导线点的位置选择好后，就可以进行基坑的开挖。基坑的开挖一般要求长、宽长度为 40cm，深度根据实际地质情况而定，一般不小于 40cm。基坑开挖好后，就可以进行混凝土填筑。

水泥混凝土填筑好后，应抹平表面，并将编号写在上面。

3. 导线网的类型

在控制测量中，由若干个控制点（导线点）所连成的折线称为导线。每条直线边称为导线边，相邻两直线所夹的水平角称为转折角。通过测量每条导线边和每个转折角来计算待定点坐标的方法称为导线测量。通过导线测量的方法布设的控制网称为导线网。根据不同的情况和要求，导线网一般布设成三种形式：附合导线、闭合导线和支导线。

（1）附合导线

从一个坐标已知的控制点出发，测量若干条导线边和若干个转折角后，终止于另一个坐标已知的控制点，这样构成的导线称为附合导线，如图 1–14 所示。附合导线通常用于带状地区的控制测量，广泛地应用于公路、铁路和水利等工程的勘测与施工中。

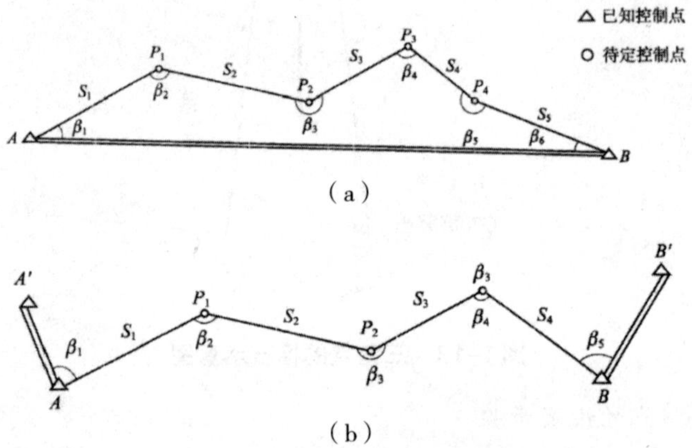

图 1–14　附合导线示意图

（2）闭合导线

从一个坐标已知的控制点出发，测量若干条导线边和若干个转折角后，仍旧回到这个控制点，这样构成的导线称为闭合导线，如图 1–15 所示。闭合导线通常用于面积较宽阔的独立地区作控制测量。

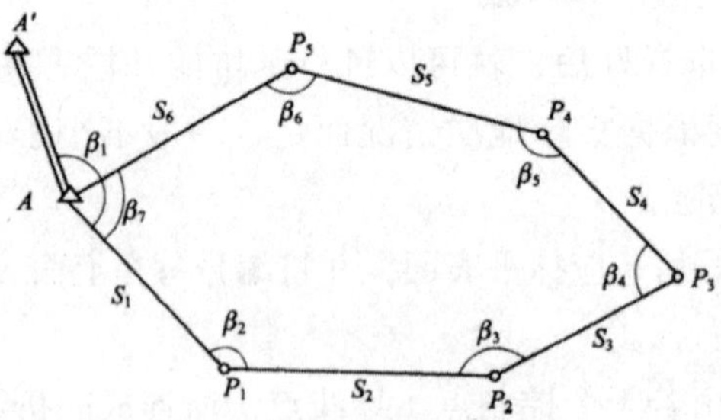

图 1–15　闭合导线示意图

（3）支导线

从一个坐标已知的控制点出发，测量若干条导线边和若干个转折角后，既不附合到另一个已知的控制点，又不回到原来出发的这个控制点。这样构成的导线称为支导线，如图 1–16 所示。支导线没有检核条件，不易发现错误，故一般情况下不予采用。它仅适用于图根控制补点使用，且其边数一般不得超过 4 条。

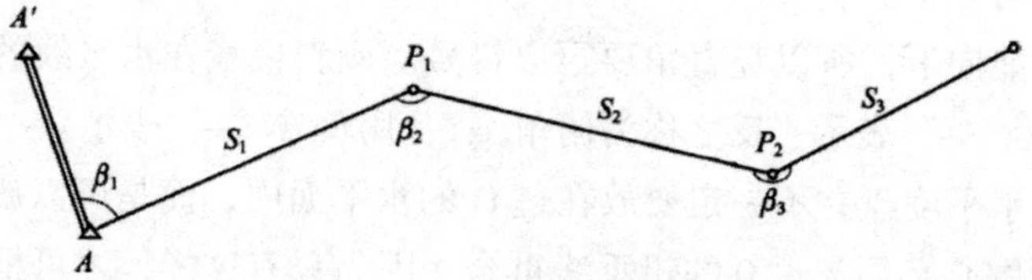

图 1–16　支导线示意图

二、导线角度测量

1. 经纬仪角度测量

为确定一点的空间位置，角度是需要测量的基本要素之一，所以角度测量是一种基本的测量工作。角度可分为水平角和竖直角。水平角是指从空间一点出发的两个方向在水平面上的投影所夹的角度；而竖直角是指某一方向与其在同一铅垂面内的水平线所夹的角度。

如图 1–17（a）所示，设有从 O 点出发的 OA、OB 两条方向线，分别过 OA、OB 的两个铅垂面与水平面 H 的交线 O_1A_1 和 O_1B_1，所夹的∠ $A_1O_1B_1$，即为 OA、OB 间的水平角 β。因此，水平角 β 就是过心方向的两个竖直平面所夹二面角的平面角。

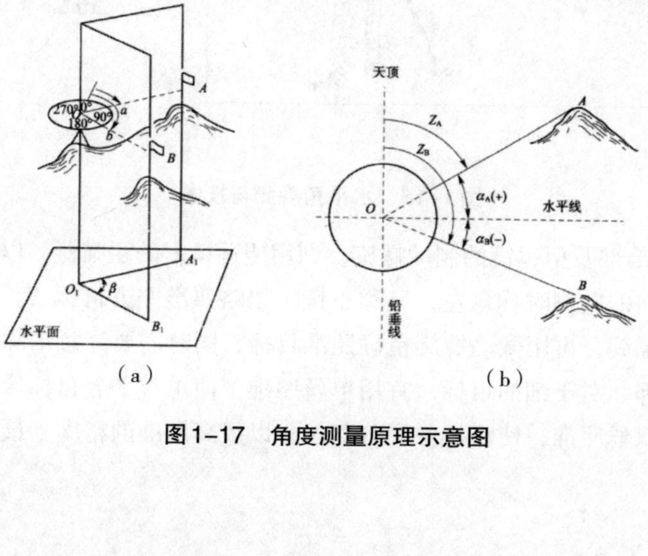

图 1–17　角度测量原理示意图

如果在 O 点水平放置一个度盘，且度盘的刻画中心与 O 点重合，则两投影方向 O_1A_1 和 O_1B_1 在度盘上的读数之差即为 OA 与 0B 间的水平角值。水平角的取值范围是 0° ~ 360°，没有负值。

竖直角是在同一个竖直平面内倾斜视线与水平线间的夹角，通常以 α 表示 [(图 1–17（b）]。由于竖直角是由倾斜方向与在同一铅垂面内的水平线构成的，而倾斜方向可能向

上，也可能向下，所以竖直角要冠以符号。倾斜视线在水平线的上方，称为仰角 α_A，用正号“+”表示；反之称为俯角 α_B，用负号“–”表示。

实际上，水平度盘并不一定要放在过 O 的水平面内，而是可以放在任意水平面内，但其刻画中心必须与过 0 的铅垂线重合。因为只有这样，才可根据两方向读数之差求出其水平角值。同理；竖直度盘也不一定要在所测方向的铅垂面内，只要位于与其平行的铅垂面内，且使刻画中心位于过 O 点且垂直于该铅垂面的直线上即可。

（1）DJ_6 经纬仪器水平角测量

水平角的观测方法有很多种，公路工程测量中最常用的是测回法。

当所测的角度只有两个方向时，通常都用测回法观测。如图 1–18 所示，欲测 OA、OB 两方向之间的水平角∠ AOB 时，在角顶 0 安置仪器，在 A、B 处设立观测标志。经过对中、整平以后，即可按下述步骤观测。

图 1–18　水平角观测与技术

1）松开照准部及望远镜的制动螺旋。利用望远镜上的粗瞄器，以盘左（竖盘在望远镜视线方向的左侧时称盘左，又称正镜）粗略照准左方目标 A。关紧照准部及望远镜的制动螺旋，再用微动螺旋精确照准目标，同时需要注意消除视差及尽可能照准目标的下部。对于细的目标，宜用单丝照准，使单丝平分目标像；而对于粗的目标，则宜用双丝照准，使目标像平分双丝，以提高照准的精度。最后读取该方向

上的读数 $\alpha_{左}$（如 118°　47′　00"），记入记录手簿（1–11）。

2）松开照准部及望远镜的制动螺旋，顺时针方向转动照准部，粗略照准右方目标 B。再关紧制动螺旋，用微动螺旋精确照准，并读取该方向上的水平度盘读数 $b_{左}$（如 191°　23′　00"），记入记录手簿（表 1–11）。盘左所得角值即为：$\beta_{左}=b_{左}-a_{左}$，以上称为上半测回。

3）将望远镜纵转 180°，改为盘右（即观测者面对望远镜目镜时，竖盘位于望远镜的右個 IJ，此种仪器状态又称为倒镜）。重新照准右方目标 B，并读取水平度盘读数 $b_{右}$。然后顺时针或逆时针方向转动照准部，照准左方目标 A。读取水平度盘读数 $a_{右}$，则盘右所得角值 $\beta_{右}=b_{右}-a_{右}$，以上称为下半个测回。

当两个半测回角值之差不超过规定限值时，取盘左盘右所得角值的平均值 $\beta=(\beta_{左}+\beta_{右})/2$，即为一测回的角值。根据测角精度的要求，可以测多个测回而取其平均值，作为最后成果。观测结果应及时记入手簿，并进行计算，看是否满足精度要求。手簿的格式如表 1–11 所示。

表 1–11　测回法观测手簿

测站	盘位	目标	水平度盘读数（° ′ ″）	半测回角值（° ′ ″）	一个测回角值（° ′ ″）	备注
O	左	A	118 47 00	72 36 00	72 36 12	
		B	191 23 00			
	右	B	11 23 24	72 36 24		
		A	298 47 00			

值得注意的是：上下两个半测回所得角值之差，应满足有关测量规范规定的限差，对于 DJ_6 级经纬仪，限差一般为 ±40 ″。如果超限，则必须重测。如果重测的两半测回角值之差仍然超限，但两次的平均角值十分接近，则说明这是由于仪器误差造成的。取盘左盘右角值的平均值时，仪器误差可以得到抵消，所以各测回所得的平均角值是正确的。

两个方向相交可形成两个角度，计算角值时始终应以右边方向的读数减去左边方向的读数。如果右方向读数小于左方向读数，则应先加 360° 后再减，例如表1–11 中 $\beta_{右}$=11 °　23 ′　24"+360 °　–298 °　47 ′　00"=72 °　36'24"。若用 298°　47'00"–11。23′　20"=287°　23′　40"，所得的则是∠ AOB 的外角。所以测得的是哪个角度与照准部的转动方向无关，与先测哪个方向也无关，而是取决于用哪个方向的读数减去哪个方向的读数。在下半测回时，仍要顺时针转动照准部，是为了消减度盘带动误差的影响。

（2）DJ_6 经纬仪器竖直角测量

1）竖直度盘的构造

为测竖直角而设置的竖直度盘（简称竖盘）固定安置于望远镜旋转轴（横轴）的一端，其刻画中心与横轴的旋转中心重合。所以在望远镜作竖直方向旋转时，度盘也随之转动。另外有一个固定的竖盘指标，以指示竖盘转动在不同位置时的读数，这与水平度盘是不同的。

经纬仪有用于测量竖直角的竖直度盘。竖直度盘部分包括竖盘、竖盘指标水准管和竖盘指标水准管微动螺旋。新型经纬仪多采用自动归零装置替代竖盘指标水准管。竖盘固定在望远镜横轴的一端，其面与横轴垂直。

当望远镜绕横轴转动时，读数窗上的竖盘影像也随之变动而指标是不动的，竖盘指标为分微尺的零分划线，它与竖盘指标水准管固连在一起。在正常情况下，当转动竖盘指标水准管微动螺旋，使竖盘指标水准管气泡居中时，竖盘指标即处于正确位置。

竖直度盘的刻画也是在全圆周上刻为 360°，但注记的方式有顺时针及逆时针两种。通常在望远镜方向上注以 0° 及 180°。在视线水平时，指标所指的读数为 90° 或 270°。竖盘读数也是通过一系列光学组件传至读数显微镜内读取。

当仪器处于盘左状态且望远镜视线水平时，指标应正好指向 90°；而当仪器处于盘右状态而且望远镜视线水平时，指标应正好指向 270°，这便是竖盘指标与竖盘读数之间的正确关系。竖盘亦是玻璃圆盘，与水平度盘相似，但竖盘的刻画注记形式有顺时针全圆注记和逆时针全圆注记两种。

2）竖直角的计算

如表 1–12 所示，根据竖盘的构造及竖直角的定义可知，竖直角的大小可由倾斜视线的竖盘读数与水平视线的应有读数（盘左 90°、盘右 270°）相减求得，但因竖直角有正、负之分，且各种仪器的竖盘注记形式又不相同，故二者何为减数，何为被减数则有不同。因此，在观测前，必须按下述方法判定所用仪器的竖直角计算公式。

架设仪器时，首先使仪器处于盘左状态，目估使望远镜处于大致水平，此时可以观察出竖盘的读数，应为 90° 左右（当视线水平时读数为 90°），然后慢慢抬高望远镜的物镜，观察竖盘读数的变化是增大还是减小。

若竖盘读数 L 增大，说明竖盘按逆时针全圆注记。由于仰角必为正值，故盘左时，竖直角值应按下式计算：

$$\alpha_{左} = L - 90°$$

表1-12　竖盘读数与竖直角计算

盘位	视线水平	视线向上（仰角）	视线向下（俯角）
盘左	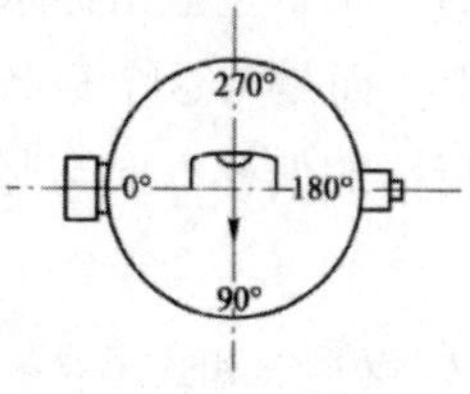	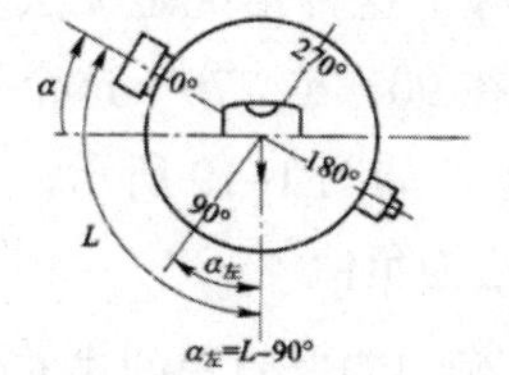 α左=L−90°	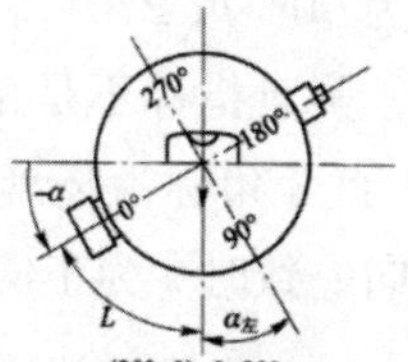 α左=−(90°−L)=L−90°
盘右	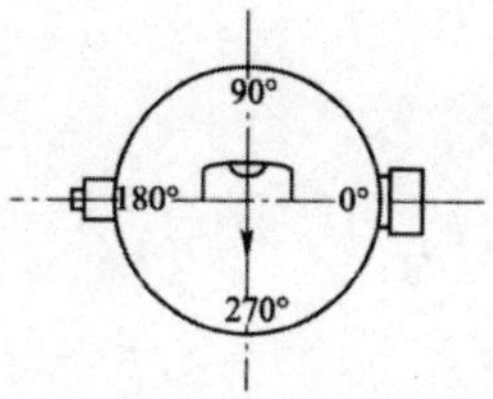	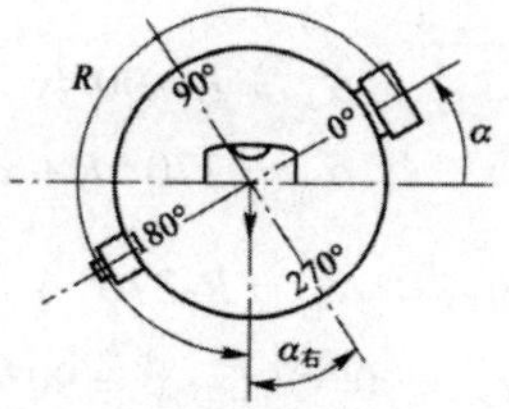 α右=270°−R	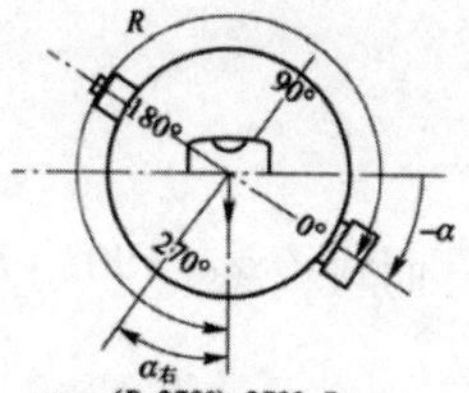 α右=−(R−270°)=270°−R

同法以盘右状态观察，当望远镜视线水平时的竖盘读数应为 270° ，物镜抬高时的竖盘读数 R 咸小，由于仰角必为正值，故盘右时，竖直角值应按下式计算：

$$\alpha_{右} = 270°\text{-}R$$

结论：若经纬仪竖盘刻画注记形式按逆时针全圆注记，则竖直角的计算公式为式上述两式。计算结果为负值，说明所测竖直角为俯角。

若仪器处于盘左状态，抬高望远镜的物镜时，竖盘读数 L 减小，说明竖盘按顺时针全圆注记，此时竖直角计算公式为：

$$\alpha_{左} = 90° - L$$

$$\alpha_{右} = R\text{-}270°$$

从以上竖直角计算公式中可以归纳出竖直角计算的一般公式。

在观测竖直角前，首先判断物镜抬高（仰角）时，竖盘读数时增加还是减小，然后按下述方法进行计算：

物镜抬高（仰角）时，读数增大，则：

$$\alpha = 照准目标时竖盘的读数 - 视线水平时竖盘的读数$$

物镜抬高（仰角）时，读数减小，则：

$$\alpha = \text{视线水平时竖盘的读数} - \text{照准目标时竖盘的读数}$$

上述方法，不论何种注记形式，无论是盘左还是盘右，都是适用的。

3）竖盘指标差

上述竖直角的计算公式是一种理想的情况，竖盘指标水准管气泡居中时，竖盘读数为 90° 或 270° 。但实际上这种情况是无法实现的，而是竖盘指标水准气泡居中时，竖盘指标不是正好指在 90° 或 270° 这个整数上，而是与这个整数相差一个 x 角，此 x 角称为竖盘指标差。如图 1–19 所示，竖盘指标的偏移方向与竖盘注记增加方向一致时 x 为正值，反之为负值。

由于竖盘指标差的存在，则计算竖直角的式（ $\alpha_{左} = L - 90°$ ）和式（ $\alpha_{右} = 270°\text{-}R$ ）应改写为：

$$\alpha_{左} = L - 90°\text{-}x$$
$$\alpha_{右} = 270°\text{-}R + x$$

而式（ $\alpha_{左} = 90° - L$ ）和式（ $\alpha_{右} = R\text{-}270°$ ）应改写为：

$$\alpha_{左} = 90°\text{-})(L - x \ = 90°\text{-L} + x$$
$$\alpha_{右} = (R - x) - 270° = R - 270°\text{-}x$$

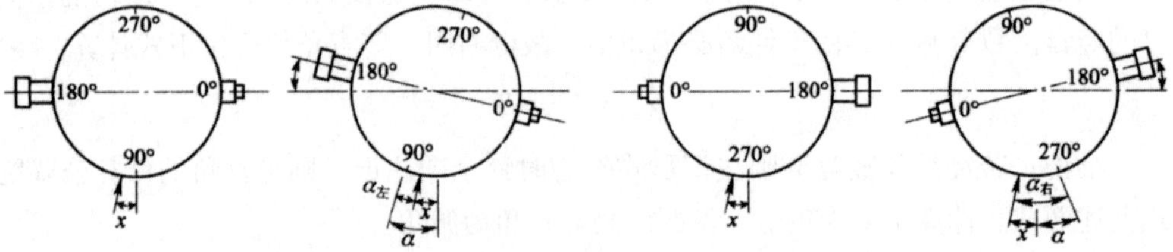

（a）盘左　　（b）盘右

图1–19　竖盘指标差

从上面可以看出，在计算竖直角时，若取盘左、盘右测得的竖直角的平均值，可以自动消除竖盘指标差的影响。因此，在竖直角观测时，一般应取盘左、盘右测得的竖直角的平均值作为竖直角值。

$$\alpha = \frac{\alpha_{左}\text{-}\alpha_{右}}{2}$$

且令 $\alpha_{左} = \alpha_{右}$，即可得出竖盘指标差的计算公式：

$$x = \frac{L + R - 360°}{2}$$

4）竖直角的观测

由于望远镜视准轴水平时的竖盘读数为已知常数（90° 或 270° ），故竖直角观测不必观测视线水平方向，只需观测目标点，并读得该倾斜视线方向的竖盘读数，即可按前述公式求得竖直角。因此，竖直角的基本观测方法是将经纬仪安置在测站点上，对中、整平及判定注记形式后，按下述步骤进行观测：

①盘左精确照准目标，使十字丝的中丝与目标相切。转动竖盘指标水准管微动螺旋，使竖盘指标水准管气泡居中（自动归零型仪器无须此项操作，但有补偿器开关的仪器必须打开补偿器的开关）。读取竖盘读数 L（如 59° 29′ 48 〃），并记入记录手簿（表 2–6）。

②盘右精确照准原目标，使十字丝的中丝与目标相切。转动竖盘指标水准管调整螺旋，使竖盘指标水准气泡居中（自动归零型仪器无须此项操作）。读取竖盘读数 R（如 300° 29′ 48"），并记入记录手簿（表 1–13）。

表 1–13 竖直角观测记录手簿

测站	目标	盘位	竖盘读数（0′ "）	半测回竖直角（0′ "）	指标差（0′ "）	一测回竖直角（0′ "）	备注
O	A	左	59 29 48	+30 30 12	–12	+30 30 00	
		右	300 29 48	+30 29 48			
	B	左	93 18 42	–3 18 42	–14	–3 18 54	
		右	266 40 54	–3 19 06			

③根据竖盘注记形式选用竖直角计算公式。将 L、R 代入相应公式，便可计算出竖直角。为了消除仪器的误差，提高测量精度，应取盘左、盘右结果的平均值作为竖直角值。

需要说明的是：竖盘指标差属于仪器本身的误差，一般情况下，竖盘指标差的变化很小，可视为定值，如果观测各目标时计算的竖盘指标差变动较大，说明观测质量差。通常规定 DJ_6 经纬仪竖盘指标差的变动范围应不超过 ± 15"。

（3）DJ_6 经纬仪角度观测误差及注意事项

1）角度观测的误差

角度测量误差来自仪器误差、观测误差和外界条件影响三个方面。

①仪器误差

仪器误差的主要来源有两个方面：

A．仪器制造、加工不完善所引起的误差。如照准部偏心差和度盘刻画误差，属于仪器制造误差。照准部偏心差是指照准部旋转中心与水平度盘中心不重合，导致指标在刻度盘上读数时产生误差，这种误差可采取盘左、盘右取平均值的方法来消除。度盘刻画误差是指度盘分划不均匀所造成的误差，就现代光学经纬仪而言，此项误差一般都很小，可在水平角观测中，采用不同测回之间变换度盘位置的方法来进一步减小其影响。

B．仪器检校不完善的残余误差。经纬仪各部件（轴线）之间，如果不满足应有的几何条件，就会产生仪器误差，即使经过校正，也难免存在残余误差。例如，视准轴不垂直于横轴、横轴不垂直于竖轴的残余误差对水平角观测的影响，以及竖盘指标差的残余误差对竖直角观测的影响等。通过分析研究可知，这些误差均可采用盘左、盘右两次观测，然后取两次结果平均值的方法来消除。而十字丝竖丝不垂直于横轴的误差影响，可采用每次观测时均采用十字丝交点照准目标的观测方法予以消除。

②观测误差

观测误差是指观测者在观测操作过程中产生的误差。例如：对中误差、整平误差、标杆倾斜误差、照准误差和读数误差等。

对中误差：在测站点上安置经纬仪，必须进行对中。仪器安置完毕后，仪器的中心未位于测站点铅垂线上的误差，称为对中误差对中误差对水平角观测的影响与待测水平角边长成反比。所以，当要测水平角的边长较短时，尤应注意仔细对中。

整平误差：仪器安置未严格水平而产生的误差。整平误差导致水平度盘不能严格水平，竖盘及视准面不能严格竖直。它对测角的影响与目标的高度有关，若目标与仪器同高，其影响很小；若目标与仪器高度不同，其影响将随高差的增大而增大。因此，在丘陵、山区观测时，必须精确整平仪器。

标杆倾斜误差（又称目标偏心误差）：是指在观测中，实际瞄准的目标位置偏离地面标志点而产生的误差。如图 1–20 所示，O 为测站点，A 为目标点（地面标志点），边长为 A 在目标点 d 处竖立标杆作为照准标志。若标杆倾斜，测角时未能照准标杆底部 A 而照准了 B 点，设 B 点至标杆底端 A 的长度为 l，则照准点偏离目标而引起目标偏心差；标杆倾斜误差对竖直角观测的影响与标杆倾斜的角度、方向、距离以及竖直角大小等因素有关。由于竖直角观测时通常均照准标杆顶部，当标杆倾斜角大时，其影响不容忽略，故在观测竖直角时应特别注意竖直标杆。

照准误差：影响照准精度的因素很多，如人眼的分辨角、望远镜的放大率、十字丝的粗细、目标的形状及大小、目标影像的亮度、清晰度以及稳定性和大气条件等。所以尽管观测者已经尽力照准目标，但仍不可避免地存在程度不同的照准误差。此项误差无法消除，只能选择适宜的照准目标，在其形状、大小、颜色和亮度的选择上多下功夫，改进照准方法，仔细完成照准操作。这样，方可减少此项误差的影响。

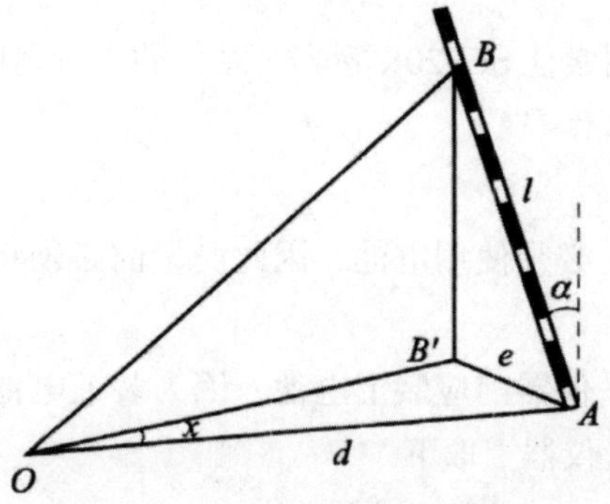

图1–20 标杆倾斜误差示意图

读数误差：读数误差是指对测微装置估读的误差，它主要取决于仪器的读数设备，它与照明情况和观测者的技术熟练程度有一定关系，一般误差值为测微器最小格值的1/10。

③外界条件的影响

外界条件的影响很多，也比较复杂。如大风会影响仪器和标杆的稳定，温度变化会影响仪器的正常状态，大气折光会导致光线改变方向，地面辐射又会加剧大气折光的影响，雾气

使目标成像模糊，烈日曝晒会使仪器轴系关系发生变化，地面土质松软会影响仪器的稳定等，都会给测量带来误差。

2）角度观测的注意事项

为了保证测角的精度，满足测量的要求，观测时必须注意下列事项：

观测前应先检验仪器。发现仪器有误差应立即进行校正，并在观测中采用盘左、盘右取平均值和用十字丝照准等方法，减小和消除仪器误差对观测结果的影响。

安置仪器要稳定，脚架应踏牢。对中整平应仔细，短边时应特别注意对中，在地形起伏较大的地区观测时，应严格整平。

目标处的标杆应竖直。根据目标的远近选择不同粗细的标杆。

观测时应严格遵守各项操作规定。例如，照准时应消除视差；水平角观测时，切勿误读度盘；竖直角观测时，应在读取竖盘读数前，显示指标水准管气泡居中等。

水平角观测时，应以十字丝交点附近的竖丝照准目标根部。竖直角观测时，应以十字丝交点附近的横丝照准目标顶部。

读数应准确。观测时应及时记录和计算。

各项误差值应在规定的限差以内，超限必须重测。

2. 全站仪角度测量

本部分内容主要介绍索佳 SET20K 系列全站仪的进行角度测量。

（1）测量前的准备工作

1）安装电池

全站仪是电子仪器，必须使用电池，因此测量前必须将电池充足电，充电要用仪器自带的专用充电器。

需要注意的是，整平仪器前应装上电池，因为装上电池后仪器会发生微小的倾斜。观测完毕须将电池从仪器上取下。

2）架设仪器

全站仪对中和整平两项工作，方法同光学经纬仪的对中与整平。

3）开机

通过仪器键盘上的开关键开启。

4）水平度盘和竖直度盘指标设置

全站仪每次开机后，必须对水平度盘和竖直度盘指标进行设置，正常后方可开始测量工作。

5）设置仪器参数

测前应通过仪器的键盘操作来选择和设置参数。主要包括：观测条件参数设置、日期和时钟的设置、通信条件参数的设置和计量单位的设置等。

6）其他方面

对于不同型号的全站仪，在必要情况下，应根据测量的具体情况进行其他方面的设置。例如，恢复仪器参数出厂设置、数据初始化设置、水平角恢复、倾角自动补偿、视准差改正及电源自动切断等。

全站仪可以完成角度（水平角、垂直角）测量、距离（斜距、平距、高差）测量、坐标测量、放样测量、交会测量及对边测量等十多项测量工作。

这里仅介绍水平角测量基本方法。

（2）水平角测量

使用全站仪进行水平角测量时，可将其中一点方向作为起始方向，并通过键盘操作，将望远镜照准该方向时水平度盘的读数设置为 0° 00′ 00″，简称为水平方向置零，此后，照准另一点方向时，水平度盘显示的读数即为水平角。当然，使用测回法测量水平角时，也可以不置零，就按照经纬仪的观测水平角的方法进行观测和计算。

3. 角度测量误差分析

（1）测量误差分析

角度测量误差是指在测量工作中，由于仪器设备不够完善（仪器误差），观测者感官的局限性（观测误差）以及外部环境瞬间变化的随机性（外界影响），使得对某一量的观测值偏离了真值或理论值，从而产生真误差或闭合差。例如：对某一三角形中的内角进行观测，三内角观测值之和不等于 180°（多边形内角和的理论值）。

1）测量误差的分类与处理原则

测量误差按其对观测成果的影响性质，可分为系统误差和偶然误差两大类。前者为大误差，多发生于仪器设备；后者属小误差，多由一系列不可抗拒的随机扰动所致。

①系统误差

在相同的观测条件下，对某一观测量进行一系列的观测，若误差的大小及符号相同，或按一定的规律变化，那么这类误差称为系统误差。系统误差对测量成果影响较大，且具有累积性，应尽可能消除或限制到最低程度，其常用的处理方法有：

检校仪器。把系统误差降低到最低程度，如降低指标差等。

加改正数。在观测结果中加入系统误差改正数，如尺长改正等。

采用适当的观测方法。使系统误差相互抵消或减弱，如测水平角时采用盘左、盘右观测以消除视准轴误差，测竖直角时采用盘左、盘右观测以消除指标差，采用前后视距相等来消除由于水准仪的视准轴不平行于水准管轴带来的；角误差等。

②偶然误差

在相同的观测条件下，对观测量进行一系列的观测，大量的观测数据表明，误差出现的大小及符号在个体上没有任何规律，纯属偶然性，但从总体上看，误差的取值范围、大小和符号却服从一定的统计规律，这类误差称为偶然误差，或随机误差。

例如，在厘米分划的水准尺上读数，由观测者估读毫米数时，有时估读偏大，有时估读偏小。又如大气折光使望远镜中目标成像不稳定，使观测者瞄准目标时，有时偏左，有时偏右等。

偶然误差是不可避免的，通常采用以下方法处理偶然误差：

提高仪器等级。使观测值的精度得到有效的提高，从而限制了偶然误差的大小。

降低外界影响。选择有利的观测环境和观测时间，避免不稳定因素的影响，以减小观测值的波动；提高观测人员的技术修养和实践技能，正确处理观测与影响因子的协调关系和抗外来影响的能力，以稳、准、快地获取观测值；严格按照技术标准和操作程序观测等，以达到稳定和减少外界影响，缩小偶然误差的波动范围。

进行多余观测。在测量工作中进行多于必要观测的观测，称为多余观测。例如，一个角度测量用一个全测回作为必要观测，则再进行一个盘左或盘右测量就属于多余观测；又如，多变形由若干个地面点构成一个平面多边形，在这些点上进行水平角观测，其中 n–1 个角度属于必要观测，则第 n 个角度的观测就属于多余观测。有了多余观测，就可以发现观测值的误差。

2）偶然误差的分析

测量误差理论主要讨论具有偶然误差的一系列观测值中如何求得最可靠的结果和评定观测成果的精度。

设某一量的真值为 X，对此量进行 n 次观测，得到的观测值为 l_1、l_2、l_3、…、ln，在每次观测中产生的真误差（属于偶然误差）为 $\triangle_1$、$\triangle_2$、…、△ n，则定义：

$$\Delta_i = X - l_i$$

从单个偶然误差来看，其符号的正负和数值的大小没有任何规律性，但是，如果观测的次数很多，从其大量的偶然误差，就能发现隐藏在偶然性下面的必然规律。进行统计的数量越大，规律性也越明显。

在某一测区，于相同的观测条件下共观测了 217 个三角形的全部内角，由于每个三角形内角之和的真值（180° ）为已知，因此，可以按上式计算每个三角形内角之和的真误差△ i（三角形内角和闭合差），将它们分为负误差、正误差，按绝对值由小到大排列次序；以误差区间 d △ =3" 进行误差个数 n_i 的统计，并计算其相对个数 n/n（n=217），n_i/n 称为误差出现的频率。

可以归纳出偶然误差的特性如下：

①有界性。在一定观测条件下的有限次观测中，偶然误差的绝对值不会超过一定的限值。

②单峰性。绝对值较小的误差出现频率大，绝对值较大的误差出现的频率小。

③对称性。绝对值相等的正、负误差出现的频率大致相等。

④补偿性。当观测次数无限增大时，偶然误差的算术平均值趋近于零，即偶然误差具有

抵偿性，用公式表示为：

$$\lim_{n\to\infty}\frac{\Delta_1+\Delta_2+\ldots+\Delta_n}{n}=\lim_{n\to\infty}\frac{[\Delta]}{n}=0$$

式中　［△］——取括号中数值的代数和。

在同一观测条件下，随着观测个（次）数的无限增多（n→∞），同时又无限缩小误差的区段值 d△（d△→0），则图 1-21 中各小长条顶边的折线就逐渐成为如图 1-22 所示的一条光滑曲线，称为误差分布曲线，该曲线在概率论中称为“正态分布曲线”。它完整地表示了偶然误差出现的频率，即当 n→∞时，偶然误差出现在各区段的频率也就趋于一个确定的数值，这就是偶然误差出现在各区段的频率。

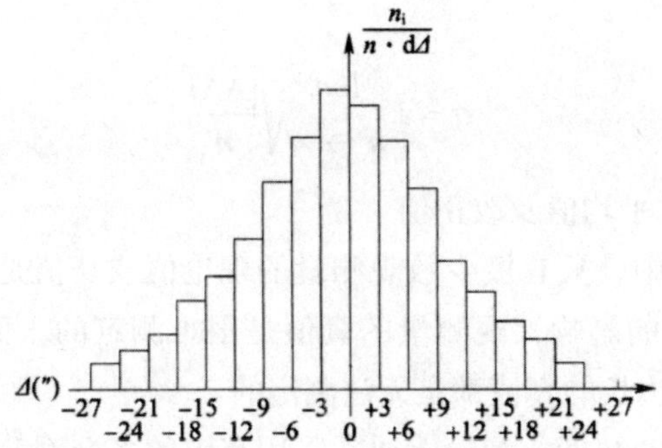

图 1-21　频率直方图

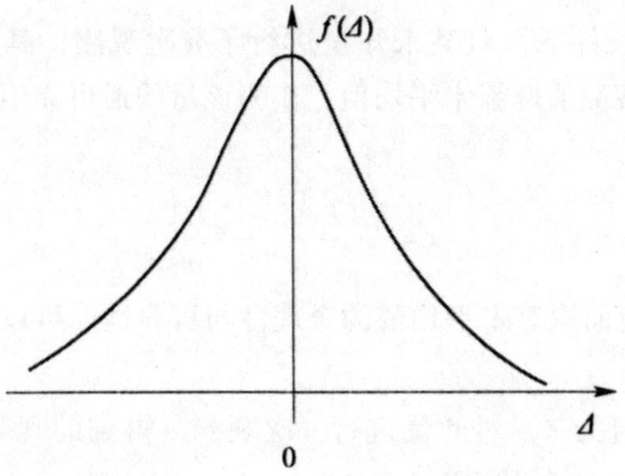

图 1-22　误差分布曲线示意图

由此可见，偶然误差的频率分布随着 n 的增大，是以正态分布为极限的。正态分布曲线的数学方程为：

$$f(\Delta)=\frac{1}{\sqrt{2\pi}\sigma}e^{-\frac{\Delta^2}{2\sigma^2}}$$

式中　π ——圆周率（3.1415926）；

e ——自然对数的底（2.7183）;

σ ——标准差。

标准差的平方为方差，方差为偶然误差平方的理论平均值：

$$\sigma^2=\lim_{n\to\infty}\frac{\Delta_1^2+\Delta_2^2+...+\Delta_n^2}{n}=\lim_{n\to\infty}\frac{[\Delta\Delta]}{n}$$

标准差：

$$\sigma=\pm\lim_{n\to\infty}\sqrt{\frac{[\Delta\Delta]}{n}}$$

3）观测值的算术平均值及改正值

在实际测量工作中，只有极少数观测量的理论值或真值是可以预知的，一般情况下，由于测量误差的影响，观测量的真值是很难测定的。例如，在导线测量时，导线点左右角、导线边长的真值都是无法测定的。

为了提高观测值的精度，测量上通常采用有限的多余观测，通过计算观测值的算术平均值 $\bar{x}$ 来代替观测量的真值 X，用改正数 v_i 代替真误差 $\triangle_i$，以解决实际问题。

①算术平均值

在等精度观测条件下，对某未知量进行了 n 次观测，其观测值分别为 l_1、l_2、l_3、…、l_n，将这些观测值取算术平均值，作为该量的最可靠值，称为该量的“最或是值”：

$$\bar{x}=\frac{l_1+l_2+...+l_n}{n}\frac{[l]}{n}$$

多次获得观测值而取算术平均值的合理性与可靠性，可以通过偶然误差的特性来证明。

设某一量的真值为 X，对此量进行 n 次观测，得到的观测值为 l_1、l_2、l_3、…、l_n，在每次观测中产生的真误差为 $\triangle_1$、$\triangle_2$、…、$\triangle_n$，则：

$$\left.\begin{aligned}\Delta_1&=X-l_1\\\Delta_2&=X-l_2\\&\cdots\\\Delta_n&=X-l_n\end{aligned}\right\}$$

将上面等式相加，并除以 n 得到：

$$\frac{[\Delta]}{n}=X-\frac{[l]}{n}$$

根据偶然误差的特性，当观测次数无限增多时，$\frac{[\Delta]}{n}$ 就会趋近于零，$\lim\limits_{n\to\infty}\frac{[\Delta]}{n}$ =0，从而有 = $\frac{[l]}{n}=X$ 。

也就是说，当观测次数无限增多时，观测值的算术平均值 ¯ 趋近于该量的真值 X。但是在实际测量中，不可能对某一量进行无限次观测，因此，就把有限个观测值的算术平均值作为该量的最或是值。

②观测值的改正数

算术平均值 $\bar{x}$ 与观测值 l_i（i=1，2，…，n）之差，称为观测值的改正数 v_i：

$$\left.\begin{aligned} v_1&=\bar{x}-l_1\\ v_2&=\bar{x}-l_2\\ &\cdots\\ v_n&=\bar{x}-l_n \end{aligned}\right\}$$

将上面等式相加得到：

$$[v]=n\overline{x}-[l]$$

又由式（$\bar{x}=\frac{l_1+l_2+\ldots+l_n}{n}\frac{[l]}{n}$）则有：

$$[v]=n\frac{[l]}{n}-[l]=0$$

由此可见，一组观测值取算术平均值后，其改正数之和恒等于零。这一公式可以作为计算中的校核。

4）评定观测值精度的标准

在等精度的观测条件下，若偶然误差较集中于零附近，说明其误差分布的离散度小，表明该组观测质量较好，也就是观测精度高；若误差分布离散度大，表明该组观测质量较差，也就是观测精度低。所谓精度，就是指误差分布的离散程度。衡量离散程度的大小，可用精度来衡量，衡量精度的指标有多种，我国目前采用的有以下几种。

①中误差

为了统一衡量在一定观测条件下观测结果的精度，取标准差 σ 作为依据是比较理想的。不同的对应着不同形状的分布曲线 σ 越小，曲线越陡 σ 越大，曲线越缓，σ 的大小能反映精度的高低，故多用标准差来衡量精度的高低。

但是，在实际测量工作中，不可能对某一量做无限多次观测，因此，定义按有限次数观测值的真误差求得标准差 σ 的估值称为“中误差”，通常以 m 表示。

A．用真误差来确定中误差

在等精度观测条件下，对真值为 X 的某一量进行 n 次观测，其观测值为 l_1、l_2、l_3、…l_n，则每次观测中产生的真误差为 Δ_1、Δ_2、…、Δ_n 取各真误差平方平均值的平方根为观测值的中误差，即：

$$m=\sqrt{\frac{\Delta_1^2+\Delta_2^2+...\Delta_n^2}{n}}=\pm\sqrt{\frac{[\Delta\Delta]}{n}}$$

B．用观测值的改正数来确定中误差

在实际测量工作中，观测值的真位 X 往往是不知道，因此，真误差△也无法求得，此时，就不能用公式求中误差，而是通过观测值的改正数 v_i 计算观测值中误差。在此情况下，中误差的计算公式为（在此不做推导）：

$$v_i=\bar{x}-l_i(i=1,2,...,n)$$

$$m=\pm\sqrt{\frac{[vv]}{n-1}}$$

②容许误差

由偶然误差的第一特性得到，在等精度的观测条件下，偶然误差的绝对值不会超过一极限值。实践表明：在大量同精度观测的一组误差中，误差△落在（-σ，+σ）、（-2σ，+2σ）、（-3σ，+3σ）的概率分别为：

$$P(-\sigma\langle\Delta\langle+\sigma)\sim 68.3\%$$
$$P(-2\sigma\langle\Delta\langle+2\sigma)\sim 94.4\%$$
$$P(-3\sigma\langle\Delta\langle+3\sigma)\sim 99.7\%$$

可见绝对值大于三倍中误差的偶然误差出现的概率仅有 0.3%，绝对值大于两倍中误差的偶然误差出现的概率约占 4.6%，因此通常以三倍中误差作为偶然误差的极限值△ m，并称为极限误差，即：

$$\Delta m=3m$$

为防止观测值存在较大的误差，规范常以两倍或三倍中误差作为观测误差的容许值，称为容许误差，即：

$$\Delta_{容}=2m或\Delta_{容}=3\mathrm{m}$$

在测量工作中，如某观测量的误差超过了容许误差，就可以认为它是错误的，其观测值应舍去重测。

三、导线距离测量

1. 钢尺丈量距离

（1）丈量工具

1）钢尺

钢尺又称为钢卷尺，是钢制成的带状尺，尺的宽度为 10 ~ 15mm，厚度约 0.4mm，长度有 20m、30m、50m 等数种。钢尺可以卷放在圆形的尺壳内，也有的卷放在金属尺架上。

钢尺的基本分划为厘米，每厘米及每米处刻有数字注记，全长都刻有毫米分划。按尺的零点刻画位置，钢尺可分为端点尺和刻线尺两种，钢尺的最外端作为尺子零点的称为端点尺，尺子零点位于钢尺内部的称为刻线尺。

2）皮尺

皮尺是用麻线或加入金属丝织成的带状尺。长度有 20m、30m、50m 数种。也可卷放在圆形的尺壳内，尺上基本划分为厘米、尺面每十厘米和整米有注字，尺端钢环的外端为尺子的零点。皮尺携带和使用都很方便，但是容易伸缩，量距精度比钢尺低，一般用于低精度的地形细部测量和土方工程的施工放样等。

3）花杆和测钎

花杆又称为标杆，是由 3 ~ 4cm 的圆木杆制成，杆上按 20cm 间隔涂有红、白油漆，杆底装有锥形铁脚，主要用来标点和定线，常用的有长 2m、3m 两种。另外，目前已生产了用合金制成的花杆，每根长 1m，端点可通过螺旋连接，携带非常方便。

测钎用粗铁丝做成，长 30 ~ 40cm，按每组 6 根或 11 根套在一个大环上，测钎主要用来标定尺端点的位置和计算所丈量的尺段数。

在距离丈量的附属工具中还有垂球，主要用于对点、标点和投点。

（2）导线定线

在导线边距离丈量工作中，当地面两点之间距离较远，不能用一尺段量完时，就需要在两点所确定的直线方向上标定若干个中间点，并使这些中间点位于同一直线上，这项工作称为直线定线（图 1–23）。根据丈量的精度要求，可用标杆目测定线和经纬仪定线。

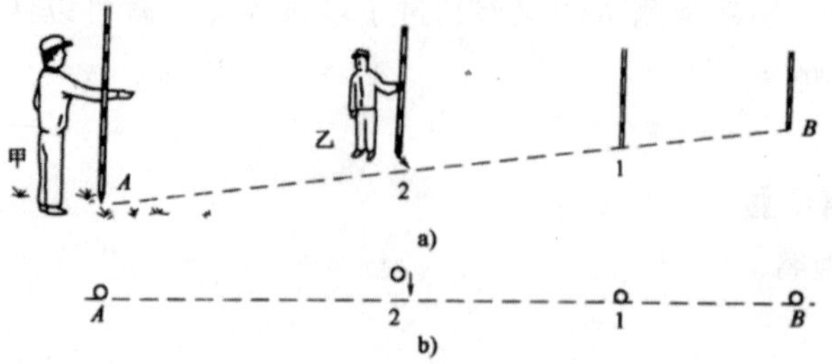

图1-23 两点间目测定线示意图

1）目测定线

①两点间通视时花杆目测定线

如图1-23所示，设A、B两点互相通视，要A、B在两点间的直线上标出1、2中间点。先在A、B点上竖立花杆，甲站在A点花杆后约1m处，目测花杆的同侧，由A瞄向B构成一视线，并指挥乙在1附近左右移动花杆，直到甲从A点沿花杆的同一侧看A、1、B三支花杆在同一条线上为止，同时可以定出直线上的其他点。两点间定线，一般应由远到近进行定线。定线时，所立花杆应竖直。此外，为了不挡住甲的视线，乙持花杆应站立在垂直于直线的一侧。

②两点间不通视时花杆目测定线

假设A、B、C、D在同一直线上如图1-24所示，A、B两点互不通视，这时可以采用逐渐趋近法定直线。先在A、B两点竖立花杆，甲、乙两人各持花杆分别站在C_1和D_1处，甲要站在可以看到B点处，乙要站在可以看到A点处。先由站在C_1处的甲指挥乙移动至BC_1直线上的D_1处，然后由站在D_1处的乙指到C、D、B三点在同一直线上，说明A、C、D三点也在同一直线上，则说明A、C、D、B在同一直线上。

2）经纬仪定线

精确丈量时，为保证丈量的精度，需用经纬仪定线。

①两点间通视时经纬仪定线

如图1-25所示，欲丈量直线AB的距离，在清除直线上的障碍物后，在A点上安置经纬仪对中、整平后，先照准B点处的花杆（或测钎），使花杆底部位于望远镜的竖丝上后，固定照准部，在经纬仪所指的方向上用钢尺进行测量，依次定出比一整尺段略短的A1、12、23、…、6B等尺段。在各尺段端点打下大木桩，桩顶高出地面2 ~ 5cm，在桩顶钉一白铁皮，用经纬仪进行定线投影，在各白铁皮上用小刀划出AB方向线，再划一条与AB方向垂直的横线，形成十字，十字中心即为AB

分段点。

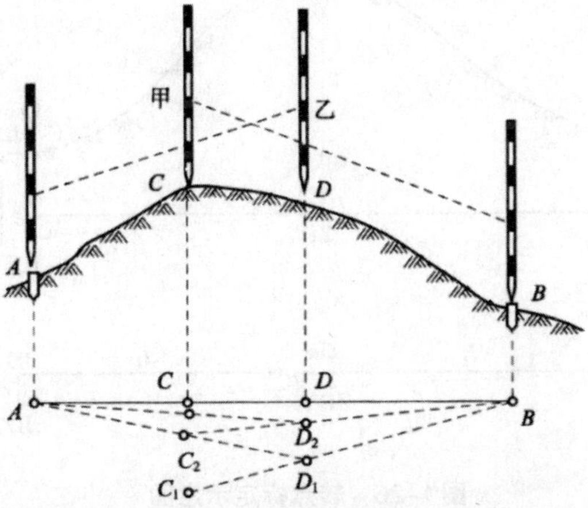

图1–24　两点间不通视时花杆目测定线示意图

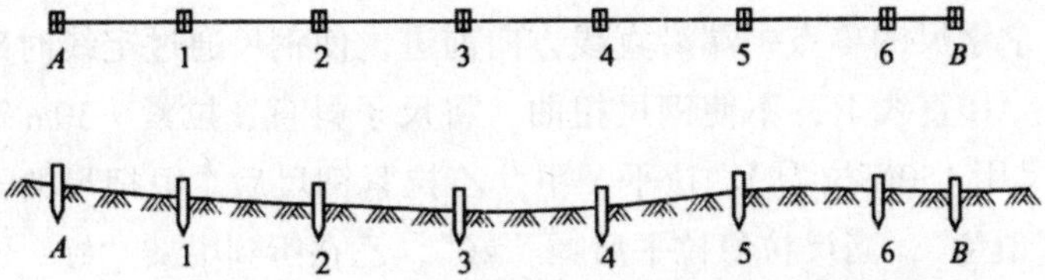

图1–25　经纬仪定线示意图

②两点间不通视时的经纬仪定线

采用转点测设，即当两交点间不通视或距离太长无法观测或量距困难时，在两交点间增设转点，转点至交点或转点距离通常为 50 ~ 500m。前后交点已固定，要求所标转点必须在两交点的连线上，采用的方法为渐次逼近法。

如图 1–26 所示，已知 JD_i 和 JD_{i+1}，初选转点 $ZD_k^{'}$，置镜于 $ZD_k^{'}$，后视 JD_i，倒镜延长直线标出 JD_{i+1}，视距测出 l_1、l_2，量出 d′，求出 $ZD_k^{'}$。偏离值 d′，即：$d'=\frac{l_1}{l_1+l_2}d$。从 $ZD_k^{'}$，量取 d′ 得 $ZD_k^{''}$，重复以上步骤，直至所取 ZD_k 符合要求为止。

（3）距离丈量方法

用钢尺或皮尺进行距离丈量的方法基本上是相同的，以下介绍用钢尺进行距离丈量的方法。钢尺量距一般需要三个人，分别担任前尺手、后尺手和记录员的工作。

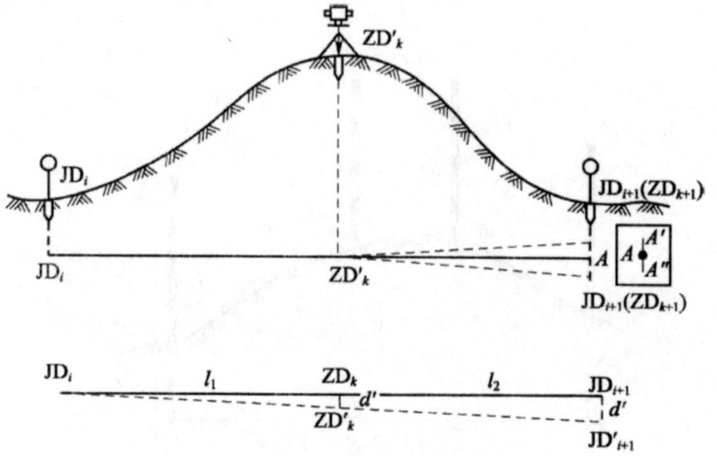

图1–26　转点标定示意图

1）平坦地面的丈量方法

如图 1–27 所示，丈量前，先进行花杆定线，丈量时，后尺手甲拿着钢尺的末端在起点 A，前尺手乙拿钢尺的零点一端沿直线方向前进，使钢尺通过定线时确定的中间点，保证钢尺在 AB 直线上，不使钢尺扭曲，将尺子抖直、拉紧（30m 钢尺用 100N 拉力，50m 钢尺用 150N 拉力）、拉平。甲、乙拉紧钢尺后，甲把尺的末端分划对准起点 A 并喊“预备”，当尺拉稳拉平后喊“好”，乙在听到甲喊“好”的同时，把测钎对准钢尺零点刻画垂直地插入地面，这样就完成了第一整尺段的丈量。甲、乙两人抬尺前进，甲到达测钎或画记号处停住，重复上述操作，量完第二整尺段。最后丈量不足一整尺段时，乙将尺的零点刻画对准 B 点，甲在钢尺上读取不足一整尺段值，则 A、B 两点的水平距离为：

$$D_{AB} = nl + q$$

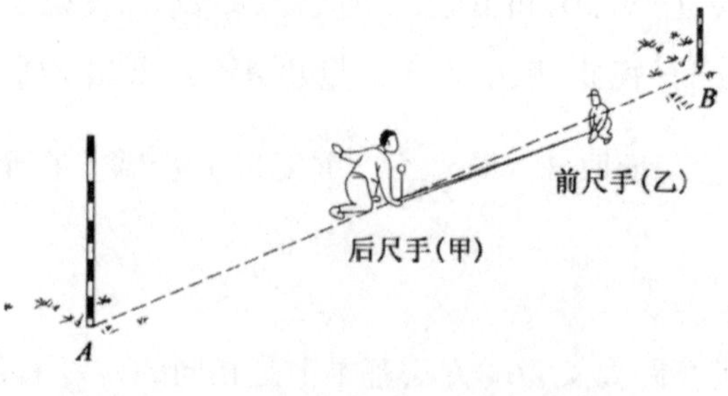

图1–27　平坦地面的距离丈量示意图

式中　n——整尺段数；

l——整尺段长；

q——不足一整尺段值。

在平坦地面上，钢尺沿地面丈量的结果就是水平距离；丈量结果记录在表 1–14 的量距手簿上。

表 1–14　一般量距手簿

测线		观测值			精度	平均值	备注
		整尺段	非整尺段	总长			
AB	往	4 × 30	15.309	135.309	1/3500	135.328	
	返	4 × 30	15.347	135.347			

为了防止错误和提高丈量精度，一般需要往返丈量，在符合精度要求时，取往返丈量的平均距离为丈量结果。丈量的精度是用相对误差来表示的，它是往返丈量的差值 $\Delta D(\Delta D = D_{AB} - D_{BA})$ 的绝对值与往返丈量的平均距离 $D_0[D_0 = \frac{D_{AB} - D_{BA}}{2}]$ 之比，通常以 K 表示，并将分子化为 1，分母取整数。即：

$$K = \frac{|\Delta D|}{D_0} = \frac{1}{D_0 / |\Delta D|}$$

相对误差的分母愈大，说明量距的精度愈高。在一般情况下，平坦地区的钢尺量距精度应高于 1/2000，在山区也应不低于 1/1000。

2）斜地面的丈量方法

①平量法

如图 1–28 所示，当地面的坡度不大时，可将钢尺抬平丈量。欲丈量 AB 间的距离，将尺的零点对准 A 点，将尺抬高，并由记录者目估使尺拉水平，然后用垂球将尺的末端投于地面上，再插以测钎，若地面倾斜度较大，将整尺段拉平有困难时，可将一尺段分成几段来平量，如图 1–28 所示的 MN 段。

②斜量法

如图 1–29 所示，当地面倾斜的坡面均匀时，可以沿斜坡量出 AB 的斜距 L，测出 AB 两点的高差 h，或测出倾斜角 α，然后根据下面两式计算 AB 的水平距离。

$$D = \sqrt{L^2 - h^2}$$

$$D = L.\cos\alpha$$

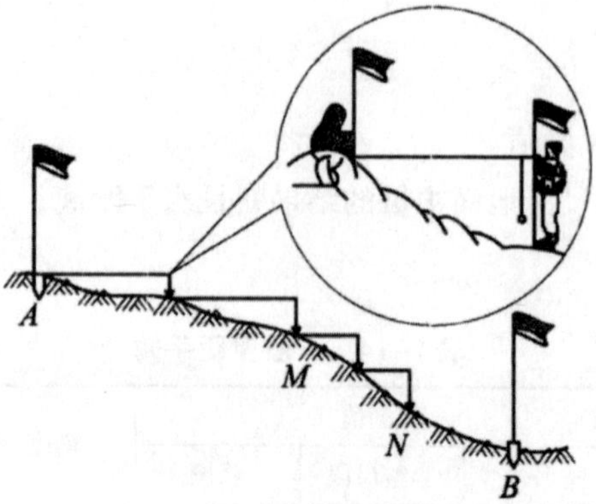

图1–28　平量法量距示意图

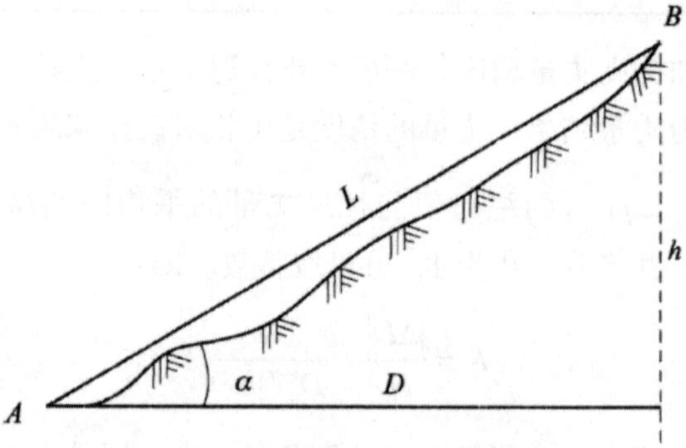

图1–29　斜量法量距示意图

2. 全站仪距离测量

使用全站仪进行距离测量的步骤如下：

步骤一：照准目标。

步骤二：在测量模式第一页菜单下按［测距］键开始测量。

步骤三：测距开始后，仪器闪动显示测 距模式、棱镜常数改正值、气象改正值等信息。

步骤四：一声短响声后，屏幕上显示出距离“S”、天顶距“ZA”和水平角“HAR”的测量值。

步骤五：按［停］键停止距离测量。

步骤六：按［切换］键可使距离值的显示在斜距“S”、平距“H”和高差“V”之间转换。

钢尺量距的误差分析及注意事项：

（1）量距误差分析

钢尺量距的主要误差来源有下列几种：

1）尺长误差。如果钢尺的名义长度和实际长度不符，则产生尺长误差。尺长误差是积累的，误差累积的大小与丈量距离成正比。往返丈量不能消除尺长误差，只有加入尺长改正才能消除。因此，新购置的钢尺必须经过鉴定，以求尺长改正值。

2）温度误差。钢尺的长度随温度而变化，当丈量时的温度和标准温度不一致时，将产生温度误差。钢的膨胀系数按 1.25×10^{-5} 计算，温度每变化 1℃其影响为丈量长度的 1/80000。一般量距时，当温度变化小于 10℃时，可以不加改正，但精密量距时，必须加温度改正。

3）尺子倾斜和垂曲误差。由于地面高低不平，钢尺沿地面丈量时，尺面出现垂曲而形成曲线，将使量得的长度比实际要大。因此，丈量时，必须注意尺子水平，整尺段悬空时，中间应有人托一下尺子，否则会产生不容忽视的垂曲误差。

4）定线误差。由于丈量时的尺子没有准确地放在所量距离的直线方向上，使所丈量距离不是直线而是一组折线的误差，称为定线误差。一般丈量时，要求花杆定线偏差不大于 0.lm，仪器定线偏差不大于 5 ~ 7cm。

5）拉力误差。钢尺在丈量时所受拉力应与检定时拉力相同，否则将产生拉力误差。拉力的大小将影响尺长的变化。对于钢尺，若拉力变化 70N，尺长将改变 1/10000，故在一般丈量中，只要保持拉力均匀即可。而对较精密的丈量工作，则需使用弹簧秤。

6）对点误差。丈量时，用测钎在地面上标志尺端点位置时，若插测钎不准，或前、后尺手配合不佳，或余长读数不准，都会引起丈量误差，这种误差对丈量结果的影响可正可负，大小不定，故在丈量中应尽力做到对点准确，配合协调。

（2）钢尺的维护

钢尺易生锈，工作结束后，应用软布擦去尺上的泥和水，涂上机油，以防生锈；钢尺易折断，如果钢尺出现卷曲时，切不可用力硬拉。

在行人和车辆多的地区量距时，中间要有专人保护，严防尺被车辆压过而折断。不得将尺子沿地面拖拉，以免磨损尺面刻画；收卷钢尺时，应按顺时针方向转动钢尺摇柄，切不可逆转，以免折断钢尺。

四、导线方向测定

1. 基本方向

在道路工程测量工作中，通常是以子午线作为基本方向。基本方向的子午线分真子午线、磁子午线和轴子午线三种。

（1）真子午线

通过地面上一点指向地球南北极的方向线就是该点的真子午线，它一般是用天文测量的方法确定，也可以用陀螺经纬仪测定。地球表面上任何一点都有它自己的真子午线方向，各点的真子午线都向两极收敛而相交于两极。

地面上两点真子午线间的夹角称为子午线收敛角，如图 1–30（a）中的 γ 角。收敛角的大小与两点所在的纬度及经度的大小有关。

（2）磁子午线

地面上某点当磁针静止时所指的方向线，称为该点的磁子午线方向，磁子午线方向可用罗盘仪测定。由于地球的磁南、北极与地球南、北极并不重合，因此，地面上同一点的真子午线与磁子午线不重合，其夹角称为磁偏角，用 δ 表示。

当磁子午线在真子午线东侧时，称为东偏，δ 为正；当磁子午线在真子午线西侧时，称为西偏，δ 为负。磁偏角 δ 是随地点不同而变化，因此磁子午线不宜作为精密定向的基本方向线。但是，由于确定磁子午线的方向比较方便，因而在独立地区和低等级公路仍可以利用它作为基本方向线。

（3）轴子午线（坐标子午线）

直角坐标系中的坐标纵轴所指的方向，为轴子午线方向或称为坐标子午线。由于地面上各点真子午线都是指向地球的南北极，所以不同点的真子午线方向不是互相平行的，这给计算工作带来不便。因此在普通测量中一般均采用轴子午线作为基本方向。这样测区内地面各点的基本方向都是互相平行的。

在中央子午线上，其真子午线方向和轴子午线方向一致，在其他地区，真子午线与轴子午线不重合，两者所夹的角即为中央子午线与某地方子午线所夹的收敛角 γ。如图 1–30（b）所示，当轴子午线在真子午线以东时，y 为正；反之，轴子午线在真子午线以西时，γ 为负。

2. 方位角

如图 1–31 所示，直线方向一般用方位角来表示。由子午线北方向顺时针旋转至直线方向的水平夹角称为该直线的方位角。方位角的角值范围为 0° ~ 360° 。

以真子午线北端起算的方位角称为真方位角，用 A 表示；

以磁子午线北端起算的方位角称为磁方位角，用 A_m 表示；

由坐标子午线（坐标纵轴）起算的方位角，称为坐标方位角，用 α 表示。

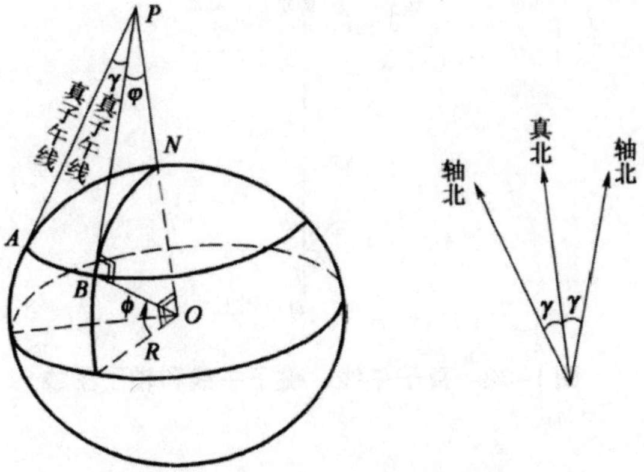

（a）　　（b）

图1–30　子午线收敛角示意图

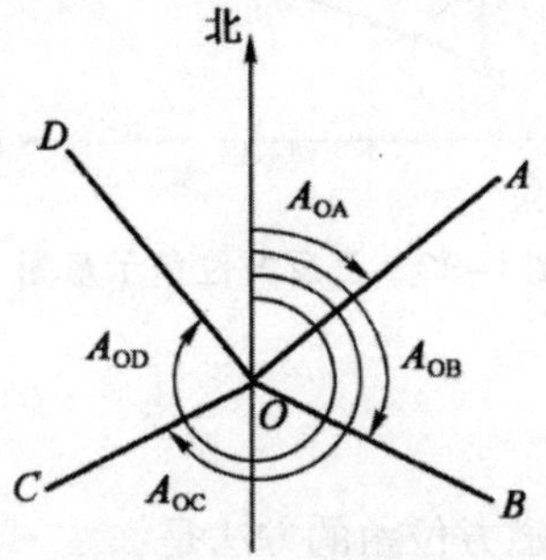

图1–31　方位角示意图

如图 1–32 所示，根据真子午线方向、磁子午线方向、轴子午线方向三者的关系，三种方位角有以下关系：

$$A + A_m + \delta(\delta\text{东偏为正，西偏为负})$$

$$A = \alpha + \gamma(\gamma\text{以东为正，以西为负})$$

因此 $A_m + \delta = \alpha + \gamma$

所以 $\alpha = A_m + \delta - \gamma$

设 AB 从直线的方位角 α_{AB} 为正坐标方位角，如图 1–33 所示，其相反方向的方位角 α_{BA} 则为反坐标方位角，同一直线正、反坐标方位角相差 180°，即：

$$\alpha_{AB} = \alpha_{BA} \pm 180°$$

$$\alpha_{\text{正}} = \alpha_{\text{反}} \pm 180°$$

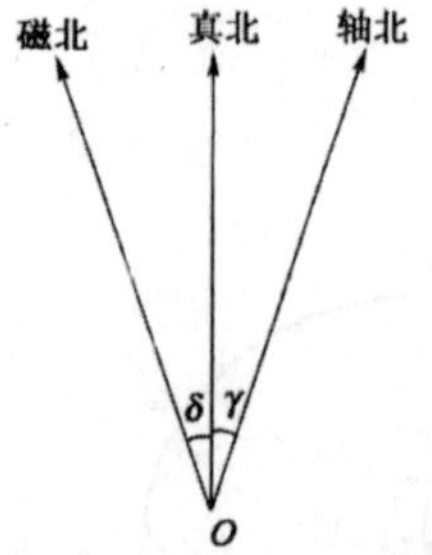

图1-32　真子午线、磁子午线和轴子午线

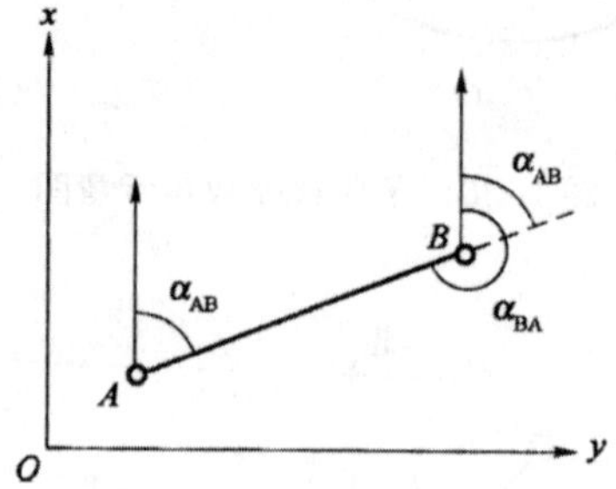

图1-33　正反方位角示意图

3. 罗盘仪测定磁方位角

（1）罗盘仪的使用

用罗盘仪测定某一直线的磁方位角的方法是：

1）安置罗盘仪于直线的一端点上。

2）对中。用垂球进行对中。

3）整平。半松开球臼接头螺旋，摆动罗盘盒使水准器气泡居中后；再旋紧球臼连接螺旋，使度盘处于水平位置。

4）照准。望远镜瞄准直线的另一端点，其步骤与水准仪的望远镜瞄准相同。

5）松开磁针固定螺旋，使它自由转动，待磁针静止时，读出磁针北端所指的度盘读数，即为该直线的磁方位角。

读数时，如果度盘上的0°位于望远镜的物镜端时，应按磁针北端读取读数。当0°位于望远镜的目镜端时，则按磁针南端读取读数。

（2）罗盘仪使用注意事项

1）罗盘仪不能在高压线、铁矿区、铁路旁等使用。

2）罗盘仪使用完毕后，应将磁针升起，固定在顶盖上。

第二章 公路中线测设

第一节 低等级公路中线测设

一、低等级公路实地选定线

公路选线就是根据路线的基本走向和技术标准的要求，结合当地的地形、地质、地物及其他沿线条件和施工条件等，选定一条技术上可行、经济上合理，又能符合使用要求的公路中线的工作。选线的目的就是根据国家建设发展的需要，结合自然条件，选定合理的路线，使筑路费用与使用质量达到统一，且行车迅速安全，经济舒适、构造物稳定耐久并易于养护。

公路选线是整个公路勘测设计的关键，是公路线形设计的重要环节，它对公路的使用质量和工程造价都有很大的影响。选线应包括确定路线基本走向、路线走廊带、路线方案至选定线位的全过程。

路线起、终点必须连接的城镇、工矿企业以及特定的特大桥、特长隧道等的位置，应为路线基本走向的控制点。大桥、长隧道、互通式立体交叉、铁路交叉等的位置，应为路线走向控制点，原则上应服从路线基本走向。中、小桥涵，中、短隧道以及一般构造物的位置应服从路线走向。

1. 实地选线的原则

（1）应针对路线所经地域的生态环境、地形、地质的特性与差异，按拟订的各控制点，由面到带、由带到线，由浅人深、由轮廓到具体，进行比较、优化与论证。当同一起终点的路段内有多个可行路线方案时，应对各设计方案进行同等深度的比较。

（2）影响选择控制点的因素多且相互关联、相互制约，应根据公路功能和使用任务，全面权衡、分清主次，处理好全局与局部的关系，并注意由于局部难点的突破而引起的关系转换给全局带来的影响。

（3）应对路线所经区域、走廊带及其沿线的工程地质和水文地质进行深入调查、勘察，查清其对公路工程的影响程度。遇有滑坡、崩塌、岩堆、泥石流、岩溶、软土、泥沼等不良工程地质的地段，应慎重对待，视其对路线的影响程度，分别对绕、避、穿等方案进行论证比选。当必须穿过时，应选择合适的位置，缩小穿越范围，并采取切实可行的工程措施。

（4）应充分利用建设用地，严格保护农用耕地。

（5）国家文物是不可再生的文化资源，路线应尽可能避让不可移动文物；保护生态环境，并同当地自然景观相协调。

（6）高速公路、具有干线功能的一级公路同作为路线控制点的城镇相衔接时，以接城市环线或以支线连接为宜，并与城市发展规划相协调。新建的二级公路、三级公路应结合城镇周边路网布设，避免穿越城镇。

（7）路线设计是立体线形设计，在选线时应考虑平、纵、横面的相互间组合与合理配合。

2. 实地选线的主要内容

实地选线是由选线人员，根据设计任务书的要求，在现场实地进行勘察测量，经过反复比较，直接选定路线的方法。这是我国传统的选线方法。其特点是简便、切合实际；实地容易掌握地质、地形、地物情况，做出的方案比较可靠；定线时一般不需要大比例尺地形图。但是，这种方法野外工作量很大，体力劳动强度大，野外测设工作受气候季节的影响大；同时，由于实地视野的限制，地形、地貌、地物的局限性很大，使路线的整体布局有一定的片面性和局限性。实地选线适用于一般等级较低、方案比较明确的公路。有条件或地形条件受限制时，可采用纸上定线或纸上移线并现场核定的方法。

直接定线面对实际地形、地质和水文状况，只要定线者有一定的选线经验，充分掌握资料，反复试验改进，也能得到满意的结果。但它有两个根本弱点：一是现场的工作条件不允许定线者对每 -- 处的自然状况都深入研究，由于视野受到限制，定线时难免顾此失彼，甚至判断错误；二是直接定线的工作程序先在野外选定路线平面，后在室内做纵、横断面设计，这种室内外分开的工作方法，往往难以妥善解决平、纵线形的配合问题。直接定线虽有不足之处，但在地形简易、路线方案不多或等级较低，修建任务紧迫的情况下，为发挥其快速的优点，仍不失为一种重要的方法。

3. 实地定线的任务

实地定线的任务，就是在路线总体布局和逐段安排的基础上，按照已定的技术标准，结合地形、地质及其他沿线条件，综合考虑平、纵、横三方面因素，合理安排、定出路线中线位置。

4. 实地定线的方法

实地定线的具体方法，见表 2–1。

表2–1　实地定线的方法

方法	具体操作
越岭路线的定线	在实地定线中，首先由选线人员对该路段进行查勘，切实查明沿线垭口、地形、地势、地貌和地质等情况。再根据垭口的厚薄、工程难易，初拟垭口切深，确定过岭高程；然后选择与路线方向顺直、山势较为整齐的山坡，确定悬崖、障碍难点和中间控制位置，划定路线可能的大致走向和展线方式
平原地区的定线	在平原地区，路线不受纵坡限制，定线以平面和横断面为主安排路线。其要点是：以点定线，以线交点。以点定线，就是在全面布局和逐段安排确定的控制点间，结合各方面因素进一步确定影响公路中线位置的小控制点，然后，按照这些小控制点，大致穿出公路直线的方法。以线交点，就是在已定小控制点的基础上，结合路线标准和前后路线条件，穿出直线，并延长交出交点
沿溪实地定线做法	沿溪线段一般依山傍水，溪沟曲折，两岸山嘴犬牙交错，陡缓山坡，悬崖峭壁与浅滩台地交替出现。路线一般纵面困难较少，平面往往被限制在较窄的范围内，活动余地不大。因此，山区沿溪布线主要是寻求较为合理的横断面，既不受洪水威胁，又使土石方和防护工程量较小

究竟是走高线还是走低线，走溪的左岸还是右岸，在什么地方跨溪，就需要根据实际情况满足路线技术条件结合合理横断面加以选择。在实地定线中，往往由于谷深壁峭还必须采用虚交点法、双交点法或复曲线法，以曲线的外距、切线长、曲线长等控制路线的曲线位置。各曲线要素中，对于平面布线困难的山区可以在保证行车安全的前提下再注意线形要素的合理组合。如采用满足超高渐变率控制的各曲线的最小缓和曲线长度，既能保证行车力学性能，又可以达到平面线形优化组合。同时应计算能满足高渐变率要求的不同线形的缓和曲线最小长度。

二、低等级公路中线测设

1. 低等级公路交点距离和测角测量

（1）公路交点的测量的任务

在低等级公路路线选定后，就可以进行公路中线的测设工作。其主要任务是：

1）标定直线与修正点位；

2）路线右角的测定；

3）转角的计算；

4）钉设曲线中点的方向桩；

5）视距测量；

6）观测导线磁方位角并进行校核；路线控制桩位固定。

为确保路线质量，加快测设进度，定线、测角应紧密配合相互协作。作为后续作业的测角工作，应善于体会选线意图，发现问题及时予以修正补充，使之不断完善。

（2）测角工作内容与要求

1）标定直线与修正点位

对于相互通视的交点，如果定线测量无误，根本不存在点位修正问题，一般可以直接引用。但是当交点间相距较远或地形起伏较大，通过陡坎深沟时，为了便于中桩组穿杆定向，测角组应负责用经纬仪在其间酌情插设若干个导向桩，供中桩穿线使用。

对于中间有障碍、互不通视的交点，虽然交点间定线时已设立了控制直线方向的转点桩。但由于选线大多采用花杆目测穿直线，所以实际上未必严格在一条直线上，因此就存在用经纬仪检查与标定直线或修正交点桩位的问题。一般情况下，常将后视交点和中间转点作为固定点（因上述点位一旦变动，将直接影响后视点位转角，导致测量返工），安置仪器于转点处，采用正倒镜分中法进行检查；如发现问题应查明原因，及时改正。

2）路线右角的测定

按路线的前进方向，以路线中心线为界，在路线右侧的水平角称为右角，通常以 β 表示，如图 2-1 中所示的 β_5、β_6。在中线测量中，右角一般是采用测回法测定。

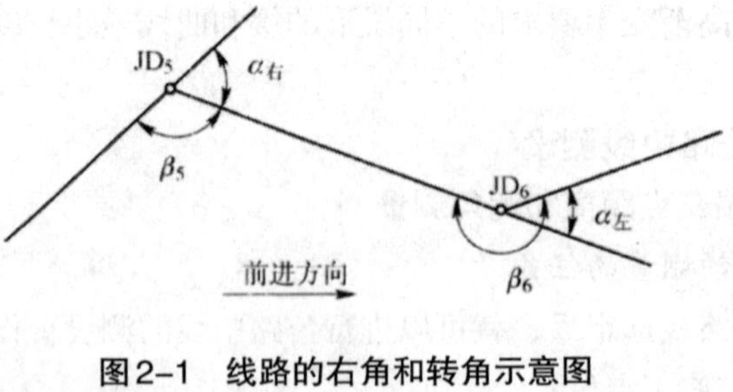

图2-1　线路的右角和转角示意图

上、下两个半测回所测角度值的闭合差视公路等级而定：高速公路、一级公路限差为 ±20"，满足要求取平均值，取位至1"；二级及二级以下的公路限差为 ±60"，满足要求取平均值，取位至30"（即10"舍去，20"、30"、40"取为30"，50"进为1′）。

3）转角的计算

所谓转角，是指路线由一个方向偏转为另一个方向时，偏转后的方向与原方向的夹角，通常以 α 表示，如图2–1所示，转角有左转、右转之分，按路线前进方向，偏转后的方向在原方向的左侧称为左转角，通常以 $\alpha_{左}$（或 αz）表示；反之为右转角，通常以 $\alpha_{右}$（或 α_{Y}）表示。转角是在路线转向处设置平曲线的必要元素，通常是通过测定路线前进方向的右角 β 后，经计算而得到。

当右角 β 测定以后，根据 β 值计算路线交点处的转角 α。当 β ＜ 180° 时，为右转角（路线向右转）；当 β ＞ 180° 时，为左转角（路线向左转）。左转角和右转角按下式计算：

若 β ＞ 180°，则

$$\alpha_{左}=\beta-180°$$

若 β ＜ 180°，则

$$\alpha_{左}=\beta-180°$$

4）钉设曲线中点方向桩

为便于中桩组敷设平曲线中点桩，测角组在测角的同时，需将曲线中点方向桩（亦即分角线方向桩）钉设出来，如图2–2所示。分角线方向桩离交点距离应尽量大于曲线外距，以利于定向插点。一般转角越大，外距也越大，因此，分角桩就应设置得远一点。

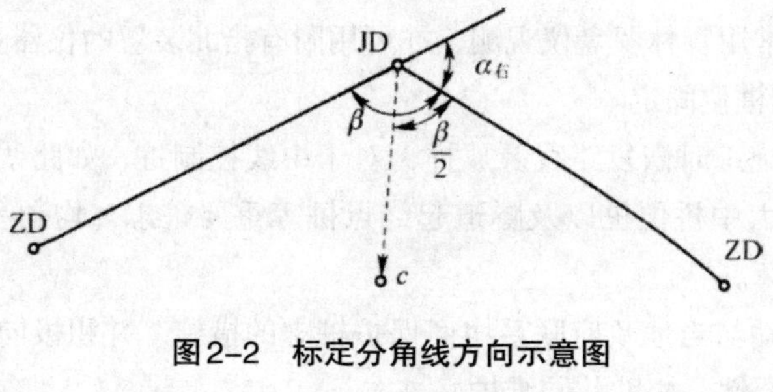

图2–2　标定分角线方向示意图

用经纬仪定分角线方向，首先就要计算出分角线方向的水平度盘读数。通常这项工作是紧跟在测角之后，是在测角读数的基础上进行的（即保持水平度盘位置不变）。根据测得右角的前后视读数，按下式即可计算出分角线方向的读数：

$$分角线方向的水平度盘读数=\frac{1}{2}（前视读数+后视读数）$$

有了分角线方向的水平度盘读数，即可按拨角法定分角线方向。拨角方法是转动照准部，使水平度盘读数为这一读数，此时，望远镜照准的方向即为分角线方向（有时望远镜会指向相反方向，这时需倒转望远镜，在设置曲线的一侧，定出分角线方向）。沿视线指向插杆钉桩即为曲线中点方向桩。

5）视距测量

观测视距的目的，是用视距法测出相邻交点间的直线距离，以便提交给中桩测量组，供其与实际丈量距离进行校核。

视距测量的方法通常有两种：一种是利用测距仪或全站仪测量，这种方法是分别于交点和相邻交点（或转点）上分别安置棱镜和仪器，采用仪器的距离测量功能.从读数屏可直接读出两点间的平距；另一种是利用经纬仪标尺测量，它是于交点和相邻交点（或转点）上分别安置经纬仪和标尺（水准尺或塔尺），采用视距测量的方法计算两点间平距。这里尤应指出的是，用测距仪或全站仪测得的平距可用来计算交点桩号，而用经纬仪所测得的平距，只能用做参考来校核在中线测设中有无丢链现象（即校核链距）。

当交点间距离较远时，为了保证测量精度，可在中间加点采取分段测距方法。

6）观测导线磁方位角并进行校核

观测导线磁方位角的目的是为了校核测角组测角的精度和展绘平面导线图时检查展线的精度。路线测量规定，每天作业开始与结束须观测磁方位角，至少各一次，以便与根据观测值推算方位角校核，其误差不得超过 2°。若超过规定，必须查明发生误差的原因，并及时予以纠正；若符合要求，则可继续观测。

磁方位角通常用森林罗盘仪观测，亦可用附有指北装置的仪器直接观测。

7）路线控制桩位固定

为便于以后施工时恢复路线及放样，对于中线控制桩，如路线起、终点桩、交点桩，转点桩，大中桥位桩以及隧道起终点桩等重要桩志，均须妥善固定和保护，以防止丢失和破坏。

为此，应主动与当地政府联系协商保护桩志的措施，并积极向当地群众宣传保护测量桩志的重要性，协助共同维护好桩志。

桩志固定方法应因地制宜地采取埋土堆、垒石堆、设护桩等形式加以固定。在荒坡上亦可采取挖平台方法固定。埋土堆、垒石堆顶面为 40cm×40cm 的方形或直径为 40cm 的圆形，高 50cm。堆顶应钉设标志桩。

为控制桩位，除采取固定措施外，还应设护桩（亦称“栓桩”）。护桩方法很多，如距离交会法、方向交会法、导线延长法等，具体采用什么方法，应根据实际情况灵活掌握。公路工程测量通常多采用距离交会法定位。护桩一般设三个，护桩间夹角不宜小于 60^0，以减小交会误差，如图 2–3 所示。

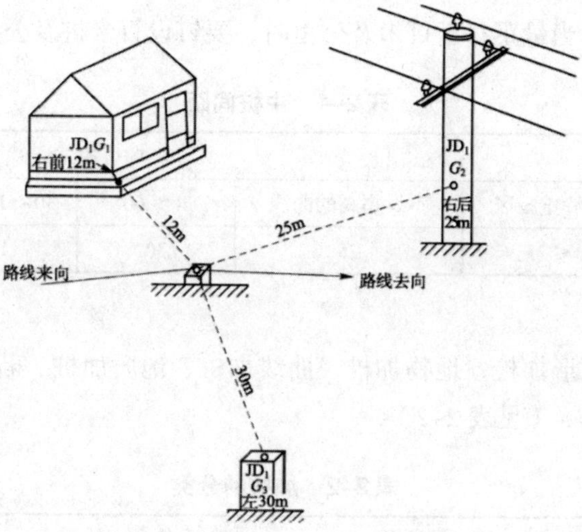

图2–3 距离交会法护桩示意图

护桩应尽可能利用附近固定的地物点，如房基墙角、电杆、树木、岩石等设置。如无此条件，可埋混凝土桩或钉设大木桩。护桩位置的选择，应考虑不致为日后施工或车辆行人所毁坏。

在护桩或在作为控制的地物上，用红油漆画出标记和方向箭头，写明所控制的固定桩志名称、编号以及距桩志的斜向距离，并绘出示意草图，记录在手簿上，供日后编制“路线固定棚桩一览表”。

2. 低等级公路里程桩的设置

为了确定路线中线的具体位置和路线的长度，满足后续纵、横断面测量的需要，中线测量中必须从路线的起点开始每隔一段距离钉设木桩标志，其桩点表示路线中线的具体位置。

桩的正面写有桩号，背面写有编号。桩号表示该桩点至路线起点的里程数。如某桩点距路线起点的里程为 2456.257m，则桩号记为 K2+456.257。编号是反映桩间的排列顺序，以 0 ~ 9 为一组，循环进行。该桩通常称为里程桩，里程桩亦称为中桩。

（1）里程桩的类型

里程桩可分为整桩和加桩两种。

1）整桩

在公路中线中的直线段上和曲线段上，按表 2–1 要求的桩距而设的桩称为整桩。它的里程桩号均为整数，且要求为桩距的整倍数。在实测过程中，一般宜采用 20m 或 50m 及其倍数。当量距每至百米及公里时，要钉设百米桩及公里桩。

表2–1　中桩间距

直线段		曲线段			
平原微丘区	山岭重丘区	不设超高的曲线	R＞60	30＜R＜60	R＜30
≤60	≤25	25	30	10	5

2）加桩

加桩又分为地形加桩、地物加桩，曲线加桩、地质加桩、断链加桩、行政区域加桩和改建路加桩等（见表 2–2）。

表2–2　加桩的分类

类型	具体内容
地物加桩	沿路线中线在有人工构造物处（如拟建桥梁、涵洞、隧道、挡土墙等构造物处；路线与其他公路、铁路、渠道、高压线、地下管道等交叉处、拆迁建筑物处、占用耕地及经济林的起终点处）均应设置的里程桩
地形加桩	沿路线中线在地面起伏突变处，横向坡度变化处以及天然河沟处等均应设置的里程桩
地质加桩	沿路线在土质变化处及地质不良地段的起、终点处要设置的里程桩
曲线加桩	曲线上设置的起点、中点、终点桩
行政区域加桩	在省、地（市）、县级行政区分界处应加的桩
断链加桩	由于局部改线或事后发现距离错误或分段测量中由于假设起点里程等原因，致使路线的里程不连续，桩号与路线的实际里程不一致，这种现象称为“断链”，为说明该情况而设置的桩，称为断链加桩。测量中应尽量避免出现“断链”现象
改、扩建路加桩	在改建公路的变坡点、构造物和路面面层类型变化处应加的桩。加桩应取位至米，特殊情况下可取位至0.1m

（2）里程桩的书写及钉设

对于中线控制桩，如路线起、终点桩、公里桩、交点桩、转点桩、大中桥位桩以及隧道起终点等重要桩，一般采用尺寸为 5cm × 5cm × 30cm 的方桩；其余里程桩一般多用（1.5 ～ 2）cm × 5cm × 25cm 的板桩。

1）里程桩的书写

所有中桩均应写明桩号和编号，在桩号书写时，除百米桩、公里桩和桥位桩要写明公里数外，其余桩可不写。另外，对于交点桩、转点桩及曲线基本桩，还应在桩号之前标明桩名（一般标其缩写名称）。目前，我国公路工程上桩名采用汉语拼音的缩写名称，如表 2–3 所示。

表 2–3　路线主要标志桩名称

标志桩名称	简称	汉语拼音缩写	英文缩写	标志桩名称	简称	汉语拼音缩写	英文缩写
转角点	交点	JD	IP	公切点	–	GQ	CP
转点	–	ZD	TP	第一缓和曲线起点	直缓点	ZH	TS
圆曲线起点	直圆点	ZY	BC	第一缓和曲线终点	缓圆点	HY	SC
圆曲线中点	曲中点	QZ	MC	第二缓和曲线起点	圆缓点	YH	CS
圆曲线会终点	圆直点	YZ	EC	第二缓和曲线终点	缓直点	HZ	ST

为了便于后续工作找桩和避免漏桩起见，所有中桩都应在桩的背面编写编号，以 0 ～ 9 为一组，循环进行排列。桩志一般用红色油漆或记号笔书写（在干旱地区或马上施工的路线也可用墨汁书写），书写字迹应工整醒目，一般应写在桩顶以下 5cm 范围内，否则将被埋于地面以下无法判别里程桩号。

2）钉桩

新线桩志打桩，不要露出地面太高，一般以 5cm 左右能露出桩号为宜。钉设时将桩号面向路线起点方向，使编号朝向前进方向，如图 2–4 所示。为便于对点，桩顶须钉一小铁钉。改建桩志位于旧路上时，由于路面坚硬，不宜采用木桩，此时常采用大帽钢钉。钉桩时一律打桩至与地面齐平，然后在路旁一侧打上指示桩，桩上注明距中线的横向距离及其桩号，并以箭头指示中桩位置。在直线上，指示桩应钉在路线的同一侧；交点桩的指示桩应钉在圆心和交点连线方向的外侧，字面朝向交点；曲线主点桩的指示桩均应钉在曲线的外侧，字面朝向圆心。

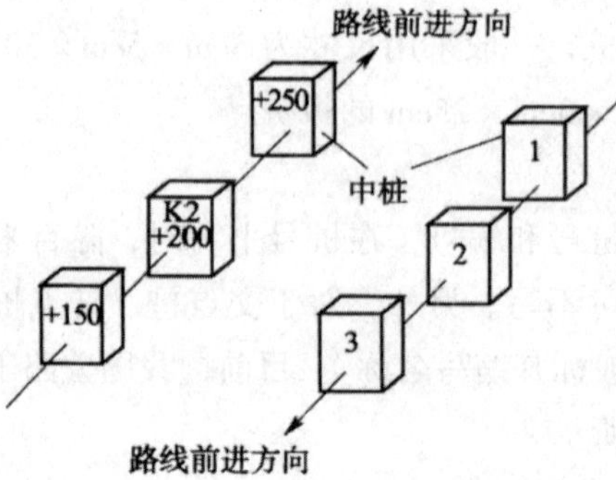

图2-4　桩号与编号方向示意图

遇到岩石地段无法钉桩时，应在岩石上凿刻“⊕”标记，表示桩位并在其旁边写明桩号、编号等。在潮湿地区，特别是近期不施工的路线，对重要桩位（如路线起、终点、交点、转点等），可改埋混凝土桩，以利于桩的长期保存。

3. 单圆曲线半径、要素与主点桩

圆曲线又称单曲线，是指具有一定半径的圆的一部分（即一段圆弧线），是路线转向常用的一种曲线形式。圆曲线的测设一般分以下两步进行：

第一步，先测设曲线的主点，称为圆曲线的主点测设。即测设曲线的起点（又称为直圆点，通常以缩写 ZY 表示）；中点（又称为曲中点，通常以缩写 QZ 表示）和曲线的终点（又称为圆直点，通常以缩写 YZ 表示）。

第二步，在已测定的主点之间进行加密，按规定桩距测设曲线上的其他各桩点，称为曲线的详细测设。

（1）圆曲线主点测设要素的计算

如图 2–5 所示，设交点（JD）的转角为 α，假定在此所设的圆曲线半径为 R，则曲线的测设元素：切线长 T 曲线长 L、外距 E 和切曲差 D，可按下列公式计算：

$$\left.\begin{aligned}
&\text{切线长}T = R.\tan\frac{\alpha}{2}\\
&\text{曲线长}L = R.\alpha.\frac{\pi}{180^\circ}\\
&\text{外距}E = \frac{R}{\cos\frac{\alpha}{2}} - R = R(\sec\frac{\alpha}{2} - 1)\\
&\text{切曲差}D = 2T - L
\end{aligned}\right\}$$

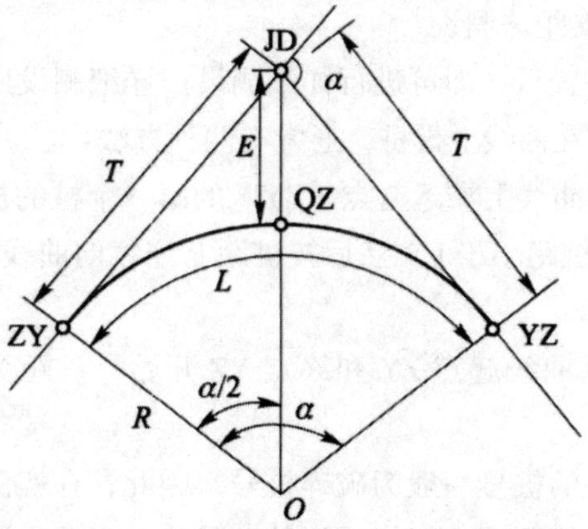

图2-5　圆曲线的主点测设示意图

（2）主点里程的计算

交点（JD）的里程由中线丈量中得到，根据交点的里程和计算的曲线测设元素，即可计算出各主点的里程。由图 4-8 可知：

$$\left.\begin{aligned} ZY\text{里程} &= JD\text{里程}-T \\ YZ\text{里程} &= ZY\text{里程}+L \\ QZ\text{里程} &= YZ\text{里程}-L/2 \\ JD\text{里程} &= QZ\text{里程}+D/2(\text{校核}) \end{aligned}\right\}$$

（3）主点的测设

圆曲线的测设元素和主点里程计算出后，便可按下述步骤进行主点测设：

1）曲线起点（ZY）的测设：

测设曲线起点时，将仪器置于交点 i（JD_i）上，望远镜照准后一交点 i–l（JD_{i-1}）或此方向上的转点，沿望远镜视线方向量取切线长 T，得曲线起点 ZY，暂时插一测钎标志。然后用钢尺丈量 ZY 至最近一个直线桩的距离，如两桩号之差等于所丈量的距离或相差在容许范围内，即可在测钎处打下 ZY 桩。如超出容许范围，应查明原因后重新测设，以确保桩位的正确性。

2）曲线终点（YZ）的测设：

在曲线起点（ZY）的测设完成后，转动望远镜照准前一交点 JD_{i+1} 或此方向上的转点，往返量取切线长得曲线终点（YZ），打下 YZ 桩即可。

3）曲线中点（QZ）的测设，测设曲线中点时，可自交点 i（JD_i），沿分角线方向量取外距 E，打下 QZ 桩即可。

4. 单圆曲线切线支距法测设

在圆曲线的主点设置后，即可进行详细测设。详细测设所采用的桩距 l_0 与曲线半径及有关，按桩距 l_0 在曲线上设桩，通常有两种方法：

（1）整桩号法。将曲线上靠近起点（ZY）的第一个桩的桩号凑整成为 l_0 倍数的整桩号，且与 ZY 点的桩距小于 l_0，然后按桩距 l_0 连续向曲线终点 YZ 设桩，这样设置的桩的桩号均为整数。

（2）整桩距法。从曲线起点 ZY 和终点 YZ 开始，桩距为 Z，连续向曲线中点 QZ 设桩。

由于这样设置的桩的桩号一般为破碎桩号，因此，在实测中应注意加设百米桩和公里桩。目前公路中线测量一般均采用整桩号法，本节主要介绍圆曲线切线支距法详细测设方法。

切线支距法又称直角坐标法，是以曲线的起点 ZY(对于前半曲线) 或终点 YZ(对于后半曲线) 为坐标原点，以过曲线的起点 ZY 或终点 YZ 的切线为 X 轴，过原点的半径为 Y 轴，按曲线上各点坐标 X、Y 设置曲线上各点的位置。

如图 2–6 所示，设 P_i 为曲线上欲测设的点位，该点至 ZY 点或 YZ 点的弧长为 l_i，ϕ_i 为 l_i 所对的圆心角，R 为圆曲线半径，则 P_i 点的坐标按下式计算：

$$\left.\begin{aligned} x_i &= R\cdot\sin\phi_i \\ y_i &= R(1-\cos\phi_i) = x_i\cdot\tan\frac{\phi_i}{2} \end{aligned}\right\}$$

$$\phi_i = \frac{l_i}{R}(rad)$$

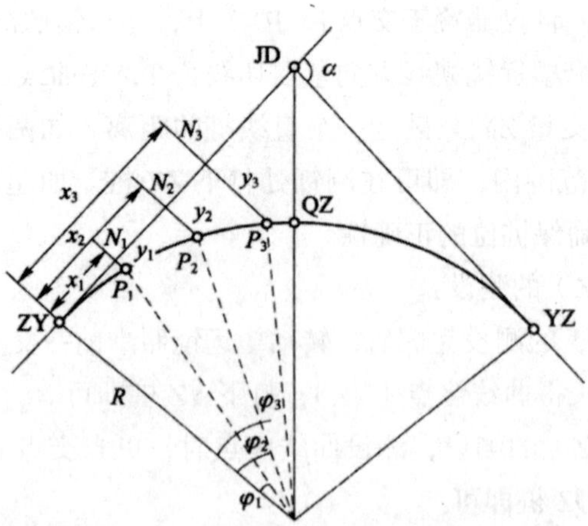

图2–6 切线支距法详细测设圆曲线示意图

采用切线支距法详细测设圆曲线时，为了避免支距过长，一般是由 ZY 点和 YZ 点分别向 QZ 点施测，其测设步骤如下：

（1）从 ZY 点（或 YZ 点）用钢尺或皮尺沿切线方向量取点 P_i 的横坐标 x_i，得垂足点 N_i。

（2）在垂足点 N_i 上，用方向架或经纬仪定出切线的垂直方向，沿垂直方向量出 y_i，即得到待测定点 P_i。

（3）曲线上各点测设完毕后，应量取相邻各桩之间的距离，并与相应的桩号之差作比较，若闭合差均在限差之内，则曲线测设合格；否则应查明原因，予以纠正。

5. 单圆曲线偏角法测设

偏角法是以曲线起点（ZY）或终点（YZ）至曲线上待测设点 P_i 的弦线与切线之间的弦切角（这里称为偏角）△和弦长 c_i 来确定 P_i 点的位置。

如图 2-7 所示，根据几何原理，偏角（弦切角）△ i 等于相应弧长所对的圆心角 Qi 的一半。

如图 2-7 所示，设 P_i 为曲线上欲测设的点位，该点至 ZY 点或 YZ 点的弧长为 l_i，ϕi 为 l_i 所对的圆心角，R 为圆曲线半径，则 P_i 点的坐标按下式计算：

$$\left.\begin{aligned} \Delta_i &= \frac{\phi_i}{2} = \frac{l_i}{2R}.\frac{180^\circ}{\pi} \\ C_{\mathrm{i}} &= 2R.\sin\frac{\phi_i}{2} = 2R.\sin\Delta_i \end{aligned}\right\}$$

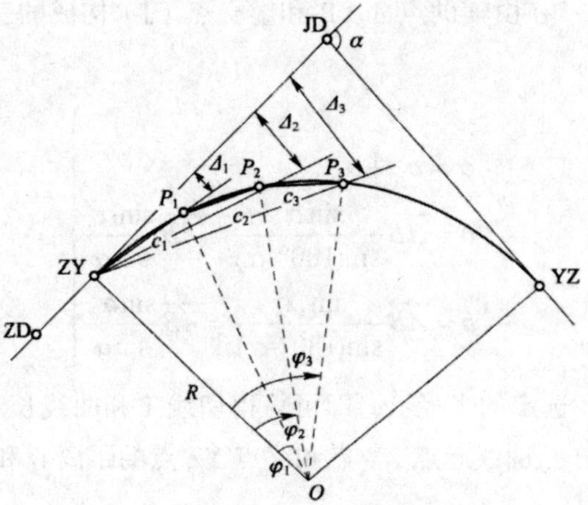

图2-7　偏角法详细测设圆曲线示意图

三、低等级公路虚交测设

在公路中线测量中，当路线的交点（JD）处不能设桩，更无法安置仪器（如交点落入河中、深谷下，峭壁上或建筑物上等）时，测角、量距都无法直接进行。有时交点虽可设桩和安置仪器，但因转角较大，交点远离曲线，此时应做虚交处理。

1. 圆外基线法

当路线交点落入河里不能设桩，如图 2-8 所示，可在曲线外侧沿两切线方向各选择一辅助点 A 和 B，将经纬仪分别安置在 A、B 两点，测算出 α_a 和 α_b，用钢尺往返丈量得到 A、B 两点的距离所测角度和距离 AB，均应满足规定的限差要求。

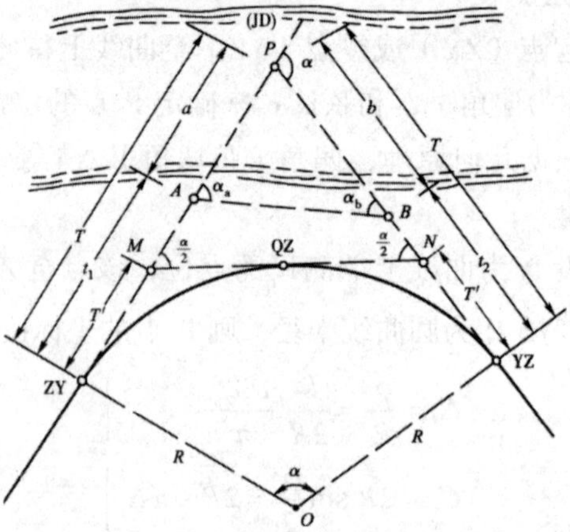

图2-8　圆外基线法示意图

由图 2-8 可知：在由辅助点 A、B 和虚交点（J）构成的三角形中，应用边角关系及正弦定理可得：

$$\left.\begin{aligned}\alpha &= \alpha_a + \alpha_b\\ a &= \overline{AB}\frac{\sin\alpha_b}{\sin(180°\text{-}\alpha)} = \overline{AB}\frac{\sin\alpha_b}{\sin\alpha}\\ b &= \overline{AB}\frac{\sin\alpha_a}{\sin(180°\text{-}\alpha)} = \overline{AB}\frac{\sin\alpha_a}{\sin\alpha}\end{aligned}\right\}$$

根据转角 α 和选定的半径 R，即可算得切线 T 和曲线长 L；再由 a、b、T，分别计算辅助点 A、B 至曲线起点 ZY 点和终点 YZ 点的距离 t_1 和 t_2：

$$\left.\begin{aligned}t &= T - a\\ t &= T - b\end{aligned}\right\}$$

其中：$T = R \cdot \tan(\frac{\alpha}{2})$

如果计算出的 t_1 和 t_2 出现负值，说明曲线的 ZY 点或 YZ 点位于辅助点与虚字点之间。

根据 t_1 和 t_2 即可定出曲线的 ZY 点和 YZ 点。A 点的里程得出后，曲线主点的里程亦可算出。曲中点 QZ 的测设，设 MN 为 QZ 点的切线，则：

$$T = R \cdot \tan\frac{\alpha}{4}$$

测设时，由 ZY 点和 YZ 点分别沿切线量出 T，得 M 点和 N 点，再由 M 点或 N 点沿 MN 或 NM 方向量出了 T′ ，得 QZ 点。曲线主点定出后，即可用切线支距法或偏角法或极坐标法进行曲线详细测设。

2. 切基线法

如图 2–9 所示，设定根据地形需要，曲线通过 GQ 点（GQ 点为公切点），则圆曲线被分为两个同半径的圆曲线，其切线长分别为 T_1 和 T_2，过 GQ 点的切线 AB 称为切基线。

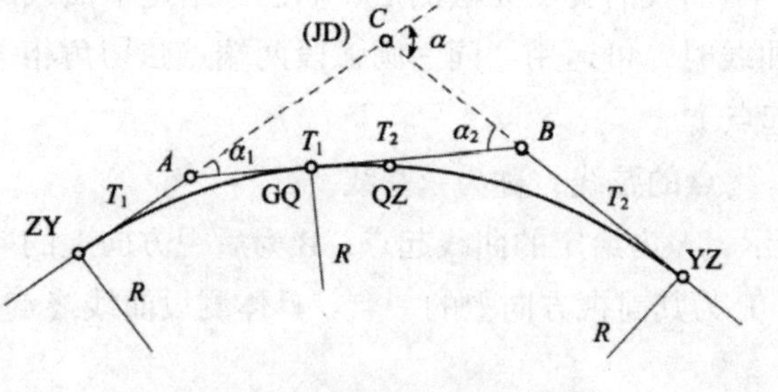

图2–9　切基线法示意图

现场施测时，应根据现场的地形和路线的最佳位置，在两切线方向上选取 A、B 两点，构成切基线 AB。并量测 A、B 两点间的长度 AB，观测计算出角度 α_1 和 α_2。

$$\left.\begin{aligned} T_1 &= R.\tan(\frac{\alpha_1}{2}) \\ T_2 &= R.\tan(\frac{\alpha_2}{2}) \end{aligned}\right\}$$

将以上两式相加得：

$$AB = T_1 + T_2$$

整理后得：

$$R=\frac{T_1+T_2}{\tan(\frac{\alpha_1}{2})+\tan(\frac{\alpha_2}{2})}$$

根据 R、α_1、α_2，利用上述公式求得 T_1、T_2 与 L_1、L_2，将 L_1 与 L_2 相加即可得到圆曲线的总长 L。现场测设时，在 A 点安置仪器，分别沿两切线方向量测长度 T_1，便得到曲线的起点 ZY 点和 GQ 点；在 B 点安置仪器，分别沿两切线方向量测长度 T_2，便得到曲线的终点 YZ 点和 GQ 点，以 GQ 点进行校核。曲中点 QZ 可在 GQ 点处用切线支距法测设。由图 2-9 可知，GQ 点与 QZ 点之间的弧长为：

（1）当 QZ 点在 GQ 点之前时，弧长 $l=L/2-L_1$。

（2）当 QZ 点在 GQ 点之后时，弧长 $l=L/2-L_2$。

在运用切基线法测设时，当求得的曲线半径不能满足规定的最小半径或不适合于地形时，说明切基线位置选择不当，可把已定的 A、B 点作为参考点并进行调整，使其满足要求。曲线三主点定出后，即可采用前述的方法进行曲线的详细测设。

3. 弦基线法

在某些地区，当曲线的交点无法测定，而已经给定了曲线的起点（或终点）的位置，在测设圆曲线时，可运用“同一圆弧段两端点弦切角相等”的原理，来确定曲线的终点（或起点）。

连接曲线起、终点的弦线，称为弦基线。

如图 2-10 所示，A 为给定的曲线起点，B 为后视方向上的一点，设 B 点为曲线终点的初定位置，F 为其前视方向上的一点。具体测设曲线终点 B 的步骤如下：

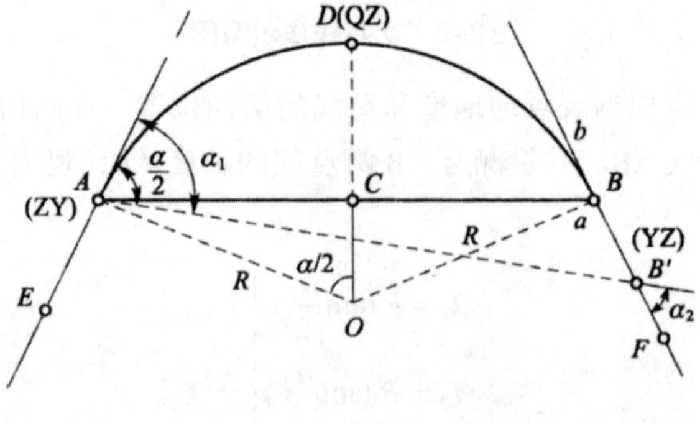

图2-10　弦基线法示意图

将经纬仪安置于 B′ 点上，通过对 A 点和 F 点的观测，求算出 α_2 的大小，并在FB′ 延长线上估计B点位置的前后标出a、b两点，然后将经纬仪安置于A（ZY）点上，通过对E点和B′ 点的观测，求算出 α_1 的大小，则此虚交的转角 $\alpha=\alpha_1+\alpha_2$。

仪器在A点，后视E点或其方向上的交点（或转点），然后纵转望远镜（倒镜）拨出弦切角 $\alpha/2$，得弦基线的方向，该方向线与已设置的ab线的交点即为B（YZ）点。量测出AB的长度 $\overline{AB}$，则曲线的半径R可按下式求得：

$$R=\frac{\overline{AB}}{2R\cdot\sin\frac{\alpha}{2}}$$

为测设曲中点QZ，按下式求CD的长度 $\overline{CD}$：

$$\overline{CD}=R\cdot(1-\sin\frac{\alpha}{2})=2R\cdot\sin^2\frac{\alpha}{4}$$

从弦基线AB的中点C量出垂距 $\overline{CD}$ 长，即可定出QZ点。

第二节　高等级公路中线测设

一、地形图上选定公路中线

在测绘的实训场地地形图上，根据要求选定一条带缓和曲线的公路中线图，在图纸上进行路线的选线和定线。

1. 纸上选线的目的与任务

（1）目的

纸上选线法又称地形图选线法。这种方法就是在路线带的大比例尺（1∶1000 ~ 1∶2000）地形图上。考虑平、纵、横三面的协调，并通过试绘试算和反复修改定出路线的位置。纸上选线是公路定线过程中的一个中间步骤，最终还要把纸上路线敷设到实地上去，这种方法适用于技术标准高、地形复杂地区的路线。

（2）任务

公路选线的主要任务是：确定公路的走向和总体布局；具体确定公路的交点位置和选定公路曲线的要素，通过纸上或实地选线，把路线的平面位置确定下来。

2. 纸上选线的基本内容

公路选线要综合考虑路线通过地区的地理位置、社会情况、自然条件和工程的难易以及路线的性质、使用任务、等级和投资等因素。为此，要做大量的调查研究和分析比较工作。就工作程序来说，公路选线可分为路线基本方向的选择、路线带选择和定线三个阶段。

（1）路线基本方向的选择

公路选线中，根据政治、经济因素所确定的路线必须通过的点（包括起讫点）称为据点；根据自然条件或工程经济所决定的路线应穿过或避开的点称为控制点。一系列的据点和控制点的组合，构成的路线方案就是路线的基本方向。因此，路线基本方向的选择，首先要明确路线在公路网中的位置和作用，以及在整个交通网系中所承担的运输任务。例如，对于大的政治、经济中心点间的干线公路，路线基本方向一般以实现直达运输为主，并适当照顾沿线重要经济点，尽量缩短路线长度，以节省运营时间；地方性公路则以满足地方经济发展和居民的需要为主，可以通过当地的居民点、铁路车站、码头等。路线经过地区应充分利用有利的自然条件，避开那些地形、地质、水文条件复杂的地段。

路线基本走向的选择，通常须要搜集当地的经济、社会和自然等方面的大量资料，在小比例尺（1∶25000 ~ 1∶100000）地形图上，拟定几个可行方案进行比较选定。在地形复杂或地区范围大时，也可以通过航空视察，或用航摄照片进行选线。

（2）路线带选择

在路线基本方向选定的基础上，按地形条件具体选择路线通过的地带，也称路线布局。路线带选择按地形大致可分为平原区选线、山岭区选线和丘陵区选线。

1）平原区选线

平原地区除盐渍土、河谷漫滩、草原、戈壁、沙漠等地区外，一般为耕地并有较密的居民点的地区。在河网湖沼平原地区，还具有湖泊、水塘、河汊多的特点。

平原区的地形对路线限制较少。两控制点间如无地质不良和地物障碍等，则两控制点的直接连线是最理想的路线。但是一般平原地区，农田密布，灌溉渠道网纵横交错，城镇、居民点和工业设施很多，选线时应根据公路使用要求，进行综合分析，以确定一系列的中间控制点。连接这些控制点，就是选定的路线带。

路线带选择应注意少占好地，处理好与农田水利设施的关系和城镇发展的关系。此外，尽可能不穿越大湖塘、泥沼、洼地，并尽可能靠近建筑材料产地等。

2）山岭区选线

山岭地区往往是山高谷深，地形复杂，但山脉水系分明，这就基本上决定了山区路线方向选择的两种可能的方案：一是顺山沿水，二是横越河谷和山岭。顺山沿水路线又可按行经地带的部位分为沿河线、越岭线、山脊线、山腰线等线形。

3）丘陵区选线

丘陵地区，山丘连绵，岗坳交错，此起彼伏，山形迂回曲折，岭低脊宽，山坡较缓，丘谷相对高差不大。在这样的地形特点下进行公路选线，在基本方向允许的范围内，一般有较多的局部方案可供选择。选线时应根据地形、水文地质条件，并考虑当地经济发展的需要，经过反复比较后，选取方向顺直，工程量少的方案。

为适应丘陵区地形、地势的特点，平面线形应以舒顺的曲线为主体，避免使用过长的直线；纵断面线形以平、缓坡型为主，允许轻微起伏。丘陵区路线一般可最大限度地做到平、纵、横三面协调，平、纵线形舒顺且配合得当，横断面布置合理。

（3）定线

纸上定线可以从图上俯视较大范围的地形情况，能比较容易地找出所有控制路线的特征点，深入细致地研究一切有利和不利条件，以做出不同的方案。定线者在室内对所有方案进行比选，能够较好地解决路线平、纵、横的协调配合。高速公路由于线形标准高，为保证汽车快速、安全、舒适的行驶，对平、纵协调的立体线形设计要求也高，在定线过程中涉及面广，工作量大，多采用纸上定线。但纸上定线必须要较高精度的大比例尺地形图，人工测图不仅精度难以满足要求，且会增长测设周期。

3. 纸上选线的基本步骤

一条公路路线的选定是经过由浅入深、由轮廓到局部、由总体到具体、由面到带进而到线的过程来实现的，一般要经过以下三个步骤（见表 2-4）：

表2-4　纸上选线的基本步骤

步骤	具体内容
全面布局	全面布局是解决路线基本走向的全局性工作。就是在起讫点及中间必须通过的据点寻找可能通行的“路线带”，并确定一些大的控制点，连接起来即形成路线的基本走向。例如，在起讫点及据点间可能沿某条河、越某座岭；可能走这一岸，也可能走另一岸。这些都属于路线的布局问题。路线布局，是关系到公路“命运”的根本问题。总体布局如果不当，即使局部路线选得再好，技术指标确定得再恰当，仍然是一条质量很差的路线。因此，在选线中，首先应着眼于总体布局工作，解决好基本走向问题。全面布局是通过路线视察，经过方案比较来解决的
逐段安排	这是在路线基本走向已经确定的基础上，进一步加密控制点，解决路线局部方案的工作。即是在大控制点间，结合地形、地质、水文、气候等条件，逐段定出小控制点。例如，翻越同一山岭垭口后是从左侧展线下山，还是从右侧展线下山，沿一条河是仅走一岸还是多次跨河两岸布线等等都是属于局部方案问题。逐段安排路线是通过踏勘测量或详测前察看路线来解决的

续表

步骤	具体内容
具体定线	这是在逐段安排的小控制点间，根据技术标准结合自然条件，综合考虑平、纵、横三方面因素，反复穿线插点，具体定出路线位置的工作。这一步更深入、更细致、更具体。具体定线由详测时的选线组来完成

二、公路缓和曲线测设

1. 公路缓和曲线设置原因

车辆在行驶中，当从直线驶入圆曲线时，由力学知识可知车辆将产生离心力，由于离心力的作用，车辆有向曲线外侧倾倒的趋势。使得安全性和舒适感受到一定的影响，为了减少离心力的影响，曲线段的路面要做成外侧高，内侧低，呈单向横坡形式，此即弯道超高。超高不能在直线进入曲线段或曲线进入直线段突然出现或消失，以免使路面出现台阶，引起车辆震动，产生更大的危险。因此超高必须在一段长度内逐渐增加或减少，在直线段与圆曲线段之间插入一段半径由无穷大逐渐减少至圆曲线半径（或在圆曲线段与直线段间插入一段由

圆曲线半径逐渐增大至无穷大）的曲线，这种曲线称为缓和曲线（图 2–11）。

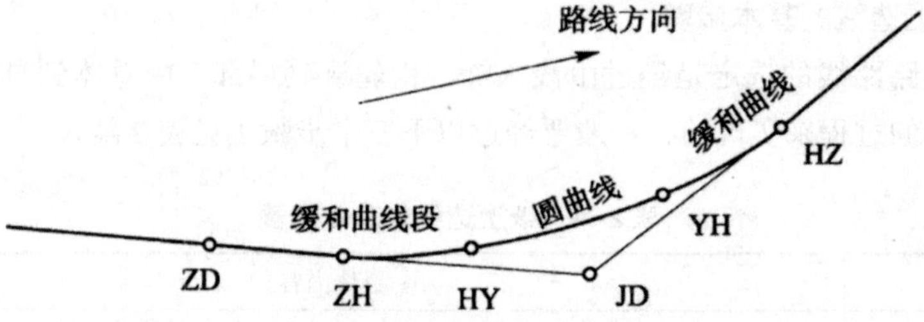

图 2–11　带有缓和曲线的平曲线基本线形示意图

带有缓和曲线的平曲线，其最基本形式由三部分组成，如图 2–11 所示，即由直线终点到圆曲线起点的缓和段，称为第一缓和段；由圆曲线起点到圆曲线终点的单曲线段；由圆曲线终点到下一段直线起点的缓和段，称为第二缓和段。因此，带有缓和曲线的平曲线的基本线形的主点有直缓点（ZH）、缓圆点（HY）、曲中点（QZ）、圆缓点（YH）和缓直点（HZ）。

缓和曲线采用回旋曲线，亦称辐射螺旋线。缓和曲线采用回旋曲线。缓和曲线的长度应根据其计算行车速度 v 求得，并尽量采用大于表 2–5 所列数值。

表2–5　各级公路缓和曲线最小长度

公路等级	高速公路				一级公路		二级公路		二级公路		四级公路	
设计速度（km/h）	120	100	80	60	100	60	80	40	60	30	40	20
缓和曲线最小长度（m）	100	85	70	50	85	50	70	35	50	25	35	20

下面介绍带有缓和曲线的平曲线的基本线形测设数据计算与测设方法。

2. 缓和曲线计算公式

（1）基本公式

如图 2–12 所示，回旋线是曲率半径 p 随曲线长度 l 的增大而成反比地均匀减小的曲线，即在回旋线上任一点的曲率半径 p 为：

$$p=\frac{c}{l}$$

式中　c——常数，表示缓和曲线曲率半径 p 的变化率，与行车速度有关，目前我国公路采用 $c=0.035v^3$（v 为设计速度，以 km/h 为单位）。

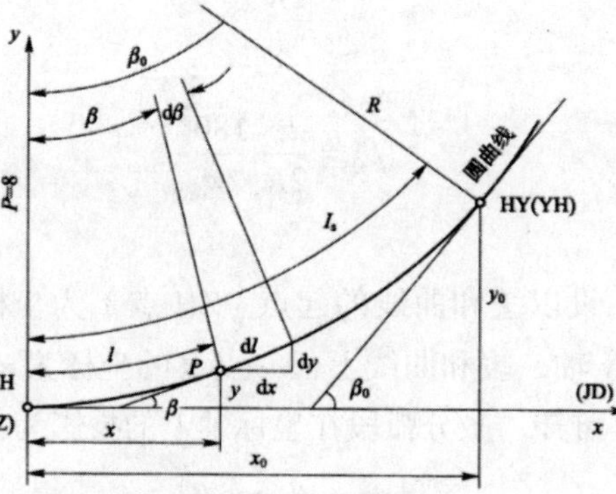

图2–12　缓和曲线示意图

而在曲线上，c 值又可按以下方法确定，在第一缓和曲线终点即 HY 点（或第二缓和曲线起点 YH 点）的曲率半径等于圆曲线半径 R，即 p=R，该点的曲线长度即是缓和曲线的全长 l_s，由式（$p=\frac{c}{l}$）可得：

$$c=R\cdot l_s$$

而：$c=0.035v^3$，故有缓和曲线的全长为：

$$l_s = \frac{0.035u^3}{R}$$

（2）切线角公式

缓和曲线上任一点 P 处的切线与曲线的起点（ZH）或终点（HZ）切线的交角 β，称为缓和曲线的切线角。由图 2–12 知，任一点 P 处的切线角 β 与缓和曲线上该点至曲线起点或终点的曲线长所对的中心角相等。为求切线角 β 可在曲率半径为 p 的 P 点处取一微分弧段 dl，所对应的中心角 dβ 为：

$$d\beta = \frac{dl}{p} = \frac{l.dl}{c}$$

积分并结合到式（ $c = R \cdot l_s$ ）得：

$$\beta = \frac{l^2}{2c} = \frac{l^2}{2Rl_s}$$

当 $l=l_s$ 时，则缓和曲线全长 l_s 所对应中心角即为缓和曲线的切线角，亦称为缓和曲线角 β_0，有：

$$\beta_0 = \frac{l_s}{2R}(rad)$$

以角度表示为：

$$\beta_0 = \frac{l_s}{2R}.\frac{180°}{\pi}$$

（3）参数方程

如图 2–12 所示，设以缓和曲线的起点（ZH 点）为坐标原点，过 ZH 点的切线为 x 轴，半径方向为 y 轴，缓和曲线上任一点 P 的坐标为 x、y，仍在 P 点处取一微分弧段 dl，由图 2–12 可知，微分弧段在坐标轴上的投影为：

$$\left.\begin{aligned} dx = dl \cdot \cos\beta \\ dy = dl \cdot \sin\beta \end{aligned}\right\}$$

将式中 cosβ 、sinβ 按级数展开为：

$$\cos\beta = 1 - \frac{\beta^2}{2!} + \frac{\beta^4}{4!} + ...$$

$$\sin\beta = \beta - \frac{\beta}{3!} + \frac{\beta^5}{5!} + ...$$

顾及式（ $\beta_0=\frac{l_s}{2R}.\frac{180°}{\pi}$ ），则式（ $\left.\begin{array}{l}dx=dl\cdot\cos\beta\\dy=dl\cdot\sin\beta\end{array}\right\}$ ）可以写成：

$$dx=[1-\frac{1}{2}(\frac{l^2}{2Rl_s})^2+\frac{1}{24}(\frac{l^2}{2Rl_s})^4-...]dl$$

$$dy=[\frac{l^2}{2Rl_s}-\frac{1}{6}(\frac{l^2}{2Rl_s})^3+\frac{1}{1200}(\frac{l^2}{2Rl_s})^5-...]dl$$

积分后略去高次项得：

$$\left.\begin{array}{l}x=l-\dfrac{l^5}{40R^2l_s^2}\\ y=\dfrac{l^3}{6Rl_s}-\dfrac{l^7}{336R^3l_s^3}\end{array}\right\}$$

上式称为缓和曲线的参数方程。

当 $l=l_s$ 时，则第一缓和曲线的终点（HY）的直角坐标为：

$$\left.\begin{array}{l}x_0=l_s-\dfrac{l_s^3}{40R^2}\\ y_0=\dfrac{l_s^2}{6R}-\dfrac{l_s^4}{336R^3}\end{array}\right\}$$

3. 公路缓和曲线平曲线的要素计算

（1）内移值 p 和切线增长值 q 的计算

如图 2–13 所示，当圆曲线加设缓和曲线段后，为使缓和曲线起点与直线段的终点相衔接，必须将圆曲线向内移动一段距离 p（称为内移值），这时曲线发生变化，使切线增长距离 q（称为切线增长值）。

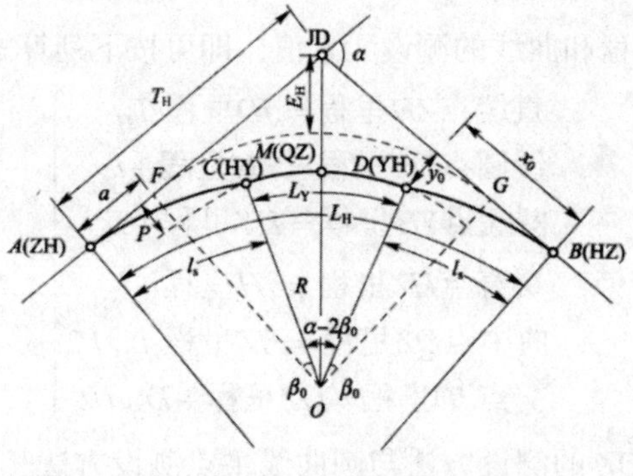

图2–13 缓和曲线主点测设示意图

圆曲线内移有两种方法：一种是圆心不动，半径相应减小；另一种是半径不变，而改变原圆心的位置。目前公路工程中，一般采用圆心不动，半径相应减小的平行移动方法，即未设缓和曲线时的圆曲线为 FG，其半径为（R+p），插入两段缓和曲线 AC 和 DB 后，圆曲线内移，保留部分为 CMD 段，半径为 R，该段所对的圆心角为（α–2β），在图 2–13 中，由几何关系可知：

$$\left.\begin{aligned} p &= y_0 - R(1-\cos\beta_0) \\ q &= x_0 - R\cdot\sin\beta_0 \end{aligned}\right\}$$

（2）测设元素的计算

在圆曲线上增设缓和曲线后，要将圆曲线与缓和曲线作为一个整体考虑。如图2–13 所示，当通过测算得到转角 α，并确定圆曲线半径 R 和缓和曲线长 l_s 后，即可按式（$\beta_0 = \frac{l_s}{2R}.\frac{180^\circ}{\pi}$）和求得切线角 β_0、内移值 p 和切线增长值 q，此时必须有 $\alpha \geqslant 2\beta_0$，否则无法设置缓和曲线，应重新调整 R 或 l_s，直至满足 $\alpha \geqslant 2\beta_0$，然后按下式计算测设元素：

$$\left.\begin{aligned} &\text{切线长} T_H = (R+\mathrm{p})\cdot\tan\frac{\alpha}{2} + q \\ &\text{曲线长} L_H = R(\alpha - 2\beta_0)\frac{\pi}{180^\circ} + 2l_s \\ &\text{其中圆曲线长} L_Y = R(\alpha - 2\beta_0)\frac{\pi}{180^\circ} \\ &\text{外距} E_H = (R+p)\cdot\sec\frac{\alpha}{2} - R \\ &\text{切曲差} D_H = 2T - L_H \end{aligned}\right\}$$

（3）主点里程计算与测设

根据交点已知里程和曲线的测设元素值，即可按下列算式计算各主点里程：

$$\left.\begin{aligned} &\text{直缓点} ZH\text{里程} = JD\text{里程} - T_H \\ &\text{缓圆点} HY\text{里程} = ZH\text{里程} + l_s \\ &\text{圆缓点} YH\text{里程} = HY\text{里程} + L_y \\ &\text{缓直点} HZ\text{里程} = YH\text{里程} + l_s \\ &\text{曲中点} QZ\text{里程} = HZ\text{里程} - L_H/2 \\ &\text{交点} JD\text{里程} = QZ\text{里程} + D_H/2 \end{aligned}\right\}$$

主点 ZH、HZ、QZ 的测设方法与圆曲线主点测设方法相同。HY、YH 点是根据缓和曲线终点坐标（x_0，y_0）用切线支距法测设。

三、公路中线坐标放样

1. 坐标放样的基本原理

如图 2-14 所示，已知 A、B、C 三点坐标为（X_A，Y_A）、（X_B，Y_B）、（X_C，Y_C），其中，A、B 两点在地面上的位置已确定，要求在实地确定 C 点的地面位置。

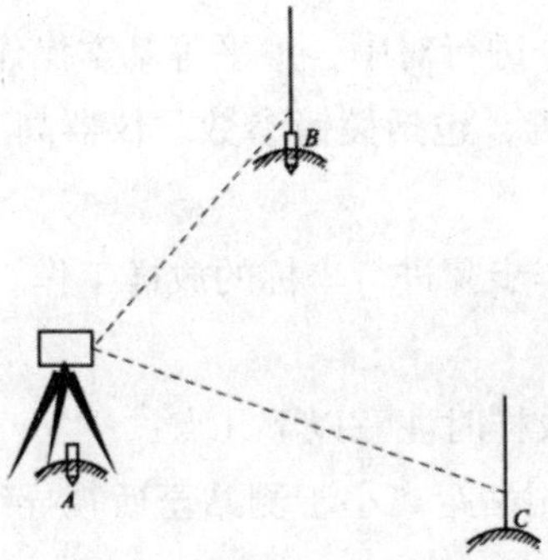

图2-14　坐标放样原理示意图

设 A 点为测站点，B 点为后视点，C 点为放样点。安置全站仪于 A 点，后视 B 点。

首先，计算 AB 直线的坐标方位角 α_{AB}：

$$\alpha = \arctan\frac{|Y_B - Y_A|}{|X_B - X_A|}$$

则：$\Delta Y=Y_B-Y_A$，$\Delta X=X_B-X_A$

$\Delta X > 0$，$\Delta Y>0$，则 $\alpha_{AB}=\alpha$

$\Delta X > 0$，$\Delta Y<0$，则 $\alpha_{AB}=360° - \alpha$

$\Delta X<0$，$\Delta Y<0$，则 $\alpha_{AB}=180° + \alpha$

$\Delta X<0$，$\Delta Y>0$，则 $\alpha_{AB}=180° - \alpha$

同理可计算 AC 直线坐标方位角 α_{AC}：

则：$\angle BAC = \alpha_{AC} - \alpha_{AB}$

$$D_{AC} = \sqrt{\Delta Y_{AC}^2 + \Delta X_{AC}^2}$$

在全站仪里输入后视方向 AB 的坐标方位角和放样点 C 的坐标后，仪器自动计算并显示放样的角度∠ BAC 和放样的距离 D_{AC}、高差 h_{AC}。

2. 全站仪坐标放样前的基本设置

（1）测量模式的选择和棱镜常数的设置；

（2）仪器局和目标局的输入；

（3）测站点坐标和高程的输入；

（4）已知测站点至定向点坐标方位角的设置，或者输入定向点的坐标；大气改正数的输入。

3. 坐标放样基本操作步骤

（1）安置仪器于测站点令进行对中，整平等基本操作；

（2）对仪器进行基本设置，包括棱镜参数、仪器高、棱镜高、角度单位、距离单位、显示格式、测站坐标；

（3）按照全站仪器的操作步骤进行坐标的放样工作。

4. 中桩放样时注意事项

根据放样经验，极坐标放样时注意以下几点：

（1）尽量保证放样点至测站距离小于测站至后视导线点的距离，此法可减少放样点的误差。

（2）测站转移前，观测核对相邻控制点的方位角；测站转移后，应对前一站所放桩位检查 1 ~ 2 个点，以便核对，及时发现错误。

（3）适时采用中桩穿线方法校核。根据已知导线点放出路线中桩后，从理论上讲，中桩应该满足路线走向的各种技术参数，但在一些高速公路的放样过程中，还是发现不符合的情况，因此中桩穿线必不可少。中桩穿线过程主要是检查直线点是否在一条直线上，曲线点是否在一条曲线上。事实上，误差在所难免，应详细记录穿线过程的各种数据，认真分析，查找原因。调整时，应以该直线或曲线相距最远的点调整中间点，使线形能够达到最小误差范围。

第三章　公路中、基平测量

第一节　公路基平测量

一、公路基平测量

1. 水准点定义和分类

（1）定义

水准点是在勘测和施工阶段以及竣工时作为路线高程测量的控制点。

（2）分类

根据需要和用途，可布设永久性水准点和临时性水准点，一般规定，在路线的起、终点、大桥两岸、隧道两端、垭口以及一些需要长期观测高程的重点工程附近，均应设置永久性水准点。在一般地区应每隔一定的长度设置一个永久性水准点。为便于引测，还需沿路线方向布设一定数量的临时性水准点。临时性水准点的密度，一般情况下，水准点间距宜为 1 ~ 1.5km；山岭重丘区可根据需要适当加密。

2. 水准点设置要求

水准点位应选在稳固、醒目、易于引测以及施工时不易遭受破坏的地方，一般在应距路线中线 50 ~ 300m 的地方。

（1）水准点一般以 BM_i 表示；

（2）为了避免混乱和便于寻找，应逐个编号，用红油漆连同符号（BM_i）一起注写在水准点旁；

（3）水准点设置好后，将其距中线上某里程桩的距离、方位（左侧或右侧）以及与周围主要地物的关系等内容记在记录本上，以供外业结束后，编制“水准点一览表”和绘制路线平面图时之用。

二、公路基平测量的方法

进行基平测量时，首先将起始水准点与附近国家水准点进行联测，以获取水准点的绝对高程。

水准点高程的测定，是采用水准测量方法获得的。通常采用一台水准仪在两个相邻的水准点间作往返观测，也可用两台水准仪作同向单程观测。

第二节　公路中平测量

一、公路中平测量精度要求

中平测量是以两个相邻水准点为一测段，从一个水准点出发，逐个测定中桩的地面高程，闭合到下一个水准点上。

公路中平测量应起闭于路线高程控制点上，高程测至桩志处的地面，其测量误差应符合表 3-1 要求。中桩高程应取位至厘米。

表 3-1　中桩高程测量精度

公路等级	闭合差（mm）	两次测量之差（cm）
高速公路，一、二级公路	$\leqslant \pm 30\sqrt{L}$	$\leqslant \pm 5$
三级及以下公路	$\leqslant \pm 50\sqrt{L}$	$\leqslant \pm 10$

二、公路中平测量方法

1. 中平测量

中平测量（又称中桩抄平）一般是以两相邻水准点为一测段，从一个水准点开始，用视线高法，逐个测定中桩处的地面高程，直至附合到下一个水准点上。在每一个测站上，应尽量多的观测中桩，还需在一定距离内设置转点。相邻两转点间所观测的中桩，称为中间点。由于转点起着传递高程的作用，为了削弱高程传递的误差，在测站上应先观测转点，后观测中间点。观测转点时读数至毫米，视线长度一般应不大于 100m。在转点上，水准尺应立于尺垫、稳固的桩顶或坚石上。观测中间点时读数即中视读数可读至厘米，视线也可适当放长，立尺应在紧靠桩边的地面上。

如图 3-1 所示，以水准点 A 为后视点（高程 H_A 已知），以 B 点为前视转点，K_i 点为中间点。在施测过程中，将水准仪安置在测站上，首先观测立于 A 点的水准尺读数为 a，然后再观测立于前视转点 B 点的水准尺读数为 b，最后观测立于中间点

K_i 点上的水准尺上的读数为 k，则可用视线局法求得則视转点 B 的局程 H_B 和中桩点的局程 H_K。

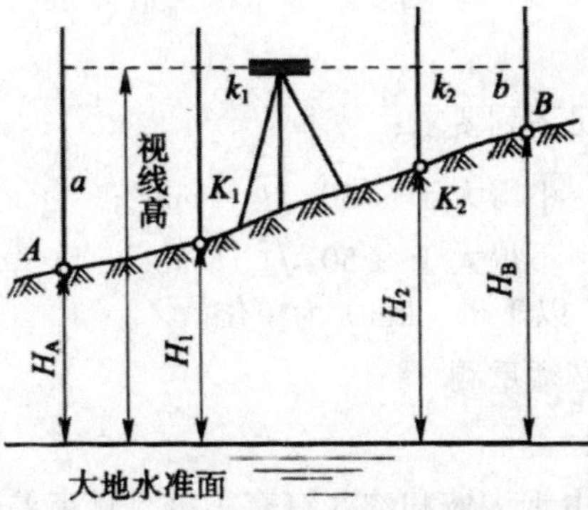

图3–1　视线高法测高程示意图

测站视线高 = 后视点高程 HA+ 后视读数 a

前视转点 B 的高程 H_B= 视线高 – 前视读数 b

中桩高程 H_K= 视线高 – 中视读数 k

中平测量的实施如图 3–2 所示，水准仪安置于 I 站，后视水准点 BM_1，前视转点 ZD_1，将两读数分别记入计算表中相应的后视、前视栏内。然后观测 BM_1 与 ZD_1 间的中间点 K0+000、K0+020、K0+040、K0+060，并将读数分别记入相应的中视栏，并按上述公式分别计算 ZD_1 和各中桩点的高程，第一个测站的观测与计算完成。

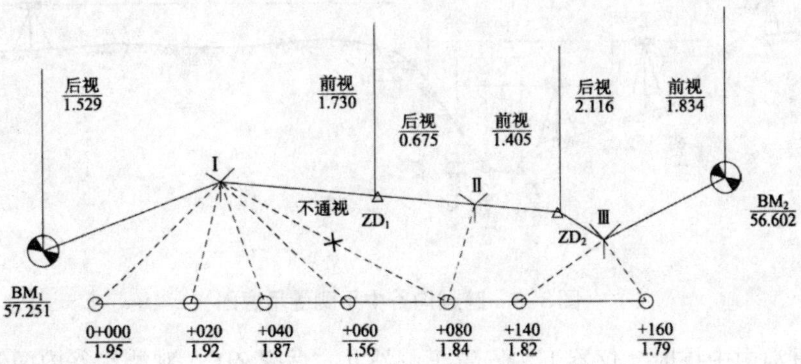

图3–2　中平测量示意图

然后再将仪器搬至Ⅱ站，后视转点 ZD_1，前视转点 ZD_2，将读数分别记入相应后视、前视栏。然后观测两转点间的各中间点，将读数分别记入相应的中视栏，并计

算 ZD_2 和各中桩点的高程，第二个测站的观测与计算完成。

中平测量只作单程观测。一测段结束后，应先计算中平测量测得的该测段两端水准点高差，并将其与基平所测该测段两端水准点高差进行比较，二者之差称为测段高差闭合差。

测段高差闭合差应满足下列要求：

高速公路、一级公路：不得大于 $\pm 30\sqrt{L}$（mm）；

二级及二级以下公路：不得大于 $\pm 50\sqrt{L}$（mm）。

其中，L 为测段长度，以千米（km）为单位。

若不满足上述要求，必须重测。

2. 跨越沟谷中平测量

当遇到跨越沟谷时，由于沟坡和沟底钉有中桩，且高差较大，按中平测量一般方法进行测量，要增加许多测站和转点，会影响测量的速度和精度。因此，跨越沟谷中平测量一般采用以下方法。

（1）沟内、沟外分开测

如图 3–3 所示，当采用一般方法测至沟谷边缘时，仪器置于测站 I，在此测站，应同时设两个转点：用于沟外测量的 ZD_{16} 和用于沟内测的 ZD_A。施测时后视 ZD_{15}，前视 ZD_{16} 和 ZD_A，分别求得 ZD_{16} 和 ZD_A 的高程。此后以 ZD_A 进行沟内中桩点高程的测量，以 ZD_{16} 继续沟外测量。

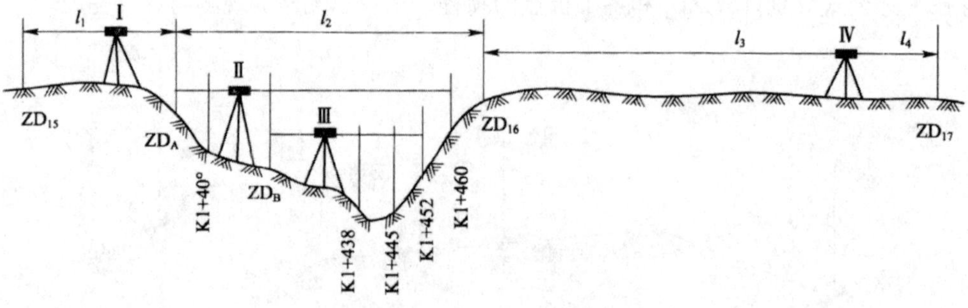

图3–3　跨越沟谷中平测量示意图

测量沟内中桩时，仪器下沟安置于测站Ⅱ，后视 ZD_A，观测沟谷内两侧的中桩并设置转点 ZD_B。再将仪器迁至测站Ⅲ，后视转点 ZD_B，观测沟底各中桩，至此沟内观测结束。然后仪器置于测站 IV，后视转点 ZD_{16}，继续前测。这种测法使沟内、沟外高程传递各自独立，互不影响。沟内的测量不会影响到整个测段的闭合，但由于沟内的测量为支水准路线，缺少检核条件，故施测时应倍加注意。另外，为了减少I站前、后视距不等所引起的误差，仪器置于IV站时，尽可能使$l_3=l_2$、$l_4=l_1$或者$l_1+l_3=l_2+l_4$。

（2）接尺法

中平测量遇到跨越沟谷时，若沟谷较窄、沟边坡度较大，个别中桩处高程不便测量，可采用接尺的方法进行测量，如图3-4所示。用两根水准尺，一人扶A尺，另一人扶B尺，从而把水准尺接长使用。必须注意此时的读数应为从望远镜内的读数加上接尺的数值。

利用上述方法测量时，沟内、沟外分开测的记录须断开，另作记录；接尺要加以说明，以利于计算和检查，否则容易发生混乱和误会。

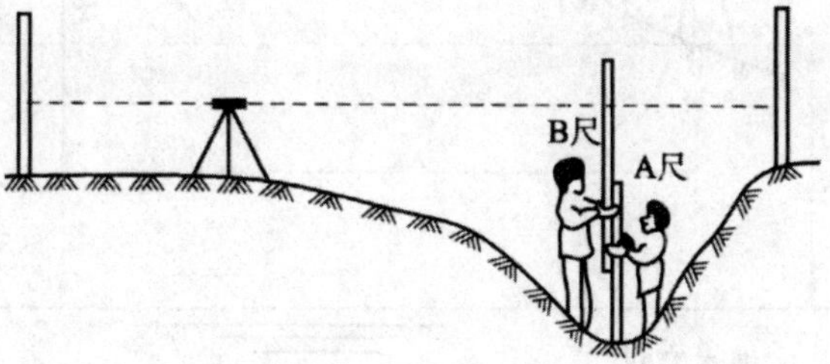

图3-4　接尺法示意图

3. 用全站仪进行中平测量

传统的中平测量方法是用水准仪测定中桩处地面高程，施测过程中测站多，特别是在地形起伏较大的地区测量，工作量相当繁重。而全站仪由于具有三维坐标测量的功能，在中线测量中可以同时测量中桩高程（中平测量），减少测设工作量。

全站仪中平测量方法：中线测量一般用任意控制点安置全站仪，利用极坐标或切线支距法放样中桩点。在中线测量的同时，利用全站仪本身具有的高程测量功能和控制点的高程，可直接测得中桩点的地面高程。

如图3-5所示，设A点为已知控制点，B点为待测高程的中桩点。将全站仪安置在已知高程的A点，棱镜立于待测高程的中桩点B点上，量出仪器高i和棱镜高l，全站仪照准棱镜测出视线倾角α。则B点的高程HB为：

$$H_B = H_A = S \cdot \sin\alpha + i - l$$

式中　H_A——已知控制点A点高程；

H_B——待测局程的中桩点B点局程；

i——仪器局；

l——棱镜高度；

S——仪器至棱镜斜距离；

α——视线倾角。

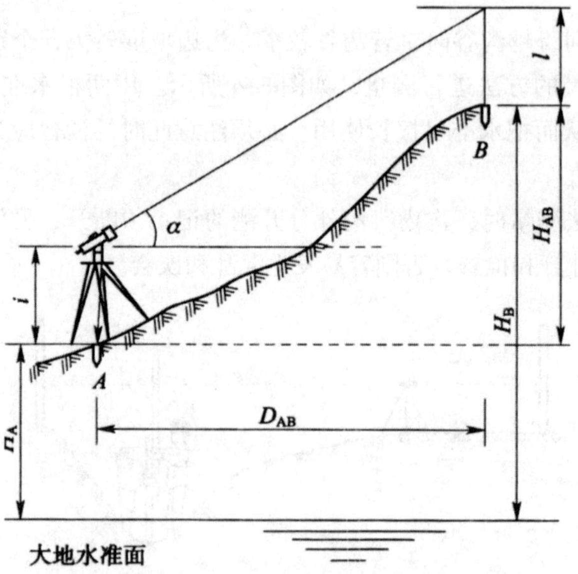

图3–5　全站仪高程测量原理示意图

在实际测量中，只需将安置仪器的A点高程H_A、仪器高i棱镜高l直接输入全站仪，在中桩放样完成的同时，就可直接从仪器的显示屏中读取中桩点B点高程H_B。

该方法的优点是在中桩平面位置测设过程中直接完成中桩高程测量，而不受地形起伏及高差大小的限制，并能进行较远距离的高程测量。高程测量数据可从仪器中直接读取，或存入仪器并在需要时调入计算机处理。

4. 任意设站进行中平测量

全站仪中平测量是利用全站仪本身具有的高程测量功能，通过合理设计其测量方案，充分发挥其高程测量不受地形起伏限制及测程较远的优势，达到快速灵活、提高工作效率和减小劳动强度的目的。

（1）施测原理

如图3–6所示，设A点为已知高程点，其高程为HA。B点为待测高程的中桩点。将全站仪安置在A、B两点之间的I处。则可利用全站仪高程测量的功能，分别测得置仪点I与A、B方两点间的高差h_{IA}及h_{IB}，由此可得A、B两点间高差h_{AB}：

$$h_{AB}=h_{AI}+h_{BI}=h_{IB}-h_{IA}$$

其中：$hI_A=S_{IA}\cdot\sin\alpha_A+i-l_A$

$$h_{IB}=S_{IB}\cdot\sin\alpha_B+i-l_B$$

式中　S_{IA}、S_{IB}——仪器至A、B点的棱镜斜距离；

α_A、α_B——仪器照准A、B两点时的视线倾角；

l_A、l_B——立于A、B两点的棱镜高度；

i——仪器高。

由此导出A、B两点的高差计算的另一种形式：

$$h_{AB}=(S_{IB}\cdot\sin\alpha_B-S_{IA}\cdot\sin\alpha_A)-(l_B-l_A)$$

从式（$h_{AB}=(S_{IB}\cdot\sin\alpha_B-S_{IA}\cdot\sin\alpha_A)-(l_B-l_A)$）可看出，仪器高i值在高差计算过程中自动抵消，因此，在现场观测时，不需量取仪器高，只需在仪器中输入后视点棱镜高l_A和前视点棱镜高l_B，然后分别对A、B两点进行观测，从而获得置仪点I与A、B两点间的高差h_{IA}及h_{IB}即可。则待测中桩点B点的高程为：

$$H_B=H_A+h_{AB}=H_A+h_{IB}-h_{IA}$$

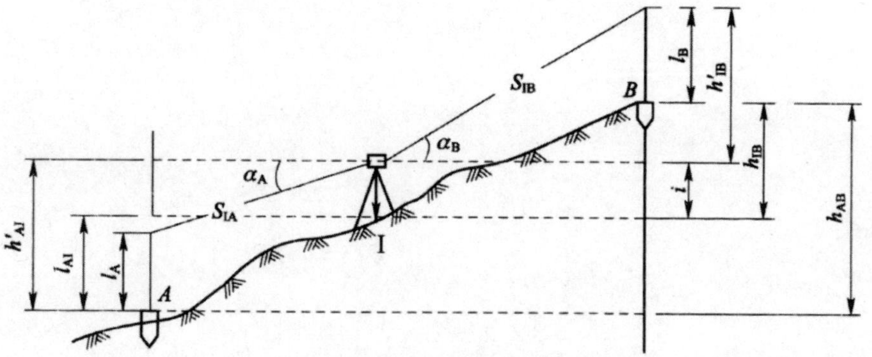

图3-6　任意设站进行中平测量示意图

（2）施测中的注意事项

1）应合理选择全站仪安置点，使其尽可能多观测中桩点，又能与已知高程控制点通视，以便获得后视高差。

2）安置全站仪只需整平，不需对中，不需量取仪器高；对在一个测站上观测不到的中桩点，可适当移动仪器位置。

3）仪器位置移动后，必须重新对已知高程控制点进行观测，以获得新的后视高差，并作为新测站上的后视高差来计算中桩高程。

4）对必须设置转点方能观测到的中桩点，转点的设置应尽量使仪器至转点和至后视已知高程控制点的距离相等，以消除残余地球曲率、大气折光以及仪器竖盘指标差对高程观测的影响。对转点高程的观测应仔细，转点高程获得后，即可作为新的已知高程点来观测其他中桩点。

第四章　公路横断面测量

第一节　公路横断面方向测定

一、直线段横断面方向测定

直线段横断面方向与路线中线垂直，一般采用方向架测定。如图 4–1 所示，将方向架置于待标定横断面方向的桩点上，方向架上有两个相互垂直的固定片，用其中一个固定片瞄准该直线段上任一中桩，另一个固定片所指明方向即为该桩点的横断面方向。

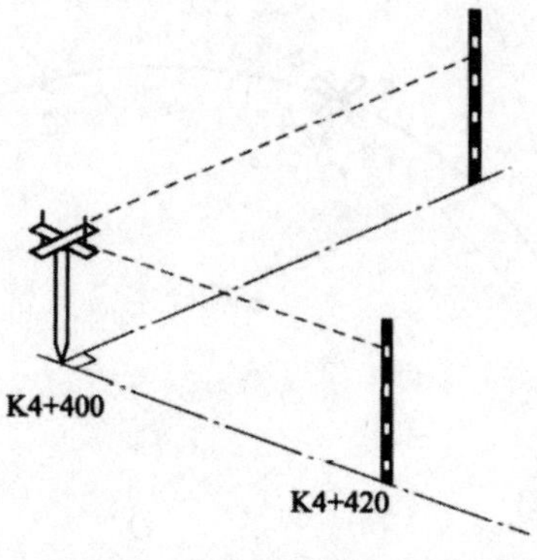

图 4–1　直线段横断面方向示意图

二、圆曲线横断面方向测定

圆曲线段上中桩点的横断面方向为垂直于该中桩点切线的方向。由几何知识可知，圆曲线上一点横断面方向必定沿着该点的半径方向。测定时一般采用求心方向架法，即在方向架上安装一个可以转动的活动片，并用一固定螺旋可将其固定。

用求心方向架测定横断面方向，如图 4–2 所示。欲测定圆曲线上某桩点 1 的横断面方向，可按下述步骤进行：

（1）将求心方向架置于圆曲线的 ZY（或 YZ）点上，用方向架的一固定片 ab 照准交点（JD）。此时 ab 方向即为 ZY（或 YZ）点的切线方向，则另一固定片 cd 所指明方向即为 ZY（或 YZ）点横断面方向。

（2）保持方向架不动，转动活动片 ef，使其照准 1 点，并将 ef 用固定螺旋固定。

（3）将方向架搬至 1 点，用固定片 cd 照准圆曲线的 ZY（或 YZ）点，则活动片 ef 所指明方向即为 1 点的横断面方向，标定完毕。

在测定 2 点的横断面方向时，可在 1 点的横断面方向上插一花杆，以固定片 cd 照准花杆，ab 片的方向即为切线方向。此后的操作与测定 1 点横断面方向时完全相同，保持方向架不动，用活动片 ef 瞄准 2 点并固定之。将方向架搬至 2 点，用固定片 cd 瞄准 1 点，活动片 ef 方向即为 2 点的横断面方向。

如果圆曲线上桩距相同，在定出 1 点横断面方向后，保持活动片 ef 原来的位置，将其搬至 2 点上，用固定片 cd 瞄准 1 点，活动片 ef 方向即为 2 点的横断面方向。圆曲线上其他各点的横断面方向亦可按照上述方法进行标定。

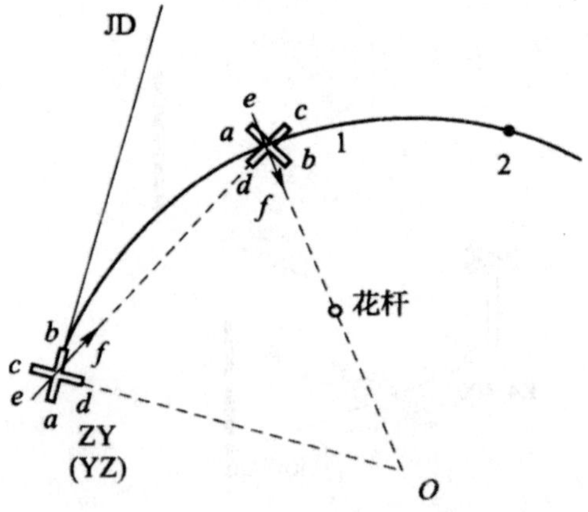

图4–2　圆曲线段上横断面方向标定示意图

三、缓和曲线段横断面方向测定

缓和曲线段上一中桩点处的横断面方向是通过该点指向曲率半径的方向，即垂直于该点切线的方向。可采用下述方法进行测定：如图 4–3 所示，利用缓和曲线的弦切角△和偏角 δ 的关系△ =2δ，定出中桩点处曲率切线的方向，有了切线方向，即可用带度盘的方向架或经纬仪标定出法线（横断面）方向。

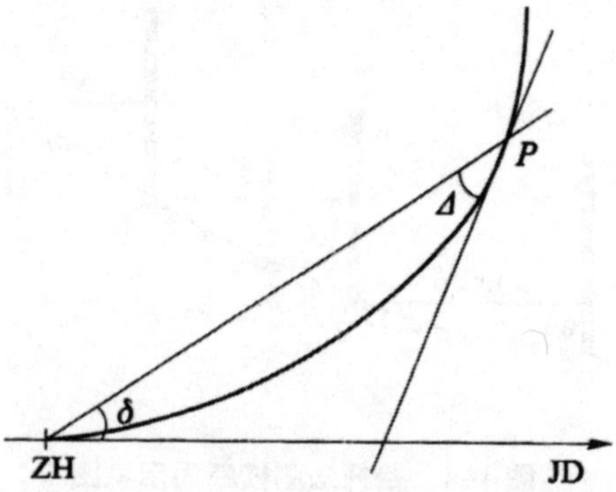

图 4–3　缓和曲线段横断面方向测定

具体步骤如下：

如图 4–3 所示，P 点为待标定横断面方向的中桩点。

（1）按公式 $\delta = (\frac{l}{l_s})^2\delta_o = \frac{1}{3}(\frac{l}{l_s})^2\delta_o$，计算出偏角 δ，并由△ =2δ 计算弦切角△。

（2）将带度盘的方向架（亦称圆盘仪）或经纬仪安置于 P 点。

（3）操作方向架的定向杆或经纬仪的望远镜，照准缓和曲线的 ZH 点，同时使度盘读数为△。

（4）顺时针转动方向架的定向杆或经纬仪的望远镜，直至度盘的读数为 90°（或 270°）

此时，定向杆或望远镜所指方向即为横断面方向。

第二节　公路横断面测量

横断面测量中的距离和高差一般准确到 0.1m 即可满足工程的要求。因此，横断面测量多采用简易的测量工具和方法，以提高工作效率。下面介绍几种常用的方法。

1. 标杆皮尺法（抬杆法）

标杆皮尺法（抬杆法）是用一根标杆和一卷皮尺测定横断面方向上的两相邻变坡点的水平距离和局差的一种简易方法。

如图 4–4 所示，要进行横断面测量，根据地面情况选定变坡点 1、2、3、…。

将标杆竖立于1点上，皮尺靠在中桩地面拉平，量出中桩点至1点的水平距离，而皮尺截于标杆的红白格数（通常每格为0.2m）即为两点间的高差。

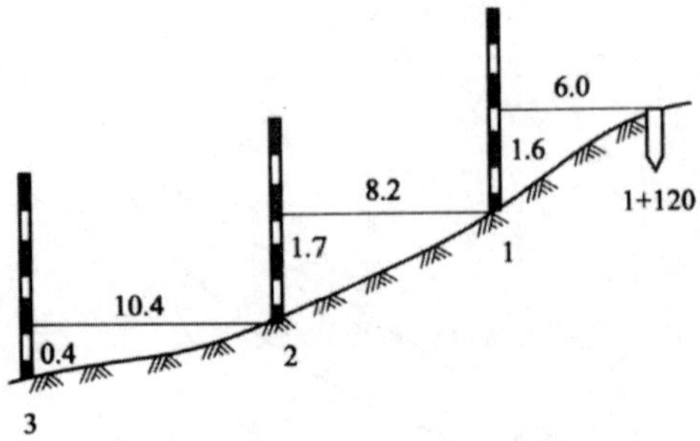

图4-4 抬杆法测横断面示意图

测量员报出测量结果，以便绘图或记录，报数时通常省去“水平距离”四字，高差用“低”或“高”报出，例如，图示中桩点与1点间，报为“6.0m 低 1.6m”，记录如表4-1所示。同法可测得1点与2点、2点与3点、…的距离和高差。表中按路线前进方向分左、右侧，分别以分数形式表示各测段的高差和距离，分子表示高差，正号为升高，负号为降低；分母表示距离。自中桩由近及远逐段测量与记录。

表4-1 抬杆法测横断面测量记录

左侧	里程桩号	右侧
$\cdots\frac{-0.4}{10.4},\frac{-1.7}{8.2},\frac{1.6}{6.0}$	$K1+120$	$\frac{+1.0}{4.8},\frac{+1.4}{12.5},\frac{-2.2}{8.6}\cdots$
…		…

2. 水准仪皮尺法

水准仪皮尺法是利用水准仪和皮尺，按水准测量的方法测定各变坡点与中桩点间的高差，用皮尺丈量两点的水平距离的方法，如图4-5所示。

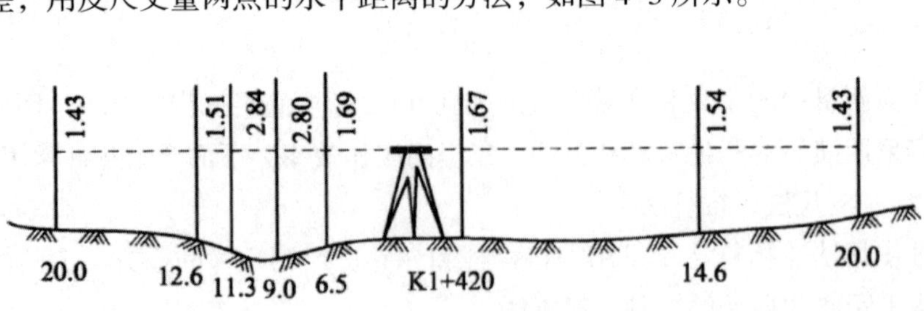

图4-5 水准仪皮尺法测横断面示意图

水准仪安置后，以中桩点为后视点，在横断面方向的变坡点上立尺进行前视读数，并用皮尺量出各变坡点至中桩的水平距离。水准尺读数准确到厘米，水平距离准确到分米。此法适用于断面较宽的平坦地区，其测量精度较高。

3. 经纬仪视距法

经纬仪视距法是指在地形复杂、山坡较陡的地段采用经纬仪，按视距测量的方法测得各变坡点与中桩点间的水平距离和高差的一种方法。施测时，将经纬仪安置在中桩点上，用视距法测出横断面方向上各变坡点至中桩的水平距离和高差。对于横断面测量，高速公路、一级公路一般采用水准仪皮尺法、经讳仪视距法，二级及二级以下公路可采用标杆皮尺法。

第五章　路基工程施工技术

第一节　路基工程施工准备

一、路基工程施工组织

1. 编制原则

施工单位在编制路基施工组织设计过程中，应结合路基施工特点，遵守以下原则：

（1）严格执行工程建设程序和施工程序

施工阶段组织设计属于施工前准备工作的一项重要内容，要严格遵守合同签订的施工期限，按照基建程序和施工程序的要求，保质保量按时完成施工任务。

（2）保证重点、统筹兼顾

要对工程项目的所有内容分清轻重缓急，集中力量对在整个工程中起关键和控制作用的作业项目进行施工，避免拉长战线、分散资源、拖延工期。同时还要有全局观念，保证工程全线按期完成，迅速发挥投资效益，为后续施工创造良好条件。

（3）遵循工程的客观规律，科学合理地安排施工季节、程序和施工顺序

按照路基工程施工的客观规律安排施工顺序，可将整个项目划分为几个阶段，如：施工准备、土石方工程、排水工程、防护工程等。在各施工阶段之间合理搭接，在保证质量的基础上，根据当地的气候季节特点，合理安排施工进度计划，充分利用施工时间并保持均衡施工，尽可能缩短工期，加快施工进度。所以必须处理好以下关系：

1）施工准备与正式施工的关系。施工准备之所以重要，是因为它是后续施工能按时开始的重要条件。

2）全场性工程与单位工程的关系。在正式施工时，应首先进行全场性工程的施工，然后按照工程的排序，逐个进行单位工程的施工。

3）地下与地上的关系。在处理地下工程与地上工程时，应遵循“先地下、后地上”的原则。

4）空间顺序与工种顺序的关系。在安排施工顺序时，既要考虑施工组织的空间顺序，又要考虑施工工艺的工种顺序。空间顺序要以工种顺序为基础，工种顺序尽可能为空间顺序提供有利的施工条件。

（4）应用科学的计划方法制订最合理的施工组织方案

根据工程特点和工期要求，尽可能采用平行流水作业施工方法，组织连续、均衡且有节奏地施工，保证人力、物力充分发挥作用。对于复杂工程，应用网络计划技术找出最佳的施工组织方案。

（5）采用先进的施工技术和设备，加强科学管理

在选择施工机械过程中要进行技术经济比较，充分利用现有的机械设备，使大型机械与中小引机械、机械化与半机械化结合起来，尽量扩大机械化施工范围，提高机械化程度。

（6）确保工程质量和施工安全

贯彻施工技术规范、操作规程，提出确保工程质量的技术措施和施工安全措施。

2. 原始资料的调查分析

在编制实施性施工组织设计之前，应全面收集原始资料，做好如表5-1所列的调查工作。

表5-1　原始资料调查表

调查项目	调查内容
社会调查	管线、文物古迹等
承包人能力的调查	员工数量、类别、素质、施工机械装备等
施工资源的调查	筑路材料、运输条件、当地劳动力、电力、供水等
自然条件的调查	合同段内的地形、地貌、地质、水文、气候等条件

3. 编制内容

一般来说，施工组织设计分为施工组织总设计和分部、分项工程施工组织设计，其具体内容如下：

（1）施工组织总设计内容

施工组织总设计是以整个路基工程为对象，根据设计图纸和施工现场条件编制的，用以指导施工全过程各项施工活动的技术经济的综合性文件。其主要内容如下：工程概况；施工部署及主要构造物的施工方案；施工准备工作计划；施工总进度计

划；各项资源需要量计划；施工总平面图。

（2）分部、分项工程施工组织设计内容

分部、分项工程施工组织设计主要由项目总工程师负责编制。每个分部、分项工程的开工申请时呈送监理工程师报批的不可缺少的内容。其主要内容如下：分部、分项工程概况；施工方法及施工机械的选择；施工进度计划；施工安全计划；人工、材料、机械计划；施工平面图；质量保证、安全、环保、文明施工等措施。

二、路基试验段的选择与实施

1. 试验段的选择

以路基填方为例，试验段的位置应选在地质条件、断面形式及工程要求均具有代表性的地段，长度大于100m，试验场地应尽量选在主线上，且施工方便。在试验段的选择过程中，要尽可能符合下列的条件：

（1）距驻地近、地势平坦、交通方便、施工条件好的地段。

（2）工程量集中、施工时间较长的地段；土质较好且对今后施工具有广泛指导意义的地段。

2. 试验段的目的

试验段的目的是取得施工经验，检验施工机械组合，根据压实机械情况及在施工技术规范允许情况下的压实厚度、松铺系数，确定松铺厚度、土的最佳含水率、碾压遍数等。将以上资料整理上报，经监理工程师批准后，作为以后施工的经验资料，以指导路基的填方施工。

3. 试验段的实施

以路基填方试验为例，其施工步骤如5–1所示。

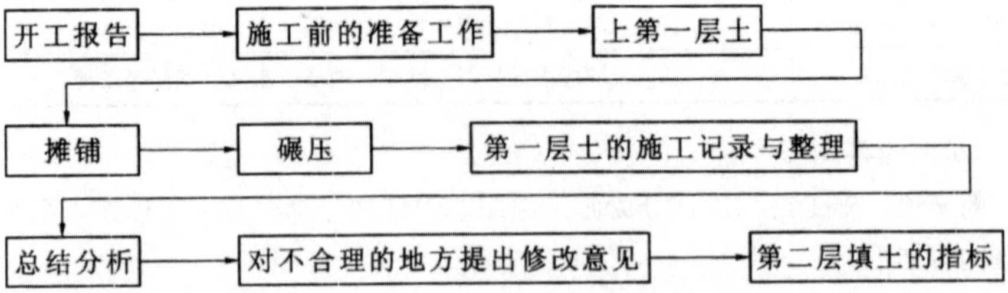

图5–1　试验段的施工步骤示意图

当第二层填土完成后，按第一层的方法进行总结分析以确定第三层填土的各项指标。一般情况下，进行两次调整后就不需要再调整了。当填土的松铺厚度、含水率、碾压遍数指标稳定后，试验路段的目的就已达到，即可填写试验报告。

第二节　一般路基施工

一、一般路基施工方法

一般情况下，根据公路路线设计出来的路基标高与天然地面标高是不同的。当路基设计标高低于天然地面标高时，就需要进行挖掘；当路基设计标高高于天然地面标高时，就需要进行填筑。根据路基填挖的情况不同，路基可分为：路堤、路堑、半填半挖路基。

1. 路堤

图 5-2 所示为路堤的几种常见横断面形式。按照路堤的填土高度不同，路堤可以划分为矮路堤、高路堤和一般路堤。填土高度小于 1.5m 的，属于矮路堤；土质路堤填土高度大于 18m，或者石质路堤填方高度大于 20m 的，属于高路堤；填土高度在 1.5 ~ 8m 范围内的路堤为一般路堤。矮路堤一般是在平坦地区取土困难时选用。高路堤的填方量大，占地面积广，施工难度大，成本也比较高。此外，随其所处的条件和加固类型的不同，还有浸水路堤、护脚路堤和挖沟填筑路堤。

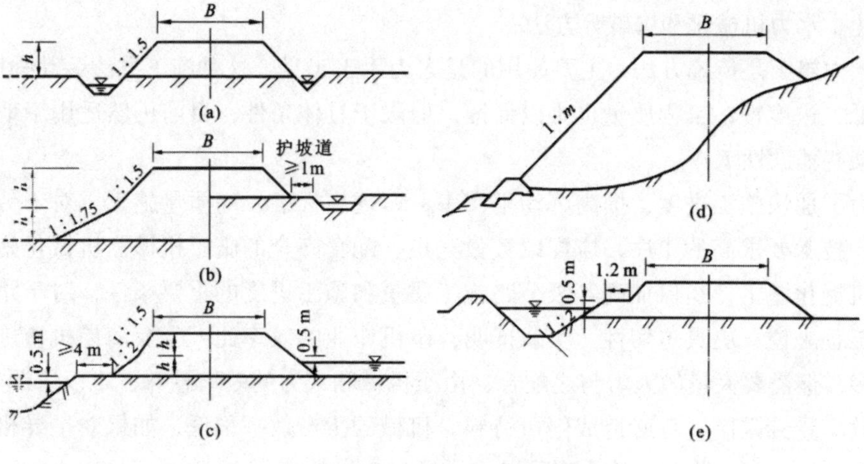

图5-2　路堤的几种常见横断面形式

（a）矮路堤；（b）一般路堤；（c）浸水路堤；（d）护脚路堤；（e）挖沟填筑路堤

2. 路堑

根据路堑的几种常见的横断面形式，可将路堑分为：全挖路基、台口式路基及半山洞路基，如图 5-3 所示。挖方边坡可视高度和岩土层情况设置成直线或折线。挖方边坡坡脚处可设置边沟，路堑的上方可设置截水沟排水。

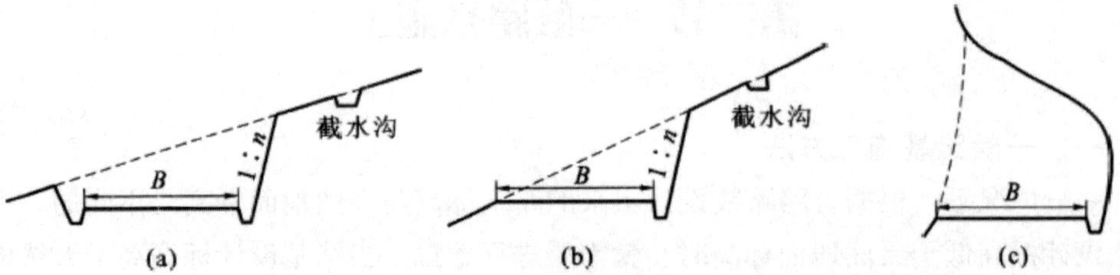

图 5-3　路堑的几种常见横断面形式

（a）全挖路基；（b）台口式路基；（c）半山洞路基

3. 半填半挖路基

为了减少土石方数量，保持土石方数量横向平衡，位于山坡上的路基，通常取路中心的标高接近原地面标高，形成半填半挖路基。若处理得当，路基稳定可靠，是比较经济的断面形式。

二、一般路基施工的基本方法

路基施工的基本方法，按其技术特点大致可以分为：人工及简易机械化、综合机械化、水力机械化和爆破等方法。

人力施工是传统方法，主要使用的是人力手工工具。这种施工方法劳动强度大、功效低、进度慢，工程质量也难以保证，但限于具体条件，目前仍然适用于地方道路和某些辅助性工作。

为了加快施工进度，提高劳动生产率，实现高标准、高质量施工，对于劳动强度大和技术要求高的工序，应配以数量充足、配套齐全的施工机械。机械化施工和综合机械化施工，是保证高等级公路施工质量和施工进度的重要条件，对于路基土石方工程来说，更具迫切性。实践证明，单机作业的效率比人工及简易机械施工要高得多，但需要大量的人力与之配合，由于机械和人力的效率悬殊，难以协调配合，单机效率受到限制，势必造成停机待料，机械的生产效率很低，如果对主导机械配以辅助机械，相互协调一致，则可以大大提高工作效率。

水力机械化施工也是机械化施工的方法之一，它是运用水泵、水枪等水力机械，喷射强力水流，冲散土层并使其流运至指定地点沉积，例如，采集砂料或地基加固等。水力机械适用于电源和水源充足，挖掘比较松散的土质及地下钻孔等。对于砂砾填筑路基或基坑回填，还可起到密实作用（称为水夯法）。

爆破法是石质路基开挖的基本方法，在施工时如果采用钻岩机钻孔与机械清理，也属于路基机嘁化施工之列。除石质路堑开挖以外，爆破法还可用于冻土、泥沼等特殊路基施工，以及清理路面、开石取料与石料加工等。

以上施工方法的选择，应根据工程性质、施工期限、现有条件等因素而定，而且需要因地制宜和综合使用各种方法。

三、土质路基施工基本要求

土质路基的填挖，首先必须搞好施工排水，包括开挖地面临时排水沟槽及设法降低地下水位，以便始终保持施工场地的干燥。这不仅因为土在干燥状态下易于操作，而且控制土的湿度是确保路堤填筑质量的关键。从有效控制土的含水率需求出发，土质路基的施工作业面不宜太大，以利于组织快速施工，随挖随运，及时填筑压实成型，减少施工过程中的日晒、雨淋，尽量保持土的天然湿度，避免土过干或过湿。

一般条件下土的天然含水率接近最佳值，必要时应考虑人工洒水或晾干措施。雨季施工，必须按照施工技术操作规程的有关规定，加强临时排水，确保路基质量。过湿填土，碾压后形成弹簧现象，必须挖除重填，必要时可采取其他相应的加固措施。

路基的取土与填筑都必须有条不紊、有计划、有步骤地进行操作，这不仅是文明施工的需要，而且是选土和合理利用填土的保证。不同性质的路基用土，除按规定予以废弃和适当处置外，一般不允许任意混填。

路堑开挖，应在全断面进行，自上而下一次成型，注意按设计要求准确放样，不断检查校正，边坡表面削齐拍平。路堑底面，如土质坚实，应尽量不扰动，予以整平压实，如果土质较差、水文条件不良，应根据路面强度设计要求，采取加深边沟，设置地下盲沟以及挖松表层一定深度原土层，重新分层填筑与压实或必要时予以换土和加固，以确保路堑底层土基的强度与稳定性达到规定标准，这些对于修筑沥青类路面尤为重要。

路基原定设计要求及施工操作规程，是路基施工的依据及质量检验的标准，必须严格执行。遇到特殊情况无法按原设计和规程实施，需按照基建程序中规定的手续，会同有关单位协商解决。

第三节 路基排水工程施工

一、地表排水施工方法

1. 施工程序

（1）测量放线：利用设计单位提供的测量控制网，定出边沟中心和路面边缘的控制点位置，在该位置打上标有桩号的木桩并测出桩顶标高，作为边沟施工时的轴线。

（2）土方开挖：边沟和排水沟土方开挖采用反铲开挖、人工配合清理，自卸汽车运输，山坡截水沟开挖采取人工挖掘运送。

（3）砌筑：自制一批尺寸与设计相符的边沟钢筋或木质骨架大样，土方开挖后，将大样的中心与边沟轴线控制点对齐，下底放置在设计高处，稳固后带上线，根据带线后的边沟大样断面进行片石砌筑。砌筑用的砂浆必须严格按照实验室提供的配合比进行配置。砌筑时片石间距一般控制在 1 ~ 2cm，采用坐浆（挤浆法）施工，使片石能被砂浆充分包裹。砌筑表面必须紧靠着所拉的线，以确保其表面平整。

2. 施工要点

（1）边沟的施工要点

1）挖方地段和填土高度小于边沟深度的填方地段均应设置边沟。

2）平曲线处边沟施工时，沟底纵坡应与曲线前后沟底纵坡平顺衔接，不允许曲线内侧有积水或外溢现象发生。

3）认真做好边沟加固。

土质地段的边坡纵沟大于 3% 时应采取加固措施；用浆砌片石加固时，砌缝砂浆应该饱满，沟身不漏水。

4）在沟边与填方路基相邻处设置跌水和急流槽，将水流直接引至填方坡脚以外，以免冲刷边坡，影响路基稳定。

5）当边沟水流向涵洞进水时，为避免边沟水流的冲刷，应根据地形条件在涵洞进口处设置窨井、、跌水或急流槽等构造物，将水流引入涵洞。

6）当边沟水流向桥梁时，应在桥头翼墙或挡土墙之后设置跌水或急流槽，将水引入河道。

（2）排水沟的施工要点

1）排水的线形应平顺，转弯处宜做成弧线形。

2）排水沟的出水口应设置跌水和急流槽将水流引出路基或排水系统。

（3）截水沟的施工要点

1）截水沟的边缘距挖方路基坡顶的距离视土质情况而定，以不影响路基边坡为原则。一般土质至少应距路堑顶边缘 5m，黄土地区不应小于 10m，并应采取防渗加固措施。

2）截水沟应按设计要求进行防渗设计处理。地质不良地段、土质松软地段、渗水性大或裂隙积多地段，截水沟沟底、沟壁、出水口均应进行加固处理，防止水流渗漏和冲刷。

3）截水沟长度超过 500m 时，应选择适当的地点设出水口，将水引至排水沟中或涵洞处。截水拗必须有牢固的出水口，必要时须设置跌水或急流槽。

（4）质量控制注意事项

1）砌体砂浆配合比准确，砌缝内砂浆均匀饱满，勾缝密实；浆砌片石工程咬扣紧密，嵌缝饱满、密实，勾缝保持自然流畅，缝宽大体一致且无通缝；

2）排水设施施工时，注意衔接顺畅，做到沟底平整并有一定的坡度，以利于排水；砌体内侧及沟底应平顺，沟底不得有杂物；

3）急流槽与消力池底部应做成粗糙面，并按设计设置消力槛，以利排水并起消力作用；无论何种形式的边沟、排水沟、截水沟相接，均应设置渐变段，使水流过渡自然平顺，渐变段长度视现场具体情况而定。

二、地下排水设施施工

1. 暗沟（管）

暗沟（管）是设在地面以下引导水流的沟渠，无渗水和汇水的作用。暗沟（管）的主要作用是把路基范围内的泉水或渗沟所拦截、汇集的水流等集中，排到路基范围之外。市区街道污水管或雨水管以及高速公路、一级公路中央分隔带有雨水浸入时，在其转弯止，通过雨水口将路面水引入暗沟（管），排到路基范围之外。

暗沟应在路基填土前或开挖后，按泉眼范围及流量大小或渗沟汇集的水流情况，确定断面的尺寸。首先在泉眼处用浆砌片石或水泥混凝土圈井，上面加以盖板，然后在井壁上连接暗沟。暗沟敷设施工完毕后，恢复正常的路基填筑。当暗沟沟底高程处于路基工作区内或以下不深时，暗沟沿程必须防渗封闭，不然不能保证路基工作在干燥、中湿状态。暗沟沟底纵坡应不小于 1%，出水口沟底高程应高出沟外最高水位 20cm，以防水流倒灌。寒冷地区的暗沟，应采取防冻保温处理措施或将暗沟设在冰冻深度以下。

2. 渗沟

采用渗透方式将路基工作区或以下较浅的大面积地下水汇集于沟内，并沿沟把水排到指定地点，此种地下排水设施称为渗沟。由于渗沟具有汇集水流的功能，渗沟高程必须是“开放”的（这在设施构造内容中具体介绍）。根据地下水分布及影响路基情况不同，渗沟设置的位置及作用也有所不同。

当用于拦截、汇集和排除流向路基的地下水时，渗沟可设在边沟以下或路基上侧山坡地面以下的适当位置。此时渗沟的平面布置应尽可能与地下水流向相互垂直，使之拦截效果良好。

当用于汇集路基范围内大面积的渗水，并引至指定地点时，首先应根据每条渗沟的流量，平面规划设计好渗沟网，然后在指定地点圈井以利汇集，其后再以暗沟连接，将水排于路基以外。

按照需要排水流量的不同，渗沟大致有三种形式：填石渗沟（亦称盲沟）、管式渗沟和洞式渗沟。三种形式均由排水层（碎砾石缝或管、洞）和反滤层所组成。有无浆砌块石或水泥混凝土托底，应根据沟底排水水面的高程而定。当沟底排水水流已经进入路基工作区域或接近该区时，必须设置托底。否则在渗沟内已经汇集应该排出的水，就会沿程又渗回到路基工作区去。当沟底排水水面在路基工作区以下较远时，则可不设托底。

填石渗沟（盲沟）一般用于流量不大、渗沟长度不长的路段，是目前公路上常用的一种渗沟形式。盲沟的排水层，可采用石质坚硬的较大颗粒的砾石填充，以保证且有足够的空隙率排除设计流量。由于排水属渗流紊流状态，碎砾石构成的排水层阻力较大，为防止淤积，其纵坡应不小于 1%，一般可采用 5%。

管式渗沟适用于有一定流量、渗沟长度较长的地段，但渗沟纵向长度应不大于 250 ~ 350m，若渗沟过长，应加设横向泄水管，将渗沟内的水流迅速分段排除。其最小纵坡为 0.5%，沟底纵坡取决于设计流速，最大流速应根据水管及托底的耐冲能力而确定。

洞式参沟适用于地下水流较大或缺少圆管时，可采用石砌涵洞形式。洞身断面大小依设计流量而定。涵洞可用浆砌片石筑成，其上加带泄水小孔的混凝土盖板或条石覆盖。沟底纵坡最小为 0.5%，有条件时适当采用较大纵坡，以利排水。渗沟施工时的人工开挖槽宽视沟深而定，一般深度在 2m 时，宽度为 0.6 ~ 0.8m；深度为 3 ~ 4m 时，宽度不小于 1.0m。

渗沟内用作渗水或排水的砂石填料，应经过筛选和清洗。反滤层是为了汇集水流，并用于防止含水层中土堵塞排水层而设置的。反滤层应尽可能选用颗粒大小均匀的砂石材料，分层填埋，相邻两层颗粒直径之比不小于 1∶4，每层厚度不小于 15cm。有条件时可在反滤层外加铺土工布进行包裹，更能加强过滤作用，同时使得路基土颗粒不因随水流被带走而形成空洞。各种渗沟出水口沟底高程应高于沟外最高水位高程 20cm。

管式渗沟的泄水管，可用陶土、混凝土、石棉或带孔塑料管等材料制成。管壁上半部可交错排列留有渗水孔，外铺土工布过滤。管径视设计流量而定，一般为 15 ~ 30cm。在冬季管内水流易结冰的地段，为防止堵塞可采用较大直径的泄水管，并加设保温层。

3. 渗井

在平原地区，当路基设计高程较低，但是地下水位较高而影响路基工作区时，可设置竖直方向排水设施，把附近上部的地下水，渗流引排到深部的潜水层或透水层中去。这种起到局部降低路基范围内地下水位的竖向排水设施称为渗井。前述暗沟、渗沟均属于水平方向的排水设施，而渗井则属于竖直方向的排水设施。

渗井的下部必须穿过不透水层而深达透水层（透水层中有潜水时，要注意潜水压力不至于造成渗井内潜水倒灌，具体的分析判断可根据地质钻探资料进行）。透水层较深时，可用钻井机钻孔。钻孔的直径为 50 ~ 60cm，最小直径不应小于 15cm。井（孔）内由中心向四周按层次分别填入由粗至细的砂石材料。中心粗料渗水，四周细料反滤。填充料要求筛分冲洗。施工时须用铁皮套筒分隔，以便分别填入不同粒径的材料。不得粗细混杂，以保证渗井达到预期排水效果。

渗井的行、列间距布置，以满足路基范围内原地下水位降低并脱离路基工作区，使该区内能保持工作在干燥、中湿状态为准则，应根据渗流流量计算而确定。

第四节　路基防护与加固工程施工

一、坡面防护工程施工

1. 植物防护

（1）种草

1）作用

种草是一种施工简单、造价经济且有效的坡面防滑设施。草能覆盖表土，防止雨水冲刷，调节土的温度，防止裂缝产生，固结表面土壤，防止坡面风化剥落，加强路基的稳定性。坡面可允许缓慢流水（0.4 ~ 0.6m/s）的短时冲刷。

2）适用条件

①适宜用于草类生长的土质路堑和路堤边坡上，且边坡坡度较小、边坡高度不高的路基。

②对边坡土层不宜种草的路基，可先铺一层有利于草生长的种植土，铺土厚度 10 ~ 15cm。为使种植土与边坡结合牢固，可沿边坡坡面每间隔 100cm 的距离挖 20cm 宽的台阶。

③对于经常浸水或长期浸水的路基边坡，草不易生长，不宜采用此种边坡防护措施。

3）施工注意事项

①播种草籽可根据具体情况撒播或行播。为使草籽均匀分布，可先将草籽与沙、干土或锯末混含播种。草籽埋入深度应不小于 5cm，种完后将土耙匀并适当拍实，然后洒水，保持潮湿。

②路堤的路肩和路堑顶边缘应埋入与表层齐平的带状草皮，草皮厚 5 ~ 6cm，宽 20 ~ 25cm。

③播种时间宜选春季、秋季，不宜选在干燥的风季和暴雨季节播种；播种前，必须将表土耙松，土块打碎，整平，清除石块、杂草及有害物质，并对表土进行均匀施肥，施肥量每 1000m^2 不得少于 70kg。草籽的播种量，在坡面每 1000m^2 不少于 9kg。路堑边坡或路堤较高时，可通过试验采用草籽与含肥料的有机泥浆的混合物，喷射于坡面。

（2）三维植被网

1）三维植被网的特点

①由于网包的作用，能降低雨滴的冲蚀能量，并通过凸出的网包降低坡面雨水的流速，从而有效抵御雨水的冲刷。

②在边坡表层土中起着加筋加固作用，从而有效防止表面土层的滑移。

③在边坡防护中使用三维植被能有效保护坡面不受风、雨、洪水的侵蚀。三维植被网的初始功能是有利于植被生长的，随着植被的形成，它的主要功能是帮助草根系统增强其抵抗自然水土流失的能力。

④三维植被网能做成草毯进行异地移植，能解决快速防护工程的植被要求。

2）施工流程

三维植被网施工流程，见表 5-2。

3）施工注意事项

①用挖掘机刷坡时，要预留约 20cm 宽由人工清除，以保证路基边坡的密实度，

人工刷坡时要挂线，并用坡度尺检验路基边坡坡度，以确保路基边坡的外观线形。

表5-2　三维植被网施工流程

施工步骤	具体操作
边坡整型、细平整	当路基土方已经完工并经监理工程师验收后，放出路基边坡坡脚桩。直线路段路基边桩及坡脚桩每20m打桩，曲线路段加密到5 ~ 10m，以保证路基边坡线平滑顺直。定出路基边桩及坡脚桩后，用白灰标出控制线，然后刷坡。刷坡采用人工配合挖掘机进行。刷坡后将边坡上的土块粉碎、平整，并施入底肥
开挖沟槽	在坡顶及坡脚处，按照施工图纸设计尺寸，人工开挖预埋植被网的沟槽，并平整
覆网	边坡整理完工并经监理工程师验收后，按照设计图纸和施工规范要求或工程师指示，及时进行人工铺设EM3型三维植被网。覆网时，先将网置于坡顶沟槽内，然后从坡顶到坡脚依次进行。网块之间要重叠搭接，搭接宽度不宜小于10cm
固定	覆网后按照一定的密度和方式，采用竹钉（长25cm）或R型钢筋（长25cm）打入边坡进行固定
覆土	当三维植被网固定好以后，在网上覆一薄层土进入网包（可以用木条刮入），而土壤要求细碎、肥沃、pH值适中
播撒草籽	根据当地的气候、土质、含水率等因素，选择易成活、枝叶茂盛、根系发达、茎低矮、多年生、便于养护和经济的草籽种类。为使草籽均匀分布，草籽应掺入细砂或细土，搅拌均匀后播撒
再覆土	撒播草籽后，在网上面再均匀覆盖一层薄土（总厚度约为2cm），并适当拍实，使边坡表面平整，并保证使土盖住草籽
覆盖纤维布或稻草、秸秆	为了让草籽尽快发芽，边坡上面应考虑采用纤维布或稻草、秸杆等进行覆盖，使土壤保持湿润和适宜草籽生长的温度
浇水养护	种植草籽后应适时进行洒水施肥，清除杂草等养护管理，直到草籽成活并覆盖坡面

②开挖沟槽和刷坡一次时间不要过长，防止雨水、风等作用破坏路基边坡坡面。

③植被网尽量与坡面贴附紧密，防止悬空，使网保持平整，不产生皱褶。

④撒播草籽应在无风、气温在15℃以上的天气进行，避免在干燥的风季或暴雨季节播种；浇水时最好采用雾状喷施，防止形成径流，，以免造成草籽分布不均匀而影响覆盖率和美观。

2. 骨架植草防护

（1）浆砌片石骨架植草防护

1）适应条件

①浆砌片石骨架植草防护适用于土质和强风化岩石边坡，防止边坡受雨水侵蚀，避免土质波面上产生沟槽。当边坡潮湿，发生溜坍及坡面冲刷严重时，若采用草皮

护坡或捶面护坡易被冲毁脱落，则可采用浆砌片石骨架的加强措施。

②骨架内铺草皮、植草、捶面或填砌卵石，应根据土质和边坡坡度及当地材料来源等情况选用。

2）施工流程

①边坡整理成型。按设计坡度比刷坡成型，刷坡采用人工配合挖掘机进行。

②浆砌片石骨架。按设计骨架尺寸 1：1 比例放样挂线，并开挖砌槽。选择质地坚硬、无缝隙、无风化的优质石料自下而上砌筑骨架。骨架结构一般采用方格形，骨架间距 3 ～ 5m。骨架底部坡脚 1.0m 和顶部 0.5m 范围用 M5 水泥砂浆砌片石镶边加固。

③回填耕植土。主要针对岩质边坡或原边坡土壤不易于草种生长的边坡。

3）施工注意事项

①骨架表面与草皮表面应平顺，在降雨量大且集中的地区，骨架可做成截水沟式，以分流排除地表水。

②当骨架内为捶面时，应在骨架节点中心位置留泄水孔，骨架外露部分应和捶面厚度相等，使表面平顺。

③施工前应清理坡面浮土、碎石，填补坑洼地。

④骨架内草皮或捶面均应与坡面和骨架密贴，以防地表水沿缝隙渗入，损坏防护工程；骨架内捶面或填砌卵石应在浆砌片石骨架的强度达到 70% 以上时进行。

（2）锚杆混凝土框架植草防护

1）适用条件

锚杆混凝土框架植草防护适用于边坡高度较大、稳定性较差的土质边坡和岩石路堑边坡。坡体中无良结构面、风化破碎的岩石路堑边坡，宜采用非预应力的系统锚杆。

2）施工流程

①坡面成型。对于高陡边坡，施工时，边坡应自坡顶向下逐级开挖、逐级加固，即开挖一级，防护一级，不得一次开挖到底。

②测定孔位。根据施工图设计，计算出锚杆布设范围内控制孔位点坐标，用仪器将其测放于坡面上，并用固定桩固定。坡面其他孔位点定位，以已测放出的控制孔位点为基准，用钢尺丈量即可。孔位允许偏差不大于 150mm。

③钻机选择。根据锚固地层的类别、锚杆孔径、锚杆深度以及施工场地条件等来选择钻孔设备。

④钻机就位并调整角度。锚杆孔位确定后，搭设钻机平台，并用锚杆将其与坡

面固定。根据坡面测放孔位，准确安装固定钻机，并调整机位，确保开孔位准确。除锚杆孔位准确外，还须按设计调整钻孔倾角和方向，倾角允许偏差不大于 2° 。

⑤钻孔。钻孔要求干钻，禁止采用水钻，以确保锚杆施工不至于恶化边坡岩石的工程地质条件和保证孔壁的黏结性能。钻孔速度根据使用钻机性能和锚固地层严格控制，防止钻孔扭曲和变径，造成下锚困难或其他意外事钐。钻孔深度允许偏差为不长于 200mm，不短于 50mm。

⑥清孔。钻进达到设计深度后，不能立即停钻，要求稳钻 1 ~ 2min，防止孔底尖灭，达不到诏计孔径。钻孔孔壁若有沉渣及水体黏滞，必须清理干净。在钻孔完成后，使用高压空气（风压 0.2 ~ 0.4MPa）将孔内岩粉及水体全部清除出孔外，以免降低水泥砂浆与孔壁岩石土体的黏结强度。

⑦锚杆安装。锚杆有预应力和非预应力两种。杆体应严格按照设计图纸加工制作，若锚杆与混凝土框架钢筋相干扰，可局部调整框架钢筋间距。要确保每根钢筋顺直，并除诱、除油污。杆体入孔前须核对锚杆编号，确认无误后再人工缓慢将锚杆体放入孔内，用钢尺测量杆体孔外露出长度，确保锚杆锚固长度。

⑧锚孔注浆。注浆常采用二次高压劈裂注浆。一次常压注浆从孔底开始，如一次注浆不满，要补充注浆，直至注满为止。注浆压力不低于 2.5MPa，浆液宜按水灰比 0.45 ~ 0.5、灰砂比 1：1 配制。二次注浆在一次注浆形成的水泥结石体强度达到 5.0MPa 后，分段依次由下至上进行，注浆压力、注浆数量和注浆时间根据锚固体的体积、锚固的体积及锚固地层情找确定。注浆结束后，将注浆管、注浆枪和注浆套管清洗干净，同时做好注浆记录。

⑨混凝土框架施工。锚杆施工完后，测量放出框架位置，采用人工开挖框架槽体，石质坡面使用风镐开凿。框架钢筋绑扎先竖梁，后横梁。如为非预应力锚杆，锚杆尾部无须外露、无须加工丝口、不用螺帽和混凝土锚头封块，只须将锚杆尾部与竖梁钢筋焊接成一整体。模板采用短钢筋固定在坡面，线条美观。混凝土浇筑时，尤其在锚孔周围，钢筋较密集，须充分振捣，保证混凝土质量。

3）施工注意事项

①在岩层破碎或松软饱水等易于塌孔缩孔和卡钻埋钻的地层中宜采用跟管钻进技术。

②钻孔时，如遇塌孔缩孔等不良钻进现象时，须立即停钻，及时进行固壁灌浆处理（灌浆压力 0.1 ~ 0.2MPa），待水泥砂浆初凝后，重新扫孔钻进。

③钻进过程中应对每个孔的地层变化，钻进状态（钻压、钻速）、地下水及一些特殊情况做好现场施工记录。

④清孔时，除相对坚硬完整的岩体锚固外，不得采用高压水冲洗。

3. 封面、捶面防护

（1）封面防护

1）适用条件

封面防护适用于尚未严重风化的各种易风化岩石的路堑边坡，如页岩、泥岩、泥灰岩、千枚岩等。

2）一般要求

①封面防护的坡度不受限制，但坡面应较干燥。封面厚度 3 ～ 7cm，分为 2 ～ 3 层，使用年 8 ～ 10 年。

②封面不能承受荷载，不能承受土压力，要求边坡必须平整、干燥、稳定。

③封面工程的周边及未防护的坡面衔接处应严格封闭。可在边坡顶部做断面为 20cm×20cm 的小型截水沟，沟底及沟帮可用砂浆封面，厚度为 10cm ；也可在坡顶做槽，槽深不小于 10cm，并与相衔接边面衔接平顺；坡脚宜设 1 ～ 2cm 高的浆砌片石护坡。

④在软石岩层相间的边坡上，仅对软岩层封面时，在软硬分界处，封面应嵌入硬岩层至少 10cm。

⑤大面积封面时，每隔 5 ～ 10m 应设伸缩缝一道，缝宽 1 ～ 2cm，缝缝内用沥青麻筋填充。

⑥根据当地的气候条件，若需要增强封面的抗冲蚀能力和防止表面开裂而对外观要求不高时，可在表面涂沥青保护层。

⑦封面材料的配合比，可根据当地的材料情况选择，水泥：砂 =1：3 ～ 1：4（体积比），水泥：5 灰：砂 =1：2：9（体积比）。

3）施工注意事项

①封面前岩体表面要洗干净，土体表面要平整、密实、湿润。

②封面前边坡上大的凹陷应用浆砌片石嵌补，宽的裂缝应灌浆。

③对岩石较坚硬而不易风化的挖方边坡，为防止水分渗入岩石裂隙造成病害，可视裂隙的深浅与宽窄，分别予以灌缝与勾缝。

④封面不宜在严寒季节、雨天及日照强烈时施工，其适宜的气温为 4 ～ 30℃ ；封面工程应经常检查维修，如发现裂纹或脱落，要及时灌浆修补。

（2）捶面防护

1）适用条件

捶面适用于易受冲刷的土质边坡或易受风化剥落的岩石边坡，边坡坡度不大于

1∶0.5，使用年限为 10 ~ 15 年。

2）一般要求

①捶面厚度为 10 ~ 15cm，一般采用等厚截面。当边坡较高时，采用上薄下厚截面。

②捶面护坡与未防护坡面衔接处应封闭，措施与封面相同。

③捶面材料及配合比：

a. 捶面材料常用水泥、石灰、沙子、炉渣、黏土等。

b. 材料配合比应根据材料的情况选择，一般情况下为水泥：石灰：沙子：炉渣 =1∶3∶6∶9（质量比）；石灰：黏土：沙子：炉渣 =1∶2.5∶5∶9（质量比）；水泥：沙子：炉渣 =1∶3∶7（质量比）；石灰：黏土：炉渣 =1∶1∶4（体积比）。

④棰面不能承受荷载，不能承受土压力，要求边坡必须平整、干燥、稳定。

3）施工注意事项

①捶面前应清理坡面，当边坡有坑洼时，应填补处理。在土质边坡上，为使捶面与坡面贴牢，可在坡面挖小台阶或锯齿，齿深 5 ~ 10cm，间隔 50 ~ 100cm。

②捶面施工时先洒石灰水湿润坡面，捶面夯拍用力要均匀，提浆要及时，提浆后 2 ~ 3h，实行洒水养护 3 ~ 5d ；伸缩缝设置、边坡封顶、排水、气候要求与封面防护施工要求相同。

二、冲刷防护工程施工

1. 直接防护

（1）抛石（或堆石）防护

1）适用条件与作用

抛石防护应用范围很广，主要用于稳固水下边坡。

对于经常浸水且水较深地段的路基边坡防护及洪水季节防洪抢险更为常用。抛石可以防止水下边坡遭受水流冲刷和波浪对路基边坡的破坏，以及淘空坡脚。

2）一般规定

①石料选取

抛石防护类似在坡脚处设置护脚，所抛石料应选用坚硬不易分化的石料。抛石的粒径大小与水荒速度、水深、浪高及边坡坡度有关，石料粒径不小于 300 ~ 500mm。为了使抛石有一定的密实度，宜用大小不同的石块掺杂抛投。

②抛石坡度

拥石切忌乱抛，抛石坡度应根据水深、流速和波浪情况确定。抛石边坡坡度值见表 5–3。

表 5–3　抛石边坡坡度值

水文条件	采用边坡坡度
水浅，流速较小	1：1.2 ~ 1：2.5
水深 2 ~ 6m，流速较大，波浪汹涌	1：1.2 ~ 1：3
水深大于 6m，在急流中施工	小于 1：1.2

③抛石厚度

宜为粒径的 3 ~ 4 倍；用大粒径时，不得小于 2 倍。

④抛石类型

常用的抛石类型有普通抛石和带反滤层抛石。反滤层的作用是为了在洪水退走后，使路堤本身迅速干燥，减少被冲走的路基土，适用于黏质土路堤并应在枯水季节施工。反滤层一般分层设置，从里向外第一层为 10 ~ 15cm 厚的粗中砂；第二层厚 10 ~ 20cm，可用粒径为 1 ~ 3cm 的砾石；第三层为 20cm 厚的碎石或卵石。

3）施工注意事项

①抛石保护石堆的顶面高程，应为设计水位加上波浪侵袭、壅水高度及 0.5m 的安全高度基底埋设在冲刷深度以下不小于 1.0m 或嵌入基岩内。顶部宽度应不小于 1.0m，底部尺于按抛石外侧坡度放坡与河底的交点到边坡坡脚的距离确定。

②对于波浪很强烈的水库边岸或海岸防护，当需要的石块尺寸及质量过大时，可采用混凝土预制的异形块体作为护面抛投或铺砌材料。

（2）*干砌片石防护*

1）适用条件

干砌片石适用于易受水流侵蚀的土质边坡、严重剥落的软质岩石边坡、周期性浸水及受冲刷轻且流速为 2 ~ 4m/s 的河岸路基及边坡。根据护坡的厚度常分为单层干砌片石和双层干片石两种。

2）一般规定

①石料应选用未风化的坚硬岩石。

②干砌片石时，不得大面平铺，石块应彼此交错搭接，不得松动。

3）施工注意事项

①为了防止边坡内的细粒土被水流冲淘出来和增加护坡的弹性，以抵抗外力的冲击作用，在干砌护坡面层与边坡土之间设置 1 ~ 2 层的砂砾垫层，垫层厚度 10 ~ 15cm。

②干砌片石护坡砌筑前应先夯实整平边坡，砌筑石块要互相嵌紧，以增强护坡的稳定性。

③干砌护坡顶的高度应为路基设计洪水位高加可能的壅水高、波浪侵袭高，再加 0.5m 的安全高度。

④护坡基础应按可能的最大冲刷深度处理。当冲刷深度为 1.0m 时，可采用墁石铺筑基础，其断面常用梯形，表面宽度不小于冲刷深度的 1.5 倍。墁石铺筑表层石块宽度尺寸宜比护坡石块更大。当冲刷深度大于 1.0m 时，宜用浆砌片石脚墙基础并埋置在冲刷深度线以下；干砌护坡厚度大于或等于 35cm 时，应采用双层铺砌，双层铺砌时应注意上下层之间的石块要很好地咬合嵌紧，上层石块的尺寸应大于下层石块的尺寸。

（3）*浆砌片石防护*

1）适用条件

浆砌片石防护适用于经常浸水的受水流冲刷或受较强烈的波浪作用的路基边坡防护和河岸及水库边岸防护，也可用于有流冰及封冻的河岸边坡防护。

2）一般规定

①砌筑护坡的石料宜选用坚硬、耐冻、未风化的石料，其抗压强度不小于 30MPa。

②用于冲刷防护的浆砌片石护坡的最小厚度一般不小于 35cm，并采用双层浆砌，在非严寒地区可使用 M7.5 砂浆，在严寒地区应使用 M10 砂浆。

③浆砌片石护坡应设适当厚度的垫层。当护坡厚度较大时，可采用厚度为 15 ~ 25cm 的砂砾垫层。砌筑前坡面应整平拍实。

④用于冲刷防护的浆砌片石护坡基础以脚墙为好，当冲刷深度小于 3.5m 时，可将基础直接埋置在冲刷深度线以下 0.5 ~ 1.0m，并考虑基础底面置于河槽最深点以下。当冲刷深度更深时，可将基础埋置在冲刷深度线以上较稳定的且有足够承载力的地层内，而在基脚前采用适当的平面防淘措施。

⑤浆砌片石护坡应设置伸缩缝，间距 10 ~ 15m，缝宽 2cm，用沥青麻筋或沥青木板填塞；为了排除护坡可能的积水，应在护坡的中下部设置交错排列的泄水孔，可采用 10cm × 10cm 的矩形孔或直径为 10cm 的圆形孔，孔的间距为 2 ~ 3m。泄水孔后应设置反滤层，以防淤塞。

（4）*石笼防护*

1）适用条件

石笼是河床加固和防止路堤被冲刷效果较好的柔性体防护。铁丝石笼能经受较高流速的冲刷，一般可抵抗 4 ～ 5m/s 流速的冲刷，体积大的可抵抗 5 ～ 6m/s 流速的冲刷，允许波浪高 1.5 ～ 1.8m 的水流冲刷。因此，石笼适用于水流含有大量泥沙及基地地质良好的路基边坡。

2）石笼防护的优缺点

石笼防护的优点是石笼具有较高的强度和较好的柔性，而且可利用较小的石料。当水流中含有大量泥沙时，石笼中的空隙能很快淤满，而形成一个整体的防护层。其缺点是铁丝网易诱蚀，使用年限一般只有 8 ~ 12 年。当水流中带有较多的滚石时，容易将铁丝网冲破，此时一般不宜采用。

3）一般规定

①应选用浸水不崩解、不易风化的石料。

②基底应大致整平，必要时用碎石或砾石垫层找平。

③石笼应做到位置正确，搭叠衔接稳固、紧密，确保整体性。

4）施工注意事项

①石笼防护用于防护岸时，一般采用垒砌形式，只有当边坡坡度小于或等于 1：2 时采用平铺形式。

②用于防护基础淘刷时，一般平铺于河床并与坡脚线垂直安放，同时将基础连接处钉牢，其铺设长度不宜小于河床冲刷深度的 1.5 ～ 2 倍。

③贴近网孔的外层应用较大的石块仔细码砌，并使石块的棱角突出网孔以外，以利保护铁丝网；内层可用较小的石块填充。

（5）浸水挡土墙防护

挡土墙是用来支撑陡坡以保持土体稳定的一种构造物，它所承受的主要荷载是土压力。浸水挡土墙是挡土墙众多种类中的一种，其作用是避免沿河路基挤缩河床，防止水流冲刷路基。因此，浸水挡土墙防护适用于峡谷急流的河段，因地形限制不宜设置其他类型的冲刷防护时。用于冲刷防护的挡土墙，应按浸水条件及所受土压力、水流作用力或波浪作用力等荷载的最不利组合进行设计。

浸水挡土墙应选用坚硬未风化且浸水不崩解的石块。浸水挡土墙的基础应妥善处理，最好埋置在不被冲刷的岩层上。对于可能被冲刷的河床地层，则应将基础埋置在冲刷深度线以下不小于 1.0m。若冲刷深度很深，应根据河床的地质情况采用桩基础或连续墙基础，或者在有条件时采用平面防淘措施。

为减小墙后的渗透压力和排除墙后积水，应根据当地自然条件和墙后可能积水情况设置适当的集水和排水设施。

2. 间接防护

（1）导流构造物

常用的导流构造物有挑水坝和顺水坝，挑水坝也叫丁坝。

1）挑水坝

挑水坝的作用是迫使水流改变方向离开被防护的河岸。挑水坝压缩水流断面较多，能强烈地扰乱原来的水流。单个挑水坝起不到防护作用，必须是成群布置。

挑水坝可由乱石堆砌而成，或砌片石。其断面一般采用梯形，坝身的顶宽为 2 ~ 3m，坝头顷宽 3 ~ 4m，下游边坡较缓，坡度为 1: 1.5 ~ 1: 2，上游边坡坡度为 1: 1.0 ~ 1: 1.5。坝的长度不宜太长，一般不超过稳定河宽的 1/4。挑水坝的布置间距，山区弯曲河段可考虑为坝长的 1 ~ 2.5 倍；顺直河段则为坝长的 3 ~ 4 倍。

由于挑水坝坝根与河岸相接，容易被冲开而使挑水坝失去作用，所以应结合地质及水流特点将坝根嵌入岸边 3 ~ 5m，并在上下游加设防冲刷措施。

挑水坝群的布置形式有上挑、下挑及垂直布置。上挑式项轴线与水流方向的夹角小于 90°，下挑式坝轴线与水流方向的夹角大于 90°，垂直布置坝轴线与水流方向的夹角为 90°。

按洪水淹没情况，挑水坝又分为漫水式和不漫水式。不漫水的挑水坝宜布置成下挑式，以威轻水流对坝头的冲击作用。漫水的挑水坝宜布置成垂直或上挑式，以降低坝顶溢流的流速。在平原、半山区的宽浅河段，水流易于摆动，当流速和冲刷力不大时，也可将漫水水坝布置成垂直或上挑的形式，以促进坝间淤积，较快地形成新岸。

2）顺水坝

顺水坝常与水流平行，导流构造物的轴线大体沿导治线的边缘线布置。顺水坝的作用是值水流较匀顺和缓地改变方向，偏离被防护的河岸。

顺水坝压缩水流断面较少，并不扰乱或很少扰乱原来的流水，不致引起过大的冲刷，坝体和基础的防护均可较轻。但坝的全长与被防护地段的长度相等，故造价较高。

顺水坝的结构，大体与挑水坝相同。坝头受力比挑水坝小，一般无须加宽，顶宽 1 ~ 2m，迎水面边坡坡度为 1: 1.5 ~ 1: 2.5，背水面边坡坡度为 1: 1 ~ 1: 1.5。坝的长度为防止冲刷河岸长的 2/3。

顺水坝的起点应选择在水流匀顺的过渡地段，坝根应牢固嵌入河岸 3 ~ 5m，终点可与河岸连在一起，下游端与河岸留有缺口，以宣泄坝后水流。顺水坝一般以漫水式居多，坝顶与中水立齐平。

（2）防护林带

植林须有适宜的条件，主要有利于林带的成活和快速生长，适宜于被防护的路基外侧有宽阔的河滩或仅在洪水时才被淹没的台地，河滩及台地的土质适宜树木生成，有洪水时的流速不大于3.0m/s。

防护林带的作用是洪水期使流速降低，减缓冲刷，泥沙沉积，从而起到防护的效果。

防护林带最适宜栽植杨柳类的乔木和灌木。其特点是生长快，对土的要求低，根系发达，枝杓茂密，长期经受水淹仍能成活。栽培时宜成行，行列可与水流方向成正交或逆水方向斜交约45° 。当水流流速小于1.0m/s时，可用单棵插枝法，每束5 ~ 6棵。插枝时应插在预先挖好的小圆穴内并注意培土。林带的边缘部分易受水流冲击，应采用编笆插枝法。在预先挖好的引水沟内成束插枝并按棵距设置编笆一道，以促使泥沙淤积，防止边坡冲刷。

防护林带的布置应按导流堤设计原理，即应为顺上游流势的圆顺曲线。由水流的边缘轮廓线至被防护的河岸或路基坡脚之间，按规定的行距和棵距整片栽植，行列的方向宜逆水方向倾斜45° 。

（3）改河道防护

改河道防护适用于山区及半山区河道弯曲不规则的河段，通过改弯取直或将急转弯改圆顺，以达到路基防护的目的。

改河道防护时，挖河道的工程量较大，应组织机械设备赶在洪水期之前完工，以保证施工路基的安全。改河施工时，应按设计要求开挖河道及处理弃方。

三、挡土墙施工及其他防护

1. 重力式挡土墙的施工

（1）重力式挡土墙的特点

为适应不同地形、地质条件及经济要求，重力式挡土墙具有多种墙背形式。其中，墙背为直线型的是普通重力式挡土墙，其断面形式最简单，土压力计算简便。带衡重台的挡土墙，称为衡重式挡土墙，衡重式挡土墙由上墙、下墙和衡重台三部分组成，其主要稳定条件仍凭借于墙身自重，但由于衡重台上填土的重力使全墙重心后移，增加了墙身的稳定，且因其墙面很陡，下墙背仰斜，所以可以减小墙的高度，减少开挖工作量，避免过分牵动山体的稳定，有时还可以利用台后净空拦截落石。衡重式挡土墙在山区公路中常采用，但由于其基底面积较小，对地基承载力要求较高，故应设置在坚实的地基上。不带衡重台的折线形墙背挡土墙，则介于上述两者之间。

（2）重力式挡土墙的施工工艺

浆砌片石重力式挡土墙施工工艺流程，如图 5–4 所示。

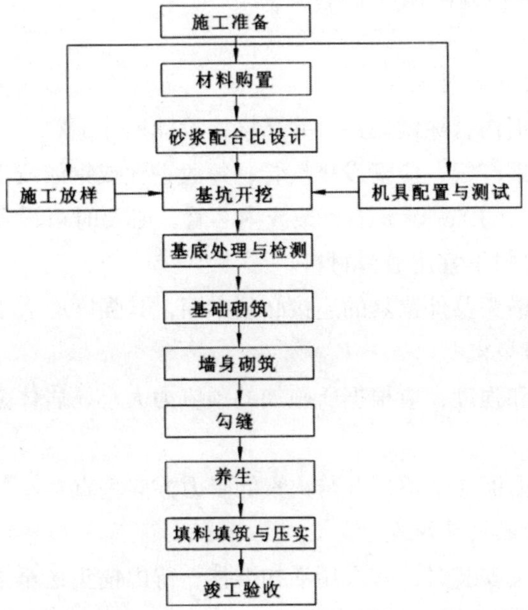

图 5–4　浆砌片石重力式挡土墙施工工艺流程

（3）施工注意事项

施工应与设计要求相配合，并严格按施工规范的规定执行。同时还应注意如下事项：

1）在岩体破碎、土质松软或地下水丰富地段修建挡土墙，宜避开雨季施工。

2）当基础完成后，立即回填，以小型机械进行分层压实，并在表层稍留向外斜坡，以免积水渗入浸泡基础。

3）墙趾部分基坑，在基础施工完成后应及时回填夯实，并做成外倾斜坡，以免积水下渗，影响墙身的稳定。

4）挡土墙的外墙应用规格块、料石砌筑，并采用丁顺相间的方法，同时还应保证砂浆饱满，防止出现"墙体里外两层皮"的现象。

5）注意泄水孔和排水层（即反滤层）的施工操作，保证排水畅通；浆砌挡土墙须待砂浆强度达 70% 以上时，方可回填墙背材料。墙背材料应符合设计要求，避免采用膨胀土和高塑性土，并做到逐层填筑，逐层夯实。不允许向着墙背斜坡填筑，夯实时应注意勿使墙身受较大冲击。墙后地面横坡坡度大于1∶3时，应做基底处理（如挖台阶），然后再回填。

6）浆砌挡土墙的墙顶，可用M5砂浆抹平，厚2cm；下砌挡土墙墙顶厚不得大于50cm，用M5砂浆砌筑，有利于构造物稳定。

2. 预应力锚索

（1）预应力锚索施工要点

1）锚索表面无损伤，除锈去污，并严格按设计尺寸下料。

2）编排钢丝或钢绞线，应安设排气管；每股钢丝或钢绞线沿锚索轴线方向应平直、头齐，每隔1.0～1.5m设置隔离架或内芯管，必要时可设置对中支架；锚索体应捆扎牢固，捆扎材料不宜用镀锌材料。

3）锚索体与内锚头及外锚具的连接必须牢固，其强度应大于锚索的张拉力。

（2）孔口支承墩规定

1）支承墩尺寸和强度，应根据所施加的预应力大小、岩体强度和施工场地等条件决定。

2）支承墩的承力面应平整，并与锚索的受力方向垂直

（3）预应力锚索的安装规定

1）机械式内锚头安装时，宜采用活扣绑扎，待内锚头送至锚固部位后，再松绑固定；安装过程中应防止捆扎材料损伤和磨断，以防外夹片脱落。

2）胶结式内锚头的胶结材料，可采用灰砂比为1∶1，水灰比为0.45～0.50的水泥砂浆；胶结材料未达设计强度时，不得张拉锚索。

3）安装锚索时，必须保护好排气管，防止扭压、折曲或拉断。

（4）锚索张拉和锁定的规定

1）锚索张拉前应对张拉设备进行标定。

2）锚索张拉应按规定的程序进行。在编制张拉程序时，应考虑邻近锚索张拉时的相互影响。

3）锚索正式张拉前，应预张拉1～2次，预张拉力取设计张拉荷载的20%～30%，锚索是否超张拉应按锚索的材料性质决定。非低松弛钢绞线及钢丝应张拉到设计荷载的105%～110%，持荷2min后再进行锁定。

4）锚索锁定后48h内，若发现有明显应力松弛时，应进行补偿张拉。

3. 预应力土层锚杆

（1）特点及适用范围

1）受力合理，能充分利用土体的抗剪强度以平衡结构物的拉力，因而较经济。

2）主动抗衡土压力，能有效地限制土体的滑动；改善土体的受力状态，使锚固范围内土体处于压应力状态，增强了土体的稳定性，并能提高滑移面上的抗剪强度。

3）锚固力的作用点和作用方向可以根据需要选取，从而获得最佳的稳定效果。

4）施工过程中当地层条件变化时，可及时调整设计参数；施工方便，无须使用大型机械。

预应力土层锚杆适用于公路边坡及深基坑的支护。预应力土层锚杆按锚固体结构形式分有圆柱形、端部扩大头型和连续球体型三种。圆柱形锚杆施工工艺简单，造价低，适用于承载力较低的非黏质土、硬黏质土等；端部扩大头型锚杆可兴用爆破孔或机械扩孔，适用于承载力较高，施工工艺较复杂的黏质土层；连续球体型锚杆是圆柱形锚杆在一次常压灌浆形成锚固体的基础上，利用设于锚固段上端的密封袋和隔一定距离开有环向小孔，并附有橡胶环的注浆套管，对其由下向上连续进行高压劈裂灌浆，使浆液冲汧锚固体，向周围土体扩散。渗透、挤压，形成多个连续扩头体，增大了锚固体的体积，提高了锚杆的承载能力，改善了锚固体周围土体的力学性能，因而特别适用于饱和黏质土层。

（2）预应力土层锚杆施工

1）施工工艺

①钻井就位。一般采用修筑坡道，靠钻机自身行走就位；若无法修筑坡道时，亦可采用吊机吊运。

②钻孔。钻机开始钻孔的应按设计位置放出锚杆孔的位置并做出标记。

在硬黏土或不易坍塌的地层中钻孔可采用干式螺旋钻成孔法；在易坍塌的地层中钻孔，则可采用水冲式带护臂套管的成孔法施工。开钻前现场要备好锚杆和套管，同时应有充足的水资源，供水要求有 0.6MPa 的压力，可由水箱及水泵来保证。

施钻时应中速运转，根据土质的软硬而调整钻孔机的快慢。钻孔过程中须经常使套管做往复的进退动作，每接一次套管前至少做一次进退动作，以提高孔壁光滑度、减少孔壁与套管间的摩擦阻力。

当钻孔至底部时，稍微延长套管的转动时间，使孔底冲水充分，将悬浮土冲干净，有利于放置锚杆和保证锚杆根部形成比较理想的水泥浆凝固体，从而提高锚杆的承载力。

钻孔的主要工作量在于接装钻杆和套管。钻杆和套管一般为 1.5m 的标准节，节间以丝扣相连。因此，操作时保护丝扣和及时涂抹掺石墨的润滑油是一项关键性的工作。

在土层锚杆施工现场常有大量含泥沙和水泥浆的泥浆水，对这部分泥浆水要及时予以处理。一般做法是使其经排水沟流至集水井，清水用水泵抽走，下面的泥沙及时挖出，或用专用的罐车运送到大容积的沉淀池，定期抽出池内上层浮水，再按计划处理下面的稀泥。

③预应力筋制作及安放。要在现场设置锚杆组装场地，须搭设组装工作案板和遮阳防雨棚。案板上有供钢索滑行的槽钢，钢索要装在特制的开卷笼内。锚杆组装程序为：接长注浆塑料管→绑扎钢索→焊接钢索帽→穿套自由段钢索套管→捆绑封口布袋。

锚杆柔软而细长，质量为 4 ~ 6kg/m，适宜人力抬运，抬运时 3m 左右一人。抬运锚杆的道路要求平整，现场坡度要小于 1：2。如修土坡有困难，为防止抬运锚杆时弄断注浆塑料管，则应搭设适当坡度的脚手架。

露出孔外的锚杆钢索要有足够的长度，根据现有张拉设备和锚固构造要求，一般不少于 2m。遇有钻孔超过设计深度时，要采取措施将钢索拴住，直至第一次注浆的浆体达到一定强度后松开，以防止锚杆顺坡下滑。

④拔套管。将锚杆杆体放好后，即开始拔套管。

⑤浆液的配合比、搅拌及压力注浆。水泥灰浆的配合比应经过试配并报批，一般使用的水灰比为 0.45 ~ 0.5，水泥灰浆的强度应符合设计规定。配制的水泥灰浆一要保证强度要求；二要保证灌注压浆的顺利操作。

搅拌灰浆要用机械搅拌，并随拌随用，以保证压浆时不堵塞。

连续球体型锚杆的注浆一般分为两次。第一次为填充注浆，主要目的是以水泥浆充满钻孔和封口布袋。注浆压力一般为 0.3 ~ 1.0MPa，当注浆至封口布袋处，则须将注浆枪置于布袋口至浆液充满布袋为止。第二次注浆为劈裂注浆，在第一次注浆后，以具有足够压力的水泥浆劈破已具强度的第一次注浆的浆体。一般在浆体强度达到 5MPa 时即可进行，通常为一昼夜左右，第二次注浆压力为 2.0 ~ 4.0MPa。

连续球体型锚杆注浆是以一硬质塑料管连接注浆泵出口与特制注浆枪来完成的。注浆从锚杆下端开始，每 50cm 移动一次定点注架，直至封口布袋处。

⑥外锚头制作。围囹用 H 型钢为宜，因为 H 型钢双向刚度均较大，无须另行加固，使用方便。也可以采用工字钢制作围囹。

⑦锚杆张拉。当水泥浆体强度达到 15MPa 时，可对锚杆进行张拉。锚杆张拉由一套专用设备进行，即油泵、穿心式千斤顶和锚具。

锚杆张拉应按张拉程序进行，张拉时由专人操纵机械，专人记录和观测数据，并随时画出锚杆荷载 - 变位曲线图，以供判断锚杆质量之用。

2）施工注意事项

①为保证施工质量，应加强技术管理工作，建立质量保证体系，制定岗位职责及工序检验制度，以确保按设计要求及施工技术规范施工。当施工过程中出现异常情况需要变更设计时，应履行设计变更审批手续。

②认真填写施工原始记录，按要求办理检验签认手续并妥善保管，作为竣工档案资料。

③做好施工现场的组织管理工作及试验检测工作。注浆时按要求制取试件并在标准条件下养护 28d 试压，作为灰浆强度的凭证。

④在锚杆张拉前，应对张拉设备进行标定，符合要求后方可用于张拉作业。张拉时应严格按张拉程序及设备操作规程操作，并及时填写施工记录，发现问题及时与施工技术负责人联系并解决。

⑤施工安全工作应高度重视，除建立安全施工措施外，应确保在施工过程中严格执行。主要强调预应力张拉施工的安全，施工脚手架搭设应牢固，防止钻机设备倾斜、掉落，确保高压注浆的安全。

第五节　特殊路基施工

一、软土路基施工

1. 换填土法施工

当软土地基的承载力和变形满足不了设计要求，而软土层的厚度又不是很大时，将路基底 m 下处理范围内的软弱土层部分或全部挖除，然后分层换填强度较大的砂（碎石、素土、灰土、二灰土等）或其他强度较高、性能稳定、无侵蚀性的材料，并用人工或机械方法压实至要求的密实度为止，这种地基处理的方法称为换填土法，它多用于公路构筑物的地处理。

机械碾压、重锤夯实、振动压实法作为压实垫层的不同施工方法，不仅可以处理分层回填垫层材料，同时又可加固地基表层土。

换填土法按回填的材料不同，命名为该种材料的垫层，如砂垫层、碎石垫层、素土垫层、灰土蛰层、二灰土垫层等。虽然不同材料的垫层，其应力分布稍有差异，但从试验结果分析其极限承载力还是比较接近的。通过沉降观测资料发现不同材料垫层的特点基本相似，故可以近似地按砂垫层的计算方法进行计算。

换填土法不仅适用于淤泥、淤泥质土、素填土、杂填土地基及暗沟、暗塘等浅层和低洼区域处理，还适用于处理湿陷性黄土、膨胀土和季节性冻土等一些区域性特殊土。换填土法的处理深度通常宜控制在 3m 以内，且不宜小于 0.5m，垫层太薄，换土垫层的作用不显著。

（1）垫层材料的选择

换填土法的垫层常用材料为砂、砂石、素土、灰土、二灰土等无黏性土，这类土的强度大、压缩性小、透水性好，密实度较好，且在不少地区料源丰富，因而使用广泛。

1）砂和砂石垫层材料

用砂和砂石料作为垫层材料时，应选用颗粒级配良好、质地坚硬的中、粗砂为佳，也可掺入一定数量的碎（卵）石，但要分布均匀，颗粒的不均匀系数（C_u）不宜小于 10。若采用粉细砂，使用时应均匀掺入 25% ~ 30% 的碎石基卵石，卵石最大粒径不宜大于 50mm；当碾压（或夯实、振动）功能较大时，其粒径不宜大于 80mm。

2）素土垫层材料

素土可采用施工过程中挖出的黏性土，土料中有机质含量不得超过 5%，也不得含有冻土或膨胀土。当含有碎石时，其粒径不宜大于 50mm。素土垫层材料不宜采用地表耕植土、淤泥及淤泥质土、杂填土等。

3）灰土垫层材料

灰土垫层是将路基底面下一定范围内的软弱土层挖去，用按一定体积配合比的灰土（石灰湘土料）在最佳含水率条件下分层回填夯实或压实。主要适用于处理厚 1 ~ 4m 的软弱土层。在施工现场用作灰土的熟石灰应过筛，其粒径不宜大于 5mm。熟石灰中不得夹有未熟化的生石灰，也不得含有过多的水分。土料常采用施工中挖出的不含有机质的黏性土或塑性指数于 4 的粉土拌制，不得使用地表耕植土、冻土、膨胀土以及有机质含量超过 8% 的土料，且土料应过筛，粒径不宜大于 15mm。

4）碎石和矿渣垫层材料

碎石垫层用的碎石粒径，一般为 5 ~ 40mm 的自然级配碎石，含泥量不宜大于 5%。

矿渣垫层应根据工程的具体条件选用矿渣垫层材料。大面积填铺时，多采用不经筛分的不分级的高炉混合矿渣，最大粒径不宜大于 200mm 或不大于碾压分层虚铺层厚的 2/3；小面积垫层采用粒径为 20 ~ 60mm 分级矿渣。

在碎石和矿渣垫层的底部，为防止基坑表层软弱土发生局部破坏而产生过量沉降，一般应设置一层 15 ~ 30mm 厚的砂垫层，砂料应采用中粗砂，然后再铺筑碎石或矿渣垫层。

（2）垫层施工方法

1）当地基表层具有一定厚度的硬壳层，其承载力较好，能上一般运输机械时，宜采用机械分堆摊铺法，即先堆成若干砂堆，然后用机械或人工摊平。

2）当硬壳承载力不足时，宜采用顺序推进摊铺法。

3）当软土地基表面很软，如新沉积或新吹填不久的超软地基，首先要改善地基表面的持力条件，使其能上施工人员和轻型运输工具。工程上常采用如下措施：

①地基表面铺荆笆。搭接处用铅丝绑扎，以承受垫层等荷载引起的拉力，搭接长度取决于：也基土的性质，一般搭接长为20cm。当采用两层荆笆时，应将搭接处错开，错开距离以搭缝的一半为宜。

②表面铺设塑料编织网或尼龙纺织网，网上再做砂垫层。

③表面铺设土工合成材料再铺排水垫层。

④尽管对超软地基表面采取了加固措施，但持力效果仍然很差，一般轻型机械上不去，在这种情况下，通常采用人工或轻便机械顺序推进铺设。

以上为目前超软地基上施工常用的方法，它们可单一使用，也可混合使用，还可根据当地材料资源，选择具有一定抗拉强度、断面小的材料。选择时应注意：

饱水后材料要有足够的抗拉强度；当被加固地基处在边坡位置或将会有水平力作用时，由于材料腐烂而形成软弱夹层，会绘加固后地基的稳定性带来潜在影响。

无论采用何种施工方法，在排水垫层的施工过程中应避免对软土表层的过大扰动，以免造成砂和淤泥混合，影响垫层的排水效果。

（3）施工中的注意事项

1）换填土法施工的关键是将垫层材料压实到设计要求的密实度。压实常用方法有机械碾压法、重锤夯实法和振动压实法。这些方法要求垫层材料分层铺设，然后逐层振密或压实。

①机械碾压法是采用压路机、推土机、羊足碾或其他压实机械利用机械自重压实地基。施工时先将一定深度内的软弱土挖去，开挖的深度和宽度应根据设计的具体要求确定。先在基坑底部碾压，再将砂石或素土（灰土、二灰土）等在基坑内分层铺筑，然后逐层压实。机械碾压法施工时，应根据压实机械的压实能量控制碾压土的最佳含水率，选择适当的碾压分层厚度和碾压的遍数。

②重锤夯实法是用起重机械将夯锤提升到一定高度，自由落锤，以重锤自由下落的冲击力来夯实浅层地基和垫层填土。重锤夯实分层填土时，每层的虚铺厚度以相当于锤底直径为宜，夯实完后应将路基表面修整至设计标高。

重锤夯实的现场试验应确定最少夯击遍数、最后 2 遍平均夯沉量和有效夯实深度等。夯实遍数一般为 8 ～ 12 遍，一般重锤夯实的有效夯实深度为 1m，并可消除 1.0 ～ 1.5m 厚土层的湿陷性。

③振动压实法是用振动压实机械在地基表面施加振动力以振实浅层松散土的地基处理和垫层压实的方法。实践证明，振动压实法适用于处理砂、砂石、碎石和炉渣等渗透性较好的无黏性土为主的松散填土，也适用于处理黏粒含量少、透水性较好的松散杂填土。振实范围应从路基边缘放出约 0.6m，先振两边，后振中间，其振实的标准是以振动机原地振实不再继续下沉为合格。地下水位过高会影响振实效果，当地下水位距振实面小于 60cm 时，应降低地下水位。另外，施振前应对工程场地周围环境进行调查。一般情况下，振源与邻近建筑物、地下管线或其他设施的距离应大于 3m。如有危房和重要地下管线，应事先进行加固处理。

2）以黏性土为主的软弱土，宜采用平碾或羊足碾；对砂土、砂石料、碎石土和杂填土宜采用振动碾或振动压实机；对于狭窄场地、边角及接触带可用蛙式夯实机。压实效果、分层铺填厚度、压实遍数、最优含水率等应根据具体施工方法及施工机械通过现场试验确定。一般情况下，采用平板振动器，最优含水率为 15% ～ 20%；用平碾及蛙式夯时最优含水率为 8% ～ 12%；用插入式振动器时，宜对饱和的碎石、卵石或矿渣充分洒水湿透后进行夯压。

3）垫层施工前必须对下卧地基进行检验，如发现局部软弱土层应予挖除，再用素土或灰土填平夯实。对垫层底部有古井、古墓、洞穴、旧基础、暗塘等软硬不均的部位时，应清理后，再用砂石逐层回填夯实，并经检验合格后，方可铺填上一层砂石料后再行施工。

4）严禁扰动垫层下卧的软土，为防止践踏、受冻、浸泡或暴晒过久，坑底可保留 200mm 厚土层暂不挖去，待铺砂石料前再挖至设计标高，如有浮土必须清除，当坑底为饱和软土时，须在土面接触处铺一层细砂起反滤作用，其厚度不计入砂石垫层设计厚度内。

5）砂石垫层的底面宜铺设在同一标高上，如深度不同，基底土层面应挖成阶梯或斜坡进行搭接，各分层搭接位置应错开 0.5 ～ 1.0m 距离，搭接处注意捣实，施工应按先深后浅的顺序进行。垫层竣工后，应及时施工上层路面。

6）垫层施工应注意控制分层铺填厚度。每层压实遍数宜通过试验确定。分层松铺厚度，可按采用的压实机具现场试验来确定，一般情况下松铺 30cm，分层压实厚度为 20cm。为保证分层压实质量应控制机械碾压速度，一般平碾碾压速度为 2km/h；羊足碾碾压速度为 3km/h；振动碾碾压速度为 2km/h；振动压实机碾压速度为 0.5km/h。

7）人工级配的砂石应拌和均匀。用细砂做填料时，应注意地下水的影响，且不宜使用平振法、插振法和水振法。灰土、二灰土材料应拌和均匀，注意配合比，控制含水率，如土料水分过多或不足时应晾干或洒水润湿。

8）当施工中地下水位高于挖土底面时，宜采用排水或降水措施，注意边坡稳定，以防止坍土混入砂石垫层中。

9）压实后的灰土、二灰土应采取排水措施，3d 内不得受水浸泡；灰土、二灰土垫层铺筑完毕后，要避免日晒雨淋，及时铺筑上层路面。

2. 抛石挤淤法施工

抛石挤淤法就是通过向流塑状且高灵敏度的饱和软土中抛入较大的片石、块石，使片石、块石强行挤出饱和软土并占据其位置，以此来提高地基承载力、减小沉降量、提高土体稳定性的地基处理法。

在修建道路处，若为常年积水的洼地，排水困难，地基为软弱土，承载力极小而且近于流塑状态，附近又有石料可以利用，经济上适宜时，可考虑采用抛石挤淤法修筑路基。

采用抛石挤淤法，地基的地质条件除土接近流塑，承载力极小之外，软弱土的厚度一般不宜大于 4m，且其下有较硬的承载层，表层无硬壳层，所抛片石能沉至底部。

石料的选择，应选用不易风化的片石，片石厚度或直径不宜小于 300mm。

抛石挤淤应按照路堤断面及所处的地形进行施工。一般的情况下，应从路堤的中部开始，使中部先从积水洼地露出之后，再渐渐向两侧扩展，以便淤泥向前及两侧挤出。当软土或泥沼底面有较大横坡（坡度大于 1∶10）时，抛石则应自高侧向低侧填筑，并在低侧坡脚外一定宽度内同时抛填形成片石平台，使所筑路堤处于稳定状态。

在片石抛填出水面之后，宜用强力振实设备进行振实，使片石落位稳定。然后在已稳定的片石层上铺填一层碎石，再次进行强力振实和碾压，使碎石嵌入片石缝中，反复进行，以使填石密实。此层完成之后，按一般路堤施工方法进行路堤的填筑。抛石挤淤的断面。

二、多年冻土及季节性冻融翻浆地区路基施工

1. 多年冻土地区路基施工

（1）多年冻土的定义及特性

凡温度为负温或 0℃，并含有冰且与土颗粒呈胶结状态的土均称为冻土。如果

土中只有负温度而不含冰时则称为寒土。冬季冻结、夏季全部融化的土层称为季节冻土，季节冻结层又称季节作用层、活动层。冬季冻结，一两年内不融化的土层称为隔年冻层。冻结状态持续3年以上的土层称为多年冻土。

季节冻土地区的表层土夏季融化，冬季冻结。根据其与下伏多年冻土的关系又可分为：季节冻结层——夏季融化，冬季冻结时不与多年冻土层衔接或其下为融土层；季节融化层——夏季融化，冬季冻结时与多年冻土完全衔接的土层。不衔接多年冻土属于前者；衔接多年冻土属于后者。

1）多年冻土上限、下限及冻土厚度

在多年冻土地区，地表以下的一定深度内，每年夏季融化，冬季冻结，该层称为季节融化层。在该深度以下的土则终年处于冻结状态，称为多年冻土。这一深度称为季节融化层底板或多年冻土上限。从地表到达这一深度的距离即为季节融化层厚度或多年冻土上限的埋深。

多年冻土层的底部称作多年冻土下限。下限处的地温值为0℃。下限以上为多年冻土，以下为融土。上限和下限之间的距离称为多年冻土厚度。

多年冻土厚度是多年冻土的重要标志之一，它反映着冻土的发育程度。冻土层的厚度对评价建筑物地基稳定性有着重要意义，是进行各类建筑地层基础设计不可缺少的依据。多年冻土薄的在10m以下，最厚的多年冻土在大、小兴安岭可超过100m。

2）多年冻土分类

多年冻土按含冰量分类，可分为少冰冻土、多冰冻土、富冰冻土、饱冰冻土和含土冰层五类。

3）多年冻土上限的类别及用途

多年冻土上限有天然上限和人为上限两种。

天然状态的多年冻土上限为其天然上限。因受人类活动影响改变了地温与气温的热交换条件，破坏了天然条件下的热平衡状态导致多年冻土上限发生变化，变化后的多年冻土上限即为其人为上限。

多年冻土人为上限决定了多年冻土融化下沉计算的下部界限；而天然上限往往是厚层地下冰的埋藏深度。在建筑物地基的融沉计算中应包括融沉和压密下沉两部分。

（2）多年冻土地区的不良地质现象

多年冻土地区的不良地质对公路建设会产生多种病害。因此，有必要了解冻土地区不良地质现象的形成和发展，以便采取相应防护措施。

多年冻土地区之所以会形成不良地质现象，在于多年冻土地区不仅气候严寒，而且还有多年冻土层作为底板使地表水的下渗和多年冻土层上水的活动受到约束，这是冻土地区不良地质现象发生和存在的基本条件。

多年冻土地区的不良地质现象主要有冰丘、冰锥、地下冰和冻土沼泽等。

（3）多年冻土地区公路路基的主要病害

1）融沉

融沉多发生在含冰量大的黏质土地段。当路基基底的多年冻土上部或路堑边坡上分布有较厚的地下冰层时，由于地下冰层埋藏较浅，在施工及使用过程中，因原来的自然环境条件发生变化，使多年冻土局部融化，上覆土层在土体自重力及外力的作用下产生沉陷，造成路基变形。融沉主要表现在路堤向阳侧路肩及边坡开裂、下滑，路堑边坡溜坍等。融沉现象一般以较慢的速度下沉，但有时也会经过一段时间的慢速下沉后，突发大量的沉陷，并使两侧部分地基土隆起。产生的原因是路基基底由于含冰量大的黏质土融化后处于过饱和状态，几乎没有承载能力，又因路堤两侧融化深度不同，使得基底形成一个倾斜的冻结滑动面。在外荷载的作用下，过饱和的黏质土顺着冻结面挤出，路堤瞬间产生大幅度的沉陷，通常称为突陷。这样的突陷危及行车的安全。

2）冻胀

冻胀多发生在季节冻结深度较大的地区及多年冻土地区，其中多年冻土地区较严重。冻胀是由地基土及填土中的水冻结时体积膨胀所致。水分的来源是地表水或地下水对路基土的浸湿。冻胀的程度与土质及土中的含水率高低有关。

3）冰害

冰害主要是指在路堤上方出露地表的泉水，或开挖路基后地下水自边坡流出，在隆冬季节随流随冻，形成积冰掩埋路基、边坡挂冰、堑内积冰等病害。

冰害在严寒的多年冻土地区尤为严重。对路基工程来说，路堑地段冰害较路堤地段要多，尤其发生在浅层地下水发育的低填浅挖及零填挖地段的冰害，危害程度更大。

（4）多年冻土地区路基施工

1）资料收集

多年冻土地区有关资料的收集，是路基施工前的一项关键性工作。只有对多年冻土地区气象资料、地质资料及冻土的物理力学性质资料等了解清楚，在施工中进行综合考虑，采用切实可行的技术措施，才能确保工程质量。

2）路堤

①路堤最小填土高度

保护多年冻土上限不下降的最小高度 H_1 为：

$$H_1=H_d-H_0$$

式中 H_1——从天然地面算起的填土高度（m）；

H_d——保温层厚度；

H_0——将上限深度换算成保温材料时的当量厚度。

防治翻浆和冻胀的最小填土高度 H_2 可根据当地已有的公路调查资料确定。

按保护多年冻土的原则施工路基时，路堤最小填土高度应同时满足 H_1 与 H_2 的要求。

当路堤高度达不到 H_1 的要求时，冻土上限可能下降，路基基底则应进行调整。

②饱冰冻土及含土冰层地段路堤

当全用粗颗粒土填筑路堤，其填土高度不能满足 H_1 的要求时，可在路堤下部换填一层细颗粒土，细颗粒土的厚度一般不小于 1.0m，以便使核算的填土高度大于或等于最小填土高度 H_1。

当路堤高度小于最小填土高度时，基底的饱冰冻土或含冰层则须进行部分或全部换填。当饱冰冻土层或含土冰层较厚，全部换填有困难且不经济时，则可部分换填。换填后的路堤换算高度仍应满足 H_1 的要求。换填材料，应选用保温、隔水性能均较好的细颗粒土，并注意做好地表排水工程。

③冻土沼泽地段路堤

不论基底地质条件如何，首先应根据水源特点及补给情况，在路堤一侧或两侧设置排水沟或挡水埝，将上游水源截断，必要时增设桥涵，排除地表积水。修建在塔头草头朝泥沼地段的路堤应自路堤坡脚 20m 以外，挖取塔头草，反铺在基底，塔头草草头朝空隙间，并加以夯实，使其成为良好的基底隔温层。路堤填土后塔头草垫层受压下降，因此在反铺塔头草时，基底的中间部分可以适当加高 0.2m，并且向两侧坡脚做成拱形，反铺塔头草的宽度，应伸出路堤脚外 1.2m。

当采用细颗粒土填筑路堤时，在排水困难的低洼地或沼泽地段，应采取防止路基冻胀、翻浆的措施。一般可在路堤底部填筑毛细水隔断层，其厚度以在路堤沉落后尚未高出地面以下 0.5m 为宜。为防止隔断层受污染、阻塞面失效，其上应加铺反滤层（草皮、碎石或砂）。

3）路堑

①饱冰冻土及含冰土层地段的路堑。在饱冰冻土及含冰土层地段挖方，由于土

中含冰量大，季节融化后或上限下降均会使基底处于过湿软弱状态，同时出现严重沉陷。在这类地段一般多采用部分或全部换填的措施，坡面亦应采取保温及其他措施。

②富冰冻土地段的路堑。细粒土中的路堑，当融化后不致造成边坡滑坍和基底松软时，可按一般路堑考虑。但由于细粒土在季节融化层中的湿度较大，为防止基底冻胀、翻浆，基底应换填渗水性土，换土厚度一般不小于0.5m。

（5）多年冻土地区路基施工注意事项

1）施工前应核查沿线冻土分布、类型、冻土上下限、冰层上限、地面水、地下水以及有无其他如热融（湖、塘）、冰丘、冰锥等不良地质地段。

2）施工必须严格遵循保护冻土的原则，使路基施工后仍处于热学稳定状态。路基原则上均应采取路堤形式，尤其在冰层发育地段，并尽可能避免零填或浅挖断面，以免造成严重热融沉陷等病害。弱融沉或不融沉的多年冻土地区，路基施工可按融化原则进行。

3）路基排水与加固除满足水力和土力条件外，还应考虑由施工因素如排水系统修筑等引起的热力变化不导致多年冻土层上限的下降。

4）填方路基施工应符合以下要求：

①排水。当路基位于永久冻土的富冰冻土、饱冰冻土或含土冰层地段时，必须保持路基及周围的冻土处于冻结状态。排水系统与路基坡脚应保持足够距离。高含冰量冻土集中地段，严禁坡脚滞水、路侧积水，边坡应及时铺填草皮。

在少冰与多冰冻土地段，也应避免施工时破坏土基热流平衡。排水沟与坡脚距离不应小于2m；沼泽湿地地段不应小于8m。饱冰冻土及含土冰层地段，应避免修建排水沟和截水沟，宜修建挡水埝，距坡脚不应小于6m，若修建排水沟则不应小于10m。

②基底处理。填方基底为含冰过多的细粒土，且地下冰层不厚时，可挖除并用渗水性土回填压实，再填路基。

当基底为排水困难的低洼沼泽地段时，其底部应设置毛细水隔离层。其厚度宜在路堤沉落后至少高出水面0.5m，并在其上铺设反滤层。泥沼地段路堤基底生长塔头草时，可利用其做隔温层。上述地段路堤应预加沉落度，并在修筑路面结构之前，路基沉降基本趋于稳定。

③路基高度。路基高度应达到防止翻浆与不超过路基冻胀值要求的最小填土高度。按保持冻结原则施工的路段，应同时满足冻土上限不下降的要求。

④取土。宜设置集中取土场。富冰冻土、饱冰冻土及含土冰层路段，确需就近

解决部分土源时，应在路基坡脚 10m 以外取土。斜坡地表路堤，取土坑应设在上坡一侧。取土坑深度均不得超过当地多年冻土上限以上土层厚度的 80%，坑底应有坡度，积水应有出口，水能及时排出；同时取土坑的外露面，宜用草皮铺填。

⑤填料。填料应选用保温隔水性能均较好的细粒土。采用黏质土或透水性不良土填筑路堤时，要控制土的湿度，碾压时含水率不能超过最佳含水率的 ±2%。不得用冻土块或草皮层及沼泽地含草根的湿土填筑路基。通过融湖（塘）路堤，水下部分必须用渗水性良好的土填筑，并应高出最高水位 0.5m。

⑥压实。压实检查应采用重型击实标准。成型后路床强度应符合设计要求，用不小于 20t 的压路机或等效碾压机械碾压 2 ～ 3 遍，无轮迹和软弹现象。

⑦侧向保护。靠近基底部位有饱冰冻土层且有可能融化时，宜设保温护道和扩脚。保温材料宜就地取材。用草皮时，草根应向上一层一层叠铺，最外一层应带泥，以便拍实形成保护层。沿线两侧 20m 内植被和原生地貌应严加保护。

5）挖方路基施工应符合以下要求：

①排水。挖方路基地下水发育地段，路基边沟均应有防渗措施。路堑坡顶避免设置截水沟或排水沟，宜修挡水埝并与坡顶距离不小于 6m；或必须修排水沟或截水沟时，距挡水埝外距离不应小于 4m。

②土质边坡加固铺砌厚度应满足保温层要求。如用草皮铺砌，应水平叠砌，错缝嵌紧，缝隙用黏土或草皮填塞严密，连成整体。草皮要及时铺填。

③饱冰冻土、含土冰层地段路堑，为防止开挖后基底冻胀翻浆，可根据需要换填足够厚度的渗水性土。

2. 季节性冻融翻浆地区路基施工

（1）翻浆发生的过程及其影响因素

1）翻浆发生的过程

秋季是路基水的聚积时期。由于降水和灌溉的影响，地面水下渗，地下水位升高，使路基水分增多。

冬季气温下降，路基上层的土开始冻结，路基下部土温仍较高。水分在土体内，由温度较高处向温度较低处移动，路基上层水分增多，并冻结成冰，使路面冻裂或隆起，发生冻胀。

春季（有的地区延至夏季）气温逐渐回升，路基上层的土首先融化，土基强度很快降低，以致失去承载能力，在行车作用下形成翻浆。

春季以后天气渐暖，蒸发量增大，冻层融化，路基上层水分下渗，土变干，土基强度又逐渐恢复，这就是翻浆发展的全过程。

2）影响翻浆的因素

影响公路翻浆的主要因素有土质、温度、水、路面与行车荷载等，其中土质、温度、水是形成翻浆的三个自然因素，三者同时作用，才能形成翻浆。

①土质。粉土是最容易翻浆的土，这种土的毛细水上升较高且快，在负温作用下水分聚流严重，而且土中水分增多时强度降低很快，容易丧失稳定。黏性土毛细水上升虽高，但上升速度慢。因此，只有在水源供给充足，并且在土基冻结速度缓慢的情况下，才能形成比较严重的翻浆。粉土和黏性土含有大量腐殖质和易溶盐时，则更易形成翻浆。砂土在一般情况下都不会发生翻浆，这种土毛细水上升高度小，在冻结过程中水分聚流现象很轻微，同时，这种土即使含有大量水分，也能保持一定的强度。

②温度。一定的冻结深度和一定的冷量（冬季各月负气温的总和）是形成翻浆的重要条件。在同样的冻结深度和冷量的条件下，冬季负气温作用的特点和冻结速度的大小对形成翻浆的影响也是很大的。除此之外，春天气温的特点和化冻速度对翻浆也是有影响的。

③水。翻浆的过程中，就是水在路基土中转移、变化的过程。路基附近的地表积水及较浅的地下水，提供的充足水源，是形成翻浆的重要条件。秋雨及灌溉会使路基土的含水率增加，使地下水位升高，所以也会导致翻浆的发生。

④路面。公路翻浆是通过路面的变形破坏而表现出来，并按路面的变形破坏程度来划分等级的。因此，翻浆和路面是密切相关的。路面结构对翻浆也有一定的影响。

⑤行车荷载。公路翻浆是通过行车荷载的作用，最后形成和暴露出来的。当其他条件相同时，在翻浆季节，交通量越大，车辆越重，则翻浆也会越多，越严重。

（2）翻浆防治措施

1）防止地面水、地下水或其他水分在冻结前或冻结过程中进入路基上部。例如，在路基中设置隔离层、做好路基排水、提高路基等。

2）在化冻时期，可以将聚冰层中的水分及时排除或暂时蓄积在渗水性好的路面结构层中，如设置排水或蓄水砂（砾）垫层等。

3）加强路面，改善土基。如采用石灰土、煤渣石灰土结构层或路基换土填土措施。

4）在有些情况下，用一种处理措施往往不能达到预想效果或不够经济合理，可采用两种或两种以上措施综合处理。

（3）季节性冻融翻浆路基施工要点

1）排水

在施工前应认真了解地形及水文地质情况，凡是可能危害路基强度稳定性的地面水和地下水，均应采取有效的临时性或永久性措施，使水能迅速排出路基之外。路床面应保持良好的排水状态。从路堑到路堤必须修建过渡边沟并无阻塞现象。各层填土应有路拱，表面无积水。施工时，各式沟、管、井、涵等能形成完整有效的排水系统。

2）路堤

①原地面处理。水文地质不良和湿软地段，可视情况在地表铺填厚度不小于30cm的砂砾，或做局部挖除换填处理。

当路堤高度低于20cm时（包括挖方土质路段）应翻松30 ~ 50cm，并分层压实，其压实度为93% ~ 95%，高速公路、一级公路取高限，其他公路取低限。

②填料。宜选用水稳性良好的土填筑路基。路基上部受冰冻影响部位，应选用水稳性和冻稳性均较好的粗粒土。冻土、非渗水性过湿土、腐殖土严禁用于填筑各层路堤。压实时的含水率应控制在最佳含水率 ±2% 范围内。

③取土场。宜设置集中取土场，排水困难地段更宜集中取土。

④碾压。各层表面碾压前应用平地机进行整平和修整路拱，切实控制松铺厚度以及填料的均匀性。压实后各层表面的平整度，用3m直尺测量，其间隙高度不宜大于20mm；形成路床顶面后应进行弯沉检查或用不小于20t的压路机碾压检验有无软弹现象。

⑤路堤高度。应满足路基能全年处于干燥或中湿状态。修低路堤时，应根据具体情况采取相应技术措施。

⑥为使路基预拱度和稳定性满足设计要求，施工中各类冻融翻浆防治方法可综合选用。

3）路堑

①石方段超挖回填部位应选用符合要求的石渣，压实度不得低于95%，严禁使用劣质开山料或覆盖土回填或找平。超挖部分不规则或超挖不超过8cm时，可用混凝土修补找平。整平层宜采用级配碎石或水泥稳定碎石、二灰稳定碎石类等半刚性材料。

②土质路或遇水崩解软化的风化泥质页岩等路堑的路床压实度如不符合规定要求时，应翻松压实或根据土质情况，换填符合路床强度并满足压实度要求的足够厚度的土，然后加强排水措施，如封闭路肩、浆砌边沟等。

③有裂隙水、层间水、潜水层、泉眼的路段，应分别采取切断、拦截等措施，如加深边沟和设置渗沟、渗管、渗井等。

第六节　路基工程质量评定及验收

一、路基工程整修

1. 路基顶面表层整修

一般情况下，由于路面与路基施工的不连续性，路基顶面表层在多种因素下会产生不同类型的局部质量缺陷。为保证路床与路面的整体性，防止出现“夹层”，故应有针对性的处理措施。表层的整修，应根据质量缺陷的具体情况采用合理的方案、工艺。

（1）土质路基表面的整修，可用机械配合人工切土或补土，并配合压路机械碾压，补填的土层压实厚度应不小于100mm，压实后表面应平整，不得有松散、起皮现象。石质路基表面应用石屑嵌缝紧密、平整，不得有坑槽和松石。

（2）土质路基表面达到设计标高后应采用平地机或推土机刮平，铲下的土不足以填补凹陷时，应采用与路基表面相同的土填平夯实。

（3）修整的路基表层在厚150mm以内，若有松散的或半埋的尺寸大于100mm的石块，应从路基表面层移走，并按规定填平压实。

2. 路基边坡整修

（1）深路堑土质边坡整修应按设计要求坡度，自上而下进行削坡整修，不得在边坡上用土填补。

（2）边坡需要加固地段，应预留加固位置和厚度，使完工后的坡面与设计边坡一致。当填土不足或路堑边坡受雨水冲刷形成小冲沟时，应将原边坡挖成台阶，分层填补，仔细夯实。如填补的厚度很小（10 ~ 20cm），而又非边坡加固地段时，可用种草整修的方法，以种植土来填补，但应顺适、美观、牢靠。石质路基边坡，应达到设计要求的边坡比，坡面的松石、危石应及时清除。

（3）填方路基边坡受雨水冲刷形成冲沟或坍塌缺口时，应自下而上分层挖台阶加宽填补夯实，再按设计坡面削坡，弯道内侧路肩边缘，应修建路肩拦水带。

（4）填土路基两侧超填的宽度应予切除，如遇边坡缺土时，必须挖成台阶，分层填补夯实。填土经压实后，不得有松散、软弹、翻浆及表面不平整现象。如不合格，必须重新处理。

3. 排水系统及其他整修

（1）边沟的整修应挂线进行。对各种水沟的纵坡（包括取土坑纵坡）应用仪器检测，修整到符合图纸及规范要求。各种水沟的纵坡，应按图纸及规范要求施工，保证沟底平整，排水通畅，凡不符合设计及规定要求的，应按规定整修，不得随意用土填补。

（2）截水沟、排水沟及边沟的断面、边坡坡度，应按设计要求施工。沟的表面应整齐、光滑。填补的凹坑应拍捶密实。

（3）在路面铺筑完成后或铺筑时，应立即填筑土路肩，同时按设计要求进行加固。

（4）路基整修完毕后，堆于路基范围内的废弃土料应予清除；修整过的路基，应继续维修养护，直到缺陷责任期满为止。

二、路基工程交工验收及质量评定

1. 路基检查与验收一般规定

当每一分项工程、分部工程、单位工程完成时，应按批准的设计图纸、设计文件、技术规范的要求，对施工质量进行中间检查。中间检查验收是保证工程质量的重要环节。出现的质量事故、质量问题要按规定程序进行处理，发现的质量缺陷根据规范要求或设计要求进行返工或者相应处理。

路基施工过程中如有下列情况，应进行中间检查：

（1）地基准备工作完成后，即在斜坡上完成台阶后（清除地面杂草、淤泥等）。

（2）边坡加固前，应对其加固方法、形式、填挖方边坡加固的适用性，以及边坡坡度是否适当进行检查。

（3）发现已完工的土方工程及竣工后的路基被地面水浸淹损坏时。

（4）取土坑及弃土堆超过原设计的数量时。

（5）遇意外的填土下陷及填挖方的边坡坍塌须增加土方及边坡加固工程数量时。

（6）在进行计划以外的附加土方工程（排水沟、截水沟、疏导工程等）时。

（7）遇下列隐蔽工程时，必须按照设计要求和规范的有关规定进行中间检查验收，凡不符合有关规定的项目不得进行下一道工序施工：

①路基渗沟回填土以前；

②填方或挖方地段，按设计规定所做的换土工作完成后；

③对须采取特殊措施才能保证填方稳定的路基，在地基处理后（如泉水、溶洞、地下水处理后）；路基隔离层上填土以前。

各类防护加固工程基础开挖后，应检查基底地质、高程、地下水情况。

交工验收前应恢复施工段内的导线点、水准点，以及验收中要求和可能需要的其他标志桩。

交工验收时，应对下列项目进行检查、验收：

（1）路基的平面位置。

（2）路基宽度、高程、横坡和平整度。

（3）边坡坡度及边坡加固；边沟和其他排水设施的尺寸及底面纵坡。

（4）防护工程的各部尺寸及位置。

（5）填土压实度和表面弯沉。

（6）取土坑、弃土堆、护坡道、截水沟、渗水井等位置。

（7）隐蔽工程记录。

2. 土方路基施工质量验收

（1）基本要求

1）在路基用地和取土坑范围内，应清除地表植被，杂物、积水、淤泥和表土，处理坑塘，并按施工技术规范和设计要求对基底进行压实。表土应充分利用。

2）填方路基应分层填筑压实，每层表面平整，路拱合适，排水良好，不得有明显碾压轮迹，不得亏坡。

3）应设置施工临时排水系统，避免冲刷边坡，路床顶面不得积水。

4）在设定取土区内合理取土，不得滥开滥挖。完工后应按要求对取土坑和弃土场进行修整。

（2）外观质量

土方路基外观质量应符合下列规定：

1）路基边线与边坡不应出现单向累计长度超过 50m 的弯折。

2）路基边坡、护坡道、碎落台不得有滑坡、塌方或深度超过 100mm 的冲沟。

3. 填石路基施工质量验收

（1）基本要求

1）填石路基应分层填筑压实，每层表面平整，路拱合适，排水良好，上路床不得有碾压轮迹，不得亏坡。

2）修筑填石路基时应进行地表清理，填筑层厚度应符合规范规定并满足设计要求，填石空隙用石渣、石屑嵌压稳定。

3）填石路堤应通过试验路确定沉降差控制标准。

（2）外观质量

填石路基外观质量应符合下列规定：

1）路基边线与边坡不应出现单向累计长度超过 50m 的弯折。

2）上边坡不得有危石。

4. 浆砌水沟施工质量验收

（1）基本要求

1）浆砌片（块）石、混凝土预制块的质量和规格，应符合国家和行业强制性标准以及合同约定的其他标准的规定，并满足设计要求。

2）砌体砂浆配合比准确，砌缝砂浆均匀饱满，勾缝密实。

3）基础中缩缝应与墙身缩缝对齐。

（2）外观质量

浆砌水沟外观质量应符合下列规定：

1）砌体抹面不得有空鼓。

2）沟内不应有杂物，无排水不畅。

5. 砌体、片石混凝土挡土墙施工质量验收

（1）基本要求

1）勾缝砂浆强度不得小于砌筑砂浆强度。

2）地基承载力、基础埋置深度应满足设计要求。

3）砌筑应分层错缝。浆砌时应坐浆挤紧，嵌填饱满密实，不得出现空洞；干砌时不得出现松动、叠砌和浮塞。

4）混凝土应分层浇筑，施工缝及片石埋放应符合施工技术规范的规定。

5）沉降缝、伸缩缝、泄水孔的位置、尺寸和数量应满足设计要求；沉降缝及伸缩缝应竖直、贯通，采用弹性材料填充密实，填充深度应满足设计要求。

（2）外观质量

砌体、片石混凝土挡土墙外观质量应符合下列规定：

1）浆砌缝开裂、勾缝不密实和脱落的累计换算面积不得超过该面面积的 1.5%，且单个最大换算面积不应大于 $0.08m^2$。换算面积应按缺陷缝长度乘以 0.1m 计算。

2）墙体不得出现外鼓变形；泄水孔应无反坡、堵塞。

第六章　路面施工技术

第一节　路面施工准备

一、路面施工准备工作

1. 组织准备

组织准备包括建立健全施工组织机构和组建施工队伍。

（1）建立健全施工组织机构

我国与国际施工惯例接轨，工程建设已全部按照 FIDIC 合同条件进行施工与监理，因此对一个施工单位来讲，主要是实行项目经理负责制，即项目经理全面负责的目标责任制。

（2）组建施工队伍

根据所承担的工程量的大小和工期要求，安排出总进度计划网络图，进一步估算全部工程用工工日数，平均日出工人数，施工高峰期日出工人数，以及技术工种、机械操作工种、普通工种等用工比例，选择能够适应其工程质量、工期进度要求的作业队伍，并与施工劳动作业单位签订劳务合同，实行合同管理。

考虑到所担负工程的具体情况，结合施工队伍施工特点、技术装备情况、技术熟练程度和施工能力，应进行施工队伍培训，以满足工程施工的要求。

2. 物资准备

（1）机械及工具准备

根据工程需要、工程量大小及施工进度，配备足够数量且有效的施工机械、设备及工具。机械设备要配套选择，以便充分发挥机械设备的性能，保证机械设备的正常操作使用。

（2）材料准备

1）编制材料预算，提出材料的需用量计划及加工计划。

2）根据施工平面图安排和落实材料的堆放与临时仓库设施

3）组织材料的分批进场。

4）组织材料的加工准备，尽可能集中加工。

5）生活设施准备。包括工地人员的食宿位置、办公地点、房舍区域及生活必需设备，安全及劳动防护用品等的准备。

6）安全防护准备。安全工作要以预防为主，消除事故隐患。

3. 技术准备

（1）熟悉设计文件

领会文件精神，注意设计文件中所采用的各项技术指标，考虑其技术经济的合理性和施工的可能性。

（2）编制施工方案

1）根据设计路面的类型，进行料场勘察与选择，确定材料供应范围及加工方法。

2）选择施工方法和设计工序。

3）计算工作量。

4）编制流水作业图，布置工地，组织施工队伍。

5）编制工程进度日程图。

6）计算所需资源（劳动力、机械、材料）及各阶段的需要量，编制材料运输日程计划。

（3）技术交底

技术交底即把设计对施工的要求、施工方案及措施传达到基层甚至每个工人，这是落实技术责任制的前提。施工前应向参加施工的技术人员进行施工技术和操作规程的技术交底。

在每一单位工程或分部（分项）工程开工前，均应进行技术交底，以保证严格按照施工图、施工组织设计、施工操作规程、安全生产规程、工程施工及验收规程和其他技术规程进行施工作业。

技术交底应按工程情况分级进行。重要工程应先由项目经理部向施工队交底，施工队向班组交底；一般工程由施工队的单位工程技术负责人向班组长和工人交底。其内容主要包括：

1）说明有关工程的各项技术要求。

2）指出图样上必须注意的尺寸、轴线、标高，构造物的位置、规格和数量。

3）使用材料的品种、规格等级、配合比和质量要求。

4）施工方法、施工顺序，各班组及各工种之间交叉配合注意事项。

5）工程质量要求和安全操作要求；设计变更情况等。

上述各项交底一般用口头方式，辅以图表，必要时可做示范操作或建立质量样板，以使上岗人员充分掌握要领。

（4）施工测量

工程开工前，要对业主及设计单位提供的现场控制桩等进行现场复核，确认无误后才能使用。

（5）清理现场

根据施工放样所确定的位置，清理施工现场，为施工做好充分的准备。

4. 铺筑试验路段

高速公路和一级公路或采用新工艺、新技术、新方法或缺乏施工经验的路面，在大面积施工前，应采用计划使用的机械设备和混合料配合比铺筑试验路段。通过试验路段修筑，优化拌和、运输、摊铺、碾压等施工机械设备的组合和施工工序；提出验证混合料生产配合比；明确人员的岗位职责；最后提出标准施工方法。

二、路面施工安全与环境保护措施

公路工程施工中，为保障施工人员的人身安全、工程的安全，以及避免工程施工对周围环境的干扰，加强环境保护，应严格遵守国家的安全生产法规和环境保护法令，自觉保护劳动者生命安全，保护自然生态环境，展示生产管理的现代化综合水平。

具体做好以下几点：

（1）工程项目施工的安全管理。加强现场管理，搞好工程的保卫、防盗，搞好永久工程和临时工程安全，防止发生安全事故，在每一个工程项目中，制订安全生产的组织措施，并制订严密的安全生产规程，留有足够的安全生产费用，购置安全生产的设备和器件，保证施工生产现场的紧急事故处理的开支。

（2）加强安全生产教育和预防措施，为施工人员办理保险，并制订以下预防措施，以保证员工的安全健康：

1）施工现场及其周围的高压电线、变压器等应有醒目的安全标志，对开挖地段处于交通要道处的，应派专人看守，或有明显的标志，防止过往行人或车辆大意而发生事故。

2）对于基础工程或土方开挖施工，要注意预防塌方发生，及时采取防护措施。

3）对材料和设备储存的库房或堆放点，施工人员生活区，特别注意防火安全，设置足够数量的灭火器具、消防水管和消防栓等，以备急需。

（3）加强工程中的环境保护管理，促使安全生产，随时清除施工场地不必要的障碍物、设备、材料，各类存储物品安全堆放，井井有条，既可保持施工现场环境的清洁整齐，又对安全生产有利。自觉遵守有关机构对卫生及劳动保护的要求，及时清洁工地上的废物、垃圾、水泥袋、废弃的模板等，在全部工程竣工移交之前，将所有场地或地表面恢复原状。减少由于不符合环境规定而导致的罚款和经济损失，创造良好的文明施工环境。

第二节　半刚性基层施工

一、水泥稳定材料基层施工设备

必须配备齐全的施工机械和配件，开工前做好保养、试机工作，并保证在施工期间不发生有碍施工进度和质量的故障。路面底基层、基层施工，采用集中厂拌、摊铺机摊铺、分层施工，要求各施工单位配备足够的拌和、运输、摊铺、压实机械。每层最大压实厚度不大于20cm。底基层、基层的施工，按单幅梯队摊铺作业，因而每个作业面必须配备以下主要机械（见表6–1）：

表6–1　主要机械

机械名称	主要内容
摊铺机	应根据设计路面的宽度、厚度，选用合适的摊铺机械。底基层、基层施工应采用两台摊铺机梯队作业。要求两台摊铺机功能一致，最好为同一机型，而且机型较新，功能较全，以保证路面底基层、基层厚度一致，完整无缝，平整度好
拌和机	应配置产量大于400t/h的拌和机，要保证其实际出料（生产量的80%）能力超过实际摊铺能力的10% ~ 15%。至少要有5个进料斗，料斗上口必须安装钢筋网盖（筛孔可设为60mm × 60mm规格），筛除超出粒径规格的集料及杂物。拌和机的用水应配有大容量的储水箱。料斗、水箱、罐仓都要求装配高精度电子动态计量器。拌和站电力系统必须根据拌和站总体用电量建设并略有富余，以保证施工的连续性
自卸汽车	载重20t以上，数量应与拌和设备、摊铺设备、压路机相匹配
压路机	12t以上双钢轮压路机1 ~ 2台，18t以上单钢轮重型压路机2台，20t以上胶轮压路机1台。压路机的吨位和台数必须与拌和机及摊铺机生产能力相匹配，使从加水拌和到碾压终了的时间不超过水泥初凝时间，保证施工正常进行
洒水车	根据生产和养护需要合理配置
装载机	根据生产需要合理配置
水泥钢制罐仓	由拌和机生产能力决定其容量，罐仓内应配有水泥破拱器，以免水泥起拱停流

以上机械数量至少应满足每个工点、每日连续正常生产及工期要求。

二、水泥稳定材料基层原材料

1. 水泥

水泥稳定类结构层使用的水泥应符合国家技术标准的要求，宜采用42.5级的普通硅酸盐水泥等。所用水泥的初凝时间应大于3h，终凝时间应大于6h且小于10h。不应使用快硬水泥、早强水泥以及已受潮变质的水泥。掺加缓凝剂或早强剂时，应对混合料进行试验验证。

2. 集料

（1）粗集料

用作被稳定材料的粗集料宜采用各种硬质岩石或砾石加工成的碎石，也可直接采用天然砾石。

高速、一级公路极重、特重交通荷载等级基层的4.75mm以上粗集料应采用单一粒径的规格料。

天然砾石材料作为高速、一级公路底基层和二级及二级以下公路基层、底基层的被稳定材料，其技术要求应满足相关的要求，并应级配稳定、塑性指数不大于9。

应选择适当的碎石加工工艺，用于破碎的原石粒径为破碎后碎石公称最大粒径的3倍以上。高速公路基层用碎石，应采用反击破碎的加工工艺。碎石加工中，根据筛网放置的倾斜角度和工程经验，应选择合理的筛孔尺寸。

（2）细集料

细集料应洁净、干燥、无风化、无杂质，并有适当的颗粒级配。细集料的规格应符合相关规定，且有机质含量小于2%，硫酸盐含量不大于0.25%，塑性指数（0.075mm以下颗粒的）不大于17。

对0 ~ 3mm和0 ~ 5mm的细集料应分别严格控制大于2.36mm和4.75mm的颗粒含量。对3 ~ 5mm的细集料应严格控制小于2.36mm的颗粒含量。高速、一级公路，细集料中小于0.075mm的颗粒含量应不大于15%；二级以及二级以下公路，细集料中小于0.075mm的颗粒含量应不大于20%。

（3）混合料推荐级配

1）采用水泥稳定时，被稳定材料的液限应不大于40%，塑性指数应不大于17。塑性指数大于17时，宜采用石灰稳定或水泥和石灰综合稳定。

2）采用水泥稳定时，被稳定材料中含有一定量的碎石或砾石，且小于0.6mm的颗粒含量在30%以下时，塑性指数可大于17，且土的不均匀系数应大于5。

3）采用水泥稳定，被稳定材料为粒径较均匀的砂时，宜在砂中添加适量塑性指数小于10的黏性土、石灰土或粉煤灰，加入比例通过击实试验确定。

3. 水

凡是饮用水（含牲畜饮用水）均可用于水泥稳定类结构层施工。

三、水泥稳定材料基层混合料组成设计

1. 一般规定

（1）无机结合料材料组成设计的内容包括原材料检验、混合料的目标配合比设计、混合料的生产配合比设计和施工参数确定四部分。

原材料检验应包括结合料、被稳定材料及其他相关材料的试验。所有检测指标均应满足相关技术标准或技术文件的要求。

目标配合比设计应包括下列技术内容：选择级配范围；确定结合料类型及掺配比例；验证混合料相关的设计及施工技术指标。

生产配合比设计应包括下列技术内容：确定料仓供料比例；确定水泥稳定材料的容许延迟时间；确定结合料剂量的标定曲线；确定混合料的最佳含水率与最大干密度。

无机结合料稳定材料组成设计中的施工参数确定应包含下列技术内容：确定施工中的结合料剂量；确定施工合理含水率及最大干密度；验证混合料强度技术指标。

（2）确定无机结合料稳定材料最大干密度指标时，宜采用重型击实方法，也可采用振动压实方法。

（3）应根据材料特点和混合料设计要求，通过配合比设计选择最优的工程级配。

（4）用于基层的无机结合料稳定材料，强度满足要求时，还应检验其抗冲刷和抗裂性能。

（5）施工过程中，材料品质或规格发生变化、结合料品种发生变化时，应重新进行材料组成设计。

2. 强度与压实度要求

应采用7d龄期无侧限抗压强度作为无机结合料稳定材料施工质量控制的主要指标。高速、一级公路应验证所用材料7d龄期无侧限抗压强度与90d或180d龄期弯拉强度的关系。

水泥稳定材料的7d龄期无侧限抗压强度标准应符合表6–2的规定。压实度标准见表6–3。

表6–2　水泥稳定材料的7d无侧限抗压强度标准 R_d（MPa）

结构层	公路等级	极重、特重事故	重交通	中、轻交通
基层	高速、一级公路	5.0 ~ 7.0	4.0 ~ 6.0	3.0 ~ 5.0
	二级及二级以下公路	4.0 ~ 6.0	3.0 ~ 5.0	2.0 ~ 4.0
底基层	高速、一级公路	3.0 ~ 5.0	2.5 ~ 4.5	2.0 ~ 4.0
	二级及二级以下公路	2.5 ~ 4.5	2.0 ~ 4.0	1.0 ~ 3.0

表6–3　水泥稳定材料的压实度标准（%）

公路等级		基层	底基层
高速公路和一级公路	稳定中、粗粒材料	≥98	≥97
	稳定细粒材料	—	≥95
二级及二级以下公路	稳定中、粗粒材料	≥97	≥95
	稳定细粒材料	≥95	≥93

3. 目标配合比设计

（1）方法步骤

1）确定目标级配曲线和合理的变化范围。

2）选择不少于5个结合料剂量，分别确定各剂量条件下混合料的最大干密度和最佳含水率。

3）根据试验确定的最佳含水率、最大干密度和压实度要求静压法成型标准试件，验证不同结合料剂量条件下混合料的技术性能（90d或180d龄期弯拉强度和抗压回弹模量、7d无侧限抗压强度），确定满足设计要求的最佳剂量。

（2）强度试验

1）试件的径高比应为1：1。无机结合料稳定细粒材料的直径应为100mm，无机结合料稳定中、粗粒材料的试件直径应为150mm。

2）强度试验时，平行试验的最少试件数量应符合表6–4的规定。试验结果的变异系数大于表中的规定时，应重做试验或增加试件数量。

表6–4　平行试验最少试件数量

材料类型	变异系数		
	＜10%	10% ~ 15%	15% ~ 20%
细粒材料	6	9	—
中粒材料	6	9	13
粗粒材料	—	9	13

3）根据试验结果，应按下式计算强度代表值。

$$R_d^0 = \overline{R} \cdot (1 - Z_\alpha C_V)$$

式中 R_d^0——抗压强度代表值（MPa）；

$\overline{R}$——抗压强度平均值（MPa）;

Cv——试验结果的偏差系数（以小数计）;

Z_α——保证率系数，高速、一级公路应取保证率95%，此时即 Z_α =1.645；一般公路应取保证率90%，即 Z_α =1.282。

4. 生产配合比设计

生产配合比设计是指根据目标配合比确定的各档材料比例，对拌和设备进行调试和标定，确定合理的生产参数。实际上分两个阶段：

第一阶段：进行拌和设备的调试和标定。包括料斗称量精度的标定、结合料剂量的标定、拌和设备加水量的控制等内容，并应符合下列规定：

（1）绘制不少于5个点的结合料剂量标定曲线。

（2）按各档材料的比例关系，设定相应的称量装置，调整拌和设备各个料仓的进料速度。

（3）按设定好的施工参数进行第一阶段试生产，验证生产级配。不满足要求时，应进一步调整施工参数。

对水泥稳定材料，应进行不同成型试件条件下的混合料强度试验，绘制相应的延迟时间曲线，并根据设计要求确定容许延迟时间（即在满足强度标准的前提下，水泥稳定材料拌和后至碾压成型之前所容许的最大时间间隔）。

第二阶段：分别按不同结合料剂量和含水率进行混合料试拌，并取样、试验。试验应符合下列规定：

（1）通过测定混合料中的实际含水率，确定施工中水流量计的设定范围；

（2）通过测定混合料中的实际结合料剂量，确定施工中结合料掺加的相关技术参数；

（3）通过击实试验，确定结合料剂量变化、含水率变化对混合料最大干密度的影响；通过抗压强度试验，确定材料实际强度水平和拌和工艺的变异水平。

5. 混合料生产参数的确定

（1）水泥剂量：工地实际采用的水泥剂量比室内试验确定的多0.5% ~ 1%。集中厂拌法施工增加0.5%，路拌法施工增加1%。

（2）含水率：考虑施工过程中的气候条件，含水率可增加0.5% ~ 1.5%。

（3）最大干密度：以最终合成级配击实试验的结果为标准。

四、水泥稳定材料基层施工工艺

1. 一般规定

（1）水泥稳定碎（砾）石基层结构一般采用集中厂拌、摊铺机摊铺、压路机碾压密实的施工工艺。

（2）水泥稳定碎（砾）石基层结构压实厚度不应超过 20cm；当设计厚度超过 20cm 时，宜分层铺筑。

（3）在正式施工前，必须铺筑试验段，对施工工艺进行总结；试验段的质量检查频率应是正常路段的两倍。

（4）水泥稳定碎（砾）石的施工宜在气温较高季节组织施工。施工期的日最低气温应在 5℃以上，在有冰冻的地区，应在第一次重冰冻（-3 ~ -5℃）到来的 15 ~ 30d 之前完成施工。

（5）雨期施工时，应特别注意天气变化，避免水泥稳定碎（砾）石混合料遭受雨淋。降雨时，应停止施工，对已经摊铺的混合料应尽快碾压密实，并及时覆盖。禁止在雨天施工。

（6）无特殊情况，基层施工应连续作业，中午不得停工，尽量减少施工接缝，桥头施工应与正常路段一次成型。

（7）同一路段水泥稳定碎（砾）石左右幅施工应错开。当基层分层施工时，单幅两层连续施工完成并养护到位后，再开始另外单幅的施工。

2. 拌和

（1）混合料的拌和能力应与摊铺能力相匹配。

（2）拌和厂设置要求：应安置在地势相对较高的位置，并做好排水设施。拌和厂场地应平整并具有足够的承载能力。高速、一级公路的拌和厂场地应采用混凝土硬化，混凝土强度等级应不低于 C15，厚度应不小于 200mm。工程所需的原材料严禁混杂，应分档隔仓堆放，并有明显的标志。细集料、水泥等原材料应有覆盖。高速、一级公路上述材料严禁露天堆放，应放置于专门搭建的防雨棚内或库房内。开始拌和前，拌和厂的备料至少应能满足 5 ~ 7d 的摊铺用料。

（3）高速、一级公路应采用专用稳定土拌和设备拌制混合料。

（4）水泥料仓要求：应密闭、干燥，内部装“破拱”装置（防止水泥堵塞）。对高速公路，水泥料仓应配备计重装置，不宜通过电机转速计量水泥添加量。气温高于 30℃时，水泥进入拌缸温度不宜高于 50℃（控制降温时出现温缩裂缝），否则应采取降温措施（如用冰块代替水）。气温低于15℃时，水泥进入拌缸温度不宜低于10℃。

（5）加水量的计量：应采用流量计的方式。高速、一级公路，水的流量数值应在中央控制室的控制面板上有显示。

（6）拌和机各料仓开口大小和皮带计量精度应事先标定，并在施工过程中经常检查和调整。

（7）为保证混合料拌和的均匀性，高速公路基层的混合料拌和时，宜采用两次拌和的生产工艺，也可采用间歇式拌和生产工艺，拌和时间不少于15s。

（8）每次开始拌和前，应检查场内各处集料的含水率，计算当天的施工配合比。天气炎热或运距较远时，对稳定中、粗粒材料，混合料的含水率可高于最佳含水率0.5%～1%；对稳定细粒材料，含水率可高于最佳含水率1%～2%。

（9）拌和过程中，应实时监测各料仓的生产计量。高速、一级公路，应每10min打印各档料仓使用量。若与设计要求相差超10%时，应立即停机，正常后方可继续生产。

（10）对高速、一级公路，应从拌和厂取料，每隔2h测一次含水率；每隔4h测一次水泥剂量，并做好记录。

（11）料仓的加料应有足够数量的装载机，以确保拌和楼各仓集料充足并且相互之间数量协调。拌和楼在每天结束后应清理干净，检查并进行适当维护，尤其要注意避免水泥结块而堵塞水泥下料口。

（12）拌和机出料不应采取自由跌落式的落地成堆、装载机装料运输的办法。应配备带活门漏斗的料仓，由漏斗出料直接装车运输。

3. 运输

（1）运输车辆应采用车况良好的大吨位自卸车。运输车辆数量应满足拌和、出料与摊铺需要，并略有富余。

（2）运输车辆在每天开工前，要检验其完好情况。

（3）装料前应将车厢清洗干净。

（4）装车时车辆应前后移动，分三次装料，避免混合料离析。

（5）为减少水分损失，混合料在运输过程中必须用篷布覆盖严密，直到摊铺机前准备卸料时方可掀开。

（6）发料时，应认真填写发料单：记录车号、出料时间、吨位等。运至摊铺现场，应由收料人核对查收，并注明摊铺时间，以备检查，剔除超出延迟时间的混合料。

（7）应尽快将拌和的混合料运送到铺筑现场。如运输车辆中途出现故障，应尽快排除；如车内混合料不能在初凝时间内运到工地，或预计混合料到碾压最终完成的延迟时间超过水泥初凝时间，必须予以废弃。对高速、一级公路，水泥稳定材料从装车到运至现场，时间不宜超过 1h，超过 2h 应作为废料处置。

4. 摊铺

（1）在水泥稳定碎（砾）石基层边缘设置好高程控制线支架，根据松铺系数计算松铺厚度，决定控制线高度，挂好控制线。

（2）下承层是稳定细粒材料时，宜先将下承层顶面拉毛或采用凸块式压路机碾压，再铺上层混合料；对于下承层是稳定中、粗粒材料时，应先清理干净下承层，并洒铺水泥净浆，再铺上层混合料。水泥净浆按水泥质量计，应为 1.0 ~ 1.5kg/m^2。水泥净浆稠度以能洒布均匀为宜，洒布长度以不大于摊铺机前 30 ~ 40m 为宜。

（3）待等候卸料的混合料运输车多于 5 辆后开始摊铺，并应保持连续摊铺。

（4）现场摊铺时，宜采用两台摊铺机梯队作业的方式。在单向双车道路面施工过程中，当单台大功率摊铺机抗离析效果较好时，也可采用单机全断面摊铺的摊铺方式。

（5）采用双机梯队作业时，两台摊铺机型号应相同，前后相距不大于 10m。前台摊铺机采用路侧钢丝和设置在路中的铝合金导梁控制高程，后台摊铺机路侧采用钢丝、路中采用滑靴控制高程和厚度。前后两台摊铺机纵向重叠 300 ~ 400mm，中缝辅以人工修整。内侧一台摊铺机应采用宽度自动伸缩式摊铺机，以适应内侧宽度变化的需要。采用单机摊铺时，应采用两侧走钢丝的方法控制高程。

（6）机前应设专人组织自卸车卸料，避免撞击摊铺机。

（7）摊铺前及摊铺过程中，应检查摊铺机各部分的运转情况。

（8）摊铺机的摊铺速度宜控制在 1m/min 左右。摊铺过程中，应根据拌和能力和运输能力确定摊铺速度，中途不得随意变更摊铺速度，以避免出现摊铺机停机待料的情况。

（9）高速、一级公路，在摊铺过程中宜设立纵向模板。

（10）摊铺机在安装、操作时，应采取混合料防离析措施。例如，摊铺机前增设橡胶挡板（防止竖向离析），底部距下承层不大于 10cm。摊铺机的螺旋布料器应有 2/3 埋入混合料中，螺旋布料器应匀速转动，避免过快或停顿。摊铺机后应设专人消除离析现象，铲除局部粗集料集中部位，并用新拌混合料填补。

（11）结构物两侧摊铺应符合以下要求：

应在施工前对结构物两侧工作面进行清理和修整，扫除松散材料和所有杂物，处理好欠压实、不平整等问题；正交结构物两侧作为起点时，应采用相应厚度的垫块起始摊铺，并严格按照设计要求衔接路面结构层和过渡板，不得采用人工摊铺；斜交结构物两侧等摊铺机无法工作的部位应采用人工摊铺，并应控制好操作时间、松铺厚度和平整度。

5. 碾压

（1）在摊铺、修整后，压路机紧跟摊铺机在全宽范围内进行碾压。碾压应遵循“先轻后重、先慢后快、从低到高”的原则。

（2）每台摊铺机后，压路机应紧跟碾压，碾压段落长度一般为 50 ~ 80m。碾压段落必须层次分明，并设置明显的分界标志。

（3）碾压应根据施工情况配备足够数量的碾压设备，并应符合下列规定：双向四车道高速、一级公路的半幅摊铺时，应配备不少于 4 台重型压路机；双向六车道半幅摊铺时，应配备不少 5 台重型压路机。

（4）水泥稳定材料结构层施工中，应在混合料处于或略大于最佳含水率的状态下碾压。气候炎热干燥时，碾压时的含水率可比最佳含水率大 0.5% ~ 1.5%。

（5）压路机碾压时，应重叠 1/3 轮宽。压路机换挡要轻且平顺，不要拉动铺面。在第一遍初步稳压时，倒车后尽量原路返回；换挡位置应在已压好的段落上；在未碾压的一头换挡倒车位置应错开，呈齿状；出现个别鼓包时，应进行铲平处理。

（6）专人负责指挥碾压，严禁漏压、产生轮迹。成型后的表面应平整、无轮迹。对稳定细粒材料，最后碾压收面可用凸块式压路机。

（7）出现软弹现象，应及时挖出混合料，换新料碾压。

（8）碾压宜在水泥初凝前及试验确定的延迟时间内完成，并达到要求的压实度。

（9）压路机停机应错开，相互间距约 3m，且停在已碾压好的路段上。严禁压路机在正在碾压的路段或刚完成的路段上掉头。除非特殊情况，应尽可能避免紧急制动。

（10）为保证水泥稳定碎（砾）石基层边缘压实度，应有 100mm 的超宽压实；对用方木或型钢模板支撑时，超宽可适当减小。

6. 接缝

（1）纵缝

摊铺时应避免纵向接缝。两台摊铺机梯队施工时的纵向接缝应采用斜接缝，压路机跨缝碾压时一次碾压密实。

无法避免存在纵向接缝时，纵缝应垂直相接，严禁斜接，并应符合下列规定：在前一幅摊铺时，宜在靠中央的一侧用方木或钢模板做支撑，方木或钢模板的高度应与稳定材料层的压实厚度相同。摊铺另一幅前拆除支撑。

（2）横缝

1）混合料摊铺时，应连续作业。若因故中断时间超过 2h，则应设横向接缝。

2）每天收工之后，第二天开工的接头断面也应设置横向接缝。具体做法是：压路机碾压完，沿端头斜面行驶至下卧层上停机过夜。第二天将压路机沿斜面行驶至前一天施工的结构层上，并将已压实且高程和平整度符合要求的末端作为接缝位置，沿横向断面垂直挖除该位置至斜面下端头部分的混合料，摊铺机从接缝处起步摊铺。压路机沿接缝横向碾压，由之前的压实层逐渐推向新铺层，碾压完毕后再正常碾压。碾压完毕，接缝处纵向平整度应符合规范要求。

7. 养护及交通管制

（1）无机结合料稳定材料碾压完毕，经质量检查合格后，应及时养护。

（2）养护期应不少于 7d，宜延长至上层结构开始施工的前 2d。

（3）养护可采取洒水养护、薄膜覆盖养护、土工布覆盖养护、铺设湿砂养护、草帘覆盖养护、洒铺乳化沥青养护等方式。

（4）洒水养护时，每天洒水次数应视气候而定。高温期上、下午各 1 次。养护期应保持表面湿润。

（5）薄膜覆盖养护时，薄膜厚度应不小于 1mm。薄膜之间应搭接完整。薄膜覆盖后应用砂土堆填，养护至上层施工前 1 ~ 2d 方可掀开。对蒸发量大的地区或养护时间大于 15d 的工程应适当补水。

（6）养护期间，应封闭交通。除洒水车和小型通勤车外，严禁其他车辆通行；过冬时应采取必要的保护措施，如覆盖 10 ~ 20cm 砂土保护层，以防止低温损伤。

第三节　沥青路面施工

一、沥青路面施工设备

现今的沥青路面施工不再是以前的人工加铁锹的原始作业方式，随着科学技术的发展，大量高科技设备也应用到沥青路面施工过程中，有力地保证了沥青路面施工的高质量水平。沥青路面施工用到的主要设备有以下几类。

1. 拌和设备

沥青混合料拌和设备采用自动控制的 3000 型以上间歇式拌和机，并满足以下要求：

（1）拌和机的计量系统、控温系统及沥青加入量系统必须通过严格的标定校核，各系统的误差应在容许误差范围之内。施工单位必须向业主和监理单位提出机械设备的配套情况、技术性能、传感器计量精度的检查、标定报告。

1）计量系统应进行动、静态的加载、卸载的全量程检测，标定时的显示误差不应超过称量度的 1%；

2）温度计应在 100℃、150℃、200℃的油浴中分别与标准温度计比较，误差不得超过 5℃；

3）沥青加入量，采用已知容量的容器检查，用实际接受量与设定时间的一次喷入量比较，连续检查的数量不宜少于 1000kg，误差不超过 1%。

（2）混合料拌和机必须配有计算机自动打印设备，能逐盘打印集料和沥青的加热温度、混合料的拌和温度、材料用量和每盘混合料的重量等资料。

（3）除尘装置具有二级除尘设备，除尘一律不准回收利用，并定期检查及清理除尘管道和布袋，以防堵塞。

（4）宜有一个 80t 以上的成品储料仓，并具有良好的保温性能。

（5）有 4 个以上的沥青罐，不小于 $380cm^3$，能保温储存和加热；改性沥青应配备搅拌装置，确保改性沥青处于搅拌状态。

2. 摊铺设备

若双机联铺则配置 2 台摊铺机，非接触式平衡梁 2 套（4 只）；若用单机全幅摊铺则配置 1 台摊铺机，非接触式平衡梁 1 套（2 只）。

3. 压路机

12t 以上双钢轮带振动压路机 3 台，30t 以上胶轮压路机 3 台。

4. 运输车

为了保证施工过程中混合料的连续供应，保证连续施工，必须配备足够数量的 20t 以上大吨位双桥自卸卡车。

5. 装载机

装载机 4 台以上。

6. 小型器具

（1）导线钢丝、导梁不少于 1000m；

（2）夜间照明设备；

（3）手推车等。

二、沥青路面施工原材料

1. 沥青

（1）基质沥青的选择

沥青路面采用的基质沥青的标号，宜按照公路等级、气候条件、交通条件、路面类型及在结构层中的层位及受力特点、施工方法等，结合当地的使用经验，经技术论证后确定。对高速公路、一级公路，夏季温度高、高温持续时间长、重载交通路段，宜采用稠度大、60℃黏度大的沥青，也可提高高温气候分区的温度水平选用沥青等级；对冬季寒冷的地区或交通量小的公路、旅游公路宜选用稠度小、低温延度大的沥青；对温度日温差、年温差大的地区宜注意选用针入度指数大的沥青。当高温要求与低温要求发生矛盾时应优先考虑满足高温性能的要求。

（2）改性沥青的选择

改性剂与基质沥青具有配伍性和相容性两种性能。

配伍性反映聚合物改性剂改性效果的好坏，相容性反映改性沥青保持改性效果的稳定性，两者既有所区别，又有必然的联系。很显然，某一种改性剂的改性效果不仅与剂量有关，还受改性剂品种与基质沥青品种的配伍性的影响。所以配伍性往往直接从改性效果的大小进行评价和判别。这对于不经过存放阶段的现场加工、现场使用的改性工艺，尤其重要。大部分聚合物改性剂与基质沥青并没有发生明显的化学反应，而是均匀地分散在沥青中，改性剂与基质沥青表面仅仅以物理吸附的方式联结，共存共融。所以对需要存放的改性沥青产品来说，不仅要改性效果好，还必须保持不离析，这就要求配伍性和相容性都要好。

相容性是指改性剂以微细的颗粒均匀、稳定地分散在基质沥青介质中，不发生分层、凝聚或者相互分离现象的性质。它取决于改性剂和沥青两种物质的界面上的相互作用，聚合物的溶解度参数或者分子结构越是接近的相容性就越好。相容性好，改性剂分散均匀，或者成为均匀连续的网状结构；反之，就凝聚成絮状、块状、团状，当改性沥青冷却时，改性剂便析出、分层。由于配伍性和相容性的必然联系，所以在使用上往往对配伍性和相容性并不严格区分，而统称为相容性。

改性剂有很多种，主要分为以下三大类：

1）热塑性橡胶类（橡胶树脂类）：苯乙烯－丁二烯－苯乙烯（SBS）、苯乙烯－异戊二烯－苯乙烯（SIS）、苯乙烯－聚乙烯（SB）。

2）橡胶类：天然橡胶（NR）、丁苯橡胶（SBR）、氯丁橡胶（CR）、丁二烯橡胶（BR）。

3）树脂类：聚乙烯（PE）、乙烯－乙酸乙烯（EVA）、聚氯乙烯（PVC）。

其中 SBS 改性沥青具有良好的配伍性和相容性，良好的高、低温性能，且具有良好的弹性恢复性能，因而在公路工程中得到广泛应用。

2. 粗集料

粗集料应采用石质坚硬、清洁、不含风化颗粒、近立方体颗粒的碎石，粒径大于 2.36mm，宜采用碱性或中性石料加工。沥青面层碎石生产线按以下筛网规格组装筛分装置：

AC–13：3mm，6mm，11mm，16mm；

上面层 AC–16：3mm，6mm，11mm，18mm；

中面层 AC–20：3mm，6mm，11mm，18mm，24mm；

下面层 AC–25：3mm，6mm，11mm，18mm，30mm（拌和站只有 5 个冷料仓采用）；

下面层 AC–25：3mm，6mm，11mm，18mm，24mm，30mm（拌和站有 6 个冷料仓采用）。

3. 细集料

细集料应采用坚硬、洁净、干燥、无风化、无杂质并有适当级配的石料机制砂或石屑，细集料规格和细集料的质量标准见表 6–5 和表 6–6。

表6–5 沥青面层用细集料规格

规格	公称粒径（mm）							
		4.75	2.36	1.18	0.6	0.3	0.15	0.075
S16	0 ~ 3	100	80 ~ 100	50 ~ 100	25 ~ 60	8 ~ 45	0 ~ 25	0 ~ 15

表6–6 沥青混合料用细集料质量要求

项目	单位	技术要求
表观相对密度　不小于	—	2.60
砂当量　不小于	%	60
亚甲蓝值　不小于	g/kg	25
棱角性（流动时间）不小于	s	30
坚固性（＞0.3mm 部分）不小于	%	12

4. 矿粉

矿粉应采用强基性岩石等憎水性石料经磨细加工得到，原石料中的泥土杂质应清除干净，必要时检验矿粉的塑性指数。沥青混凝土拌和站除尘装置回收的粉尘不得作为填料使用。若集料与沥青的黏附性不足4级，可在混合料中掺加消石灰，用量为矿料总量的1% ~ 2%，具体用量按试验确定。

三、沥青混合料配合比设计

1. 配合比设计取样

配合比设计时取样一定要有代表性：目标配合比设计阶段取样一定不能在料堆边取样，因为这都是从料堆上离析下的粗料，应该在料堆顶部不同部位，并刨除表面约10cm后取样。生产配合比设计取样必须取第三锅以后的材料，而且必须用装载机接料再混合均匀后四分法取料，装载机接料过程中应特别注意细集料的飞散。生产配合比检验阶段应该在摊铺机后但未碾压前取样。

沥青混合料配合比设计分三个阶段，即目标配合比设计阶段、生产配合比设计阶段、生产配合比验证阶段。

2. 目标配合比设计阶段

（1）确定沥青的最佳油石比

用计算确定的矿料组成和经验采用的油石比范围，按0.5%间隔变化，取5个不同的油石比，用试验室小型拌和机拌制沥青混合料，制备5组马歇尔试件。测定试件的密度、空隙率、沥青饱和度、稳定度和流值，分别绘制各项指标的曲线。取相应于密度最大值的油石比 a_1、稳定度最大值的油石比 a_2 和目标空隙率（或中值）的油石比 a_3 以及沥青饱和度范围的中值的油石比 a_4，按下式取四者的平均值作为最佳油石比初始值 OAC_1。

$$OAC_1 = (a_1 + a_2 + a_3 + a_4) / 4$$

如果所选择的油石比范围未能涵盖沥青饱和度的要求范围，按下式求取三者的平均值作为 OAC_1。

$$OAC_1 = (a_1 + a_2 + a_3) / 3$$

对所选择试验的油石比范围，密度或稳定度没有出现峰值（最大值经常在曲线的两端）时，可直接以目标空隙率所对应的油石比a3作为 OAC_1，但OAC必须介于 OAC_{min} ~ OAC_{max} 范围内，否则应重新进行配合比设计。

求出能满足沥青混凝土各项标准的最大油石比 OAC_{max} 和最小油石比 OAC_{min}，按下式取中值 OAC_2。

$$OAC_2 = (OAC_{max} + OAC_{min}) / 2$$

取 OAC_1 和 OAC_2 的中值作为目标配合比最佳油石比OAC，并结合当地气候特点论证地取用，其对应的试件空隙率在 3% ~ 5% 范围内。如 OAC 处在上述范围之外，应调整级配，重新进行配合比设计。

（2）残留稳定度检验

按以上配合比制备沥青混凝土马歇尔试件，做浸水 48h 马歇尔试验，检验残留稳定度必须满足相关的规定。

3. 生产配合比设计阶段

（1）确定各热料仓矿料和矿粉的用量

必须从二次筛分后进入各热料仓的矿料取样进行筛分，根据筛分结果，通过计算，使矿质混合料的级配接近目标配合比并符合相关的规定，以确定各热料仓矿料和矿粉的用料比例，供拌和机控制室使用，同时反复调整冷料仓进料比例，以达到供料均衡。

（2）确定最佳油石比

取目标配合比设计的最佳油石比 OAC 和 OAC ± 0.3%、OAC ± 0.6%5 个油石比，取以上计算的矿质混合料，用试验室的小型拌和机拌制沥青混合料进行马歇尔试验，按目标配合比设计方法绘图分析，得出 OAC_1 和 OAC_2 后综合确定生产配合比的最佳油石比 OAC。按以上方法确定的 OAC 可能与目标配合比的 OAC 不一致，如相差不超过 0.2%，应按生产配合比确定的 OAC 进行试件拌和试铺，或分析确定试拌试铺用油石比；如相差超过 0.2%，应找出原因，进一步试验分析后确定试拌试铺用油石比。

（3）残留稳定度检验

按以上生产配合比，用室内小型拌和机拌制沥青混合料，做浸水 48h 马歇尔试验，检验残留稳定度，必须满足相应的规定。

4. 生产配合比验证阶段（试拌试铺阶段）

（1）用生产配合比进行试袢，沥青混合料的技术指标合格后铺筑试铺段

取试铺用的沥青混合料进行马歇尔试验、沥青含量检验、筛分试验，检验标准配合比矿料合成级配中，至少应包括 0.075mm、2.36mm、4.75mm 及公称最大粒径筛孔的通过率接近目标配合比级配值，并避免在 0.3 ~ 0.6mm 处出现峰值。由此确定正常生产用的标准配合比。

（2）试拌试铺阶段

沥青各面层施工开工前，均须先做试铺路面。每个面层施工单位，通过合格的沥青混合料组成设计，拟定试铺路面铺筑方案，采用重新调试的正式施工机械，铺筑试铺路面。试铺路面宜选在正线直线段，长度不少于 300m。

试铺路面施工分为试拌和试铺两个阶段，需要确定的内容包括：

1）钻芯检测厚度，结合施工压实厚度与松铺厚度，确定摊铺机的松铺系数。

2）通过试验段施工确定合理的施工机械型号、数量、组合方式，落实技术培训、技术岗位及最佳工艺流程和生产效率。

3）通过试拌确定拌和机的上料速度、拌和数量与时间、拌和温度、集料变化与波动的调控手段等施工工艺。

4）通过试铺确定各种混合料的摊铺温度、摊铺速度、摊铺宽度、初步振捣夯实的方法、自动找平方式等施工工艺，梯形摊铺时两台摊铺机的摊铺厚度和宽度协调方式。

5）通过碾压确定适宜的压路机类型和数量、碾压速度、碾压顺序、碾压温度和遍数等施工工艺，施工缝处理方式等。

6）建立健全质量保证体系，探索一套有效的质量控制方法。通过对各道工序的偏差分析，提出合理的工艺控制参数和改进措施。

7）在试铺路面的铺筑过程中，检查施工工艺、技术措施是否符合要求，测温、观色、取样，并记录试验与检测结果，检查各种技术指标情况，对出现的问题提出改进意见。

5. 关于沥青混凝土马歇尔室内试验中的几点统一做法

（1）进行目标配合比设计和生产配合比设计时，制备试件的混合料，需采用小型沥青混合料拌和机拌和，以模拟生产实际情况。

（2）每组试件个数一律用6个。

（3）试件成型温度：对于普通沥青，由试验室所做出的黏温曲线图来判定拌和压实温度；对于改性沥青，由改性沥青供应商提供拌和压实温度。

（4）沥青混合料试件密度试验方法：沥青混合料统一用表干法的毛体积相对密度。

（5）沥青混合料理论最大相对密度，重交通沥青混合料宜采用最大理论密度仪实测法，也可以用计算法；改性沥青混合料宜采用计算法，也可以采用最大理论密度仪实测。施工过程中，最大理论密度一律采用最大理论密度仪实测。试验过程中一定要将混合料彻底分散，特别是改性沥青，否则严重影响最大理论密度和体积指标的准确性。计算法中粗集料采用毛体积相对密度，机制砂、矿粉、沥青采用表观相对密度。

（6）试件的配料、拌和均应单个进行，以确保试验结果的一致性

四、沥青混合料施工工艺

1. 集料准备

（1）要注意粗细集料和填料的质量，从源头抓起，不合格的矿料，不准运进拌和厂。

（2）堆放各种矿料的地坪必须硬化，并具有良好的排水系统，避免材料被污染；各品种材料间应用墙体隔开，以免相互混杂。

（3）集料铲运方向应与其流动方向垂直，保证铲运材料均匀，减少集料离析。

（4）细集料及矿粉宜覆盖，细料潮湿将影响喂料数量和拌和机产量。

（5）每天开工前应检测含水率，以便调节冷料进料速度或比例，并确定集料加热时间和温度，如果集料含水率过大，不得使用。

（6）集料级配发生变化或换用新材料时，应重新进行配合比设计，确保混合料质量符合要求。

2. 沥青的准备

沥青应采用导热油加热，要求沥青温度稳定，具有一定的流动性，以便使沥青混合料拌和均匀。普通沥青加热温度不应超过 165℃，改性沥青加热温度不应超过 175℃。使用改性沥青时应先搅拌或循环拌和使其均匀后，方可使用，使用过程中应不断搅拌，避免改性沥青离析。随温度变化的不同稠度的沥青结合料的喷入速率必须进行标定，每次拌和喷入沥青的时间应准确。

3. 沥青混合料的拌制

（1）严格掌握沥青和集料的加热温度以及沥青混合料的出厂温度。集料温度应比沥青高 10 ~ 15℃，热混合料成品在储料仓储存后，其温度下降不应超过 10℃。

（2）拌和站控制室要逐盘打印沥青及各种矿料的用量和拌和温度的资料，并定期对拌和站的计量和测温进行校核；没有材料用量和温度自动记录装置的拌和机不得使用。

（3）拌和时间由试拌确定。必须使所有集料颗粒全部裹覆沥青结合料，并以沥青混合料拌和均匀为度。

（4）要注意目测检查混合料的均匀性，及时分析异常现象。如混合料有无花白、冒青烟和离析等现象。如确认是质量问题，应做废料处理并及时予以纠正。在生产开始之前，有关人员要熟悉本项目所用各种混合料的外观特征，这要通过细致地观察室内试拌的混合料而取得。

（5）每台拌和机每天上午、下午各取一组混合料试样做马歇尔试验和抽提筛分试验，检验油石比、矿料级配和沥青混凝土的物理力学性质。

矿料级配与生产设计标准级配的允许差值为：

0.075mm，±2%；

≤2.36mm，士4%；

≥4.75mm，±5%0

（6）每天结束后，用拌和站打印的各料数量，进行总量控制。以各仓用量及各仓筛分结果，在线抽查矿料级配；计算平均施工级配和油石比，与设计结果进行校核；以每天产量计算平均厚度，与路面设计厚度进行校核。

4. 沥青混合料的运输

（1）根据运距、拌和产量配备足够的自卸汽车，要求运力必须大于拌和机产量，每台运料车装载量不小于15t，汽车底板应涂一薄层防粘剂。

（2）采用数字显示插入式热电偶温度计检测沥青混合料的出厂温度和运到现场的温度。插入深度要大于150mm，在运料卡车侧面中部设专用检测孔，孔口距车厢底面约300mm。

（3）拌和机向运料车放料时，汽车应前后移动，分“前、后、中”装料，以减少粗集料的离析现象。

（4）沥青混合料运输车的运量应较拌和能力和摊铺速度有所富余，摊铺机前方应有5辆运料车等候卸料。

（5）运料车应有良好的阻燃棉篷布覆盖设施，卸料过程中继续覆盖直到卸料结束取走篷布，以起到保温或避免污染环境的作用。

（6）连续摊铺过程中，运料车在摊铺机前10～30cm处停住，不得撞击摊铺机，卸料过程中运料车应挂空挡，靠摊铺机推动前进。

5. 沥青混合料的摊铺

（1）摊铺沥青面层前，必须撒布改性乳化沥青黏层油，黏层施工质量控制见黏层作业指导书。

（2）可采用两台摊铺机梯队摊铺施工，亦可采用一台大功率摊铺机全幅摊铺。当采用梯队摊铺施工时，两台摊铺机距离不应超过20m。

（3）摊铺机的摊铺速度应根据拌和机的产量、施工机械配套情况及摊铺厚度、摊铺宽度，按24m/min予以调整选择，做到缓慢、均匀、不间断地摊铺。

（4）施工下面层时，采用挂导线钢丝施工，按每10m一个断面，每个断面三个点测量下承层顶面高程，根据中线和高程测量结果挂导线，导线钢丝拉力不小于100kg。摊铺中、上面层时，采用非接触式平衡梁控制厚度。

（5）为保证路面线性的平顺，沥青混合料摊铺时，应在路面边缘立木模。

（6）用机械摊铺的混合料未压实前，施工人员不得进入踩踏。摊铺时，一般无须人工不断地整修，只有在特殊情况下，如局部离析，须在现场主管人员指导下，用人工找补或更换混合料，缺陷较严重时应予铲除，并调整摊铺机或改进摊铺工艺。

（7）摊铺机应调整到最佳工作状态，调好螺旋布料器两端的自动料位器，并使料门开度、链板送料器的速度和螺旋布料器的转速相匹配。螺旋布料器内的混合料表面略高于螺旋布料器 2/3 为度，使褽平板的挡板前混合料的高度在全宽范围内保持一致，避免摊铺层出现离析现象。

（8）检测松铺厚铺厚度是否符合规定，以便随时进行调整。摊前熨平板应预热至规定温度。摊铺机熨平板必须拼接紧密，不许存有缝隙，防止卡入粒料将铺面拉出条痕。

（9）积极采取相应措施，尽量做到摊铺机不拢料，以减小面层离析。

（10）摊铺遇雨时，立即停止施工，并清除未压成型的混合料。遭受雨淋的混合料应废弃，不得卸入摊铺机摊铺。

6. 沥青混合料的压实成型

（1）沥青混合料的压实是保证沥青面层质量的重要环节，应选择合理的压路机组合方式及碾压步骤。为保证压实度和平整度，初压应在混合料不产生推移、开裂等情况下尽量在摊铺后较高温度下进行。

（2）压路机应以缓慢而均匀的速度碾压，压路机的适宜碾压速度随初压、复压、终压及压路机的类型不同而有所区别，按表 6–7 选用。压路机的组合和遍数通过试验段确定，推荐采用 2 台双钢轮压路机初压和复压，2 台胶轮压路机复压，1 台双钢轮压路机和 1 台胶轮压路机收光。推荐的碾压工艺：钢轮静压 1 遍 + 钢轮振压 1 遍 + 胶轮碾压 6 ～ 8 遍 + 钢轮收光 1 遍 + 胶轮收光 1 遍。

表 6–7　压路机碾压速度（km/h）

碾压阶段 压路机类型	除压	复压	种压
胶轮压路机	2 ～ 3	3.5 ～ 4.5	4 ～ 6
钢轮压路机	不震动 1.5 ～ 2.0	振动 4 ～ 5	不振动 2.0 ～ 3.0

（3）为避免碾压时混合料推挤产生壅包，碾压时应将驱动轮朝向摊铺机；碾压路线及方向不应突然改变；压路机起动、停止必须减速缓行，不准刹车制动。压路机折回不应处在同一横断面上。

（4）为防止胶轮压路机黏附沥青混合料，应尽可能地在高温下碾压，相邻碾压带重叠宽度为10～20cm。

（5）在当天碾压的尚未冷却的沥青混凝土层面上，不得停放压路机或其他车辆，并防止矿料、油料和杂物散落在沥青层面上。

（6）要对初压、复压、终压段落设置明显标志，便于司机辨认。对松铺厚度、碾压顺序、压路机组合、碾压遍数、碾压速度及碾压温度应设专岗管理和检查，使面层做到既不漏压也不超压。

（7）应向压路机轮上喷洒或涂刷含有隔离剂的水溶液，喷洒应呈雾状，量以不粘轮为度。

（8）压实完成12h后，方能允许施工车辆通行。

7. 施工接缝的处理

（1）纵向施工缝。采用两台摊铺机成梯队联合摊铺方式的纵向接缝，应采用斜接缝。在前部已摊铺混合料部分留下10～20cm宽暂不碾压作为后高程基准面，并有5～10cm的摊铺层重叠，以热接缝形式在最后做跨接缝碾压以消缝迹，上下层纵缝应错开15cm以上。

（2）横向施工缝。全部采用平接缝。用3m直尺沿纵向位置，在摊铺段端部的直尺呈悬臂状，以摊铺层与直尺脱离接触处定出接缝位置，用锯缝机割齐后铲除；继续摊铺时，应将摊铺层锯切时留下的灰浆擦洗干净，涂上少量黏层沥青，摊铺机熨平板从接缝处起步摊铺；碾压时用钢轮压路机进行横向压实，从先铺路面上跨缝逐渐移向新铺面层。

第四节 水泥混凝土路面施工

一、水泥混凝土路面结构层

1. 水泥混凝土路面的结构层及其基本要求

水泥混凝土路面的结构层由混凝土面层、基层、垫层及路基组成，各结构层都应满足相关的技术要求。

（1）路基

水泥混凝土的弹性模量为2.5×10^4～4.0×10^4MPa，因此，水泥混凝土面板具有很高的刚度和扩散荷载的能力，通过面层板传到路基顶面的荷载压应力值很小，一般不超过0.05MPa。因此，水泥混凝土路面并不要求强度大或承载力高的路基，只要求稳定、密实、均质，对路面结构提供均匀支承的路基。然而，如果路基的稳定性不足，产生不均匀沉陷，则将给水泥混凝土面层带来很不利的影响。由于路基不均匀支承，会使面板在受荷载时底部产生过大的弯拉应力，导致水泥混凝土路面破坏。

路基支承不均匀的原因主要是填料的土质不均匀、湿度不均匀，膨胀土冻胀，湿软地基未达充分固结，排水设施不良，压实不足或不当以及新老路基交接处、填挖交界处处理不当等多种原因。为了保证路基支承的均匀性，遇到上述情况时，宜分别采取以下相应的处理措施：

1）选择填料

根据相关的规定，高液限黏土及含有机质的细粒土不应用作高速公路和一级公路的路床填料或二级及以下公路的上路床填料；高液限粉土及塑性指数大于 16 或膨胀率大于 3% 的低液限黏土不应用作高速公路和一级公路的上路床填料。

宜选用低膨胀性土（塑性指数在 10 以下）或对冰冻不敏感的土（砂砾等）做填料；将膨胀性高或对冰冻敏感的土放在路堤的下层，而在上层用较好的填料填筑；对不同来源和性质的填料适当地进行拌和。

2）控制压实度和压实时的含水率

在多雨潮湿地区，对于高液限土及塑性指数大于 16 或膨胀率大于 3% 的低液限黏土，压实时的含水率宜略高于最佳含水率。这时的压实土，渗透性、浸水后的膨胀量和冻胀都可减小，从而可提供体积变化小而支承均匀的路基。

3）加强路基排水设施

尽可能提高路基设计标高或加深边沟底部深度，以增加路面同地下水位之间的距离。设置路基排水设施，以拦截浅透水层流向路基的渗透水或降低地下水位。

4）对路基上层土进行处理

路基上层土，特别是对于湿软土层，应采用低剂量石灰、水泥或粉煤灰等结合料做稳定处理。

（2）垫层

垫层指的是设于基层以下的结构层。其主要作用是隔水、排水、防冻以改善基层和土基的工作条件。垫层为介于基层与土基之间的结构层，在土基水稳状况不良时，用以改善土基的水稳状况，提高路面结构的水稳性和抗冻胀能力，并可扩散荷载，以减少土基变形。垫层应与路基同宽，其最小厚度为 150mm。

根据相关的规定，遇下述情况时，须在基层或底基层下设置垫层：

1）季节性冰冻地区，路面结构厚度小于最小防冻厚度要求时，应设置防冻垫层，其厚度为两者之差。

2）水文地质条件不良的土质路堑，路床土湿度较大时，宜设置排水垫层。

（3）基层与底基层

基层和底基层应具有足够的抗冲刷能力和适当的刚度，抗变形能力强，坚实、平整、整体性好。

1）基层的作用：防止或减轻由于唧泥而产生板底脱空和错台等病害；与垫层共同作用，可控制或减少路基不均匀冻胀或体积变形对混凝土面层产生的不利影响；减小路基顶面的压应力，并缓和路基不均匀变形对面层的影响；为混凝土面层施工提供稳定而坚实的工作面，改善接缝的传荷能力；提高路面结构的承载能力，延长路面的使用寿命。

2）基层材料的选用原则：根据相关的规定，依据交通荷载等级、材料供应条件和结构层组合要求，可参照表 6-8 选用基层和底基层的组成材料类型。

表6-8　适宜于各交通荷载等级的基层和底基层材料类型

<table>
<tr><th>交通荷载等级</th><th>基层材料类型</th><th>底基层材料类型</th></tr>
<tr><td rowspan="2">极重、特重</td><td>贫混凝土、碾压混凝土</td><td>级配碎石</td></tr>
<tr><td>沥青混凝土</td><td rowspan="2">级配碎石，水泥稳定碎石，石灰、粉煤灰稳定碎石</td></tr>
<tr><td rowspan="2">重</td><td>密级配沥青稳定碎石</td></tr>
<tr><td>水泥稳定碎石</td><td>级配碎石</td></tr>
<tr><td rowspan="2">中等、轻</td><td>级配碎石</td><td>未筛分碎石、级配砾石，或不设</td></tr>
<tr><td>水泥稳定碎石，石灰、粉煤灰稳定碎石</td><td>未筛分碎石</td></tr>
</table>

3）承受中等或轻交通荷载时，可不设底基层；未设垫层，且路基填料为细粒土、黏土质砂或级配不良砂（承受特重或重交通），或者上路床为细粒土（承受中等交通）时，应设置底基层。底基层可采用级配粒料、水泥稳定粒料或石灰、粉煤灰稳定粒料等。

4）基层的宽度应根据混凝土面层施工方式的不同，比混凝土面层每侧至少宽出 300mm（小型机具施工时）或 500mm（轨模或摊铺机施工时）或 650mm（滑模或摊铺机施工时）。路肩采用混凝土面层，其厚度与行车道面层相同时，基层宜与路基同宽。

5）各类基层和底基层结构性能、施工或排水要求不同，厚度也不同。其适宜厚度，按所选集料的公称最大粒径和压实效果的要求而定。

6）为防止下渗水影响路基，排水基层下应设置由水泥稳定粒料或密级配粒料组成的不透水底基层，底基层顶面宜铺设沥青封层或防水土工织物。

（4）面层

由于水泥混凝土面层直接承受行车荷载的反复作用及环境因素的影响，因此要求水泥混凝土面层具有足够的强度、耐久性（抗冻性），表面抗滑、耐磨、平整。

1）厚度

普通混凝土、钢筋混凝土、碾压混凝土或连续配筋混凝土面层所需厚度，可依据交通荷载等级、公路等级和变异水平等级。

2）抗滑性

混凝土面层应具有较大的粗糙度，即应具备较高的抗滑性能，以提高行车的安全性。因此可采用刻槽、压槽、拉槽或拉毛等方法形成一定的构造深度。

2. 水泥混凝土路面其他主要构造

（1）接缝

为了防止温度变化引起的胀缩应力、翘曲应力以及符合施工要求，在水泥混凝土路面面板层应设置接缝。

1）纵向接缝

根据路面宽度和施工铺筑宽度设置。一次铺筑宽度小于路面宽度时，应设置带拉杆的平缝形式的纵向施工缝。一次铺筑宽度大于4.5m时，应设置带拉杆的假缝形式的纵向缩缝，纵缝应与线路中线平行。

2）横向接缝

横向施工缝尽可能选在缩缝或胀缝处。前者采用加传力杆的平缝形式，后者同胀缝形式。特殊情况下，采用设拉杆的企口缝形式。

3）胀缝

除夏季施工的板，且板厚大于或等于200mm时可不设胀缝外，其他季节施工时均应设胀缝。胀缝间距一般为100 ~ 200m。混凝土板边与邻近桥梁等其他结构物相接触或板厚有变化或有竖曲线时，一般也要设胀缝。横向缩缝为假缝时，可等间距或变间距布置，一般不设传力杆。

对于特重及重交通等级的混凝土路面，横向胀缝、缩缝均设置传力杆。当混凝土板的自由边不能设置传力杆时，应增设边缘钢筋，自由板角上部增设角隅钢筋。

（2）路肩

路肩给路面结构提供侧向支承，供车辆紧急或临时停靠，在车行道进行修补时可作为临时车道使用，因而路肩应具有一定的承受车辆荷载的能力。路肩的层次结构和材料选择，除了考虑承载能力外，还应结合路面排水系统的布置和要求，使渗入路面的水分能由排水通道迅速排离出路面结构，为铺筑出符合质量标准的水泥混凝土路面提供基本保证。

路肩的铺面结构可选用水泥混凝土面层或沥青面层。高速公路和一级公路的水泥混凝土路肩的铺面结构和厚度应与行车道一致。路肩与行车道之间的纵缝应设置拉杆。

（3）路面排水

高速公路和一级公路的路面排水一般由路肩排水（一般设置2% ~ 3%横向坡度）、中央分隔带排水和路面表面渗入水的排除等组成。路肩必须设置边坡与板底连通的排水盲沟，以利于将路面板接缝处的渗水排出路肩。

3. 水泥混凝土路面的特点

水泥混凝土路面是一种刚度较大、扩散荷载应力能力强、稳定性好和使用寿命长的路面结构，它与其他路面相比，具有以下优缺点。

（1）水泥混凝土路面的优点

水泥混凝土路面的优点，见表6–9。

表6–9 水泥混凝土路面的优点

优点	主要内容
稳定性好	水泥混凝土路面的水稳性、热稳性均较好，特别是它的强度能随着时间的延长而逐渐提高，既不存在沥青路面的那种“老化”现象，也不会像砂石路面那样出现“衰退”现象。抗油类侵蚀能力强，不会因受油类污染而损坏，抗洪能力也远比沥青路面强
强度高	水泥混凝土路面具有较高的抗压强度和抗弯拉强度以及抗磨耗能力
养护费用少、经济效益高	与沥青混凝土路面相比，水泥混凝土路面的养护工作量和养护费用仅为沥青路面的1/4 ~ 1/3。它的建筑投资虽较大，但使用年限长，因此所分摊于每年的工程费用较少
耐久性好	由于混凝土路面的强度和稳定性好，所以它经久耐用，一般能使用20 ~ 40年，而且它能通行包括履带式车辆等在内的各种运输工具
有利于夜间行车	混凝土路面色泽鲜明，能见度好，反光能力强，对夜间行车有利
抗滑性能好	水泥混凝土路面表面粗糙度好，车辆在潮湿路面行驶不打滑，行驶安全

（2）水泥混凝土路面的缺点

1）对水泥和水的需要量大

对水泥供应不足和缺水地区的路面施工带来较大困难。

2）有接缝

一般水泥混凝土路面要建造许多接缝，这些接缝不但增加施工和养护的复杂性，而且容易引起行车跳动。

3）开放交通较迟

一般水泥混凝土路面完工后，要经过 15 ~ 20d 的养护，才能开放交通。

4）修复困难

水泥混凝土路面损坏后，开挖很困难，修补工程量大，费用高，且影响交通。

由于水泥混凝土路面的强度高，耐久性好，能适应重载、高速而繁密的汽车运输的要求，在我国一些城市道路、工矿道路、停车场和机场跑道上使用较多。由于它的水稳性及能见度好，特别适用于修筑隧道内的路面。但是，修筑混凝土路面，要耗费大量的水泥和一定数量的钢材，因此，在我国公路路面上目前采用得还不是很多。随着我国公路运输事业的发展，行车车载质量和速度日益提高，特别是水泥工业的进一步发展，今后，水泥混凝土路面在我国必然会得到越来越广泛的应用。

二、水泥混凝土路面施工方式的选择

水泥混凝土路面的施工方法主要有小型机具施工、. 三辊轴机组施工、轨道式摊铺机施工和滑模式摊铺机施工四种方式。

1. 小型机具施工

小型机具施工是一种传统的路面施工方法。它是采用固定模板，人工布料，手持振捣棒、振动板或振捣梁振实，滚杠、修整尺、抹平刀整平的混凝土路面施工工艺。

由机械拌和水泥混凝土，人工摊铺，辅助配备一些机具进行的路面施工的方式，不需要大型设备，施工便捷，技术简单成熟；但是对劳动力数量的需求较大，因此在县级、乡镇村道路施工及中、轻交通等级路面中应用广泛。

2. 三辊轴机组施工

三辊轴机组施工是由三辊轴摊铺整平机、振捣器等机组铺筑水泥混凝土路面的施工工艺。该种施工方法适用于二、三、四级公路及县乡级公路水泥混凝土路面的施工。三辊轴机组施工技术，由于设备投入少，技术容易掌握，在还没有相应的施工技术规范前，不少地方已在使用。

三辊轴摊铺整平机以轴的直径划分型号，以轴的长度划分规格。从摊平拌合物考虑，轴的直径大比较有利；从有效密实深度考虑，轴的直径较小比较有利。目前市场上的三辊轴摊铺整平机，轴的直径有 168mm、219mm 和 240mm 等几种。根据摊铺路面的厚度选用型号，厚 200mm 以上的路面宜采用轴的直径为 168mm，桥面铺装或厚度较小的路面可采用轴的直径为 219mm。根据摊铺宽度确定规格，轴长宜比路面宽度大 600 ~ 1200mm。

振捣机有振动梁式和内部振动式两种。振动梁式振捣机适合于摊铺厚度较小的路面，振动频率为 50 ~ 100Hz，振动加速度为 40 ~ 50m/s^2。内部振动式振捣机适合于摊铺厚度较大的路面，宜采用电机内装插入式振动器，振动频率为 150 ~ 200Hz，振动棒的直径为 50 ~ 70mm。振动棒的间距不大于其有效作用半径的 1.5 倍，并应不大于 500mm。

水泥混凝土路面施工中，常用内部振动式振捣机振捣。振动棒以棒的直径划分型号，直径越大，有效作用半径也越大，有效作用半径一般为振动棒直径的 4 ~ 10 倍，混凝土的坍落度越大，有效作用半径越大。在路面施工中，采用较密的振动棒间距，适合振捣坍落度较小的拌合物，通过调节振动时间或振捣机的移动速度，也可用于振捣坍落度较大的拌合物。

3. 碾压混凝土路面施工

碾压水泥混凝土是一种通过振动碾压施工工艺达到高密度、高强度的刚硬性水泥混凝土，具有节约水泥、收缩小、施工速度快、强度高、开放交通早等技术经济上的优势。

施工时，采用沥青混凝土路面的主要施工机械将单位用水量较少的干硬性水泥混凝土摊铺、碾压成型。根据其材料和工艺特点，碾压混凝土路面施工的技术难点是如何实现压实度与平整度的协调统一。大量试验研究表明，碾压混凝土路面施工的技术关键可概括为：稠度稳定、摊铺均匀、碾压密实、养生充分。为了实现这一目标，重点是在做好施工机械选型与配套的基础上，合理选择拌和、摊铺、碾压及养生等关键工序的工艺参数。

4. 滑模式摊铺机施工

滑模式摊铺机施工是一种采用滑模式摊铺机摊铺水泥混凝土路面的机械化施工方式，其特征是不架设边缘固定模板，将布料、松方控制、高频振捣棒组、挤压成形滑动模板、拉杆插入、抹面等安装在一台可自行控制的机械上，通过基准线控制，能够摊铺出密实度高、动态平整度优良、外观几何形状准确的水泥混凝土路面。

滑模式施工利用成套机械设备，使路面施工达到了一个新水平，每个台班修筑路面可达 1km。特别是水泥混凝土搅拌自动化和路面摊铺的自动化推进了施工过程控制的自动化。这不仅提高了劳动生产率，而且提高了施工工序所要求的精度，提高了施工机械的可靠性和延长了使用寿命，降低了劳动强度，保证了施工安全，从而提高了路面产品的质量。

滑模式施工主要使用带滑动模板的混凝土摊铺机，该机器在牢固路基上自行并沿着样线自动转向和自动找平，一次性完成布料、振动密实、外部成型和表面抹光等工序，最终水泥混凝土路面在固定于机器上的滑动模板中生成滑出。而固模式施工是摊铺设备沿轨道模板运行，轨道模板不仅作为机器行走转向和路面找平的基准，而且作为水泥混凝土混合料的固定模板使用。滑模式施工和固模式施工在路面成型方式和机器找平和转向原理上都不同，两者施工方式相比较，具有以下特点：

（1）滑模式施工最初机械投资较大，但节省了轨道模板及其安装拆卸人工作业。在路面工程规模大于 10km 时，工程量越大，费用节省越多，滑模式施工的经济效益越好。因此，小规模的路面工程采用固模式施工较经济。

（2）滑模式施工由于消除了繁重且费时的轨道模板安装、基准调整和拆卸，故而降低了施工工作强度，大大提高了水泥混凝土路面施工的效率，其平均昼夜施工进度是固模式施工的 3 ~ 5 倍。目前国内日施工最快可达 15500m^2，正常情况下，可施工 10000m^2。

（3）固模式施工由于轨道安装误差和轨道模板下路基发生变形，会导致路面平整度差，轨道模板在路面弯道处的适应性和连续性都较差。滑模式施工依靠自动找平和自动转向系统，摊铺路面的路拱、纵坡、横坡和弯道均可通过调整摊铺装置控制机构自动实现。两、三车道的路面可以全幅施工，一次成型，提高了路面平整度和路面几何尺寸精度，能够满足更高的路面质量要求。

（4）滑模式施工与固模式施工相比，对水泥混凝土混合料的稠度和黏聚性、搅拌质量的均匀性、供料的连续性、机器的适应性、施工技术水平和管理水平要求较高，对施工工序控制的精度要求也高。

从经济技术角度看，滑模式施工适合于大规模的高速公路水泥混凝土路面工程，而固模式施工适合于中小规模的低等级公路水泥混凝土路面工程。

三、水泥混凝土路面施工的材料准备

水泥混凝土面层直接与行车荷载、各种大气因素接触，在荷载的重复作用和环境因素的影响下，混凝土必须要有足够的强度和耐久性，还要有耐磨、平整、抗滑的表面以确保行车的舒适和安全。因此要求水泥混凝土有合格的材料和合理的配合比。道路路面用水泥混凝土由适当级配的粗细集料、水泥、外加剂和水混合而成，其组成材料的技术要求如下。

1. 水泥混凝土原材料的技术要求

（1）水泥

特重、重交通路面宜采用旋窑道路硅酸盐水泥，也可采用旋窑硅酸盐水泥或普

通硅酸盐水泥；中、轻交通的路面可采用矿渣硅酸盐水泥；低温天气施工或有快通要求的路段可采用R型（快硬型）水泥，此外宜采用普通型水泥。对于不同交通等级的路面，水泥各龄期的抗折强度及抗压强度见表6–10。

表6–10　各交通等级路面水泥各龄期的抗折强度、抗压强度

交通等级	特重交通		重交通		中、轻交通	
龄期（d）	3	28	3	28	3	28
抗压强度（MPa），≥	25.5	57.5	22.0	52.5	16.0	42.5
抗折强度（MPa），≥	4.5	7.5	4.0	7.0	3.5	6.5

采用机械化铺筑时，宜选用散装水泥。散装水泥的夏季出厂温度：南方不宜高于65℃，北方不宜高于55℃；混凝土搅拌时的水泥温度：南方不宜高于60℃，北方不宜高于50℃，且不宜低于10℃。

（2）粗集料

粗集料应使用质地坚硬、耐久、洁净的碎石、碎卵石和卵石，并应符合相应的规定。高速公路、一级公路、二级公路及有抗盐（冻）要求的三、四级公路混凝土路面使用的粗集料级别应不低于Ⅱ级，无抗盐（冻）要求的三、四级公路混凝土路面、碾压混凝土及贫混凝土基层可使用m级粗集料。碎石的强度可以用岩石的抗压强度和压碎指标表示。粗集料的最大公称粒径，碎卵石不应大于26.5mm，碎石不应大于31.5mm，卵石不宜大于19.0mm。

（3）细集料

水泥混凝土中细集料一般为粒径范围在0.15 ～ .75mm之间的质地坚硬、耐久、洁净的天然砂或机制砂，不宜使用再生细集料。细集料按照技术要求分为Ⅰ、Ⅱ、Ⅲ级，其各项技术指标及颗粒级配应符合设计和规范要求。

面层水泥混凝土使用的天然砂细度模数宜在2.0 ～ 3.7之间。路面和桥面用天然砂宜为中砂，也可使用细度模数在2.0 ～ 3.5之间的砂。同一配合比用砂的细度模数变化范围不应超过0.3；否则，应分别堆放，并调整配合比中的砂率后使用。

（4）水

饮用水可直接作为混凝土搅拌和养护用水。未经处理的工业及生活废水、污水、沼泽水以及PH值小于4.5的酸性水均不能使用。对水质有疑问时，应检验下列指标，合格者方可使用：

1）硫酸盐含量（按SO_4^{2-}计）小于0.0027mg/mm^3。

2）含盐量不得超过 0.005mg/mm^3。

3）pH 值不得小于 4.5。

4）不得含有油污、泥和其他有害杂质。

（5）外加剂

为了改善混凝土的技术性质，可在混凝土中加入一定数量的外加剂。常用的外加剂有减水剂、早强剂、引气剂、缓凝剂、阻锈剂等。在公路路面工程建设中，掺用外加剂，可按照以下规定选用：

1）各交通等级路面、桥面混凝土宜选用减水率大、坍落度损失小、可调控凝结时间的复合型减水剂。高温施工宜使用引气缓凝（保塑、高效）减水剂；低温施工宜使用引气早强（高效）减水剂。选定减水剂品种前，必须与所用的水泥进行适应性检验。

2）引气剂应选用表面张力降低值大、水泥稀浆中起泡容量多而细密、泡沫稳定时间长、不溶残渣少的产品。有抗盐（冻）要求地区，各交通等级路面、桥面、路缘石、路肩及贫混凝土基层必须使用引气剂；无抗盐（冻）要求地区，二级及二级以上公路路面混凝土中应使用引气剂。

3）处在海水、海风、氯离子、硫酸根离子环境或冬季须除冰（盐）的路面或桥面钢筋混凝土、钢纤维混凝土中宜掺阻锈剂。

（6）接缝材料

为了控制温度变化在混凝土路面内引起的收缩和翘曲应力，须在面层内设置各种类型的接缝。接缝材料常用的有接缝板和填缝料两类。

1）接缝板有杉木板、纤维板、泡沫橡胶板、泡沫树脂板等类型。应选用能适应混凝土面板膨胀和收缩、施工时不变形、弹性复原率高、耐久性好的胀缝板。高速公路、一级公路宜采用塑胶板、橡胶泡沫板或沥青纤维板；其他公路可采用各种胀缝板。

2）填缝料应具有与混凝土板壁黏结牢固，回弹性好，不溶于水，不渗水，高温时不挤出，不流淌，抗嵌入能力强，耐老化龟裂，负温拉伸量大，低温时不脆裂，耐久性好等性能。填缝料有常温施工式和加热施工式两种。常温施工式填缝料主要有聚（氨）酯、硅树脂类，氯丁橡胶、沥青橡胶类等。加热施工式填缝料主要有沥青玛琦脂类、聚氯乙烯胶泥类、改性沥青类等。高速公路、一级公路应优先使用树脂类、橡胶类或改性沥青类填缝料，并宜在填缝料中加入耐老化剂。

2. 混凝土配合比设计

路面水泥混凝土配合比设计在兼顾经济性的同时应满足工作性、弯拉强度（抗折强度）、耐久性三项基本性能的要求。混凝土配合比设计要根据工程的设计要求、材料的品质、施工工艺、操作水平及工地环境等方面，通过选择、计算和试验来确定水、水泥、细集料、粗集料、外加剂等相互之间的比例关系。配合比设计步骤如下：

（1）计算初步配合比

1）按照设计要求强度等级计算混凝土的配置强度。

2）计算水灰比，并按照耐久性要求校核是否满足最大水灰比规定。

3）根据混凝土拌合物的坍落度及粗集料最大粒径，查相关表选定混凝土的单位用水量。

4）按照强度要求计算单位水泥用量，并按照耐久性校核是否满足最小水泥用量的规定。

5）选定砂率。

6）计算粗、细集料的单位用量，可采用质量法或体积法计算；最后得出混凝土的初步配合比。

（2）试拌调整，确定基准配合比

按照初步配合比试拌 15L 的混凝土拌合物，检查拌合物的和易性。若不满足施工坍落度的要求，应在保持水灰比不变的条件下相应调整水泥浆用量或者砂率，反复试验，直至施工工作性满足要求为止。由此得到供混凝土强度试验用的基准配合比。

（3）检验强度，确定试验室配合比

按照基准配合比，同时配置工作性满足设计要求的、较基准配合比水灰比增大 0.03 或减小 0.03 的共三组混凝土试件，经标准养护 28d，测定其抗弯拉强度。得到工作性和强度均满足要求的配合比后，还应按照混凝土的实测密度再进行必要的校正，而后得到试验室配合比。

（4）换算工地施工配合比

在路面铺筑前，应进行大型搅拌站配合比试验检验，检验通过，其配合比方可用于摊铺。再根据施工现场材料性质、砂石材料含水率，对试验室配合比进行换算，包括微调外加剂掺量及微调加水量，得到工地施工配合比。

四、水泥混凝土拌合物的搅拌与运输

水泥混凝土依照具体要求进行搅拌，必须采用机械拌和，可以采用在工地由混凝土搅拌机拌制，或在中心搅拌站集中拌制。混凝土的运输则一般采用自卸汽车或混凝土搅拌运输车运送至工地。

1. 混凝土的搅拌

（1）现场搅拌站

搅拌站地点的设立应具备供水、供电、排水、运输道路等基本条件。搅拌站应合理布置搅拌机和砂石、水泥等材料的堆放地点，力求提高搅拌机生产率。搅拌机的容量应根据工程量的大小和施工进度配置，同时，施工工地宜有备用的搅拌机和发电机组。

拌制混凝土的供料系统应尽量采用配有电子秤的自动计量设备，有困难时，最低限度也要采用集料箱加地磅的计量方法，而体积计量法难以达到计量准确的要求，应停止使用。采用自动计量设备时，在每天开始拌和前，应按混凝土配合比要求，对水泥、水和各种集料的用量准确调试后（特别应根据天气变化情况，测定砂石材料的含水率，以调整拌制时的实际使用量），输入自动计量的控制存储器中，经试拌检验无误，再正式拌和生产。量配的精确度为：水和水泥：±1%；粗细集料：±3%；外加剂应单独计量，精确度为 ±2%。每一工班至少应检查两次材料量配的精确度，每半天检查两次混合料的坍落度。

搅拌机的装料顺序宜为：砂、水泥、碎（砾）石，或碎（砾）石、水泥、砂。进料后，边搅拌边加水。搅拌时间应根据搅拌机的性能和拌合物的和易性确定。混凝土拌合物的最短搅拌时间，自材料全部进入搅拌鼓起，至拌合物开始出料为止的连续搅拌时间应符合相关规定。搅拌最长时间不得超过最短时间的 3 倍，最短搅拌时间见表 6–11。

表6–11　混凝土拌合物最短搅拌时间

搅拌机容量		转速（转，min）	搅拌时间（s）	
			低流动性混凝土	干硬性混凝土
自由式	400L	18	105	120
	800L	14	165	210
强制式	375L	38	90	100
	1500L	20	180	240

（2）中心搅拌站

中心搅拌站主要由搅拌主机、物料称量系统、物料输送系统、物料储存系统和控制系统等五大系统和其他附属设施组成。拌和设备按照生产方式可分为间歇式搅拌楼和连续式搅拌楼。由于间歇式搅拌楼是每锅单独称料的，搅拌精度高于连续式的，宜优先选择。连续式搅拌楼亦能够达到滑模摊铺高速公路水泥混凝土路面的要求，也可用于公路工程建设。

1）配料精度

不同摊铺方式所要求的搅拌楼最小生产容量应满足表 6–12 的规定。一般可配备 2 ~ 3 台搅拌楼，最多不超过 4 台。

表 6–12　混凝土路面不同摊铺方式的搅拌楼最小配置容量（m^3/h）

摊铺方式 摊铺宽度	滑模摊铺	碾压混凝土	三辊轴摊铺	小型机具
单车道 3.75 ~ 4.5m	≥ 150	≥ 100	≥ 75	≥ 50
双车道 7.5 ~ 9m	≥ 300	≥ 200	≥ 100	≥ 75
整幅宽 ≥ 12.5m	≥ 400	≥ 300	—	—

每台搅拌楼在投入生产前，必须进行标定和试拌。在标定有效期满或搅拌楼搬迁安装后，均应重新标定。施工中应每 15d 校验一次搅拌楼计量精确度。搅拌楼配料计量偏差不得超过表 6–13 的规定。不满足时，应分析原因，排除故障，确保拌和计量精确度。采用计算机自动控制系统的搅拌楼时，应使用自动配料生产，并按需要打印每天（周、旬、月）对应路面摊铺桩号的混凝土配料统计数据及偏差。

表 6–13　搅拌楼的混凝土拌和计量允许偏差（%）

材料名称	水泥	掺合料	纤维	砂	粗集料	水	外加剂
高速公路、一级公路每盘	± 1	± 1	± 2	± 2	± 2	± 1	± 1
高速公路、一级公路累计每车	± 1	± 1	± 2	± 2	± 2	± 1	± 1
其他公路	± 2	± 2	± 2	± 3	± 3	± 2	± 2

2）搅拌时间

应根据拌合物的黏聚性、均质性及强度稳定性试拌确定最佳拌和时间。一般情况下，单立轴式搅拌机总拌和时间宜为 80 ~ 120s，全部原材料到齐后的最短纯拌和时间不宜短于 40s；行星立轴和双卧轴式搅拌机总拌和时间为 60 ~ 90s，最短纯拌和时间不宜短于 35s；连续双卧轴搅拌楼的最短拌和时间不宜短于 40s。最长总拌和时间不应超过高限值的 2 倍。

3）外加剂的使用

外加剂应以稀释溶液加入，其稀释用水和原液中的水量，应从拌和加水量中扣除。使用间歇式搅拌楼时，外加剂溶液浓度应根据外加剂掺量、每盘外加剂溶液筒的容量和水泥用量计算得出。连续式搅拌楼应按流量比例控制加入外加剂。加入搅拌锅的外加剂溶液应充分溶解，并搅拌均匀。有沉淀的外加剂溶液，应每天清除一次稀释池中的沉淀物。

4）拌和质量控制

施工开始及搅拌过程中都应按规定的频率检验坍落度、坍落度损失、含气量、泌水量、混凝土凝结时间、砂石料含水率及混凝土容重等。按标准方法预留规定数量的弯拉强度试件。在寒冷或炎热气候下施工，混凝土拌和机出料时的温度应分别控制在10 ~ 35℃之间，并应加测原材料温度、拌合物的温度、坍落度损失率和凝结时间等。

混凝土拌合物应均匀一致，不得有未加水的干料、未拌匀的生料和离析等现象，干料和生料禁止用于路面摊铺。一台搅拌楼每盘之间和其他搅拌楼之间，混凝土拌合物的坍落度允许误差为 ±1cm。试拌及滑模摊铺时的坍落度，应按最适宜滑模摊铺的坍落度值加上当时气温下运料所耗时间的坍落度损失值确定。在雨天或阵雨后，应按砂石料实际含水率及时微调加水量。

2. 混凝土的运输

应根据施工进度、运量、运距及路况，选配运输混凝土的车型和车辆总数。总运力应比总拌和能力略有富余，确保新拌和混凝土在规定时间内运到摊铺现场。

通常采用自卸汽车运输混凝土拌合物，拌合物坍落度大于5cm时应采用搅拌车运输。运输到现场的拌合物必须具有适宜摊铺的工作性。不掺加缓凝剂的混凝土拌合物从搅拌机出料到运抵现场的允许最长时间应符合表6–14的规定。若运输时间超过规定时间限制或在夏季浇筑时，拌和过程中应加入适量的缓凝剂。运输时间过长，混凝土拌合物的水分蒸发和离析现象会增加，因此应尽量缩短混凝土拌合物的运输时间，并采取措施防止水分损失和混合料离析。

表6–14　混凝土拌合物出料到运抵现场允许最长时间（h）

施工气温（℃）	滑模摊铺	三辊轴、小型机具摊铺	碾压摊铺
5 ~ 9	1.5	1.2	1.0
10 ~ 19	1.25	1.0	0.8
20 ~ 29	1.0	0.75	0.6
30 ~ 35	0.75	0.40	0.40

混凝土拌合物的运输除应满足上述规定外，尚应符合下列技术要求：

（1）运送混凝土的车辆装料前，应清净厢罐，洒水润壁，排干积水。装料时，自卸车应挪动车位，防止离析。搅拌楼卸料落差不应大于 2m。

（2）混凝土运输过程中应防止漏浆、漏料和污染路面，途中不得随意耽搁。自卸车运输应减小颠簸，防止拌合物离析。车辆起步和停车应平稳。

（3）烈日、大风、雨天和低温天远距离运输时，自卸车应遮盖混凝土，罐车宜加保温隔热套。

（4）使用自卸车运输混凝土最远运输半径不宜超过 20km。

（5）运输车辆在模板或导线区调头或错车时，严禁碰撞模板或基准线，一旦碰撞，应告知测量人员重新测量纠偏。

（6）车辆倒车及卸料时，应有专人指挥。卸料应到位，严禁碰撞摊铺机和前场施工设备及测量仪器。卸料完毕，车辆应迅速离开。

（7）碾压混凝土卸料时，车辆应在前一辆车离开后立即倒向摊铺机，并在机前 10 ~ 30cm 处停住，不得撞击摊铺机。然后换成空挡，并迅速升起料斗卸料，靠摊铺机推动前进。

五、水泥混凝土面层的铺筑

1. 安装模板

公路混凝土路面板、桥面板和加铺层的施工模板应采用刚度足够的槽钢、轨模或钢制边侧模板，不应使用木模板、塑料模板等其他易变形的模板。采用人工摊铺混凝土，无钢模时，也可采用木模，但厚度宜在 5cm 以上。

（1）测量放样

支立模板前在垫层或基层上进行模板安装及摊铺位置的测量放样，每 20m 布设中桩和边桩，每 100m 布设临时水准点，核对路面高程、面板分块、胀缝和构造物位置。测量放样的质量要求和允许偏差要符合相应测量规范的规定，且不能超出规范对模板安装精确度的规定。

（2）模板安装

1）侧模安装

模板高度应与混凝土面层板厚度相同。长度以两人能够搬动为准，一般为 3 ~ 5m，在小半径弯道可使用小于 4m 的模板；模板的加工精度要满足表 6-15 的要求。

表6–15 模板加工与矫正允许偏差

施工方式	高等偏差（mm）	局部变形（mm）	垂直边夹角（°）	顶面平整度（mm）	侧面平整度（mm）	纵向变形（mm）
三辊轴机组	±1	±2	90±2	±1	±2	±2
小型机具	±2	±3	90±3	±2	±3	±3

模板顶面用水准仪检查标高，不符合要求时予以调整。施工时，要经常检查模板平面和高程，并严加控制。模板两侧铁钎打入基层固定。模板的顶面与混凝土板顶面齐平，并应与设计高程一致，模板底面应与基层顶面紧贴，局部低洼处（空隙）要事先用水泥浆铺平并充分夯实。每米模板应设置1处支撑固定装置，如图6–1所示。固定的作用是防止振捣机、振捣梁、三辊轴、滚杠振动和重力作用下向外发生水平位移。立好的模板在浇筑混凝土之前，其表面应涂刷皂液、废机油等防黏剂，以便拆模。

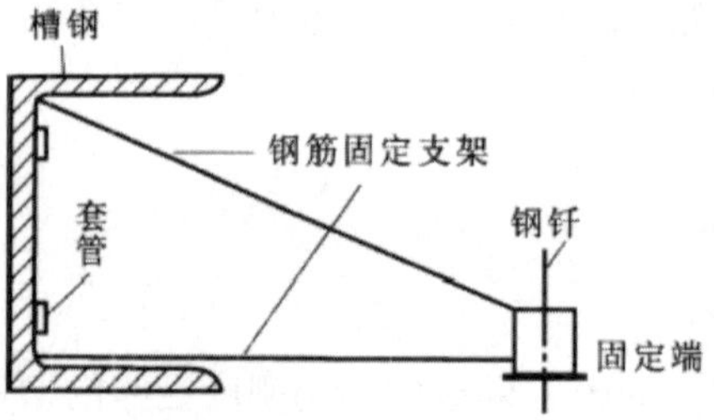

（a）焊接钢筋固定支架

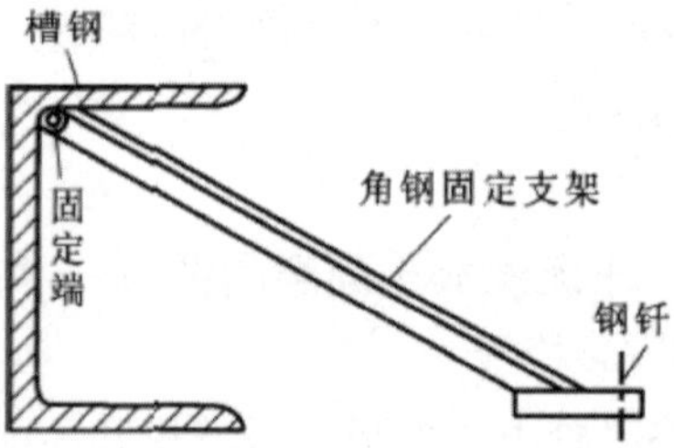

（b）焊接角钢固定支架

图6–1 钢模板焊接钢筋和角钢固定示意图

2）端模安装

横向施工缝端模板为焊接钢制模板或槽钢模板，应按设计规定的传力杆直径和间距设置传力杆插入孔和定位套管。两边缘传力杆到自由边距离不宜小于150mm。每米设置1个垂直固定孔套。

3）模板检查

模板应安装稳固、顺直、平整，无扭曲，相邻模板连接应紧密平顺，不得有底部漏浆、前后错茬、高低错台等现象。模板应能在承受摊铺、振实、整平设备的负载行进、冲击和振动时不发生位移。严禁在基层上挖槽，嵌入安装模板。

模板安装检验合格后，与混凝土拌合物接触的表面应涂脱模剂或隔离剂；接头应粘贴胶带或塑料薄膜等密封。

模板安装完毕后，宜再检查一次模板相接处的高差和模板内侧是否有错位和不平整等情况，高差大于 3mm 或有错位和不平整的模板应拆除重新安装。

（3）模板矫正与拆除

当混凝土抗压强度不小于 8.0MPa 时方可拆模。适宜的拆模时间与当地的昼夜平均气温及所用的水泥品种有关。当路面混凝土中掺加粉煤灰时，正常气温下，一般应延长 1 ~ d 拆模，低温条件下应延长 3 ~ 5d 拆模。达不到要求，不能拆除端模时，可空出一块面板，重新起头摊铺，空出的面板待两端均可拆模后再补做。

2. 小型机具摊铺

（1）摊铺

摊铺混凝土前，应对模板的间隔、高度、润滑、支撑稳定情况和基层的平整、润湿情况，以及钢筋的位置和传力杆装置等进行全面检查。

混凝土混合料运送车辆到达摊铺地点后，一般直接倒入安装好侧模的路槽内，并用人工找补均匀，如发现有离析现象，应用铁锹翻拌。

混凝土板厚度不大于 24cm 时，可一次摊铺。大于 24cm 时，宜分两次摊铺，下层厚度宜为总厚度的 3/5。摊铺的松料厚度，应考虑振实的影响而预留一定的高度。具体数值，根据试验确定，一般可取设计厚度的 10% 左右。

用铁锹摊铺时，应用“扣锹”的方法，严禁抛掷和搂耙，以防止离析。在模板附近摊铺时，用铁锹插捣几下，使灰浆捣出，以免发生蜂窝。

（2）安放加强钢筋

1）安放钢筋网片

安放钢筋网片时，不得踩踏，应在底部先摊铺一层混凝土拌合物，摊铺高度应按钢筋网片设计位置预加一定的沉落高度。待钢筋网片安装就位后，再继续浇筑混凝土。若安放双层钢筋网片时，对厚度不大于 25cm 的板，上下两层钢筋片可事先用架立筋扎成骨架后一次安放就位。厚度大于 25cm 的，上下两层钢筋网片应分两次安放。

2）安放角隅和边缘钢筋

安放角隅钢筋时，应先在安放钢筋的角隅处摊铺一层混凝土拌合物。摊铺高度应比钢筋设计位置预加一定的沉落度。角隅钢筋就位后，用混凝土拌合物压住。

安放边缘钢筋时，应先沿边缘铺筑一条混凝土拌合物，拍实至钢筋设置高度，然后安放边缘钢筋，在两端弯起处，用混凝土拌合物压住。

（3）振捣

摊铺好的混凝土混合料，应迅即用平板振捣器和插入式振捣器均匀地振捣。平板振捣器的有效作用深度一般为22cm。不采用真空脱水工艺施工时，宜采用2.2kW的平板振捣器；采用真空脱水工艺施工时，可采用功率较小的平板振捣器。插入式振捣器主要用于振捣面板的边角部、窨井、进水口附近，以及安设钢筋的部位，施工中宜先用频率6000次/min以上的振捣器。

振捣混凝土混合料时，首先应用插入式振捣器在模板边缘角隅等平板振捣器振捣不到之处振一次（如面板厚度大于22cm，则须用插入式振捣器全面顺序插振一次），同一位置不宜少于20s。插入式振捣器移动间距不宜大于其作用半径的1.5倍，其至模板的距离不应大于其作用半径的0.5倍，并应避免碰撞模板和钢筋。分两次摊铺的，振捣上层混凝土混合料时，插入式振捣器应插入下层混凝土混合料5cm，上层混凝土混合料的振捣必须在下层混凝土拌合物初凝之前完成。其次，再用平板振捣器全面振捣。振捣时应重叠10 ~ 20cm。同一位置振捣时，当水灰比小于0.45时，振捣时间不宜少于30s；水灰比大于0.45时，振捣时间不宜少于15s，以不再冒气泡并泛出水泥浆为准。

（4）整平饰面

混凝土在全振捣后，再用振动梁进一步拖拉振实并初步整平。振动梁往返施拉2 ~ 3遍，使表面泛浆，赶出气泡。振动梁移动的速度要缓慢而均匀，前进速度以1.2 ~ 1.5m/mm为宜。对不平之处，应及时辅以人工补填找平。补填时应用较细的混合料原浆，严禁用纯砂浆填补，振动梁行进时，不允许中途停留。牵引绳不可过短，以减少振动梁底部的倾斜，振动梁底面要保持平直，当弯曲超过2mm时应调查或更换，下班或不用时，要清洗干净，放在平整处（必要时将振动梁朝下搁放，以使其自行校正平直度），不得暴晒或雨淋。

最后再用平直的滚杠进一步滚揉表面，使表面进一步提浆并调匀。滚杠的结构一般是挺直的、直径75 ~ 100mm的无缝钢管，在钢管两端加焊端头板，板内镶配轴承，管端焊有两个弯头式的推拉定位销，伸出的牵引轴上穿有推拉杆。这种结构既可滚拉又可平推提浆赶浆，使表面均匀地保持5 ~ 6mm的砂浆层，以利密封和作面。设有路拱时，应使用路拱成形板整平。

如发现混凝土表面与拱板仍有较大高差，应重新补填找平，重新振滚平整饰面。最后挂线检查平整度，发现不符合之处应进一步处理刮平，直到平整度符合要求为止。

3. 三辊轴机组摊铺

（1）卸料及布料

布料前应将其清扫干净，并洒水润湿。

必须有专人指挥车辆均匀卸料；在摊铺宽度范围内，宜分多堆卸料。可用人工进行布料，在有条件的情况下可配备装载机或挖掘机布料。采用人工布料时，防止布料整平过的混凝土表面留下踩踏的脚印，还要防止将泥土踩踏入路面中。布料速度与摊铺速度相适应，且不宜低于 30 ~ 40m/h。

布料的松铺系数根据混凝土拌合物的坍落度和路面横坡大小确定，一般在 1.08 ~ 1.25 之间。坍落度大时，取低值；坍落度小时，取高值。超高路段，横坡高的一侧，取高值；横坡低的一侧，取低值。布料后混合料表面大致平整，不得有明显的凹陷。

（2）密排振实

混合物布料长度大于 10m 时，可开始振捣作业。振捣作业采用插入密排振捣棒组，间歇插入振捣，每次移动距离不宜超过振捣棒有效作用半径的 1.5 倍，并不得大于 0.5m，振捣时间宜为 15 ~ 30s。

（3）拉杆安装

面板振实后，立即安装纵缝拉杆。单车道摊铺的混凝土路面，在侧模预留孔中按设计要求插入拉杆。

（4）人工补料

在三辊轴滚压前，振实料位高度宜高于模板顶面 5 ~ 20mm，在滚压后进行观察，混凝土表面过高时人工铲除，过低时用混合料补平，使表面大致平整，无踩踏和混合料分层离析现象，严禁使用水泥浆找平。

（5）三辊轴整平

作业单元划分：三辊轴整平机按作业单元分段整平，作业单元长度宜为 20 ~ 30m，振捣机振实与三辊轴整平两道工序的时间间隔不宜超过 15min。

滚压方式与遍数：在一个作业单元长度内，采用前进振动、后退滚压的方式作业，宜分别进行 2 ~ 3 遍。滚压遍数与料位高差、坍落度、整平机的重量和振捣烈度有关，主要依靠经验和试铺确定。

料位的高、低控制：在作业时，要有人处理三辊轴前料位的高、低情况；过高时，人工铲除，三辊轴下有间隙时，应使用混合料补足。

（6）精平饰面

整平饰面：三辊轴摊铺的整平施工宜在混凝土初凝时间的 1/3 以内完成，并立即用刮尺进行第一遍饰面，一般在 25 ~ 30（温度小时）时进行，过迟均匀效果较差。在推拉过程中，调整好刮尺底面与路面的接触角度，刮尺底面前缘离开路面。用长 3 ~ 5m 的饰面刮尺，纵向摆放，从路面以外，沿横坡方向，由板的一边向另一边拉刮，使表面砂浆沿横向均匀分布。第一遍用刮尺整平饰面，推拉刮尺的速度应均匀，刮尺在推拉方向的前缘离开浆面，使刮出的浆始终被刮尺压住，刮尺推拉方向与浆面保持一定的角度。

精平饰面：第一遍刮尺饰面后留下的浆条，必须进行第二遍刮尺饰面。第二遍或最后一遍刮尺饰面以不留下明显的浆条为宜。

4. 碾压混凝土路面摊铺

（1）一般规定

碾压工艺可用于二、三、四级公路混凝土面层与高速公路、一级公路复合式路面碾压混凝土下面层施工。

碾压铺筑应按卸料进摊铺机、摊铺机摊铺、拉杆设置、钢轮压路机初压、振动压路机复压、轮胎压路机终压、抗滑处理、养生、切缝等工艺流程进行。

碾压混凝土面层摊铺，宜选用沥青混凝土摊铺机。摊铺机应具有振动压实功能，摊铺密实度不应小于 85%。

碾压混凝土面层铺筑时，边缘宜设置槽钢或方木模板。模板安装精度应符合表 2–4–15 的规定。模板固定应牢固，碾压时不得推移。

（2）摊铺

采用沥青混凝土摊铺机摊铺时，松铺系数宜控制在 1.05 ~ 1.15 之间。采用基层摊铺机摊铺时，松铺系数宜控制在 1.15 ~ 1.25 之间。应通过试铺确定松铺系数。

摊铺前应洒水湿润基层。摊铺作业应均匀、连续，摊铺过程中不得随意变换速度或停顿。

螺旋分料器转速应与摊铺速度相适应，摊铺过程中应保证两边缘供料充足。

弯道及超高路段铺筑时，应及时调整左右两侧分料器的转速，保证两侧供料均衡、充足。

两台摊铺机前后紧随摊铺时，两幅摊铺间隔时间应控制在 1h 之内。

拉杆设置应与摊铺同步进行。采用打入法时，应根据设计间距设醒目的定位标记，准确打入拉杆。

摊铺后，应立即对所摊铺混凝土表面进行检查，局部缺料部分，应及时补料。局部粗集料聚集部位，应在碾压前挖除并用新混凝土填补。

（3）碾压

碾压段长度宜控制在 30 ~ 40m 之间。直线段碾压时，压路机应从外侧向路中心碾压；平曲线有超高路段，应由低侧向高侧、自内向外碾压。

碾压应紧随摊铺机碾压。碾压宜分初压、复压和终压三个阶段进行，并应符合下列规定：

1）压路机应匀速稳定、连续行进，中间不应停顿、等候和拖延，也不得相互干扰。

2）压路机起步、倒车和转向均应缓慢柔顺，碾压过程中不得中途急停、急拐、紧急起步及快速倒车。

3）初压宜采用钢轮压路机或振动压路机静碾压，重叠量宜为 1/4 ~ 1/3 钢轮宽度。

4）复压宜采用10 ~ 15t振动压路机振动碾压，重叠量宜为1/3 ~ 1/2振动碾宽度。复压遍数应以实测满足规定压实度值为停止复压标准。

5）终压应采用 15 ~ 25t 轮胎压路机静碾压，以弥合表面微裂纹和消除轮迹为停压标准。碾压密实后的表面应及时喷雾、洒水，并尽早覆盖养生。

施工过程中应采取措施控制碾压混凝土表面裂纹的产生。碾压终了后的面层表面不应有可见微裂纹。

5. 滑模式摊铺机摊铺

（1）设备和机具准备

高速公路、一级公路施工，宜选配能一次摊铺不少于 2 个车道宽度（7.5m）的滑模式摊铺机；二级及二级以下公路路面的最小摊铺宽度不得小于单车道设计宽度。硬路肩的摊铺宜选配可连体摊铺路缘石的中、小型多功能滑模式摊铺机。

（2）基准线设置

设置基准线的目的是为滑模摊铺建立一个标高、纵横坡、板厚、板宽、摊铺中线、弯道及连续平整度等基本几何位置的基准参考系。基准线可为滑模式摊铺机上的 4 个水平传感器和 2 个方向传感器提供一个精确的与路面平行的水平（横坡）和直线（转弯）方向平面基准参考体系，其料准度决定着路面摊铺的几何精度和平整度。因此，基准线是滑模摊铺施工的“生命线”，是呆证摊铺出的面板的标高、横坡、板厚、板宽等技术指标符合规范要求的必要条件。

1）基准线横向支距：基准线桩固定位置到摊铺面板边缘的横向支距应根据滑模式摊铺机侧模别传感器的位置而定，一般 2 ~ 履带跨中摊铺，两侧路面边缘宜不小于 1m 宽度，最小不得小于 0.65m。基准线上的标高应为其所在位置的路面边缘高程计入支距横坡高度后，加上设定的架设高度。

2）基准线横向间距：基准线的横向间距为摊铺宽度加一侧（单线）或两侧（双线）横向支距。双线式基准线的垂直横向间距应相等，单线式基准线到摊角边缘间距应相等。

3）基准线桩纵向间距：平面直线段应小于或等于 10m，圆曲线段视弯道半径大小，一般可为 5 ～ 7m。在小半径弯道或山区极小半径回头弯道上，内侧宜为 2.5 ～ 5m，外侧宜为 3.5 ～ 7 面缓和曲线段和纵断面竖曲线段宜为 5 ～ 10m。实际设置基准线桩距离可小于上述值，但不得大于给定尺寸。

4）基准线桩固定：基层顶面到夹线臂的高度宜为 45 ～ 75cm，自基准线所在位置的路面边缘高程算起的基准线统一架设高度宜为 25 ～ 50cm。基准线桩夹线臂夹口到桩的水平距离宜为 30cm。夹线臂到桩顶垂直距离宜为 15cm。基准线桩应牢固打入基层 15 ～ 25cm。当打入困难时，应采用电钻钻孔后再钉牢固。

5）基准线长度：一根基准线的最大长度不得大于 450m。超过此长度并需要继续摊铺时，应续衿基准线，续接方式应通过同一个过渡桩的夹线臂口平顺连接。

（3）滑模摊铺前，应对施工现场准备工作进行的检查

1）检查板厚：每 20m 垂直于两侧基准线挂横线，用钢尺单车道测 3 点、双车道测 5 点垂直高度，减去基准线设定高度，即为单个板厚，3 ～ 5 个值平均为该断面平均板厚。每 200m10 个断面的勾值为该路段平均板厚。路段平均板厚不应小于设计板厚；断面平均板厚不应比设计板厚薄 5mm ；单个板厚极小值不应比设计板厚薄 10mm。不满足上述要求时，应采取有效措施保证饭厚。

2）检查辅助施工设备机具：拉毛养生机、布料机械、发电机等应全部到场并试运转正常。端模板、手持振捣棒、搓平梁、传力杆定位支架、拉杆、拉毛耙、工作凳、拖行工具、养生剂及其喷洒工具等所有施工器具和工具应全部到位，状态良好。

3）检查基层：基层局部破损应修补整平，基层上的裂缝应处理完毕，摊铺路面的基层及履带行走部位均应清扫干净并洒水湿润，积水应扫开。

4）横向连接摊铺检查：前次摊铺路面纵缝的溜肩、胀宽部位应切割顺直。前次摊铺安装的侧边位杆应校正扳直，缺少的拉杆应钻孔锚固植入。纵向施工缝的上半部缝壁应涂饱满沥青。

（4）滑模式摊铺机工作参数初设

对滑模式摊铺机所有机构工作部件应进行正确施工位置的初步设定，并将这些正确施工参数通过试铺调整固定下来，正式摊铺时宜根据情况变化进行微调。

1）振捣棒下缘位置应在挤压板最低点以上，横向间距不宜大于 45cm，均匀排列；两侧最边缘振捣棒与摊铺边缘距离不宜大于 20cm。

2）挤压底板前倾角宜设置为 3° 左右。提浆夯板位置宜在挤压底板前缘以下 5 ～ 10mm 之间。无须设前仰角的滑模式摊铺机可将挤压底板前后调水平。

3）设超铺角的滑模式摊铺机两边缘超高程根据料的稠度应在 3 ～ mm 间调整。

带振动搓平梁的滑模式摊铺机应将搓平梁前沿调整到与挤压板后沿高程相同，搓平梁的后沿比挤压底板后沿低 1 ~ 2mm，并与路面高程相同。

（5）滑模式摊铺机首次摊铺位置校准

首次摊铺前，应在直线路段采用钉桩或基准线法校准滑模式摊铺机挤压底板 4 角点高程和侧模前进方向。4 个水平传感器控制挤压底板 4 角高程；2 个方向传感器进行导向控制。按路面设计高程、横坡度或路拱测量设定 2 ~ 3 根基准线或 4 ~ 6 个桩，将 6 个传感器全挂上两侧基准线，并检查传感器的灵敏度和反应方向，开动滑模式摊铺机进入设好的桩位或线位，调整水平传感器立柱高度，使滑模式摊铺机挤压底板恰好落在精确测量设置好的木桩或基准线上，同时，调整好滑模式摊铺机机架前后左右的水平度。令滑模式摊铺机挂线自动行走，再返回校核 1 ~ 2 遍，正确无误后，方可开始摊铺。

（6）初始摊铺路面参数校正

在开始摊铺的 5m 内，必须对所摊铺出的路面标高、边缘厚度、中线、横坡度等技术参数进行复核测量。机手应根据测量结果及时缓慢地在滑模式摊铺机行进中反向的旋转滑模式摊铺机上水平传感器立柱手柄，校准挤压底板摊铺路面的高程和横坡，误差应在规定值范围内。及时调整拉杆打入深度及压力和抹平板的压力及边缘位置。检查摊铺中线时，应在设方向传感器的一侧，通过钢尺测量基准线到滑模式摊铺机侧模前后的横向距离，有误差时，缓慢微调前后两个方向传感器架立横梁伸出的水平距离，消除误差。禁止停机剧烈调整高程、中线及横坡等，以免严重影响平整度等质量指标，滑模式摊铺机“起步—调整—正常摊铺”，应在 10m 内完成，并应将滑模式摊铺机工作参数设置固定保护起来，不允许非操作手更改或撞动。第二天的连接摊铺，应先检查滑模式摊铺机挤压底板 4 个角点的位置，再将滑模式摊铺机后退到前一天做了侧向收口工作缝的路面内，到挤压底板前缘对齐工作缝端部，开始摊铺。

（7）布料

滑模摊铺普通水泥混凝土路面，必须有专人指挥车辆均匀卸料。滑模摊铺时，机前的最高刺位不得高于滑模式摊铺机前松方控制板顶面，料位的正常高度应在螺旋布料器叶片最高点以下，亦不得缺料。机前缺料或料位过高时，宜采用装载机或挖掘机适当布料和送料，布料应与摊铺速度相协调。

采用布料机施工，松铺系数应视坍落度大小由试铺确定，当坍落度在 1 ~ 5cm 时，松铺系数；宜在 1.08 ~ 1.15 之间。坍落度为 3cm 时，松铺系数宜控制在 1.1 左右。布料机与滑模式摊铺机之间的施工距离应控制在 5 ~ 10cm。热天日照强，风大，取小值；阴天湿度大，无风，可取大值。

采用布料机以外的布料方式摊铺钢筋混凝土路面、桥面或搭板时，禁止任何机械直接开上铮筋网。宜在钢筋外侧使用挖掘机或吊斗均衡卸料布料，也可使用便桥板凳加吊车汽车直接询料、挖掘机布料，但均不得缺料。

（8）滑模式摊铺机的操作要领

1）机手操作滑模式摊铺机应缓慢、匀速，连续不间断地摊铺。滑模摊铺速度，根据拌合物稠度和设备性能可控制在 0.75 ~ 2.5m/mm 之间，一般宜为 1m/min 左右。当料的稠度发生变化时，先调振捣频率，后改变摊铺速度，不得料多时追赶，然后随意停机等待，间歇摊铺。

2）摊铺中，机手应随时调整松方高度控制板进料位置，开始应略设高些，以保证进料。正售状态下保持振捣仓内砂浆料位高于振捣棒 10cm 左右，料位高度上下波动宜控制在 ±4cm 之内。

3）滑模式摊铺机以正常摊铺速度施工时，振捣频率可在 6000 ~ 11000r/mm 之间调整，－般采用 9000r/min 左右。应防止混凝土过振、漏振、欠振。机手应随时根据混凝土的稠度大小，调整摊铺的速度和振捣频率。当混凝土偏稀时，应适当降低振捣频率，加快摊铺速度，但 I：快不得超过 3m/min，最小振捣频率不得小于 6000r/min；当新拌混凝土偏干时，应提高振扨频率，但不得大于 11000r/mm，并减慢摊铺速度，最小摊铺速度宜控制在 0.5 ~ 1m/min；滑书；式摊铺机起步时，应先开启振捣棒振捣 2 ~ 3m/mm，再推进。滑模式摊铺机脱离混凝土后，应立即关闭振捣棒。

4）滑模摊铺纵坡较大的路面，上坡时，挤压底板前仰角宜适当调小，同时，适当调小抹平板压力；下坡时，前仰角宜适当调大，抹平板压力也宜调大。抹平板合适的压力宜为板底 3/4 士：度接触路面抹面。

5）滑模摊铺弯道和渐变段路面时，单向横坡，使滑模式摊铺机跟线摊铺，应随时观察并调整抹平板内外侧的抹面距离，防止压垮边缘。摊铺中央路拱时，计算机控制条件下，输入弯道和渐弯段边缘及拱中几何参数，计算机自动控制生成路拱；手控条件下，机手应根据路拱消失和生成几何位置，在给定路段范围内分级逐渐消除或调成设计路拱。

6）摊铺单车道路面，应视路面的设计要求配置一侧或双侧打纵缝拉杆的机械装置。侧向拉杆装置的正确插入位置应在挤压底板的中下或偏后部。拉杆打入分手推、液压、气压几种方式，压力应满足一次打（推）到位的要求，不允许多次打入。同时摊铺 2 个以上车道时，除侧向打拉杆装置外，还应在假纵缝位置中间配置 1 个以上中间的拉杆自动插入装置，该装置有机插和机后插两种。机前插时，应保证拉杆的设置位置；机后插时，要保证其插入部位混凝土的密实度。带振动搓平梁和振动修复的滑模式摊铺机应选择机后插入式；其他滑模式摊铺机可使用机前插入式。打入的拉杆必须处在路面板厚的中间位置。中间和侧向拉杆打入的高低误差不宜大于 ±3cm；倾斜及前后误差不宜大于 ±4cm。

7）机手应随时密切观察所摊铺的路面效果，注意调整和控制摊铺速度，振捣频率，夯实杆、振动搓平梁和抹平板位置、速度和频率。软拉抗滑构造表面砂浆层厚度宜控制在 4mm 左右，硬刻槽路面的砂浆表层厚度宜控制在 2mm 左右。

8）连接摊铺时，滑模式摊铺机一侧履带上前次水泥混凝土路面的时间应控制在养护 7d 以后，最短不得少于 5d。同时钢履带底部应铺橡胶垫或使用有挂胶履带的滑模式摊铺机。纵向连接摊铺路面时，应对连接纵缝部位进行人工修整，连接纵缝的横向平整度符合不同公路等级的要求。并用钢丝刷刷干净黏附在前幅路面上的砂浆，刷出粗细抗滑构造。

（9）滑模摊铺中出现问题的处置

滑模摊铺的表面应平滑，几何形状规矩，不应出现麻面、拉裂、塌边、溜肩等病害现象，出现问题应立即奄找原因，迅速采取措施。

1）摊铺中应经常检查振捣棒的工作情况。发现路面上在横断面某处多次出现麻面或拉裂现象，表示该处的振捣棒出了问题，必须停机检查或更换该处的振捣棒。摊铺后，发现路面上留有发亮的振捣棒拖出的砂浆条带，则表明振捣棒位置过深，必须调整振捣棒底缘在挤压底板的后缘高度以上。

2）在摊铺宽度大于或等于 7.5m 的双（多）车道路面时，若左右卸了两车稠度不一致的混凝土时，摊铺速度应按偏干一侧设置，并应将偏稀一侧的振捣棒频率迅速调小。

3）若滑模摊铺路面出现横向拉裂现象，应从如下几个方面进行检查：

①拌合物局部或整体过干、过硬、离析，集料粒径过大，不适宜滑模摊铺，或在该部位摊铺速度过快，振捣频率不够，混凝土未振动液化而拉裂。应降低摊铺速度，提高振捣频率。

②挤压底板的位置和前仰角设置是否变化，前倒角时必定拉裂，前仰角过大，也可能拉裂，应在行进中调整前两个水平传感器，即改变挤压底板的前仰角，消除拉裂现象。

③拌合物较干硬或等料停机时间较长，起步摊铺速度过快，也可能拉裂路面。等料停机时间较长时，应间隔 15min 开启振捣棒振动 2 ~ 3min，再缓慢推进。

4）当混凝土供应不上，或搅拌楼出现机械故障等情况时，停机等待时间不得超过当时气温下混凝土初凝时间的2/3，超过此时间，应将滑模式摊铺机开出摊铺工作面，并做施工缝。当滑模式摊浦机出现机械故障，应紧急通知后方搅拌楼停止生产，在故障停机时间内，滑模式摊铺机内混凝土尚未初凝，能够排除故障，允许继续摊铺，否则，应离开滑模摊铺工作面。故障排除后，重新起步摊铺。

（10）平面交叉口变宽段和匝道路面的滑模施工

遇到平面交叉口、收费站广场或匝道变宽段路面时，只要摊铺宽度小于滑模式摊铺机固定宽度，可采用滑模式摊铺机跨一侧或两侧模板施工方式，模板顶面应粘贴橡胶垫，模板顶面高程应低于路面高程3mm，滑模式摊铺机的振捣仓在模板上部应加隔板，施工时应关闭隔板外侧的振捣棒。

（11）滑模摊铺结束后，必须及时做的两项工作

1）将滑模式摊铺机驶离工作面，先将所有传感器从基准线上脱开，并解除滑模式摊铺机上基准线自动跟踪控制.，再升起机架，用水冲洗干净黏附的混凝土，已结硬在滑模式摊铺机上的混凝土，应轻敲打掉。清理干净后，应对与混凝土接触的机件喷涂废机油或吹（楷）干防锈。同时，友滑模式摊铺机进行当日保养，加油加水，打润滑油等。

2）设置横向施工缝。软做法：应先将从滑模式摊铺机振动仓内脱出的厚砂浆铲除丢弃，然后设置施工缝端模和侧模，插入拉杆和传力杆，并用水准仪测量面板高程和横坡。为使下次摊铺能蓉接着施工缝开始，两侧模板应向内各收进2 ~ 4cm，且宜大不宜小，长度与滑模式摊铺机侧莫板等长或略长。还可采用第二天硬切齐施工缝端部做法：切缝部位应满足平整度、高程和横吱要求，可使用缩缝传力杆钢筋支架，上部锯开，下部凿除混凝土，也可锯开后在端部垂直面上钻眼，插入传力杆，再连接施工。连接接头施工，除应测量高程和横坡外，还应辅以人工振捣密实，应采用长度3m以上抄平器保证端头和结合部位的平整度。

六、水泥混凝土面层接缝、抗滑构造的施工与养生

水泥混凝土面板接缝是混凝土路面的薄弱环节，接缝施工质量不高，会引起板的各种损坏，并钐响行车的舒适性。因此，应特别认真地做好接缝施工。抗滑处理及养生是提高水泥混凝土路面抗滑性能、保证混凝土强度满足设计要求的重要手段。

1. 接缝施工

（1）纵缝

小型机具施工时，按一个车道的宽度（3.75 ~ 4.5m）一次施工，纵向施工缝一

般采用平缝加拉千或企口缝加拉杆的形式。但在道口等特殊部位，一次性浇筑的混凝土板宽度可能会大于4.5m，这就需要设纵向缩（假）缝。纵向缩缝一般亦应设置拉杆。纵缝拉杆应采用螺纹钢筋置在板厚的中间。并应避免将脱模剂（如沥青等）涂洒在拉杆上。

1）纵向施工缝

纵向施工缝拉杆可采用三种方式设置。第一种是在模板上设孔，立模后在浇筑混凝土之前将拉杆穿在孔内，这种方式的缺点是拆模板较困难。第二种是把拉杆弯成直角形，立模后用铁丝将其一半绑在模板上，另一半浇在混凝土内，拆模后将露在已浇筑混凝土侧面上的拉杆弯直。第三种方式是采用带螺栓的拉杆，一半拉杆用支架固定在基层上，拆模后另一半带螺栓接头印拉杆同埋在已浇筑混凝土内的半根拉杆相接。

2）纵向缩缝

纵向缩（假）缝施工应预先将拉杆采用门型式固定在基层上，或用拉杆置放机在施工时置入。当水泥混凝土路面使用滑模式摊铺机一次摊铺两个车道宽度时，纵向缩缝的位置宜按车道冗度设置，拉杆靠滑模式摊铺机配备的中间拉杆插入装置在滑模摊铺过程中自动控制间距压入。缩（假）缝顶面缝槽用切缝机切缝，缝宽为3～8mm，深为1/5～1/4板厚，使混凝土在收缩时能从此缝向下规则开裂，防止因切缝深度不足引起不规则裂缝。

（2）横缝

1）横向缩缝

横向缩缝可采用在混凝土凝结后（碎石混凝土抗压强度达到6.2～12.0MPa，砾石混凝土达到9.0～12.0MPa）切缝或在混凝土铺筑时压缝的方式修筑。压缝法施工方法是：当混凝土混合料做面后，应立即用振动压缝刀压缝。当压至规定深度时，应提出压缝刀，用原浆修平缝槽，严禁另外调浆。然后，放入铁制或木制嵌条，再次修平缝槽，待混凝土混合料初凝前泌水后，取出嵌条，形成缝槽。由于切缝可以得到质量比压缝好的缩缝，因此，应尽量采用这种方式，特别是高等级公路必须采用切缝法。其施工工艺为：

①切缝前应检查电源、水源及切缝机组试运转的情况，切缝机刀片应与机身中心线成90° 角，并应与切缝线在同一直线上。

②开始切缝前，应调整刀片的进刀深度，切割时应随时调整刀片切割方向。停止切缝时，应先关闭旋钮开关，将刀片提升到混凝土板面上，停止运转。

③切缝时刀片冷却用水的压力不应低于0.2MPa。同时应防止切缝水渗入基层和

土基。

④当混凝土强度达到设计强度的25% ~ 30%时，即可进行切割；当气温突变时，应适当提早切缝时间，或每隔20 ~ 40m先割一条缝，以防因温度应力产生不规则裂缝。应严禁一条缝分两次切割的操作方法。

⑤切缝后，应尽快灌注填缝料。

这里应指出的是，切割时间要特别注意，切得过早，由于混凝土的强度不足，会引起粗集料从砂浆中脱落，而不能切出整齐的缝。切得过迟，则混凝土由于温度下降和水分减少而产生的收缩因板长而受阻，导致收缩应力超出其抗拉强度而在非预定位置出现早期裂缝。合适的切割时间应控制在混凝土获得足够的强度，而收缩应力并未超出其强度的范围内时，它随混凝土的组成和性质（集料类型、水泥类型和含量、水灰比等），施工时的气候等因素而变化。施工技术人员须依据经验并进行试切后决定。

2）横向胀缝

横向胀缝应与路中心线垂直，缝壁必须垂直，缝隙宽度必须一致，缝中不得有砂浆或坚硬杂物，相邻板的胀缝应设在同一横断面上。缝隙下部设胀缝板，上部灌胀缝填缝料。传力杆的活动端，可设在缝的一边或交错布置，固定后的传力杆必须平行于板面及路面中心线，其误差不得大于5mm，传力杆的固定，可采用顶头木模固定或支架固定安装两种方法。

①顶头木模固定传力杆安装方法，宜用于混凝土板不连续浇筑时设置的胀缝。传力杆长度的一半应穿过端头挡板，固定于外侧定位模板中，混凝土拌合物浇筑前应检查传力杆位置，浇筑时应先摊铺下层混凝土拌合物，用插入式振捣器振实，并应在校正传力杆位置后，再浇筑上层混凝土拌合物。浇筑卸板时应拆除顶头木模，并应设置胀缝板、木制嵌条和传力杆套管。

②支架固定传力杆安装方法。宜用于混凝土板连续浇筑时设置的胀缝。传力杆长度的一坤应穿过胀缝板和端头挡板，并应用钢筋支架固定就位，浇筑时应先检查传力杆位置，再在胀趣两侧摊铺混凝土拌合物至板面，振捣密实后，抽出端头挡板，空隙部分填补混凝土拌合物，并用插入式振捣器振实。

滑模摊铺水泥混凝土路面的胀缝宜采用前置法施工，也可采用预留胀缝位置，热天再施工胀缝，但应设胀缝加强传力杆钢筋支架。前置法施工时，应预先加工好胀缝钢筋支架，传力杆无汲青涂层的一端焊接在支架上，接缝板夹在两支架之间。施工前运至现场，无布料机（件）时，行摊铺至胀缝位置前方1 ~ 2m处，将支架准确定位，用钢钎将支架和胀缝板锚固在基层上，保证支架不推移，胀缝板不倾斜，然后卸料或布料，用手持振捣棒振实胀缝板两侧的混凝土，U模式摊铺机通过；有布料机（件）时，应将带传力杆的缩缝支架和胀缝支架提前安装固定，采用侧向上料方式施工。中间胀缝位置宜与缩缝重合。连接搭板的胀缝，在滑模连续铺装搭板和桥面前，应与钢筋网同时加工安装好。胀缝宜不待混凝土硬化，即剔除胀缝上部的混凝土，嵌入2cm×2cm的木条，修整好表面。在填缝之前，凿去接缝板顶部的木条，涂黏结剂后，嵌入多孔橡胶条或灌填缝料。

3）施工缝

每天摊铺结束或摊铺中因故中断，且中断时间超过初凝时间的2/3时，应设置横向施工缝。施工缝宜设于胀缝或缩缝处，多车道施工缝应避免设在同一横断面上，横向施工缝应与路中心浅垂直。施工缝如设于缩缝处，板中应增设传力杆，其一半锚固于混凝土中，另一半应先涂沥青，允许滑动。传力杆必须与缝壁垂直。

（3）接缝填封

混凝土板养护期满后应及时填封接缝。填缝前必须保持缝内清洁，防止砂石等杂物掉入缝内。常用的填缝方法有灌入式和预制嵌缝条两种。

1）常温施工式或加热施工式填缝料填缝

真缝前，应采用压缩水和压缩空气彻底清除接缝中砂石及其他污染物，确保缝壁及内部清洁、干燥。

当使用常温施工式聚（氨）酯和硅树脂等填缝料时，按规定比例将两组份材料按1h所需灌缝量混合均匀，并应随拌随用。当使用加热施工式填缝料时，将填缝料加热至规定温度。加热过呈中应不断搅拌均匀，将填缝料熔化并保温使用。

謹注填缝料必须在缝槽口干燥清洁状态下进行，缝壁检验以擦不出灰尘为可灌标准。适宜的宿缝填缝形状系数应在2～4之间，填缝灌注深度宜为2～3cm。高速公路、一级公路应使用穿用工具，先挤压填入多孔泡沫塑料柔性背衬材料，再填缝。二、三级公路使用（聚氯乙烯）胶泥类、（改性）沥青类等灌缝料时，最浅灌入深度不得小于3cm。填缝料的灌注高度，夏天宜5板面齐平，冬天宜低于板面1～2mm。填缝必须饱满、均匀、连续贯通。填缝料应与缝壁黏吉好，不开裂，不渗水。

常温施工式填缝料的养生期，低温期宜为24h，高温期宜为10h；加热施工式填缝料的养生期低温期宜为2h，高温期宜为6h。在填缝料养生期内（特别是反应型常温填缝料在固化前），应封闭交通。

2）采用预制嵌缝条填缝

嵌入嵌缝条必须在缝槽口干燥清洁状态下进行。黏结剂应均匀地涂在缝壁上部（1/2以上深度），形成一层连续的约1mm厚的黏结剂膜，以便黏结紧密，不渗水。

嵌缝条在嵌入过程中应使用专用工具，在长度方向应既不拉伸也不压缩，保持自然状态；在宽度方向应压缩 40% ~ 60% 嵌入。嵌缝条高度宜为 2.5cm。填缝黏结剂固化后，应将胀缝两端多余的嵌缝条齐路面边缘裁掉。嵌缝条施工期间和黏结剂固化前，应封闭交通。

2. 抗滑构造施工

为保持路面的粗糙度，提高路面的抗滑性能，应采用压纹（或压槽）、拉毛（或拉槽）或刻槽的方式在混凝土表面沿横向制作纹理，但此操作对路面平整度有一定影响。

（1）压纹具有向下挤压致密作用，能增强路面的耐磨性，如果掌握得当，纹理顺直均匀（深度一般为 0.6 ~ 1.0mm），比较美观。但纹理深浅均匀性很难掌握，因为它不但与压纹的时间有关，而且与混凝土真空脱水的均匀性有关。在吸垫的四周，特别是密封带处，由于真空度分布较小，脱水较少，故压纹时间应长一些；而吸垫中央真空度大，脱水多，所以压纹时间应短一些，这就造成了压纹时间上的矛盾。解决这一问题的办法是：以四周混凝土适合压纹的时间为准。在板面中央等强度较高的部位，采用在压纹机上加载的办法解决。当混凝土脱水不够，强度较低时，切忌压纹，否则在相邻两压纹机之间的路面上很容易形成不平整的一条鼓包。

（2）拉毛易疏松和破损表层，使表层 1 ~ 2mm 范围内密实度受到影响，不利于路面的耐磨性，但拉毛对平整度会有所改善。摊铺完毕后，使用钢支架拖挂 1 ~ 3 层叠合麻布、帆布或棉布，洒水湿润后，软拖制作细观抗滑构造，布片接触路面的拖行长度以 0.7 ~ 1.5m 为宜。细度模数偏大的粗砂，拖行长度取小值；偏细中砂，取大值。人工修整过的路面，细观抗滑构造已被抹掉，必须再拖麻袋处理，以恢复细观抗滑构造。也可不拖毛，直接使用抹平板抹出“鱼鳞”形细观抗滑构造，以增强耐磨性，前提是横向摩阻力系数应满足要求。修整表面时，应使用木抹。当日施工进度超过 500m 时，宏观抗滑构造制作宜选用拉毛机械施工，没有拉毛机械时，可采用人工拉槽方式。在混凝土表面泌水完毕 20 ~ 30min 内应及时进行拉槽。拉槽深度应为 2 ~ 3mm，槽宽 3 ~ 5mm，槽间距 15 ~ 25mm。可施工等间距和非等间距的抗滑槽，同时考虑减小噪声时，宜采用后者。每耙之间衔接间距应保持一致。

（3）特重和重交通混凝土路面宜采用硬刻槽，其几何尺寸与拉槽要求相同，硬刻槽机重量宜重不宜轻，最小整刻宽度不应小于 50cm，硬刻槽时不应掉边角，路面摊铺 3d 后可开始硬刻槽，并宜在两周内完成。

3. 养生

（1）养生方式选择

混凝土路面铺筑完成或软作抗滑构造完毕后应立即开始养生。机械摊铺的各种混凝土路面、桥面及搭板宜采用喷洒养生剂同时保湿覆盖的方式养生。在雨天或养生用水充足的情况下，也可采用覆盖保湿膜、土工毡、土工布、麻袋、草袋、草帘等洒水润湿养生方式，不宜使用围水养生方式。

（2）养生剂养生

混凝土路面采用喷洒养生剂养生时，喷洒应均匀、成膜厚度应足以形成完全密闭水分的薄膜，喷洒后的表面不得有颜色差异。喷洒时间宜在表面混凝土泌水完毕后进行。喷洒高度宜控制在 0.5 ~ 1m。使用一级品养生剂时，最小唆洒剂量不得少于 $0.30kg/m^2$；合格品的最小喷洒剂量不得少于 $0.35kg/m^2$。不得使用易被雨水冲刷掉的和对混凝土强度、表面耐磨性有影响的养生剂。当喷洒一种养生剂达不到 90% 以上有效保水率要求时，可采用两种养生剂各巧：洒一层或喷一层养生剂再加覆盖的方法。

（3）覆盖塑料薄膜养生

覆盖塑料薄膜养生的初始时间，以不压坏细观抗滑构造为准。薄膜厚度（韧度）应合适，宽应大于覆盖面 600mm。两条薄膜对接时，搭接宽度不应小于 400mm，薄膜在路面上应加细土或砂盖严实，并防止被钢筋挂烂及被风吹破或掀走。养生期间应始终保持薄膜完整盖满，孩：膜破裂时应立即补盖或修补。

（4）覆盖洒水养生

使用保湿膜、土工毡、土工布、麻袋、草袋、草帘等覆盖物保湿养生并及时洒水，保持混凝土表面始终处于潮湿状态，并由此确定每天的洒水遍数。昼夜温差大于 10℃以上的地区或日平均温度小于或等于 5℃施工的混凝土路面应采取保温保湿养生措施。

（5）养生时间

养生时间应根据混凝土弯拉强度增长情况而定，不宜小于设计弯拉强度的 80%，应特别名：重前 7d 的保湿（温）养生。一般养生天数宜为 14 ~ 21d，高温天不宜少于 14d，低温天不宜么、于 21d。掺粉煤灰的混凝土路面，最短养生时间不宜少于 28d，低温天应适当延长。

（6）交通管制

混凝土板养生期间和填缝前，严禁人、畜、车辆通行，在达到设计强度 40% 后，撤除养生覆物，行人方可通行。在路面养生期间，平交道口应搭建临时便桥。

混凝土板达到设计弯拉强后，方可开放交通。

七、特殊气候条件下的施工

1. 雨季施工

（1）防雨准备

地势低洼的搅拌场、水泥仓、备件库及砂石料堆场，应按汇水面积修建排水沟或预备抽排水设施。搅拌楼的水泥和粉煤灰罐仓顶部通气口、料斗及不得遇水部位应有防潮、防水覆盖措施，砂石料堆应防雨覆盖。雨天施工时，在新铺路面上，应备足防雨篷、帆布和塑料布或薄膜。雨篷支架宜采用可推行的焊接钢结构，并具有人工饰面拉槽的足够高度。

（2）防雨水冲刷

摊铺中遭遇阵雨时，应立即停止铺筑混凝土路面，并紧急使用防雨篷、塑料布或塑料薄膜等覆盖尚未硬化的混凝土路面。

被阵雨轻微冲刷过的路面，视平整度和抗滑构造破坏情况，采用硬刻槽或先磨平再刻槽的方式处理。对被暴雨冲刷后，路面平整度严重劣化或损坏的部位，应尽早铲除重铺。

降雨后开工前，应及时排除车辆内、搅拌场及砂石料堆场内的积水或淤泥。运输便道应排除积水，并进行必要的修整。摊铺前应扫除基层上的积水。

2. 高温季节施工

施工现场的气温高于 30℃，拌合物摊铺温度在 30 ~ 35℃，同时，空气相对湿度小于 80% 时，混凝土路面和桥面的施工应按高温季节施工的规定进行。

高温天铺筑混凝土路面和桥面应采取下列措施：

（1）当现场气温≥ 30℃时，应避开中午高温时段施工，可选择在早晨、傍晚或夜间施工，夜间施工应有良好的照明，并确保施工安全。

（2）砂石料堆应设遮阳篷；抽用地下冷水或采用冰屑水拌和；拌合物中宜加允许最大掺量的粉煤灰或磨细矿渣，但不宜掺硅灰。拌合物中应掺足够剂量的缓凝剂、高温缓凝剂、保塑剂或缓凝（高效）减水剂等。

（3）自卸车上的混凝土拌合物应加遮盖；应加快施工各环节的衔接，尽量压缩搅拌、运输、摊铺、饰面等各工艺环节所耗费的时间。

（4）可使用防雨篷作防晒遮阴篷。在每日气温最高和日照最强烈时段遮阴。

（5）高温天气施工时，混凝土拌合物的出料温度不宜超过 35℃，并应随时监测气温以及火泥、拌合水、拌合物和路面混凝土温度。必要时加测混凝土水化热。

（6）在采用覆盖保湿养生时，应加强洒水，并保持足够的湿度，应控制养生水温与混凝土面层表面温差不大于 12℃。

（7）切缝应视混凝土强度的增长情况或按 250 温度小时计，宜比常温施工适当提早切缝，以防止断板。特别是在夜间降温幅度较大或降雨时，应提早切缝。

3. 低温季节施工

当摊铺现场连续 5 昼夜平均气温低于 5℃，夜间最低气温在 −3 ~ 5℃之间时，混凝土路面和桥面的施工应按下述低温季节施工规定的措施进行：

（1）采用高强度等级的快凝水泥，拌合物中优选和掺加早强剂或促凝剂。

（2）应选用水化总热量大的 R 型水泥或单位水泥用量较多的 42.5 级水泥，不宜掺粉煤灰。

（3）搅拌机出料温度不得低于 10℃，摊铺混凝土温度不得低于 5℃。在养生期间，应始终保持混凝土板最低温度不低于 5℃。否则，应采用热水或加热砂石料拌和混凝土，热水温度不高于 80℃；砂石料温度不宜高于 50℃。

（4）应加强保温保湿覆盖养生，可选用塑料薄膜保湿隔离覆盖或喷洒养生剂，再采用草帘、泡沫塑料垫等保温覆盖初凝后的混凝土路面。遇雨雪必须再加盖油布、塑料薄膜等。

第七章　公路滑坡处治

第一节　滑坡类型及特征

一、滑坡的类型

1. 按滑坡体的物质组成分类

（1）堆积层滑坡

包括坡积、洪积、重力堆积体中或沿基岩顶面滑动的各种滑坡。这些滑坡往往是由于地下水的作用引起的。

（2）残积层滑坡

主要指发生在厚层风化壳中的滑坡。由于强烈的化学风化作用，坚硬基岩已风化成土和碎石。滑坡多沿软弱的风化带滑动。

（3）黄土滑坡

新、老黄土中发生的滑坡，多沿新、老黄土接触面滑动。滑坡的产生常和黄土对水的不稳定性有关。

（4）黏性土滑坡

均质和非均质黏性土中产生的滑坡。多因网状裂隙破坏了土的结构，水沿裂隙下渗，使土的强度降低而产生滑坡。

（5）堆填土滑坡

人工填筑的路堤土及弃土中，主要是路堤沿原地面发生的滑动，有时也带动其下的坡积层一起下滑。

（6）破碎岩石滑动

岩体失去完整性、松散破碎的多种岩石，可产生层面滑坡和构造面滑坡，滑体由碎、块石和黏性土混合组成，地下水较多，无明显的含水层。

（7）岩石滑坡

各种较完整的岩石，以泥岩、泥质页岩、片岩等软弱岩石中发生较多，最常见的是层面滑坡。

2. 按滑坡体的厚度分类

浅层滑坡＜ 6m；中层滑坡 6 ～ 20m；深层滑坡＞ 20m。

3. 按主滑面成因类型的分类

（1）同生面滑坡

滑动面不通过土体内任何原有的软弱面，而是新产生的剪切面，滑动面多呈圆弧形。

（2）接触面滑坡

第四纪堆积物沿基岩顶面滑动的滑坡，或堆填土沿下伏地面滑动的滑坡均属接触滑坡。

（3）层面滑坡

滑动面与层面一致。

（4）构造面滑坡

沿节理面、断层面等构造作用形成的构造面滑动的滑坡。

4. 按滑坡各部分滑动的先后顺序分类

（1）牵引式滑坡

滑体下部先变形滑动，而使上部失去支撑，相继滑下。

（2）推动式滑坡

上部先变形滑动，下部受挤压而向下滑动。

二、滑坡的特征

1. 滑坡的地质特征

产生滑坡的基本条件是斜坡体前有滑动空间，两侧有切割面。例如中国西南地区，特别是西南丘陵山区，最基本的地形地貌特征就是山体众多，山势陡峻，土壤结构疏松，易积水，沟谷河流遍布于山体之中，与之相互切割，因而形成众多的具有足够滑动空间的斜坡体和切割面。广泛存在滑坡发生的基本条件，滑坡灾害相当频繁。

从斜坡的物质组成来看，具有松散土层、碎石土、风化壳和半成岩土层的斜坡抗剪强度低，容易产生变形面下滑；坚硬岩石中由于岩石的抗剪强度较大，能够经受较大的剪切力而不变形滑动。但是如果岩体中存在着滑动面，特别是在暴雨之后，由于水在滑动面上的浸泡，使其抗剪强度大幅度下降而易滑动。

降雨以及地震对滑坡的影响：

（1）降雨对滑坡的影响很大。降雨对滑坡的作用主要表现在，雨水的大量下渗，导致斜坡上的土石层饱和，甚至在斜坡下部的隔水层上积水，从而增加了滑体的重量，降低土石层的抗剪强度，导致滑坡产生。不少滑坡具有“大雨大滑、小雨小滑、无雨不滑”的特点。

（2）地震对滑坡的影响很大。究其原因，首先是地震的强烈作用使斜坡土石的内部结构发生破坏和变化，原有的结构面张裂、松弛，加上地下水也有较大变化，特别是地下水位的突然升高或降低对斜坡稳定是很不利的。另外，一次强烈地震的发生往往伴随着许多余震，在地震力的反复振动冲击下，斜坡土石体就更容易发生变形，最后就会发展成滑坡。

2. 滑坡的发育特征

滑坡的发生通常分为三个阶段：

（1）酝酿阶段或蠕动变形阶段。首先山坡上部出现裂缝，接着裂缝下侧的土体发生缓慢位移，每月仅数厘米。这一阶段历时较长，有的达数年、数十年甚至上百年，常常伴随出现各种异常现象，如地下水增多、山坡坡脚土体变形，以及出现震感和响声等。

（2）突变阶段或剧烈滑动阶段。当软弱岩层被完全剪断，滑动面或滑动带形成之后，位移速度加快，一般每小时数米至数百米，有时可达数千米，在少数情况下甚至发生急剧快速的滑动。在突变之前，常见泉水变浊，坡脚局部坍塌或掉落土块。

（3）残余变形或渐趋稳定阶段。这是在突变阶段之后发生的，位移速度减慢，各块间变形逐步停止，滑带在压密下排水而固结，地表无裂缝、沉陷发生，最后完全稳定下来。

也有的科学工作者将滑坡的发生划分为六个或四个阶段，对于最后两个阶段（剧烈滑坡和稳定压密），不同的划分大同小异，主要差别在于对蠕动变形阶段的划分。划分四个阶段的人把蠕动变形阶段分为蠕动挤压和滑动两个阶段，在蠕动挤压阶段，滑体只有蠕动变形并受到挤压，没有明显移动，而滑动阶段滑体已有明显位移，滑体上裂缝纵横交错，滑舌出水并发生坍塌。

3. 滑坡的运动特征

滑坡的发生、发展演化过程，是一个累进性变形破坏过程，而且往往具有多次周期性活动的特点。根据每一期次滑坡活动的运动学特征，可划分为四个阶段：

（1）蠕滑阶段

即为变形阶段。此阶段表现为斜坡坡肩附近及坡体某些部位出现拉张裂缝；坡体内局部剪切破坏面亦出现，并向贯通性的滑面方向发展，蠕滑阶段的持续时间与斜坡中应力集中和分异的速度以及外力作用的强度有关，一般持续时间较长。

（2）滑动阶段

滑动面已贯通，前缘出现剪出口；滑体的前后及两侧出现了不同力学机制的裂隙，并有局部坍塌。这些都标志着斜坡处于滑动阶段。此时滑坡的位移速率不断加大。

（3）剧滑阶段

滑移速率急剧加大，后缘拉裂缝急速张开和下错，后壁不断坍塌；两侧及前缘表部坍塌。滑动面（带）上岩土体结构进一步破坏，含水量增大，有时随滑舌伸出而流出大量泥水。滑坡体以较大速率向前滑移，滑速可达到每秒数十米，滑距较大。在滑速很大时甚至产生气浪。此阶段的持续时间很短。

（4）稳定阶段

经过大量滑移后，滑体重心降低，滑动时产生的动能逐渐消耗于克服滑移阻力和滑体的变形中。滑体中部分地下水排出，使滑面强度有所提高。滑移速率渐减以至停止滑动。此时滑坡处于稳定阶段。

4. 滑坡主要形态特征

从宏观角度观察滑坡体，可以根据一些外表迹象和特征，可粗略的判断它的稳定性。

（1）已稳定的老滑坡体有以下特征：

1）后壁较高，长满了树木，找不到擦痕，且十分稳定；

2）滑坡平台宽大、且已夷平，土体密实，有沉陷现象；

3）滑坡前缘的斜坡较陡，土体密实，长满树木，无松散崩塌现象。前缘迎河部分有被河水冲刷过的现象；

4）河水远离滑坡的舌部，甚至在舌部外已有漫滩、阶地分布；

5）滑坡体两侧的自然冲刷沟切割很深，甚至已达基岩；滑坡体舌部的坡脚有清晰的泉水流出等等；

（2）不稳定的滑坡体常具有下列迹象：

1）滑坡体表面总体坡度较陡，而且延伸很长，坡面高低不平；

2）有滑坡平台、面积不大，且有向下缓倾和未夷平现象；

3）滑坡表面有泉水、湿地，且有新生冲沟；

4）滑坡表面有不均匀沉陷的局部平台，参差不齐；

5）滑坡前缘土石松散，小型坍塌时有发生，并面临河水冲刷的危险：

6）滑坡体上无巨大直立树木。

第二节　滑坡防治的原则

在选择防治措施前，要详细调查地形、地质和水文条件；认真研究和确定滑坡的类型及其发展的阶段；分析形成滑坡的主、次要因素及彼此的联系；结合公路的重要程度、施工条件及其他各种情况综合考虑。

（1）对于性质复杂的大型滑坡，可以绕避时应尽量绕避。当绕避有困难或在经济上显著不合理时，应视滑坡规模、公路与滑坡的相互影响程度、防治费用等条件，设计几种具体方案比选。

（2）对于可能突然发生急剧变形的滑坡，应采取迅速有效的工程措施；对于滑动缓慢的大型滑坡，宜全面规划，分期整治，仔细观察每期工程的效果，以采取相应的治理措施；对于施工及运营中产生的大型滑坡，应慎重做出绕避方案、治理方案或局部改移与防治措施相结合的方案等，在进行全面综合比较后决定取舍；对于古滑坡，应采取预防措施，避免其复活或产生新的滑坡。

（3）对于性质简单的中小型滑坡，一般情况下可进行整治，路线不须绕避。但应注意调整路线平、纵面位置，以求整治简单、工程量小，施工方便、经济合理。

（4）路线通过滑坡的位置，一般滑坡上缘或下缘比滑坡中部好。滑坡下缘的路基宜设成路堤形式，以减轻滑体自重；对于窄长而陡峭的滑坡，可采用旱桥通过。

（5）滑坡整治之前，一般应先做好临时排水系统，以减缓滑坡的发展，然后针对引起滑坡滑动的主要因素，采取相应的措施。

（6）滑坡整治工程宜在旱季施工，并注意施工方法和程序，避免引起滑坡的发展。

第三节　滑坡防治措施

一、预防措施

（1）在斜坡地带进行公路设计、施工前，必须首先作好工程勘查工作，查明有无滑坡存在，或滑坡的发育阶段。

（2）在斜坡地带进行挖方或填方时，必须事先查明坡体岩土条件，地面水排泄和地下水情况，作好边坡和排水工程设计，避免造成工程滑坡。

（3）施工前应作好施工组织设计，制定挖方的施工顺序，合理安排弃土的堆放场地，作好施工用水的排泄管理等。

（4）作好使用期间的管理和有危险的边坡监测。

（5）对于已查明为大型滑坡，或滑坡群，或近期正在活动的滑坡，一般情况下应加以避让。当必须通过时，应制定详细的防治对策，经技术经济论证对比后，慎重选取防治措施。

二、整治方法要点

1. 清除滑坡体

（1）对无向上及两侧发展可能的小型滑坡，可考虑将整个滑坡挖除。

（2）用某些导滑工程，将滑坡的滑动方向改变，使其不危害公路路基或建筑工程。

2. 治理地表水

（1）在滑坡体周围作截水沟，使地表水不能进入滑坡体范围以内。

（2）在滑坡范围内修筑各种排水沟，使地表水排出滑坡体范围以外，但应注意沟渠的防渗，防止沟渠渗漏和溢流于沟外。

（3）整平地表，填塞裂缝和夯实松动地面，筑隔渗层，减少地表水下渗并使其尽快汇人排水沟内，排出滑坡体外。

3. 治理地下水

（1）治理滑坡体中的地下水

1）加强滑坡范围以外的截水沟，切断其补给源；

2）针对出露的泉水和湿地等，作排水沟或渗沟，将水引出滑坡体外；

3）滑坡体前缘，常因坡体内的地下水活动而松软、潮湿，引起坡体坍塌滑动，为此可作边坡渗沟疏干；整个坡面植树，加大蒸发量，保证坡面干燥。

（2）治理滑带附近的水

1）拦截。要求所设排水构筑物的走向垂直于地下水的流向。根据地下水的埋藏深度、部位和土的密实程度而使用不同的排水构筑物，一般浅层地下水可以使用截水渗沟、盲沟；深层地下水则用盲洞、平孔等。

2）疏干、排除。一般在滑坡前缘附近作支撑盲沟疏导这部分滑动带的水，而在其他部位作排水构筑物排除滑动面上的地下水，后者通常多为盲洞（也叫泄水隧道）或平孔等。

3）降低地下水位。若滑动带上的水是由下向上承压补给时，多采用盲洞或平孔将地下水排走，或采用垂直排水方式将地下水向下排出等措施，使地下水位降低到滑动面以下。

（3）排除深层地下水

1）长水平钻孔。土层和基岩均可采用，但当穿过滑动面时，由于滑坡运动，有可能塌孔，遇到坚硬的孤石或软硬悬殊的岩石，容易引起钻孔弯曲而不能达到预定的位置。通常以孔径 66mm 钻进。如遇地下水脉，可集中排水，排水量大的可达 100L/min 以上。根据水文地质条件，水平钻孔可以上倾或下倾 5° ~ 0° 。

2）集水井。它最适用于集中汇集基岩面上及其附近的地下水。在滑坡区内外，地下水最集中的地段附近，设置直径达 3.5m 以上的竖井，并在井壁上打辐射状的短水平钻孔，使附近的地下水汇集于水井中，利用带有浮动开头的水泵抽出，或从竖井底部，设置长的水平钻孔，使集水自然流出滑坡下方地表。若只是为了汇集从井壁流出的涌水，井的直径为 0.3 ~ 1.5m 左右。辐射水平钻孔可布设 2 ~ 3 层，它不仅可排除深层地下水，亦可排除浅层地下水。集水井深度一般为 15 ~ 30m。在正在滑动的滑坡区内施工集水井时，应达到比滑动面浅的部位即行停止，并尽量缩短工期；在暂未滑动的滑坡区内或滑坡区外，集水井应深入基岩 2 ~ 3m。如日本茶臼山滑坡设置的集水井深 21.5m，内径 3.5m。又如日本地附山滑坡，在滑坡中部布置了 20 个集水井，深度 17 ~ 35m。

4. 减重和反压

（1）上部减重

对推动式滑坡，在上部主滑地段减重，常起到根治滑坡的效果。对其他性质的滑坡，在主滑地段减重也能起到减小下滑力的作用。减重一般适用于滑坡床为上陡下缓、滑坡壁及两侧有稳定的岩土体的滑坡，它不致因减重而达到平衡，效果比较显著。但有些滑坡的滑带土或滑体，具有卸载膨胀的特点，减重后使滑带土松弛膨胀，尤其是地下水浸湿后，其抗滑力减小，引起滑坡下滑。具有这种特性的滑坡，不能采用减重法。另外，减重后将增大暴露面，有利于地面水渗入坡体和使坡体岩石风化，这些不利因素应充分考虑。

（2）下部反压

在滑坡的抗滑段和滑坡体外边缘堆填土石加重，如做成堤、坝等，能增大抗滑力而稳定滑坡。但必须注意只能在抗滑段加重反压，不能填于主滑地段。而且填方时，必须作好地下排水工程，不能因填土堵塞原有地下水出口，造成后患。

（3）减重与反压相结合

对于某些滑坡，可根据设计计算后，确定需减小的下滑力，同时在其上部进行部分减重和在下部反压。减重和反压后，应检算滑面从残存的滑体薄弱部位及反压体底面剪出的可能性。

5. 支挡工程

根据滑坡性质，可采用干砌石垛、支撑渗沟、重力式抗滑挡土墙、锚杆挡土墙、加筋土挡土墙以及锚固桦等支挡工程，以抵抗整个滑体的滑动。下面介绍几种常用支挡工程类型。

（1）抗滑片石垛

一般用于滑体不大、自然坡度平缓、滑动面位于路基附近或坡脚下部较浅处的滑坡。主要是依靠片石垛的自重，以增加抗滑力的一种简易抗滑措施。片石垛可用片石干砌或竹笼、木笼堆成。

（2）抗滑挡土墙

在滑坡下部修建抗滑挡土墙是整治滑坡经常采用的有效措施之一。对于大型滑坡，常作为排水、减重等综合措施的一部分；对于中、小型滑坡，常与支撑渗沟联合使用。优点是山体破坏少，稳定滑坡收效快。但应用时必须弄清滑坡的性质、滑体结构、滑面层位、层数、滑体的推力及基础的地质情况。否则，易使墙体变形而失效。

抗滑挡土墙因其受力条件、材料和结构不同，有多种类型，一般多采用重力式抗滑挡土墙。

抗滑挡土墙与一般挡土墙的主要区别在于所承受的土压力大小、方向、分布和作用点不同。抗滑挡土墙所承受的土压力，是按滑坡推力计算确定的。

1）抗滑挡土墙的平面布置

抗滑挡土墙的平面布置应根据滑坡范围、滑坡推力大小、滑面位置和形状，以及基础地质条件等因素确定。

①对于中、小型滑坡，一般将抗滑挡土墙布设在滑坡前缘。

②当滑坡中、下部有稳定岩层锁口时，可将抗滑挡土墙布设在锁口处。锁口以下部分另作处理。

③滑动面出口在路基面附近，滑坡前缘距路线有一定距离时，应尽可能将抗滑挡土墙靠近路线，墙后余地填土加载，增强抗滑力，减少下滑力。

④当滑面出口在路堑边坡上时，可按滑床情况决定布设抗滑挡土墙的位置；若

滑床为完整岩层，可采用上挡下护办法；若滑床为不宜设置基础的破碎岩层时，可将基础置于坡脚以下，稳定地层内。

⑤对于多级滑坡，可分级支挡。

2）设计推力的确定

滑坡推力一般按剩余下滑力求得，其方向假定为与紧挨墙背的一段较长滑坡平行。对于滑体刚度较大的中、厚层滑坡，压力的分布图形近似于矩形，合力作用点位于滑面以上 1/2 墙高处。

滑坡推力小于主动土压力时，应把主动土压力作为设计推力。但当滑坡推力的合力作用点位置较主动土压力为高时，挡墙的倾覆稳定计算取其力矩大者进行验算。

3）抗滑挡土墙的断面、埋深以及高度

①由于滑坡推力较大，作用点高，因此抗滑挡土墙一般具有胸坡缓、外形矮胖的特点。其胸坡常用 1∶3 ~ 1∶0.5，甚至缓至 1∶0.75 ~ 1∶1。图 7–1 是抗滑挡土墙常用的一些断面型式。

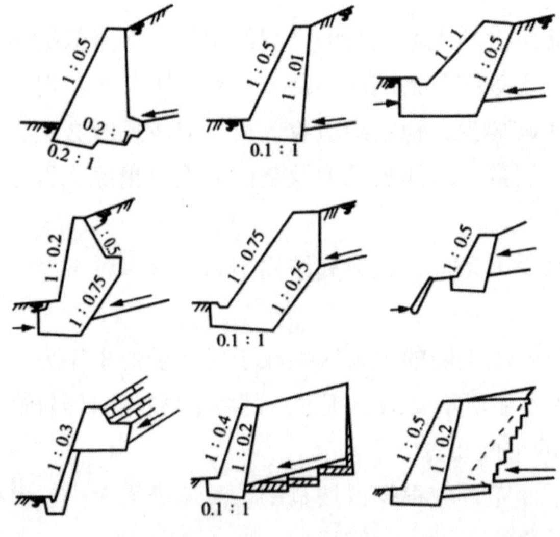

图 7–1　重力式抗滑挡土墙的常用断面形式示意图

②抗滑挡土墙的基础须埋入完整岩层内不小于 0.5m，或者埋入稳定坚实的土层内不小于 2m，并置于可能向下发展的滑面以下，即应考虑到设置抗滑挡土墙后由于滑体受阻，滑面可能向下伸延。当基础埋置深度较大，墙前有形成被动土压力的条件时（埋入密实土层 3m，中密地层 4m 及其以上），可酌情考虑被动土压力的作用。抗滑挡土墙的合理高度应控制墙后滑体不致沿墙顶滑出，可用试算法进行，如

图 7–2 所示。先假定一适当的墙顶标高，过墙顶 A 作与水平线成（$45°-\frac{\phi}{2}$）夹角的直线，与最后一段滑面交于 a 点，以 sa、aA 为最后滑面，验算滑体的剩余下滑力。若剩余下滑力为负值，则说明不可能沿该假定滑面滑出。然后，再自 a 点向上或向下每隔 5° 作一验算滑面进行验算，直至出现剩余下滑力的负值低峰为止。若计算的剩余下滑力为正值时，则说明墙高不足，应予增高。当剩余下滑力为负值，但数值过大时，则说明墙身过高，应予减低，如此按 1m 高度反复验算调整，直至安全合理为止。

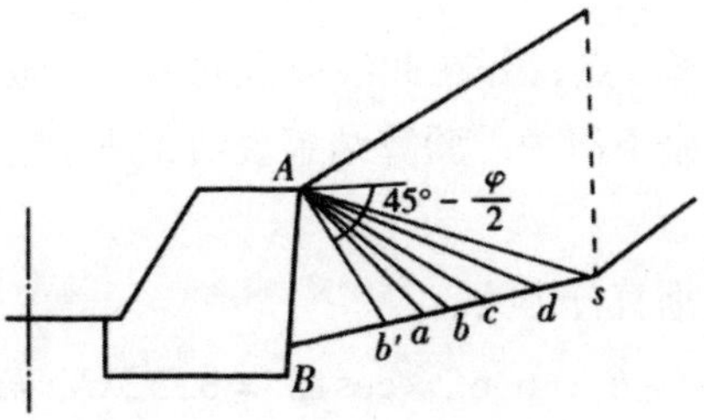

图 7–2　抗滑挡土墙的合理高度计算示意图

4）抗滑挡土墙设计举例

图 7–3 所示的某路堑边坡滑坡，拟采取重力式抗滑挡土墙作为支挡措施。滑面为折线形，按滑面倾角变化情况将滑体分成 5 段。各段滑面的内摩擦角 ϕ =19° ，黏聚力 c=6kPa；检算沿墙顶滑出的可能性时，墙后滑体的内摩擦角 ϕ =30° ，黏聚力 c=6kPa，其容重为 20kN/m^3；基础置于密实的砾石层上，其容许承载力 600kPa，墙与基底的摩擦系数 v=0.4，墙前路基面水平，墙基在路基下 3.2m，路基面下土体的容重 γ =20.5kN/m^3，内摩擦角 ϕ =35° ，黏聚力 c=0。

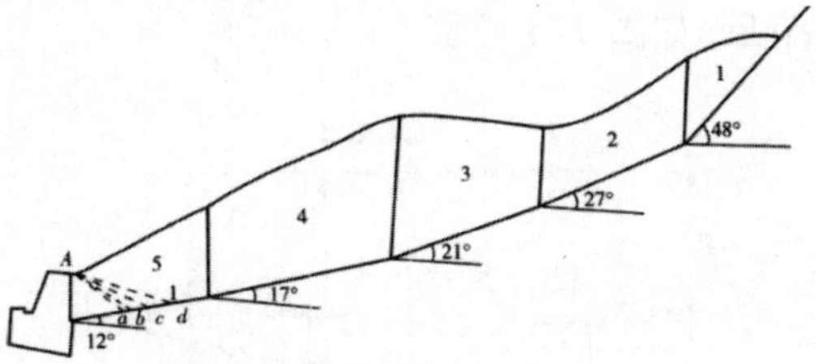

图 7–3　某路堑边坡滑坡示意图

墙体圬工采用 M10 水泥砂浆砌片石，其容重 γ' =23kN/m^3，要求滑动稳定系数 K_c=1.3，倾覆稳定系数 K_0=1.5。

①设计推力的确定

根据墙高，按库仑公式求得挡土墙的土压力为 194kN/m³，而滑坡推力为 636.2kN/m，故应按滑坡推力来设计挡墙。

②安全系数的选用及推力计算

考虑到各种不利因素，决定采用安全系数 K=1.20。根据图 7–3，在确定挡土墙位置并初定墙顶高程后，按划分的滑体条块自后向前求出作用于墙背的滑坡推力。

③安全墙高的计算

根据推力计算中所拟定的墙高，自墙背顶点向下作与水平线成（$45°-\frac{\phi}{2}$）倾角的 Aa 线，与滑面相交于 a 点，并在此线以上每隔 5° 做出 Ab、Ac、……等线，求算沿这些虚拟滑面的剩余下滑力。验算结果表明，所示墙高和埋深均属适当。

④墙体断面的拟定

墙背推力的水平和垂直分力为：

$$E_x = 636.2\times\cos 12° = 622.3kN/m$$
$$E_y = 636.2\times\sin 12° = 132.3kN/m$$

墙前地基土体可利用的最大被动土抗力为：

$$R_P = E_P - E_a = \frac{1}{2}\times 20.5\times 3.2^2\times[\tan(45°+\frac{35°}{2}) - \tan^2(45°-\frac{35°}{2})]$$
$$-104.96(3.690-0.271) = 358.9kN\cdot m$$

挡墙所需的最小断面面积为

$$A = \frac{K_c E_x - R_P - \mu E_y}{\mu\cdot\gamma'} = 43.2m^2$$

考虑使用倾斜基底时，可降低 10%，即 A 约为 39m²。

设计的抗滑挡土墙断面如图 7–4 所示。

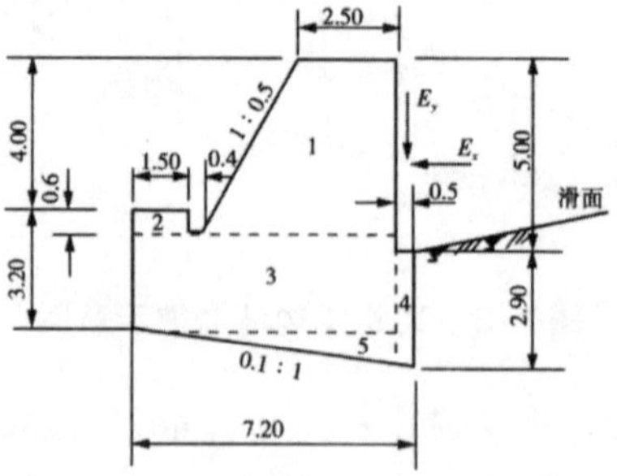

图 7–4　抗滑挡土墙断面示意图

有关挡土墙的稳定性检算和结构设计按一般重力式挡土墙设计。

（3）锚杆挡土墙

目前主要采用柱板式锚杆挡土墙、竖向预应力锚杆挡土墙以及锚杆加固等整治滑坡。

1）柱板式锚杆挡土墙

柱板式锚杆挡土墙（如图 7-5 所示）主要由预制（或就地灌注）的钢筋混凝土立柱、挡土板构成的墙面，与水平（或倾斜）的钢锚杆（或钢筋束、钢丝束等）联合组成。滑坡推力作用在挡坡上，由挡板传给立柱，再由立柱传给锚杆，最后由锚杆的锚固段所产生的抗拔力来维持结构和墙后岩（土）体的稳定。

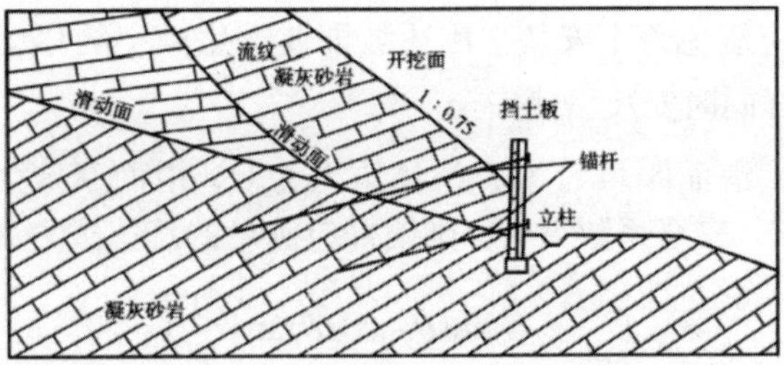

图7-5　柱板式锚杆挡土墙示意图

2）竖向预应力锚杆挡土墙

竖向预应力锚杆挡土墙（如图 7-6 所示）是将竖向锚杆的一端用水泥砂浆锚固在岩质地基中，另一端砌筑在混凝土或浆砌片石墙身内，并设锚具与圬工联系，最后以张拉锚杆的弹性回缩对墙身施加竖向预应力，以代替部分挡土墙圬工重力，从而减少抗滑重力式挡土墙圬工断面，达到节省圬工、降低造价的目的。

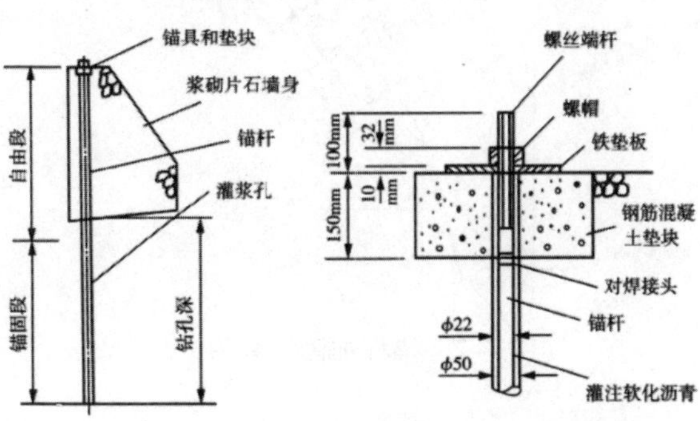

图7-6　竖向预应力锚杆挡土墙示意图

竖向预应力锚杆挡土墙的主要优点是：受力明确，设计简便，较柱板式锚杆挡土墙更便于施工，易于推广。它一般适用于岩石地基及墙身所受推力较大的情况。我国铁路部门于 1975 年首先将此种挡土墙用于成昆线狮子山滑坡病害整治工程中，以后在其他铁路线上也陆续采用过。

3）锚杆加固

对于斜坡岩层的顺层滑动，也可采用楔缝式锚杆进行加固，防止岩体的下滑。它是利用锚杆的抗拔力或剪力以及滑动岩层间摩擦力来阻止岩块的下滑。

锚杆插入岩层后，施加轴向压力迫使锚固端的楔缝张开，致使锚固端被固定在锚孔的岩体中，以达到锚固的目的。锚杆打入后，孔内应压注水泥砂浆，以提高锚杆的抗拔力，并防止钢筋锈蚀。

安装锚杆时，应避免逐个安装。因边坡即使产生微小的移动，单个锚杆也易折断，故必须数个锚杆同时安装以使安全。

如图 7–7 所示，滑面倾角为 θ，滑体重力为 G，滑面摩擦为 ϕ 锚杆的轴线与滑面法线间的夹角为 a，安全系数为 K，则锚杆应满足的总抗拔力和总抗剪力分别为

$$T_{KS}=\frac{G(\sin\theta-\cos\theta\tan\phi\frac{1}{K})}{\cos\alpha\tan\phi\frac{1}{K-\sin\alpha}}$$

$$T_{KS}=G(K\sin\theta-\cos\theta\tan\phi)$$

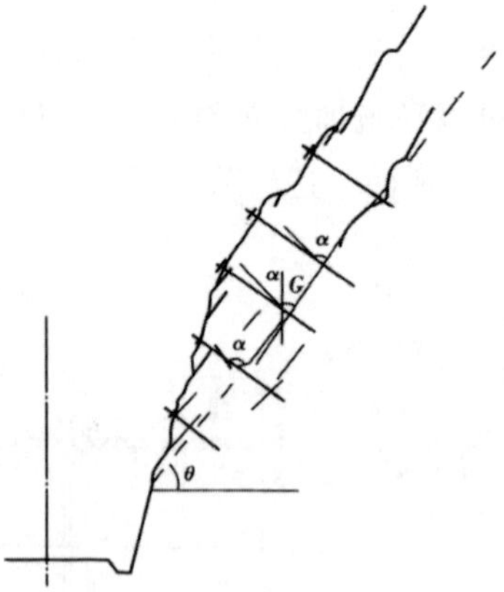

图 7–7　锚杆加固示意图

（4）抗滑桩

抗滑桩是承受侧向荷载用以整治滑坡的支撑建筑物。它穿过滑体在滑床的一定

深度处锚固，起到抵抗滑坡推力的作用。

工程实践表明：抗滑桩能迅速、安全、经济地解决一些工程问题，因此发展较快。它的优点有：

1）抗滑能力大，圬工数量小，在滑坡推力大、滑动面深的情况下，较其他抗滑工程经济、有效。桩位灵活，可以设在滑坡体中最有利于抗滑的部位，单独使用，也能与其他建筑物配合使用。分排设置时，可将巨大的滑体切割成若干分散的单元体，对滑坡起到分而治之的功效。

2）挖孔抗滑桩可以根据弯矩沿桩长变化合理布设钢筋。因此，较打入的管桩等要经济。

3）施工方便，设备简单，具有工程进度快、施工质量好、比较安全等优点。施工时可间隔开挖，不致引起滑坡条件的恶化，因此，对整治已通车路线上的滑坡和处在缓慢滑动阶段的滑坡特别有利。

4）开挖桩孔能校核地质情况，检验和修改原有的设计，使其更符合工程实际。但是，抗滑桩是利用桩周土体对桩的钳制作用稳定土体的，所以不适用于软塑体滑坡。另外，较之其他抗滑支撑措施需用较多钢材。

抗滑桩埋入滑面以下的部分称为锚固段，埋置于滑面以上的部分称为受力段。抗滑桩的受力段承受滑坡推力作用，传递到锚固段，在滑床的桩周地层产生反力钳住桩身。如桩的强度能承受这些推力和反力，就可以阻止桩背滑体的滑动。抗滑桩按制作材料分类，有混凝土桩、钢筋混凝土桩及钢桩；按断面形式分类，有圆桩、管桩、方桩及“H”形桩；按布置形式分类，有密排式、间隔式、单排式及多排式；按施工方法分类，有打入法、钻孔法、挖孔法等。对于浅层滑坡或路基边坡滑坡，可用混凝土桩（如图 7–8 所示）或混凝土钻孔桩，使滑体稳定。

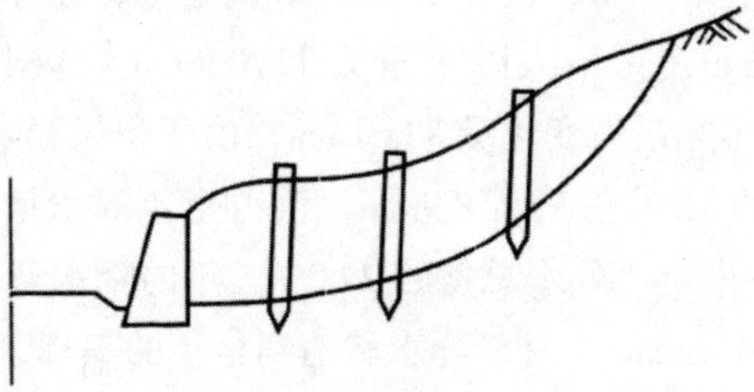

图7–8　抗滑桩示意图

对于岩层整体性强、滑动面明确的浅层或中厚层滑坡，当修建抗滑挡土墙圬工量大，或因开挖坡脚易引起滑动时，可在滑坡前缘设置混凝土或钢筋混凝土钻孔桩。

对于推力较大的大型滑坡，可采用大截面的挖孔桩，采用分排间隔设桩或与轻型抗滑挡土墙结合的型式，以分散滑坡推力，减小每级抗滑建筑物的圬工体积。

抗滑桩的设计主要要解决桩群的平面布置、桩的锚固深度以及桩的截面形状与强度问题，这些问题是相互关联的。合理的抗滑桩设计应使整个桩群的工程经济合理，充分发挥作用。

第四节　滑坡防治实例

一、本工程地质概况

1. 地形地貌

工作区位于秦岭山系，嵩山和萁山山脉的东段，地貌属低山区，北、东、南三面环山，西面临山坳，最高点位于东南山前处，海拔高程 740m；最低点位于西部山坳冲沟处，海拔高程 580m，相对高差 160m，由于区域构造运动强烈，造成地形支离破碎，切割深度大，沟谷多呈“V”字型，起伏不平，山前斜坡坡度多在 35 ~ 50 度之间，本区山体上升强烈，地质营力以构造侵蚀为主，山体有较高的临空面，山坡陡峻。

滑坡体南北两侧各为小型冲沟，属季节性河流（冲沟），平常无水，仅雨季时有水。滑坡南倒冲沟上部有一山泉，常年有水，供给过风口自然村村民的日常生活用水。

2. 气象水文

属暖温带大陆性季风气候，四季分明，冬季寒冷，雨雪稀少，多西北风；春季暖和，气温回升快，千旱少雨；夏季炎热，雨量集中；秋季凉爽，多风少雨，多年平均降水量 631.57mm，年最大降水量为 1170.9mm（1964 年），最小降水量为 332.8mm（1966 年），年际最大变化量 838.1mm，由于季风影响，一年内各月降水量分配极不均匀，最少的 12 月份只有 8.9mm，仅占全年降水量的 1.4%，最多的 7 月份降水量达 139.6mm，占全年降水总量的 22.0%，年内降水量 1–3 月份逐渐增多，4 月份急剧上升，达到 61.4mm，7 月份降水量达到全年的高峰，然后逐月下降，11 月份特别明显，到 12 月份达到全年最小值，降水量集中于 7、8、9 三个月，占全年的 52.2%。

3. 地质岩性

工作区内出露主要地层以太古界、下元古界变质岩类及新生界第四系崩坡积物为主，由于工作区东边紧临山体，山体近于直壁，岩性主要为石英岩，由于长期风化和暴雨冲刷作用，形成了大量岩石碎块崩垮，造成了山前工作区斜坡表层残留大量山体崩塌碎石，最大直径可达数米。

4. 地质构造及地震

本区位于中朝准地台的豫西褶皱带。区内褶皱表现为紧密线状和平缓开阔两个特点，断裂则以高角度正断层为主，一般在各期褶皱的同时或晚期产生。工作区处于嵩山、箕山复背斜倾伏端地区，区内山体上升强烈，构造断裂相当发育。目前，工作区断裂活动已趋子稳定状态，对工作区内的滑坡活动影响不大。根据 2001 年版中国地震动参数区划图，本区地震烈度为Ⅵ度。

二、该工程总体部署

1. 总体部署原则

（1）以人为本、防灾减灾的原则；

（2）技术可行、经济合理的原则；

（3）先设计后施工的原则；

（4）经济效益服从减灾效益、社会效益、环境效益的原则。

2. 总体工程部署

本次滑坡应急勘查治理工程在充分收集已有工作成果资料、认真分析判定工作区的地质环境条件、采用有效可行的勘查方法、合理的布设勘查工作的基础上，查明滑坡体的分布范围、边界条件、滑带特征及分布形态、滑床埋深及岩性特征、滑体的厚度及组成、主滑方向、滑坡体、滑带及滑床的结构组成、分布特征和工程地质条件性质等，在分析滑坡体综合地质环境的条件下，确定滑坡体的 c、ϕ 值，计算滑坡体下滑力、抗滑力，判定滑坡体稳定性状态，根据计算结果并结合当地实际情况、已拨付治理资金的数额，提出滑坡应急综合防治设计方案，依据设计方案进行应急治理工程施工。

三、滑坡治理工程设计与施工

1. 设计目标与原则

滑体治理的目标是采用工程措施辅以安全监测，提高滑坡的稳定安全储备，进而保护滑体下居民的生命财产安全。

因害设防，突出重点，综合治理，使灾害得以控制。工程措施与非工程措施并举。工程措施应遵循技术可行，经济合理，一次性根治不留后患的原则；非工程措施应加强政府的职能，加大宣传力度，提高地质环境保护意识，做好监测、预报工作。

2. 设计指标

依据《滑坡防治工程设计与施工技术规范》，按照其危害对象、危害人数及可能经济损失、施工难度、工程投资综合确定其防治工程等级为Ⅲ级。主要荷载组合为自重＋暴雨工况的组合，设计安全系数为1.15。

根据滑坡的特点，对Ⅱ号滑坡蠕动体采取截水沟措施，拦截Ⅱ号滑坡外的水源进入滑坡体内；对Ⅰ号滑坡体采取截排水沟＋抗滑桩措施进行治理。

3. 截排水沟设计施工

（1）排水系统布置

地表排水的目的是拦截滑坡地段以外的地表水，不使水流入滑坡区内，并尽快排除滑坡范围内的雨水，引导地表水在滑坡体外的稳定山坡处排走。地表排水系统包括截水沟、排水沟等，沿Ⅱ号滑坡蠕动体后缘布置截水沟，将滑坡体外水源引向南北两侧的沟谷内，尽量截住或减少滑坡体外来水流入滑坡体内，Ⅱ号滑坡蠕动体南侧截水沟坡度较大，但沟底为裸露基岩和大的漂砾组成，故不再设置消能池；在Ⅰ号滑坡体中上部设置横向截水明沟、在Ⅰ号滑坡体北部设置排水沟一条，防止北侧滑坡体外冲沟内的雨水流入Ⅰ号滑坡体内，与Ⅰ号滑坡体的截水明沟相连，将降水排除滑坡外。

（2）截、排水沟结构

截水沟采用矩形截面，排水沟采用倒梯形截面，混凝土护砌，在陡坎或者落差相对较大处采取多级跌水坎结构形式。

（3）主要特征尺寸设计

滑坡截、排水沟长度共计约338m，其中截水沟长度270.7m，排水沟长度约67.3m，截水沟截面尺寸依据冲沟汇流面积和当地水文资料，估算排水流量，确定排水系统规模。

4. 抗滑桩设计施工

（1）抗滑桩的布设

由于滑坡所处区的特殊性，根据勘查结果及稳定性计算，Ⅰ号滑坡体在工况一（自重）条件下处于稳定状态，在工况二（自重＋暴雨）条件下均处于不稳定状态。剩余推力计算及设计抗滑桩计算采用北京理正抗滑桩软件，剩余推力按D–D’剖面中部下滑力最大处计算，在受威胁房屋后沿剖面D–D’设置抗滑桩以防止滑坡的进一步崩滑现象发生，抗滑桩设为方桩，桩底均为自由支撑，根据勘查资料并参考物探资料，D–D’剖面滑坡覆盖层最大厚度 6m 左右，强风化层最大埋深 11 米左右，由于强风化层风化严重，为安全起见，抗滑桩深度设置为 15m，穿透强风化层 = 共布设 13 根（K1–K13），断面尺寸均为 1.0m × 1.5m，长度为 15m，桩底清理后铺设 10cm 厚的 M10 水泥砂浆，桩间距均为 4m。

（2）挡土板布设

每两根抗滑桩之间设置一挡土板，挡土板为 C30 混凝土混凝土挡土板，为钢筋混凝土材料，将相邻两根抗滑桩牢固连接在一起，挡土板课 2m、厚 30cm。挡土板下部间隔 lm 设置 ф50 泄水孔，泄水孔处墙后须设置反滤层，反滤层为宽、厚各 1m 的粗砂，粗砂须干净无泥土。

（3）抗滑桩及挡土板材料：

钢筋混凝土配筋计算依据：抗滑桩采用 C30 混凝土，桩纵筋 HRB335，桩箍筋 HPB235，混凝土挡土板材料为 C30 混凝土、钢材、反滤层。

5. 施工顺序

基坑施工放样→基坑开挖→清理整平→基坑验收→沟底模板支护→沟底混凝土浇筑→设置伸缩缝→沟身模板支护→沟身混凝土浇筑→留置伸缩缝→养护→验收→进行下道工序。首先施工Ⅱ号滑坡蠕动体后缘的截水沟、其次施工截水沟、最后施工Ⅰ号滑坡体北部排水沟。

第八章　公路边坡防护治理

第一节　边坡的类型与稳定性

一、边坡的类型

1. 按岩性不同分类

根据岩性不同，边坡可分为岩质边坡和土质边坡。

（1）岩质边坡

1）侵入岩类边坡。如花岗岩。岩性较单一，强度较高，一般呈块状结构，常形成陡坡并发育卸荷裂隙。

2）喷出岩类边坡。如玄武岩、凝灰岩、流纹岩、凝灰角砾岩等。强度差别大，裂隙发育。有时具有层状或似层状结构，孔隙性大，边坡形态受产状控制。

3）碎屑沉积岩边坡。如砂岩、砾岩、页岩等。强度差别较大，具有层状结构，边坡形态受岩层产状控制，页岩透水性微弱。

4）碳酸盐岩类边坡。如石灰岩、白云岩等。强度一般较高，多具层状结构。边坡形态受岩层产状和节理裂隙发育特征控制，常形成陡坡悬崖，有时岩溶发育。

5）夹有软弱夹层的沉积岩边坡。如夹有泥化夹层或破碎夹泥层的砂岩、页岩、石灰岩等，具层状结构。

6）软弱岩层边坡。如白垩（第三纪红色粘土岩、泥岩、泥灰岩、页岩等）、半成岩、河湖相砂页岩。强度甚低，易风化、崩解。

7）特殊岩类边坡。含石膏、岩盐等的易溶岩层、强度甚低，易溶于水。

8）变质岩类边坡。如片岩、千枚岩、片麻岩、石英岩等。强度差别大，多呈片状或层状结构，岩体完整性差。

（2）土质边坡

1）黄土边坡。黄土一般呈棕黄色或淡黄色，多孔，孔隙比一般大 40% ~ 50%，以粉粒为主，质地均一，无层理、柱状节理和垂直节理发育，天然状态下含水少，干燥时坚固，可形成直立边坡，但遇水容易剥落或遭受侵蚀。

2）砂性土边坡。是指主要由砂或砂性土组成的边坡，以结构较疏松粘聚力低为特点，作为工程边坡，透水性较大，饱和含水的均质砂土边坡，在振动力作用下，易于液化产生液化边坡。

3）粘土性边坡。粘土以颗粒细密为其主要特征，但由于生成环境的不同，各类粘土的组织结构、物理力学特性等差别较大，对边坡稳定性的影响也不一样。但一般都具有干时坚硬开裂，遇水膨胀分解呈软塑性状的特点。

4）软土边坡。是指由淤化、泥炭、淤泥质土以及其他抗剪强度极低的土组成的边坡。粘土由于其抗剪强度极低，流变性征显著，对于边坡稳定性不利。

5）土石混合边坡。是指由坚硬岩石碎块和砂土碎屑物质混合组成的边坡，按其形成条件可以分为堆积型（包括沉积、坡积）和残积型。前者土石碎屑经搬运位移，如变形边坡的残留体或坡积体等；后者则为基岩原位风化而成。

2. 按地质环境与人工改造的程度分类

（1）自然边坡。是指未经人工破坏改造的边坡，是由地质构造作用形成的。从地形地貌上看，凡是与大气接触的山坡称为自然边坡，如天然沟谷岸坡、山体斜坡等。

（2）人工边坡。是指由于人们从事岩体工程活动，经人工改造所形成的边坡，如水利水电工程中的基坑边坡、渠道边坡、铁路隧道、公路交通开山劈岭修建道路所形成的边坡以及露天开采所形成的边坡等。

人工边坡一旦开挖，就会破坏自然生态平衡。边坡大面积暴露在大气中，裸露的岩土在外部风化因素作用下，岩（土）质发生变化，导致风化加剧，坡面受到侵蚀，容易失稳，形成滑坡。

3. 按边坡高度不同分类

按边坡高度可分为超高边坡、高边坡、中边坡和低边坡 4 类，如下表 8–1 所示。

表 8–1　按边坡高度分类

边坡类型	高度 /m
超高边坡	＞100
高边坡	50 ~ 100
中边坡	20 ~ 50
低边坡	＜20

4. 按边坡坡度不同分类

按边坡坡度可分为微斜边坡、平缓边坡、陡坡、急坡、悬坡、倒坡 6 种类型，如表 8–2 所示。

表 8–2 按边坡坡度分类

边坡类型	坡度 / (°)
微斜边坡	＜5
平缓边坡	5 ~ 15
陡坡边坡	15 ~ 35
急坡边坡	35 ~ 55
悬坡	55 ~ 90
倒坡	＞90

5. 按变形情况不同分类

（1）未变形边坡。边坡岩体未发生位移变形。

（2）变形边坡。边坡岩体曾发生位移变形。

二、边坡稳定性

1. 表示方法

边坡的稳定性通常以滑动面上的抗滑力（Fs）与滑动力（Fr）的比值，即抗滑稳定性系数（η）来表示。这一比值越大，边坡越稳定；反之，边坡越不稳定。

评价边坡稳定性的常用方法有下列四类：

（1）定性分析法。通过对边坡的尺寸和坡形、边坡的地质结构、所处的地质环境、形成的地质历史、变形破坏形迹，以及影响其稳定性的各种因素的研究，判断边坡演变阶段和稳定状况。

（2）极限平衡分析法。把可能滑动的岩、土体假定为刚体，通过分析可能滑动面，并把滑动面上的应力简化为均匀分布，进而计算出边坡的稳定性系数。

（3）数值分析法。利用有限单元分析法，先计算出边坡位移场和应力场，然后利用岩、土体强度准则，计算出各单元与可能滑动面的稳定性系数。

（3）工程地质类比法。将所研究边坡或拟设计的人工边坡与已经研究过的或已有经验的边坡进行类比，以评价其稳定性，并提出合理的坡高和坡角。

2. 分析方法

（1）工程地质类比法

工程地质类比法，又称工程地质比拟法，属于定性分析，其内容有历史分析法、因素类比法、类型比较法和边坡评比法等。该方法主要通过工程地质勘察，首先对工程地质条件进行分析。如对有关地层岩性、地质构造、地形地貌等因素进行综合调查、分类，对已有的边坡破坏现象进行广泛的调查研究，了解其成因、影响因素、发展规律等；并分析研究工程地质因素的相似性和差异性；然后结合所要研究的边坡进行对比，得出稳定性分析和评价。其优点是综合考虑各种影响边坡稳定的因素，迅速地对边坡稳定性及其发展趋势作出估计和预测；缺点是类比条件因地而异，经验性强，没有数量界限。在地质条件复杂地区、勘测工作的初期、缺乏资料时，都常使用工程地质类比法，对边坡稳定性进行分区并作出相应的定性评价，因此，需要有丰富实践经验的地质工作者，才能掌握好这种方法。

（2）边坡稳定性图解法

在边被稳定性分析中，常使用各种图解法，它是属于定性的方法，其优点是简单、直观、快速；缺点是带有一定的经验性和概念性。因此图解法常常用于规划阶段，或初步分析边坡稳定之用。用图解法分析，发现有问题的边坡应用计算验证。图解法分为诺模图法和赤平投影图法，诺模图法利用诺模图来表征与边坡有关参数之间的定量关系，从而求出边坡稳定性系数、稳定坡角和极限坡高，主要应用于具有圆弧性破坏面的滑坡；赤平投影图法利用赤平投影的原理，通过作图直观地反映出边坡破坏的边界，确定失稳岩土体的规模形态及其可能变形滑动方向等，从而对边坡稳定程度作出初步分析，并为力学计算提供基础，它主要用于岩质边坡的稳定性分析。王俊斌等在山西省平遥—榆社高速公路勘察中，运用叠加了岩层产状、路线走向、边坡倾向、节理发育程度及地形坡向的玫瑰花图，使得路基的高边坡稳定性分析变得简明扼要，清晰地展现出各种结构面、坡面及路线之间的角度关系，为分析基岩边坡的稳定性提供了有效的证据。节理玫瑰花图解法无论是在滑坡路基、填方路基还是挖方路基边坡稳定性分析中，均简洁明了、简单易行，分析结果可信度高，在边坡路基段勘探与稳定性分析中应加以推广应用。

（3）块体单元法

块体单元法介于刚体极限平衡法和有限元法之间，兼有两者的优点，工作量小，特别适用于如裂隙岩体那样的非连续介质问题，且块体元的应力精度与位移精度一致，因此按位移和应力求出的稳定安全系数比较接近。块体单元法以块体形心处的刚体位移作为基本未知量，即用分片的刚体位移模式逼近实际位移场，在块体单元之间设“缝”单元，反映结构的物理性质。根据虚功原理求出各块体形心处的刚体位移后，由缝单元两侧块体的相对位移确定缝面的变形和应力。块体单元法既保证了各块条的力和力矩的平衡，又考虑了它们的变形。而且，块体单元法可以反映非连续面两侧位移和应力可能不连续的特点，还提高了应力精度，使稳定安全系数的计算更为可靠，因此，块体单元法特别适用于具有软弱结构面岩体的稳定分析。

第二节 公路边坡支挡结构防护研究

一、挡土墙

1. 挡土墙的类型、构造及布置

（1）挡土墙的类型

在公路工程中，可用以支撑路堤或路堑边坡、隧道洞口、防止水流冲刷路基，同时也常被用于处理路基边坡滑坡崩坍等路基病害。尤其在山区公路中，挡土墙的运用更为广泛。

公路上常用的挡土墙按其设置位置可分为路肩墙、路堤墙、路堑墙和山坡墙等类型，如图 8–1 所示。

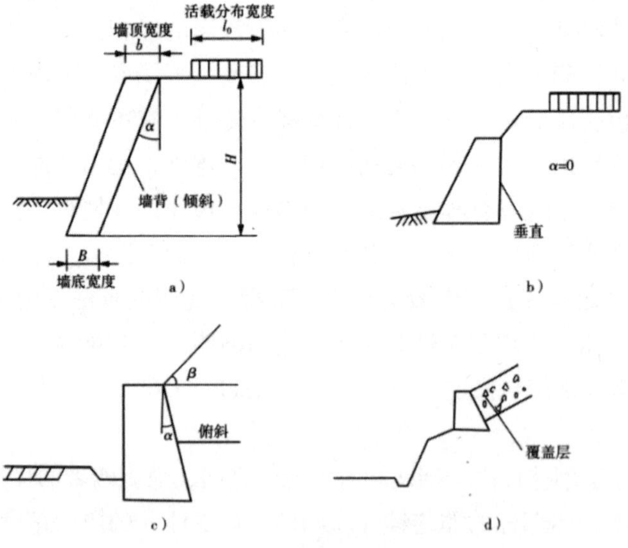

图 8–1 设置挡土墙的位置

a）路肩墙；b）路堤墙；c）路堑墙；d）山坡墙

路肩墙或路堤墙设在高填路堤或陡坡路堤的下方，可以收缩路堤坡脚，减少填方数量，减少拆迁和占地面积，防止路基边坡或基底滑动，保证路堤稳定。

路堑墙设置在堑坡底部，主要用于支撑开挖后不能自行稳定的边坡，可降低挖方边坡的高度，减少挖方数量、防止陡坡路堤下滑，避免山体坍滑。

山坡挡土墙设在堑坡上部，用于支挡山坡上可能坍滑的覆盖层或破碎岩层，有的兼有拦石作用。

选择挡土墙设计方案时，应与其他方案进行技术经济比较。通过移动路线位置、放缓边坡增大路基土石方工程、拆迁妨碍路基的建筑物等比较，以求达到工程经济合理、安全、稳定的目的。

（2）挡土墙的构造

公路上常用的挡土墙，一般由墙身、基础、排水设施、沉降缝与伸缩缝等几部分构成。

1）墙身

墙身包括墙背、墙面、墙顶和护栏四部分。石砌挡土墙的墙背，常见的有仰斜、垂直、俯斜、凸形折线和重力式等形式，如图 8-2 所示。墙面一般为平面，其坡度与墙背坡度相配合。同时，还应结合墙趾处的地面横坡合理选择，宜采用垂直面或仰斜 1：0.05 ～ 1：0.20，但一般不缓于 1：30，以免过多增加墙高。墙顶的最小宽度，浆砌挡墙不小于 50cm，干砌不少于 60cm。护栏是为保证交通安全，在地形险峻地段或过高过长的路肩墙墙顶设置（一般墙顶高出地面 6m 以上，或连续长度大于 20m 的路肩挡土墙）。

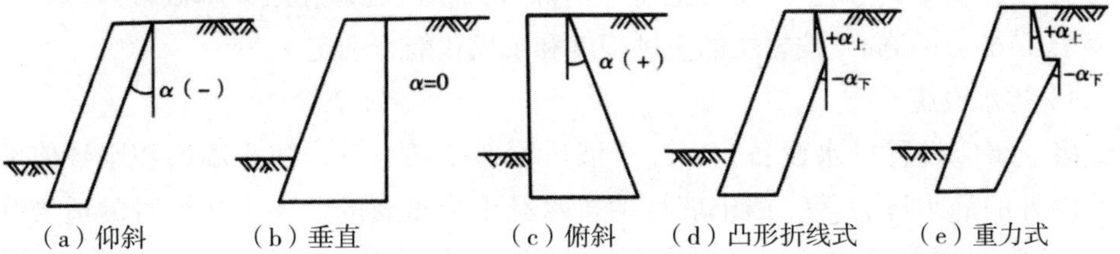

图 8-2　石砌挡土墙的断面形式

2）基础

挡土墙基础是挡土墙质量的关键。实践证明：挡土墙的破坏，大多是由基础处理不当而引起的。

绝大部分挡土墙，都是直接修筑在天然地基上。当地基承载力不足且墙趾处地形平坦，为减少基底压力，并增加基础的抗倾覆稳定性，通常采用扩大基础，见

图 8-3（a）。墙趾处伸出不少于 20cm 宽的台阶，台阶的高宽比可采用 3：2 或 2：1。如果地基承载力不足，为避免台阶太大和过厚，可采用钢筋混凝土基座，见图 8-3（b）。地基为软弱土层（如淤泥、软黏土等）时，可采用砾石、碎石、矿渣或灰土等质量较好的材料换填，以扩散基底压力。当地面陡峻而地基为完整坚实的岩石时，基础可做成台阶，以减少基坑开挖和节省圬工（见图，8-3（c）。台阶的尺寸，按具体的地形地质条件确定，台宽不宜少于 0.5m，台阶的高宽比一般不应大于 2：1。如局部地段地基软弱，挖基困难或需跨越沟涧时，可采用拱形基础，见图 8-3（d）。但应注意土压力不宜过大，以免横向推力导致拱圈开裂。设计时，对拱圈应作验算。

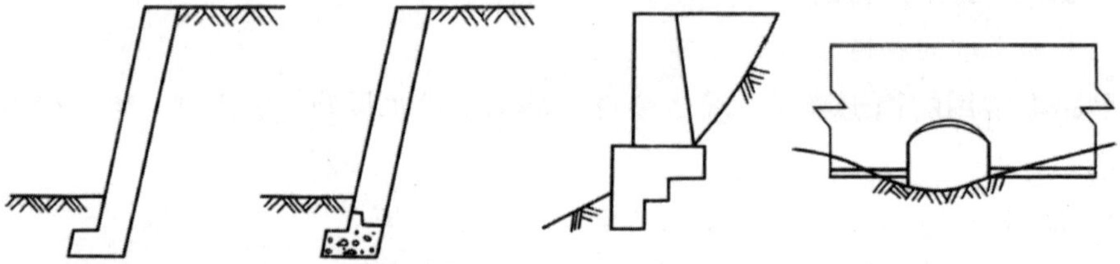

（a）加宽墙趾　（b）钢筋混凝土基座　（c）台阶基础　（d）拱形基础

图 8-3　挡土墙的基础形式

挡土墙的基础埋设深度应按地基的性质、承载力的要求、冻胀的影响、地形和水文地质等条件确定。设置在土质地基上的挡土墙，基底应埋在天然地面以下至少 1.0m，受水冲刷时应在冲刷线以下至少 1.0m。受冻胀影响时，应在冻胀线以下至少 0.25m。碎石、砾石、砂类基础，不考虑冻胀影响，基础埋置深度不宜少于 0.5（击实时）~ 1.0m（疏松时）。岩石地基应清除表面松散的风化层，基础嵌入基岩深度不少于 0.15 ~ 0.60m（按岩层的坚硬程度和抗风化能力选定）。

3）排水设施

挡土墙应设置排水设备，以疏干墙后填料中的水分，防止墙后积水致使墙身承受额外的静水压力等。挡土墙后的排水是十分重要的，要求在墙身的适当高度处，设置一排或数排泄水孔。泄水孔尺寸视泄水量的大小而定。一般为截面尺寸为 5cm × 10cm、10cm × 10cm、15cm × 20cm 的方孔或直径为 5 ~ 10cm 的圆孔。泄水孔间距一般为 2 ~ 3m，上下排水孔交错布置。为保证顺利泄水和避免墙外水流倒灌，泄水孔应向外倾斜，最下一排泄水孔的出水口应高出地面或排水沟及积水地区常水位以上 0.3m。下排泄水孔进水口的底部，应铺设 30cm 厚的黏土隔水层，以防水分渗入基础。进水口周围还应用具有反滤作用的粗颗粒材料覆盖，以免孔道淤塞。干砌挡土墙可不设泄水孔。有关排水设施的设置如图 8-4 所示。

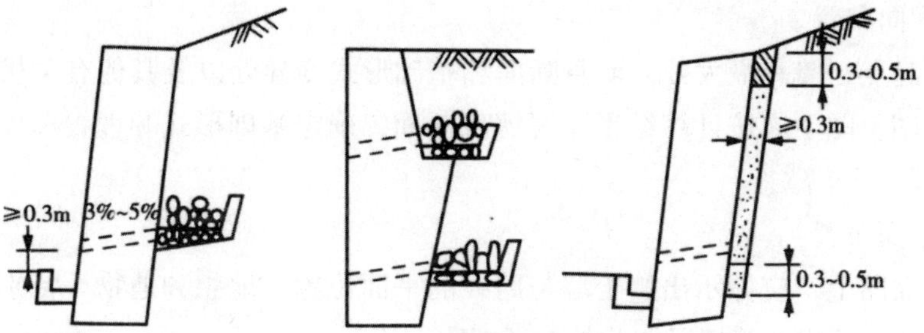

图 8-4　泄水孔和排水孔示意图

4）沉降缝与伸缩缝

为了防止地基不均匀沉陷而引起墙身开裂，需设置沉降缝；为了减少圬工砌体因收缩硬化和温度变化作用而产生裂缝，需设置伸缩缝。沉降缝和伸缩缝是设在一起的。一般每隔 10 ~ 15m 设置一道，缝宽 2 ~ 3cm。自墙顶做到基底，缝内可用胶泥填塞，也可采用沥青麻筋或涂以沥青的木板等具有弹性的材料。沿墙的内、外、顶三侧填塞，填塞的深度均为 15cm。干砌挡土墙可不设沉降缝与伸缩缝。

（3）挡土墙的布置

挡土墙的布置，应根据路基横断面图、纵断面图及墙趾纵断面图，并考虑地形、地质与水文地质情况、材料供应及施工技术水平等条件，选择和确定挡土墙类型、位置和长度。

1）挡土墙的位置

路堑挡土墙大多数设在边沟旁，山坡挡土墙应考虑设在基础可靠处；路肩墙应保证路基宽度布设；路堤墙应与路肩墙进行技术经济比较，以确定墙的合理位置；沿河挡土墙要结合河流的水文地质情况及河道工程来布置，注意设墙后仍能保持水流顺畅。

2）纵向布置

挡土墙纵向布置应在墙趾纵断面图上进行，布置并绘制挡土墙正面图。布置的内容为：

①确定挡土墙的起点桩号和墙长，选择挡土墙与路基或其他结构物的连接方式；

②按地基和地形情况进行分段，确定沉降缝和伸缩缝的位置；

③布置好各段挡土墙的基础。挡土墙的基础底宜做成不大于 5% 的纵坡；若大于 5% 时，应做成台阶状。但地基为岸石时，纵坡不大于 5%，为减少开挖，也可在纵向做成台阶，台阶的尺寸随地形变动，但其高宽比不宜大于 1：2；

④确定泄水孔的位置，包括数量、间隔和尺寸等。

3）横向布置

绘制起点、墙高最大处、墙身断面和基础形式变异处以及其他有关桩号的挡土墙横断面图。图上应按计算结果布置墙身断面，确定基础形式和埋置深度，布置排水设备等。

4）平面布置

在平面图上，应标示出挡土墙与路线的平面位置、地貌和地物（特别是对挡土墙有干扰的建筑物）等情况。此外，还应附有说明：

①采用标准图的编号；

②选用挡土墙设计参数的依据；

③所需的工程材料数量；

④其他有关材料及施工的要求和注意事项等。

2. 挡土墙的压力计算

（1）土压力的种类

挡土墙是支挡土体的结构物，它的断面尺寸与温度要求主要取决于土压力。作用于墙身的土压力有主动土压力、被动土压力和静止土压力三种。

1）主动土压力

当墙身受土体侧压力作用，逐渐向外滑动或倾覆，墙后土体沿破裂面下滑而处于极限平衡状态时，作用于墙背之侧的土压力达最小值，称此压力为主动土压力，如图 8-5（a）所示，以符号 E_A 表示。

2）被动土压力

当墙身受外力作用，墙向土体挤压移动，土压力随之增大，墙后土体被推破达到向上滑动的极限平衡状态时，土压力达最大值，此时土体对于墙背的抗力，称为被动土压力。如图 8-5（b）所示，以符号 E_P 表示。

3）静止土压力

墙处在原来位置不动时，作用于墙背的侧压力介于上述两者之间，即称为静止土压力。三种土压力的力学概念，如图 8-5（c）所示。通常主动土压力小于被动土压力，而静止土压力介于两者之间。路基挡土墙一般均可能有侧向位移或倾覆，墙身受到主动或被动土压力。设计中，对墙趾前土体的被动土压力往往忽略不计（偏于安全），主要考虑的是墙背所受到的主动土压力。

（2）土压力的计算

1）库仑理论假定

①假设墙背填料为均质散粒体，仅有内摩擦力，而无黏聚力。

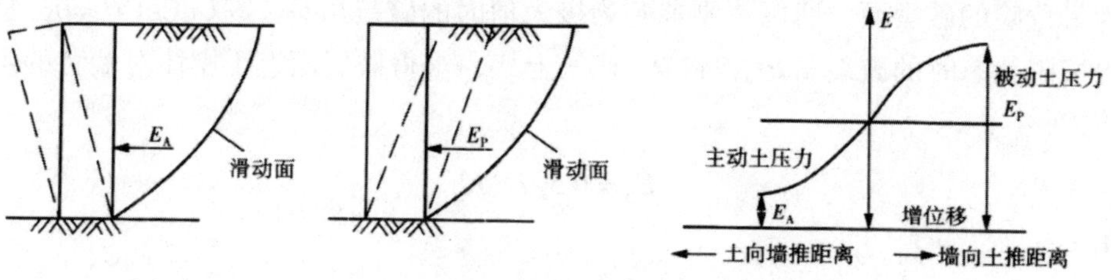

（a）　（b）　（c）

图8-5　土压力类别

②当墙身向外移动或绕墙趾外倾时，墙背填料内出现一个通过墙踵的破裂面，假定此破裂面为一平面。

③破裂面上的土楔体视作刚性体，在外力作用下无压缩或伸张的变形。

2）主动土压力计算公式

如图 8-6 所示，根据静力平衡条件，确定此土楔体处于极限平衡状态时给予墙背的主动土压力为

$$E = W \cdot \frac{\sin(90° - \theta - \phi)}{\sin(\theta + \omega)}$$

式中　E——主动土压力，kN；

W——ABC 楔体自重，土楔体上有荷载时，包括荷载重，kN；

θ——破裂面与垂线的夹角，称为破裂角；

ω——$\omega = \alpha + \delta + \phi$；

a——墙背倾角，仰斜时 a 取负值，俯斜时 a 取正值；

δ——墙背与填料间的摩擦角。

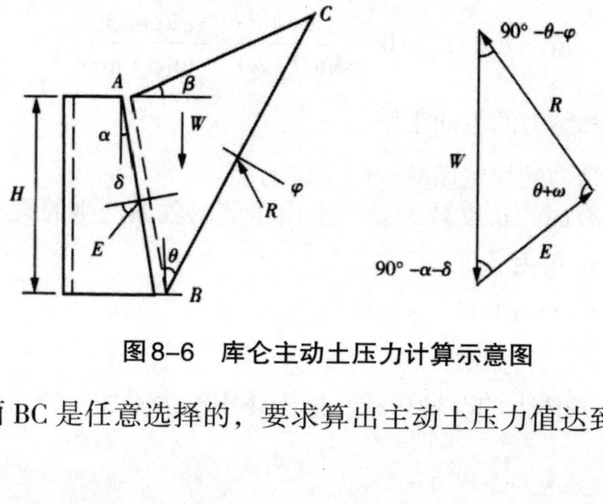

图8-6　库仑主动土压力计算示意图

由于滑动面 BC 是任意选择的，要求算出主动土压力值达到最大的那个破裂面

即为最危险的破裂面。所以，要求 E 为极大值时的破裂角 θ_a，取 $dE/d\theta=0$，从而解得极限状态时的破裂角 θ_a，将 θ_a 代入上式，求得破裂面上土楔体对墙背的主动土压力：

$$E_a = 0.5\gamma H^2 K_a$$

式中 H——墙高，m；

γ——墙背填料的容重，kN/m^3；

K_a——主动土压力系数，一般有表可查。

3）黏性土的土压力计算

库仑土压力理论，假定墙后填料只有内摩擦力而无黏结力，显然与实际情况不符，填料中黏结力的存在，对主动土压力的大小影响很大。墙后填料为黏性土时，应考虑黏聚力的影响。

①换算内摩擦角

目前，由于黏聚力的数值难于恰当地确定，通常都采用换算内摩擦角法来计算黏性土的主动土压力。通常把黏性土的内摩擦角增大 5° ~ 10°，作为换算内摩擦角。或取换算内摩擦角值为 ϕ_D =30° ~ 50°，此法虽然简单，但只与某一特定的墙高相适应，而一般对于矮墙（H＜6m）是偏于安全的，对于高墙则偏于危险。

②根据土压力相等原理，求出 ϕ_D，然后代入无黏性土的库仑公式，计算土压力，ϕ_D 由下式计算：

$$\tan = (45° - \frac{\phi_D}{2}) = \tan(45° - \frac{\phi}{2}) - \frac{2c}{\gamma H}$$

式中符号意义同前。

4）考虑黏结力的存在，使土压力减小，减小后的土压力可由下式计算。

$$Ec = Ea - E_c^1 = W \cdot \frac{\cos(\theta+\phi)}{\sin(\theta+\omega)} - \frac{cL\cos\phi}{\sin(\phi+\omega)}$$

式中 Ea——不计黏结力的主动土压力；

E_c^1——因黏结力的作用而减少的土压力；

L——为破裂面的长度减去黏性土由于侧向收缩产生的裂缝深度 h_c，裂缝深度 h_c 可由

下式计算：$h_c=2c/\gamma \cdot \tan(45° + \psi/2)$。

（3）车辆载荷换算

作用于墙后破裂棱体上的车辆荷载，使土体中产生附加的竖向应力，从而产生

附加的侧向压力。考虑到这种影响，可将车辆荷载近似地按均布荷载考虑，换算容重与墙后填料相同的均布土层。

3. 重力式挡土墙设计要求与稳定性验算

（1）挡土墙设计的要求

重力式挡土墙本身必须有足够的整体稳定性，墙身截面应具有足够的强度以承受土体侧压力。重力式挡土墙可能产生的破坏有滑移、倾覆、不均匀沉降和墙身断裂等。在设计时需要验算挡土墙在组合力系作用下沿基底滑动稳定性，绕基础趾部转动的倾覆稳定性，基体应力及偏心距，以及墙身断面强度。

（2）挡土墙稳定性验算

1）抗滑稳定性验算

在主动土压力的水平分力 E_x 的作用下，挡土墙向外滑动，阻止滑动的基础底面与地基之间的摩擦力即为抗滑力。抗滑力与滑动力的比值，称之为滑动稳定系数 K_c，即

$$K_c = \frac{T}{E_x} = \frac{(W+E_y)f}{E_x}$$

式中　T——抗滑力，kN；

E_x——主动土压力的水平分力，kN；

E_y——主动土压力的垂直分力，kN；

W——挡土墙自重；

f——基底摩擦系数，可通过现场试验确定。

当 $K_c \leqslant [K_c]$ 时，表示抗滑稳定性不足。此时，应增加抗滑稳定性的措施：倾斜基底；凹榫基础；改善基础，如更换基底土层；改变墙身断面形式等。

2）抗倾覆稳定性验算

如图 8-7 所示，抗倾覆稳定系数 K_0，即对于墙趾总的稳定力矩 $\sum$ 　与总的倾覆力矩 $\sum M_0$ 之比：

$$K_0 = \frac{\sum M_y}{\sum M_0} = \frac{W \cdot Z_W + E_y \cdot Z_y}{E_x \cdot Z_x} \geqslant [K_0]$$

式中　Z_X、Z_y——分别为 E_x、E_y 对墙趾的力臂，m；

Zw——墙重 w 对墙趾的力臂，m。

当 $K_0 \leqslant [K_0]$ 时，抗倾覆稳定性不足，可采取以下措施：展宽墙趾；改变墙面或

墙背的坡度，以减小土压力或增大力臂；改变墙身形式，如改用衡重式等。

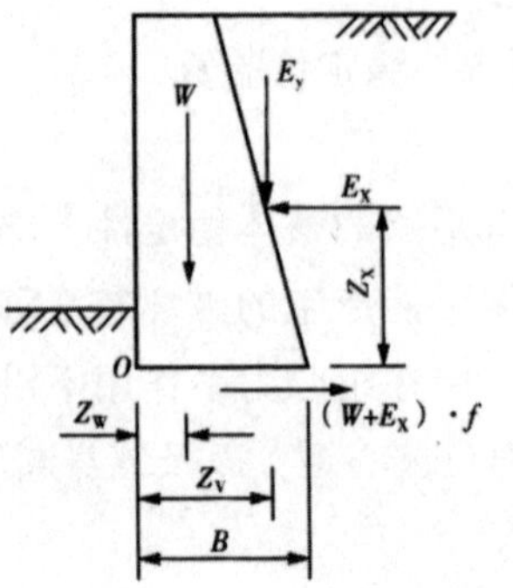

图8-7　挡土墙的滑动与倾覆稳定示意图

（3）基底应力及合力偏心距验算

如图 8-8 所示，作用于基底的合力偏心距 e 为

$$e=\frac{B}{2}-Z_N=\frac{B}{2}-\frac{W\cdot Z_W+E_y\cdot Z_y-E_x\cdot Z_x}{W+E_y}$$

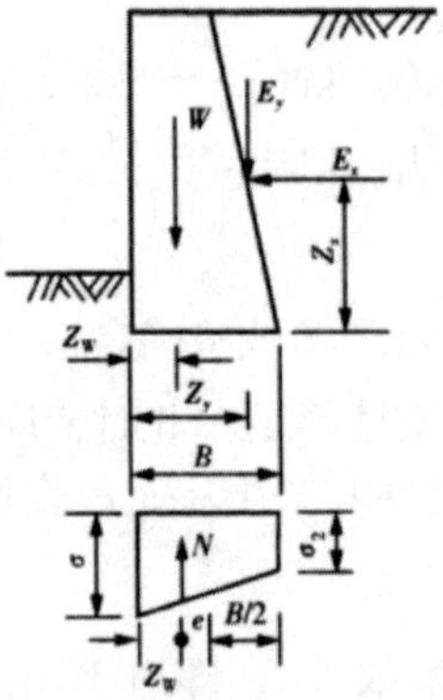

图8-8　基底应力分布示意图

基底应力的计算如下：

$$\sigma_{1,2}=\frac{N}{A}\pm\frac{\sum M}{W}=\frac{W+E_y}{B}(1\pm\frac{6e}{B})\leq[\sigma]$$

式中　$\sigma_{1,2}$——分别为基底面墙趾和墙踵处的最大和最小压应力，kPa；

$\sum M$——挡土墙上的水平力和竖向力对基底的弯矩，kN · m；

Z_N——基底垂直力总和对 O 点的力臂，m；

A——基底底面面积，m^2；

W——基底面的截面抵抗矩，kN•m；

[σ]——基底容许应力，kPa；

B——基底宽度，m；

e——合力的偏心距，m。

当 e > B/6 时，基底出现拉应力，一般均不考虑地基能受此应力，则基底应力重新分布，如图 8-9 所示。最大压应力为

$$\sigma_{\max}=\frac{2N}{3Z_N}=\frac{2(W+E_y)}{3(B/2-e)}\le[\sigma]$$

为此，应控制偏心距，根据地基土质情况，规定：土质地基 e ≤ B/6，石质较差的软石地基 e ≤ B/5，紧密岩石地基≤ B/4。

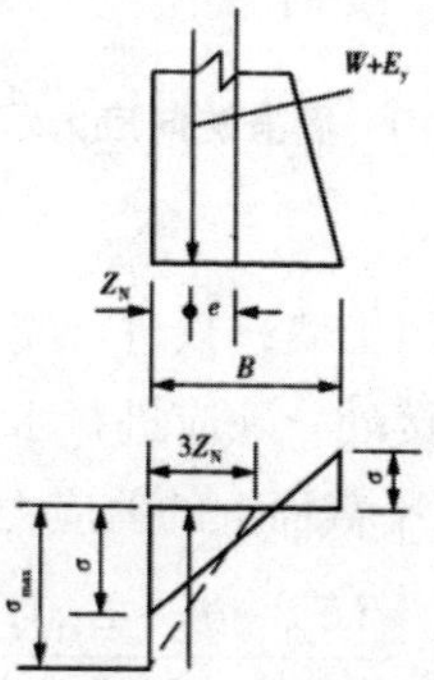

图8-9　偏心距过大的基底应力分布示意图

（4）墙后断面强度的验算

重力式挡土墙一般属于偏心受压，为了保证墙身具有足够的强度，应选取一、两个墙身截面进行强度验算。如基底、基础顶面，l /2 墙高处，上下墙交界处等截面。

1）法向应力验算

如图 8-10 所示，取墙身截面 I—I，则

$$\sigma_{\max},\sigma_{\min}=\frac{W_1+E_{y1}}{B_1}(1+\frac{b\cdot e_1}{B_1})\le[\sigma_a]$$

式中　$\sigma_{max},\sigma_{min}$——分别为验算断面的最大与最小法向应力，kPa；

W_1,E_{y1}——分别为断面 I—I 的墙重、土压力的垂直分力，kN；

B_1,e_1——分别为断面 I—I 处墙底宽及偏心距，m；

[σ_a]——污工砌体的容许压应力，kPa。

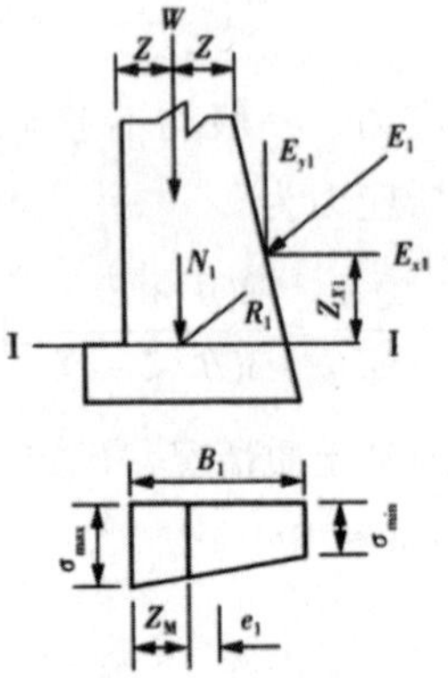

图 8–10　墙身法向应力示意图

2）剪应力验算

对于一般梯形断面的重力式挡土墙，只进行墙身水平截面的水平剪验算。对于衡重式挡土墙的衡重台与上墙连接处，除应进行水平剪验算外，还要对倾斜截面进行斜剪验算。如图 8–10 所示，水平截面上的剪应力为

$$\tau_1 = \frac{Q}{F_1} = \frac{(E_{x1} - W_1 + E_{y1})f_1}{B_1} \le [\tau]$$

式中　Q——验算断面的切向力，kN；

F_1——受剪断面面积，$F_1 = B_1 \times 1$，m^2；

τ_1——水平断面 I—I 的剪应力，kPa；

f_1——圬工之间的摩擦系数，主要荷载 f_1 =0.4，附加荷载 f_1 =0.25；

$[\tau]$——墙身材料的容许应力，对于验算荷载，$[\tau]$可提高 25%。

按上式算得的剪应力均很小。为了安全，可将验算断面的摩擦力 $(W_1 + E_{y1})f_1$ 一项略去不计。当墙身截面出现拉应力时，应考虑裂缝对受剪面积的折减。

4. 其他常用的挡土墙

（1）锚杆（索）式挡土墙

锚杆（索）式挡土墙通常有板壁式和肋板式两种。

板壁式挡土墙是一种轻型挡土墙，如图 8-11 所示，由就地灌注的整体板壁和多排小锚杆组成。锚孔直径 35 ~ 50mm，深度 3 ~ 5m。可采用普通风钻成孔，这种结构形式施工较简单，但承担土压力的能力较小。

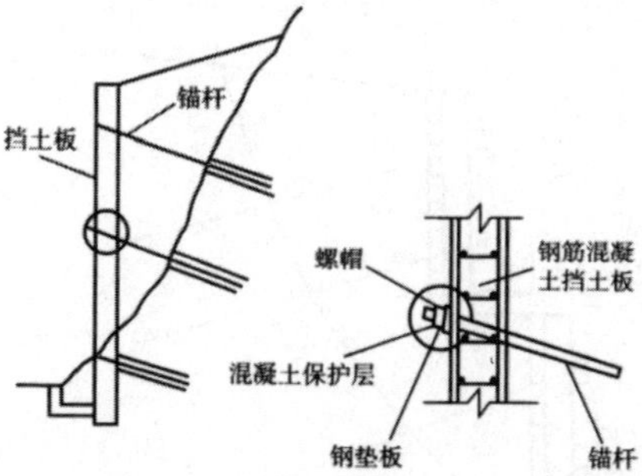

图 8-11　板壁式锚杆挡土墙示意图

肋板式挡土墙的结构形式与板壁式挡土墙基本相同，如图 8-12 所示，墙面由肋柱和挡土板组成，肋柱间距按吊装设备和锚杆的抗拔能力等因素确定，一般选用 2.5 ~ 3.5m。每根肋柱按其高度布置 2 ~ 3 根锚杆，锚杆为一根或数根钢筋组成。采用钻机钻孔，锚孔直径在 100mm 以上，必要时可将钻孔端部扩大，以增加锚杆的抗拔力。这种挡土墙能承受较大的土压力。

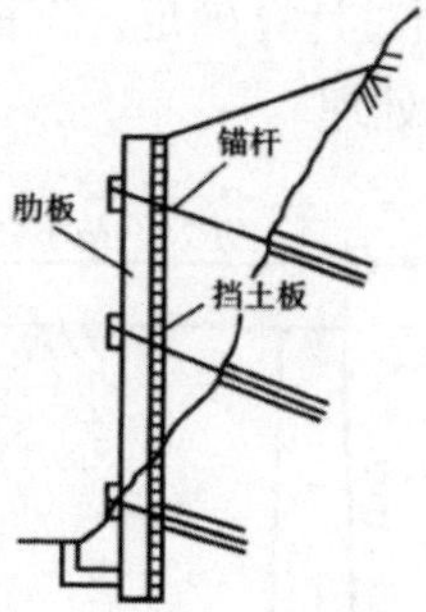

图 8-12　肋板式锚杆挡土墙示意图

锚杆一般沿水平方向向下倾斜 10°　~ 45°，倾角的大小视稳定岩层、施工机具的情况和肋柱的受力条件，并使锚杆长度尽可能最短等来保证。锚杆在岩层中的有效锚固长度，一般不小于 4m，锚孔内灌以膨胀水泥砂浆。为保证孔内锚固周围有足够的砂浆保护层，沿锚杆长每隔 2 ~ 3m 应焊设支架。锚孔孔口至墙面间的一段锚杆，采用沥青麻丝包扎防锈。锚杆与墙面的连接，可采用把锚杆钢筋弯入肋柱内

（就地灌注时），或采用螺丝端杆、焊头联结等方式。

当挡土墙较高（大于 6m），地质较差时，应将挡土墙分两级以上布置，如图 8–13 所示，两级之间可留 1 ～ 2m 的平台，以利施工操作和安全。

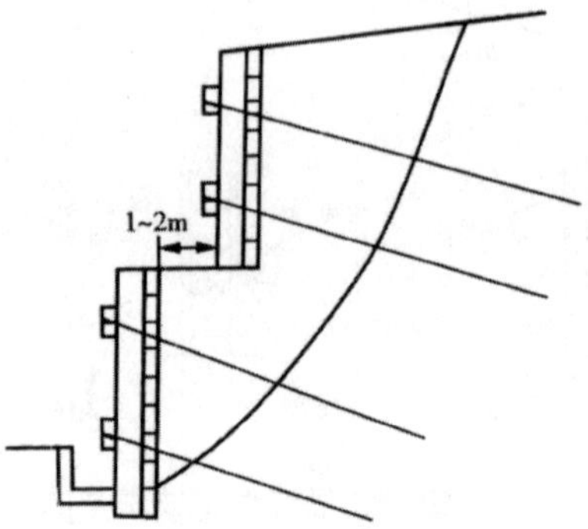

图 8–13　多级锚杆挡土墙示意图

（2）悬臂式挡土墙和扶壁式挡土墙

悬臂式挡土墙的墙身由立臂、墙趾板和墙踵板三部分组成（如图 8–14 所示），具体尺寸应通过验算确定。立臂顶部的最小宽度为 15cm，路肩墙不宜小于 20cm。立臂的坡面通常采用 1：0.02 ～ ：0.05，背坡则需直立。趾板和踵板端部厚度不少于 30cm。各截面所需的钢筋面积，通过计算确定，钢筋的最小直径和最大间距、保护层的净距等，均按照相关设计规范处理。

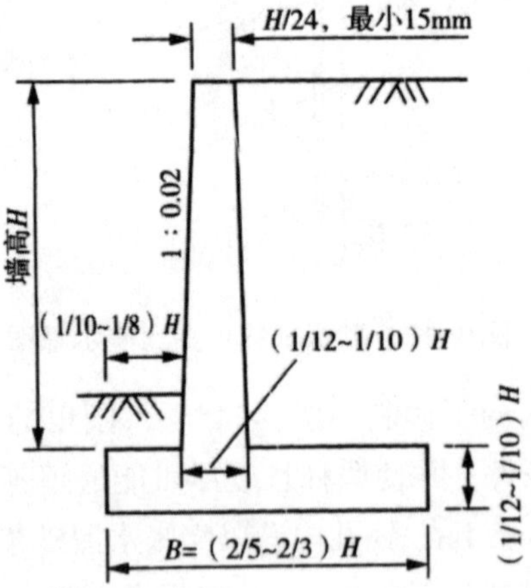

图 8–14　悬臂式挡土墙墙身断面大致比较示意图

当墙高超过 6m 时，宜采用扶壁式挡土墙。其墙身断面的比例，与悬臂式相仿。扶壁的间距通常在墙高的 1/3 ~ 1/2 范围内变动，扶壁的厚度约为扶壁间净距的 1/8 ~ 1/6，但不小于 30cm。

它们的特点是：墙身断面较小，结构的稳定性不是依靠本身的质量，而主要依靠踵板上的填土质量来保证。它们的自重轻，± 亏工省，适用于墙高较大的情况，但需使用一定数量的钢材，经济效果较好。

（3）加筋土挡土墙

加筋土是由填土、拉筋、面板三部分组成。土与拉筋之间的摩擦改善了土的物理力学性质，使土与拉筋结合成一个整体。在垂直于墙面的方向，按一定间隔和高度水平地放置拉筋材料，然后填土压实，通过填土与拉筋间的摩擦作用，把土的侧压力传给拉筋，从而稳定土体。拉筋材料通常采用镀锌薄钢带、铝合金、增强材料及合成纤维等，墙面一般是用混凝土预制，也可采用半圆形铝板。

加筋土挡土墙属柔性结构，可以做成很高的垂直填土，从而可以减少占地面积；可以在工厂定型制造面板、加筋条，在现场用机械分层填筑；能够适应地基轻微的变形，因而可用于较软地基上；具有抗地震和造价低廉等特点。

加筋土挡土墙设计步骤：

1）根据用途、填料、地基、施工方法、筋带的种类以及工点断面图，初步拟定加筋土挡土墙的平面、纵断面以及横断面的形式。

2）确定有关设计参数。

①确定填料的容重 γ_1，计算摩擦角 ϕ_1，筋带的容许应力 $[\sigma_t]$ 以及土与筋带之间的摩擦系数 f^*；

②根据地基上的性质和状态，确定地基土的天然容重 γ_3、内摩擦角 ϕ_3 及黏聚力 c_3；

③确定加筋土与地基间的摩擦系数 f_1 和黏聚力 c。

3）根据筋带种类、布筋的特点以及施工条件选择内部稳定性计算方法。

4）加筋土挡土墙内部稳定性计算。

验算筋带的抗拉强度，拟定筋带长度、宽度，验算筋带的抗拔稳定性。

5）加筋土挡土墙外部稳定性计算。

一般应对加筋体沿底面的滑移、倾覆稳定性、基础底面地基的承载力进行验算。必要时还进行沉降和整体滑动计算。

6）进行技术经济比较，确定采用的方案。

二、土钉支护技术

1. 公路边坡土钉支护机理研究

目前，一般认为土钉支护机理是以新奥法理论为基础，在土钉体作用下，把潜在滑裂面之前主动区的复合土体视为具有支撑能力的稳定土体，以阻止土体侧向位移，支承未加筋域土体的侧压力，保证土体的整体稳定性，即认为经过加筋的土体形成了类似重力式挡土墙的结构。这种观点对于解释土钉支护结构的外部稳定性（抗滑、抗倾覆、支护结构底部地基承载力）是合理的，但却无法解释支护结构内部稳定性和与土钉相互作用的许多有关问题。

从表面上看，土钉是一种全长注浆无预应力锚杆，实际上这两种支护方法存在着本质的区别。

（1）锚杆支护是一种主动受力机制，它通过施加预应力使结构预先产生变形，锚杆仅在锚固段传递荷载。即使无预应力，全长注浆锚杆的设计使用也是主要考虑滑裂面以外锚固段的锚固力来保证边坡的稳定性；土钉不需要施加预应力，而是在土体发生变形后使其承受拉力工作，因此两者的受力状态不一样。其次，土钉较锚杆密集得多，起到了加筋的作用，提高了土强度，为被动受力机制。由于土钉在全长范围内与土体接触，其荷载传递沿整个土体进行。

（2）锚杆设置的数目有限，每个杆件都是主要的受力构件，而土钉的设置较为密集，钉土之间形成复合土体。从功能上讲，整个结构类似重力式挡土墙，因此某一个土钉的破坏不会对整个结构的功能产生较大的影响。

（3）锚杆挡土墙承受很大的压力，而土钉墙的面层不是主要受力结构，其主要作用在于保持土体的局部稳定性。在公路边坡治理中，土钉墙的面层还起到防止冲刷、防止雨水渗入坡体影响边坡稳定性的重要作用。

（4）锚杆长度一般很长，多在 15 ~ 45m 之间，直径较大。因此锚杆所承受的荷载大，可达 400kN 以上，某些预应力锚索设计荷载更可达 3000kN。其端部的构造较土钉复杂，以防止面层冲切破坏；而土钉长度较小，一般为 3 ~ 10m，浆体直径 100mm 左右，一般不提供很大的承载力。单根土钉受荷一般在 100kN 以下，面层结构较简单，利用小尺寸垫板及挂网喷射混凝土即可满足要求。严格地讲，土钉支护技术是由加筋土技术衍生而来，但它又不同于一般的加筋土挡土墙。加筋土挡土墙从下向上铺设，一般采用砂性土回填，并与面板一起组成挡土墙，而土钉则是把拉筋置入原位土中，加筋土挡土墙的筋体一般水平设置，而土钉则常以小倾角设置。

目前国内土钉支护结构主要用在建筑基坑支护上，用于公路边坡支护的较少。和公路边坡相比，建筑深基坑深度不大，一般不超过 20m，在认真考虑各种因素后，即使是在软土地基开挖深基坑采用土钉支护有时也是可行的。而某些公路由于通过山区，有时挖方路堑边坡很高，原来的力学平衡破坏严重，产生的滑坡推力每延米可达1000kN以上，采用土钉这种轻型的支护结构则不能满足要求，而需采用抗滑桩、预应力锚固结构甚至明洞等大型复杂稳定支护结构。但对于一些滑坡推力小的土石质路堑边坡，采用土钉支护既可节省投资，也能缩短工期，具有明显的优势。一些缺乏稳定性的高路堤或挡土墙也可以采用土钉支护加固。

和建筑基坑边坡不同，公路路堑边坡通过山区，坡体一般为风化残积物或坡积物，坡体土层一般比基坑边坡土层复杂得多，滑移面的形式也多种多样。例如常见下伏基岩与土层形成不连续面，这一不连续面往往成为边坡失稳的潜在滑动面。采用土钉支护时，土钉需要穿过潜在滑动面，有时甚至可直接进入下伏基岩，形成复合土钉。这时土钉和基坑支护中纯粹的土钉就有所不同，对于不连续面以上的土体，复合土钉可以起到加筋的作用，使土体成为一整体，类似重力式挡土墙，提高内部稳定性，防止局部破坏并可起到护坡的重要作用。土钉的入岩又可起到锚固的作用，提高不连续面以上土体的整体外部稳定性。

2. 公路边坡土钉支护结构稳定性分析

土钉支护结构稳定性分析是评价土钉支护结构能否正常工作的一个重要方面。在公路边坡土钉支护结构设计中，稳定性分析是最重要的。

（1）目前研究现状

国外针对土钉支护稳定分析计算提出了多种方法，其中有些也较粗糙。但相对来说，国外应用较多并有较为深入的理论与实践研究作为依据的土钉支护分析方法有以下几种：

1）前联邦德国Stocker等提出的极限分析方法

Stocker等人提出的分析方法属于极限平衡方法。该方法假定：破坏滑移面为双直线并通过土坡的坡脚；土钉仅考虑受拉工作；土的剪切强度用摩尔－库仑准则确定，并假定在破坏滑移面上达到极限状态。整体安全系数定义为土钉所能提供的拉力R_L与保持极限平衡所需要的土钉拉力R_m之比。

土钉所提供的拉力是滑移面以外部分的抗拉拔力；而保持平衡所需的土钉拉力则由滑移土体的平衡条件求出。

2）美国加州大学Davis分校沈智刚等提出的极限分析方法

此种方法由加州大学Davis分校沈智刚等1981年提出，同样属于极限平衡方法。该方法假定：滑移面为过坡脚的抛物线（顶点在坡脚土钉也仅考虑受拉作用；土黏聚力c的安全系数F_c、内摩擦角的安全系数F_ϕ，以及土钉抗拉拔强度的安全系数

F_L，均相等且等于体系的整体安全系数 F_s，即：

$$F_s = F_c = F_\phi = F_L$$

3）法国 Schlosser 提出的极限分析方法

Schlosser 于 1983 年提出的这一方法同样也属于极限平衡方法。该方法仍然假定体系各部位安全系数相等，采用条分法求解，滑移面的形状可以是任意的。与前两种方法相比，该方法的一个显著特点是它考虑了以下四个破坏准则：

①土的剪切破坏，采用摩尔－库仑破坏准则，其安全系数不小于 1.5；

②土钉的拔出破坏，安全系数为 5；

③土钉有横向变形时与土的相互作用；

④土钉在拉力了和剪力 Q 联合作用下的破坏，此时要求 $\frac{T^2}{R_n^2}+\frac{Q^2}{R_S^2}\leq 1$，其中 R_n、R_s 分别为土钉在单一内力作用下的允许拉力和剪力。

为估计这种相互作用引起的土钉内力及土压力，这里采用了 Wmkler 弹性地基梁的理论（或长桩受水平荷载的分析方法），并假定：土钉与破坏滑移面的交点对应于土钉横向变形的反弯点，因此该部位的弯矩为零，而土钉的剪力在该部位达到最大。

法国方法的基本思路是：首先根据土钉本身的强度及抗拔出强度，确定土钉对滑移土体所能施加的最大作用力；然后，将该作用力用于条分法，考虑滑移土体的极限平衡求出土体抗剪切破坏的安全系数，并要求所求出的安全系数不小于 1.5。

4）Juran 提出的机动分析方法

上述三种方法仅给出支护体系的整体安全系数，而不能给出各土钉的最大内力，所以不能验算体系的局部稳定。而土钉支护体系的失稳往往是上层土钉首先被拔出，再逐步发展为整体失稳。所以估计土钉在工作荷载下的最大内力并进行体系的局部稳定验算是很有必要的。

正是由于这种目的，Juran 等人（Juran，1990）提出了土钉支护体系分析的机动方法。此方法是一种将模型实验中观察到的机动许可位移（破坏）模式与静力极限平衡相结合的极限分析方法。该方法假定：

①破坏滑移面为通过坡脚的对数螺旋线；

②滑移面上的土达到极限状态，土的破坏准则仍用摩尔－库仑准则；滑移面上的法向应力由 Kotter 方程（Nadai，1963）解出，而切向应力则由摩尔－库仑准则确定；

③土钉的拉力及剪力在滑移面上达到最大值，而土钉的弯矩在滑移面处为零；土钉的最大拉力由含有该土钉的土条之平衡条件来确定；

④地面超载对土钉内力的影响沿滑移面由上至下线形衰减；

⑤利用上述假定及相应结果，考虑滑移体的整体平衡，经试算可确定滑移面位置，并进行土钉强度及抗拉拔强度的局部稳定验算。

根据极限平衡理论，每一个可能的滑移面相应于某一可能的极限状态，而最危险的滑移面需要试算确定，计算工作量较大，特别是机动极限法更是如此。因此，这些计算方法都需要有一个小型的计算程序，用计算机来完成。对于一些比较简单的情况可做出现成的图表供利用。

（2）公路工程土钉支护结构稳定性分析

1）路堑边坡复合土钉支护结构稳定分析

①局部稳定分析

由于土钉支护是加筋土技术的发展，因此在支护结构的稳定性分析中，可以借鉴加筋土稳定性分析方法。边坡的局部失稳即是土钉加筋土体的失稳破坏。公路边坡土钉支护结构的局部稳定性分析可以采用 Kshop 分析法，如图 8–15 所示。假定边坡坡体局部滑动面形状为圆弧形，圆弧通过加筋土体，O 为圆弧的圆心，半径为 R。考虑土条之间的作用力，并同时考虑力和力矩平衡。土体服从摩尔 – 库伦屈服准则。圆弧所通过的加筋土体按相同的宽度 6 均分为 m 个土条，取第 i 条为研究对象，设土条自重为 W_i；E_i、E_{i+1} 为土条间法向力，X_i、X_{i+1} 为土条间切向力，N_i、S_i，分别为土条底部的法向力和切向力，T_{c1}、$T_{c2}\cdots T_{cn}$ 分别为第 1、2、…、n 排土钉对土条提供的拉力，l_i 为土条底部滑弧的长度；S_b、S_v 分别为土钉在水平和垂直方向的间距。

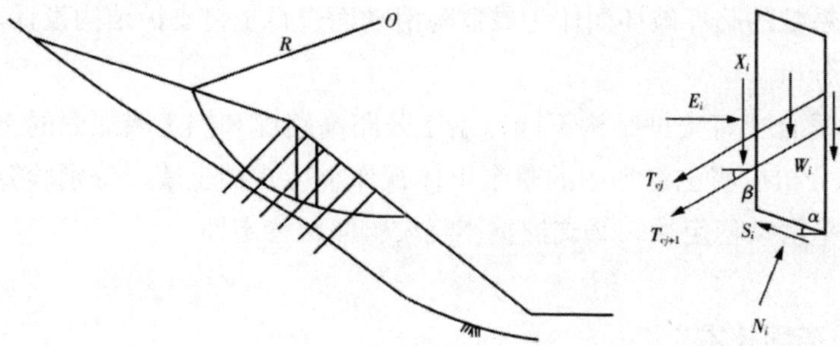

图8–15　路堑边坡复合土钉支护结构局部稳定性分析

为使土体强度得到充分发挥，根据摩尔 – 库仑准则，有

$$S_i = \frac{1}{K}(l_i c_i + N_i \tan\phi_i)$$

式中　K——安全系数；

ci——第 i 个土条黏聚力；

ϕ_i——第 i 个土条内摩擦角。

②整体稳定分析

复合土钉局部稳定分析仅局限于分析加筋土体部分的稳定性，而提高边坡坡体的整体稳定性才是复合土钉支护结构的最终目标。公路边坡采用复合土钉支护结构不仅可以加固坡体、防护边坡，也可以提高边坡的整体稳定性。

公路路堑边坡通过山区，边坡堆积物既可以是残积层，也可以是坡积层。失稳坡体既可以是均质土体，也可以是土石混杂体，滑动面的形状也多种多样，有时穿过不稳定坡体，有时则沿下伏基岩面滑动。采用复合土钉支护结构时，土钉滑面以外部分提供的拉力可以作为边坡的抗滑力，提高边坡的整体稳定性。

2）土钉支护结构加固路堤、挡土墙稳定分析

土钉作为一种轻型支挡加固结构，不仅可采用复合土钉的形式用于路堑边坡的稳定加固，也可用于加固高路堤和已有的缺乏稳定性的挡土墙。和路堑边坡不同，路堤和挡土墙坡面较陡，土钉支护结构的稳定分析方法也有所不同。

①局部稳定分析

对加固路堤和挡土墙等陡坡的土钉支护结构来说，结构局部稳定性仍然是指土体的破坏面全部或部分穿过加固了的土体内部，稳定分析可采用极限平衡法。因为土钉支护是陡坡，在均匀土质中的破坏面应通过坡面底部，破坏面与地表相交的另一端位置就需要通过试算来决定。每一个可能的破坏面对应一个稳定安全系数，取其具有最小安全系数的临界破坏面作为最危险滑动面进行土钉支护结构设计。

②整体稳定分析

和路堑边坡复合土钉支护结构不同，用于公路高路堤和挡土墙加固的土钉支护结构整体稳定性分析应将土钉加固的整个土体视作重力式挡土墙，分别验算：①支护整体沿底面水平滑动稳定性；②支护整体绕坡脚倾覆稳定性。

三、预应力锚固技术

1. 预应力锚杆（索）的基本原理与力学作用

（1）预应力锚杆（索）的基本原理

岩土锚固的基本原理就是依靠锚杆（索）周围地层的抗剪强度来传递结构物的

拉力或保持地层开挖面自身的稳定。岩土锚固的主要功能是：

1）提供作用于结构物上以承受外荷的抗力，其方向朝着与岩土相接触的点；

2）使被锚固地层产生压缩应力区或对通过的岩石起加筋作用；

3）加固并增加地层强度，也相应地改善了地层的其他力学性能；

4）当锚杆（索）通过被锚固结构时，能使结构本身产生预应力；通过锚杆（索），使结构与岩石连锁在一起，形成一种共同工作的复合结构，使岩石能更有效地承受拉力和剪力。

锚杆（索）的这些功能是互相补充的。对某一特定的工程而言，也并非每一个功能都发挥作用。

（2）预应力锚杆（索）的力学作用

1）抵抗竖向位移

对于水池、车库、水库、船坞等坑洼式结构物，当地下水的上浮力大于结构物的重力时，将导致结构物上漂、倾斜和破坏。因此在设计上必须考虑采用抵抗竖向位移的方法。传统的方法是压重法，即加厚结构尺寸，这会使结构进一步下沉，从而又增加上浮力，因而增大的结构自重又会被增大的体积所排开的水所抵消。采用锚固结构抵抗竖向位移，可大大减小结构的体积，而且由于对锚固结构施加预应力，当地下水产生的上浮力不大于预应力值时，就不会出现竖向位移。

2）抵抗倾倒

对于坝工建筑，坝体的稳定性常取决于作用在结构物的绕转动边的正负弯矩的比值。结构物的重力和该重力中心至基础转动边的距离直接影响着有利于稳定的负弯矩，水压力和上浮力则产生不利于稳定的正弯矩。若完全依赖坝体积即结构物重力来平衡产生倾覆的正弯矩，不仅需要庞大的混凝土体积，而且产生倾倒的力也难以根据混凝土体积来加以调整。用锚固技术来抵抗倾覆，其锚固力中心可以位于距转动点的最大距离处，这就能以较小的锚固力，产生较大的抗倾覆弯矩。

对于深基坑工程，采用护壁桩或连续墙维护其坑稳定，也常出现倾倒危险。采用锚杆（索）拉固护壁桩，既能抵抗倾倒，也有利于减小护壁桩的弯矩。

3）控制地下洞室围岩变形和阻止塌落

地下开挖会扰动岩体原始的平衡状态，导致岩石的变形、松散、破坏甚至塌落。采用预应力锚固技术，既能为围岩提供径向抗力，使开挖后的岩石尽快避免处于单轴或双轴应力状态，进入三轴应力状态，以保持围岩的固有强度，又可改善围岩应力状态，在锚固范围内形成压应力环，进一步提高洞室稳定。

4）阻止地层的剪切破坏

在边坡工程中，当潜在滑体沿剪切面的下滑力超过抗滑力时，即会出现沿剪切面的滑移和破坏。在坚硬岩体中，剪切面多发生在断层、节理、裂隙等软弱结构面上。在土层中，砂质土的滑移面多为平面，黏性土的滑移面则呈现圆弧状。有时也会出现上覆土和下卧岩层的临界面滑动的情况。

为了保持边坡的稳定，一种办法是大量削坡，直至达到稳定的边坡角；另一种办法是设置挡墙结构。在许多情况下，这些办法往往不够经济，或不可能实现。采用预应力锚杆（索）加固边坡，能提供足够的抗滑力，并能提高潜在滑移面上的抗剪强度，有效地阻止坡体滑移，这是被动支挡结构所不具备的力学特点。

5）抵抗结构物基底的水平位移

坝体等结构对水平位移的阻力在很多情况下是由其自重决定的。除自重外，水平方向的稳定也依靠基础底平面的摩擦系数。如果计算得出的安全系数不能满足要求，则可用把结构锚固于下卧层的方法取代结构重力的方法，这样就能大量节约工程材料和显著地降低工程造价。

6）预加固地基

锚固处理能使地基受到压缩，因此，锚固可以在各类结构物建造前使地基得到加固，以消除地基的极度沉陷对结构产生额外应力或使结构物破坏。

（2）预应力锚杆（索）的设计

1）一般要求

在计划使用岩土锚杆（索）时，应充分研究锚固工程的安全性、经济性和施工可行性。设计前应认真调查与锚固工程有关的地形、场地、周围已有建筑物、地下埋设物、道路交通和气象等事项，并进行工程地质钻探及有关岩土物理力学性能试验，提供锚固工程范围内岩土性状、抗剪强度、地下水等资料。对于土层，则还应掌握标准贯入值、颗粒级配、含水量和塑限。

使用期限在两年以内的工程锚杆（索），可按临时锚杆（索）设计，使用期限在两年以上的工程锚杆（索），应按永久性锚杆（索）设计。

还必须指出，有机质土层作为永久锚杆（索）的锚固地层，会引起锚固体的腐蚀破坏；液限形 $W_L > 50\%$ 的土层，由于其高塑性会引起明显的徐变，不能长久地保持恒定的锚固力；相对密度 $D_r < 1.3$ 的松散地层，锚固体单位面积上的摩阻力极低，上述三种未经处理的地层均不得作为永久性锚杆（索）支护地层。

2）锚杆（索）类型

目前，国内外岩土锚杆（索）的类型主要有三种：

①圆柱型锚杆（索）

这种锚杆（索）是国内外早期开发的一种锚杆（索）形式，施加拉力时，预应力由自由端传递给锚固体，再由锚固体上段逐渐往下传递，靠锚固体与周围岩土介质间的黏结摩阻强度传递给结构物。圆柱型锚杆（索）工艺简单，适用于各类岩石和较坚硬的土层。但在软弱黏土中，往往难以满足设计拉力值的要求。

②端部扩大头型锚杆（索）

端部扩大头型锚杆（索）可用爆炸及叶片切削两种施工方法扩孔。国外及中国台湾等地采用较多的是在锚固段最底端设置扩孔叶片，平时为闭合状，当钻至预定深度时，叶片张开进行扩孔作业，叶片上端与旋转变化头连接，扩孔完成后灌满灰浆，扩孔叶片置留于孔底，作为加强锚固结构之用。

③连续球体型锚杆（索）

这种锚杆（索）利用设于自由段与锚固段交界处的密封袋和带许多环圈的套管，可对锚固段进行高压注浆处理，必要时还可使用高压破坏原来已有一定强度（0.5MPa）的灌浆体，对锚固段进行二次或多次灌浆处理，使锚固段形成一连串球体状，使之与周围土体有更高的嵌固强度。对锚固于淤泥、淤泥质黏土地层或要求较高锚固力的土层锚杆（索），宜采用连续球体型锚杆（索）。

（3）锚杆（索）布置和安设角度

1）锚杆（索）上覆地层厚不应小于0.4m，以避开车辆行驶等反复荷载的影响，也为了不致因采用较高注浆压力而使地表隆起。

2）锚杆（索）的水平和垂直间距，一般不宜大于4.0m，以避免应力集中，亦不得小于1.5m，以免群锚效应而降低锚固力。

3）锚杆（索）的安设角度，对基坑或近似直立的边坡而言，需考虑邻近状况、锚固地层位置及施工方法。一般锚杆（索）的俯角不小于13°，不大于45°，以15°～35°为佳。俯角愈大，则有利于抵抗侧压力的水平分力愈小，而由于垂直分力加大，会引起护壁桩向下压力增加等不良影响。此外，在可能条件下，锚杆（索）锚固体应固定于较好的地层中。

（4）锚杆（索）的锁定荷载和锚头设计

对于锚杆（索），原则上可按锚杆（索）设计轴向拉力值（工作荷载）作为预应力值而加以锁定。但锁定荷载应视锚杆（索）的使用目的和地层性状而加以调整。

1）岩体加固和边坡抗滑的锚固

因岩体松散而施加的预应力，或为加固地基和抗滑动力而施作预应力的锚杆（索），以设计拉力值（工作荷载）作为锁定荷载为好。

2）结构物背面地层为松散土质

被锚固的结构物背面地层，因土质松散，由张力引起的徐变和塑性变形大的情况，可由这些地点的张拉试验结果确定锁定荷载。一般情况下，锁定荷载为设计拉力值的 0.6 ~ 0.8 倍。

3）对允许变形的结构物的锚固

被锚固的结构物在采用铰接构造、允许其变位的情况下为 0.5 ~ 0.7。

4）预计地层有明显徐变的情况

可先将锚杆（索）张拉到设计值的 1.2 ~ 1.3 倍，然后再退到设计拉力值锁定，这样可减小地层的徐变量。

锚杆（索）头部的传力台座的尺寸和结构构造应具有足够的强度和刚度，不得产生有害的变形，锚具型号、尺寸的选取应保持锚杆（索）预应力值的恒定。

（5）锚杆（索）的防腐设计

对锚杆（索）的腐蚀环境，应进行充分的调查，并选择适宜的防腐方法。防腐方法适应岩土锚固的实用目的，即不能影响锚杆（索）各部件（包括锚固体、自由段和锚头）的功能，因此对锚杆（索）的不同部位要作不同的防腐结构设计。防腐方法的确定还必须使防腐材料在施工期间免受损伤，并保证长期具有防腐功能。永久性锚杆（索）应采取双层防腐，临时性锚杆（索）可采用简单防腐，当腐蚀环境特别严重时，也应采取双层防腐。

1）锚固体防腐

永久性锚杆（索）的锚固体防腐，宜采用波型防护管，在钢索与波型防护管的空隙内则填充环氧树脂或水泥砂浆，在不担心发生有害裂缝的情况下，也可考虑仅用水泥砂浆封闭防腐，但钢杆（索）一定要居中，一般使用定位器，使水泥砂浆保护层厚度不小于 20mm。临时性锚杆（索）锚固段杆体的保护层则不小于 10mm。

2）自由段防腐

防腐构造必须不影响张拉钢材的自由伸长，临时锚杆（索）常用的方法是用润滑油或防腐漆涂刷后，再用塑料布包裹。永久性锚杆（索）则还要在塑料布上涂润滑油或防腐漆，最后套防腐塑料管。若自由段存在空隙，容易积存雨水，因此经以上防腐处理后，最后用水泥浆填充封死。

3）锚头的防腐

永久性锚杆（索）的承压板一般要涂敷沥青。一次灌浆硬化后承压板下部残留空隙，要再次填充水泥砂浆或润滑剂，如锚杆（索）不需要再次张拉，则锚头涂以润滑油、沥青后用混凝土封死；如锚杆（索）需要重新张拉，则可采用盒具密封，但盒具的空腔内必须用润滑油填充。临时性锚杆（索）的锚头宜采用沥青防腐。

第三节　公路坡面工程防护技术

一、土工合成材料的生态边坡防护

1. 土工合成材料类型

（1）土工格网

土工格网是采用聚乙烯材料经连续挤压而成型的一种聚合物格网，国外在土建工程中使用已有20余年，我国大规模应用则是近几年的事。该产品具有强度较高，纵、横向强度均匀，尺寸稳定性能好，耐腐蚀，对大气、土壤中的微生物呈惰性，可防止细菌、霉菌的侵蚀，耐老化，寿命长，露天可使用15年以上等特点。这类格网目前国内已有不少厂家生产，形成了一定的规模，能满足工程上的需要。

（2）土工格栅

土工格栅是经一次挤压成型的非编织整体网格结构，它不存在焊接或编织点薄弱环节，具有高抗拉强度、低应变、小徐变量的力学特性。此外，土工格栅还具有抗生物、化学、紫外线腐蚀等良好的生化特性，耐久性好。

土工格网和土工格栅均是平面网状结构，网格类产品的网眼能使其与周围土体之间存在可靠的相互作用，土颗粒夹挤在土工格网（格栅）孔隙内形成机械咬合，制约着颗粒材料的移动，颗粒材料嵌实在网格中，处于相对稳定状态，为植物生长提供基本条件。

在护坡工程中，对土工格栅或土工格网的强度要求并不高，目前材料的强度一般均能满足边坡植草的要求。

（3）三维植被网

三维植被网，又称三维土工网，是一种具有三维结构的适用于水土保持的新型土工合成材料，以热塑性树脂为原料，采用科学配方，经挤压、拉伸、焊接、收缩等一系列工艺制成的两层或多层表面呈凸凹不平网袋状的层状结构网。其底层为采用双向拉伸技术形成的高模量基础层，具有一定强度，并能有效防止水土流失。其表层为一个起泡层，蓬松的网袋内有较大的容土空间。这种三维结构保证了草籽能更好地与土壤结合，在边坡防护中使用，能有效地保护坡面不受风、雨、洪水的侵蚀。坡面生态防护三维植被网的性能要求见表8–3。

表 8–3　坡面生态防护三维植物被网性能要求

单位面积质量（g/m^2）	厚度（mm）	极限抗拉强度（kN/m）	
		纵向	横向
≥400	≥16	≥3.2	≥3.2

（4）土工格室

土工格室是以聚丙烯为基材，加入多种高分子材料共混改性，并添加多种助剂如抗氧剂、光稳定剂、成核剂、加工助剂等改性助剂的片材，经高强力焊接而成的一种三维立体型蜂窝结构，属于特种土工合成材料。土工格室片材强度、厚度，片材间连接处强度，组间连接处的强度以及片材所用材料长期性能的稳定性，对土工格室的工程性能有着重要的影响，其性能参数要求见表 8–4。坡面生态防护土工格室性能要求见表 8–5。

表 8–4　坡面生态防护土工格室内材性能要求

项目	单位	聚丙烯材料	聚乙烯材料
环境应力开裂时间 F50	h	–	≥1000
低温脆化温度	℃	≤–23	≤–50
维卡软化温度	℃	≥142	≥112
氧化诱导时间	min	≥20	≥20

表 8–5　坡面生态防护土工格室性能要求

项目		单位	聚丙烯土工格室	聚乙烯土工格室
外观		—	格室片应平整、无气泡、污沟痕	
格室片的极限抗拉强度		MPa	≥23	≥20
焊接处极限抗拉强度		kN/cm	≥20	≥20
格室组间连接处抗拉强度	格室内边缘	kN/cm	≥20	≥20
	格室片中间	kN/cm	≥20	≥20

土工格室类产品具有材质轻、耐磨损、韧性好等多种特性，化学性能稳定。展开后的格室内可以填充种植土并撒播草籽，能使边坡充分绿化，带孔的格室还能增加坡面的排水性能。用于坡面防护施工简单，操作方便，工期短，能够防护表层塌方，整体防护效果较好，施工质量易于保证，对开挖边坡能形成及时有效的防护。工程价格低，仅为传统工艺造价的 30% ~ 40%，是一种较好的边坡防护方法。在土工格室植草护坡的施工过程中，一般用钢钎或用浆砌片石形成骨架，将土工格室固

定于修整好的边坡上，然后往格室内回灌混有草籽和复合肥料的营养土料。用于土木工程的土工格室高度一般有5cm、10cm、15cm、20cm几种，根据边坡土质情况以及边坡坡度确定。土工格室片材强度、厚度、片材间连接处强度，组间连接处的强度以及片材所用材料长期性能的稳定性，对土工格室的工程性能有着重要的影响。

2. 土工合成材料生态护坡

（1）生态护坡材料的选择与适用条件

土工合成材料生态护坡技术包括挂土工三维网植草绿化技术、土工格栅（网）植草绿化技术和土工格室植草绿化技术。应根据边坡的坡比、岩性等特点来选择合适的生态护坡技术。土质边坡常使用喷播和撒播技术进行边坡生态防护，岩质边坡还需通过喷播或土工格室内回灌土等技术处理，保证有一定厚度的种植基土。

（2）土工格栅（网）植草护坡、

土工格栅（网）植草护坡适用于边坡自身稳定，坡比缓于1:0.75的土质或易于风化的泥、页岩边坡，第四系砾石土边坡。当边坡坡率陡于1:75时，应加密锚钉间距及改用锚杆固定，并选用高强度格栅。

（3）土工格室植草护坡

土工格室植草护坡是在展开并固定于坡面上的土工格室内填充种植土，然后在其上均匀撒（喷）播草种进行绿化。该护坡方法施工方便，可调节性较好，适用于坡比缓于1:0.75的土质和石质边坡，经灌注混凝土特殊加固后的碎石边坡也可应用。土工格室应采用锚杆进行固定，锚杆宜采用ф12mm钢筋，锚杆直径宜为ф38～42mm，孔内应灌注M30砂浆，在土层或全－强风化岩层中，锚杆入土深度宜为50～100cm，在中等－弱风化岩层中，锚杆入岩层深度不应小于30cm。

（4）三维植被网喷草防护

采用三维植被网喷草防护，植物根系与三维植被网交织形成致密的覆盖层，对路基坡面形成连续和长期的持久保护，使坡面不受日晒雨淋而自然侵蚀剥落，达到固土的目的。

该方法在各地区均可使用，但在干旱、半干旱地区应保证养护用水的持续供给，适用于各类土质边坡，包括路堤和路堑边坡，强风化岩石边坡也可应用，土石混合路堤边坡经过处理后可用。坡度不陡于1:0.75的泥岩、页岩等稳定的软质岩边坡和土质边坡，边坡应易于人工开挖楔形沟，且易风化，并含有植物生长的矿物元素。

（5）与工程防护结合的土工合成材料生态护坡

土工合成材料生态护坡与工程防护相结合是较为成功的护坡方式，归纳起来主要有以下几种。

1）土工格室与浆砌片石联合护坡

该护坡技术是在路堑边坡坡面上现浇钢筋混凝土锚梁或砌筑浆砲片石形成骨架，骨架内设土工格室，并在格室内填土植草，若边坡较陡（陡于1：1），则在路堑边坡上培土8～10cm，并挂三维网喷播植草绿化。为便于土工格室稳定，骨架砌筑或现浇时预埋土工格室（10cm），骨架通过普通短锚杆或在坡面砌筑耳墙，固定在较陡的坡面上。此方法要求边坡坡面平整，易于锚梁施工和土工格室铺设，适合的边坡坡率为1：0.5～1：1。

2）植生袋坡面绿化防护

植生袋坡面绿化防护是指在边坡上现浇钢筋混凝土框架或浆砌片石骨架，在骨架内码砌植生袋，植生袋内为种植土和草籽。植生袋规格一般为40cm×50cm，可以根据实际情况调整。

对坡率陡于1：1的边坡，应在植生袋外铺设土工格栅或镀锌铁丝网，并采用锚杆和膨胀螺钉将格栅或铁丝网固定。膨胀螺钉打设在框架上，间距一般为40～50cm。锚杆设置在框架范围以内，采用梅花形布置，间距一般为100～250cm；锚杆采用ϕ18钢筋，ϕ38～42钻孔，在钻孔内灌注M30砂浆进行固定，深入岩体的深度应大于50cm；锚杆外露部分需采用外涂沥青防锈。当坡率较陡时，可采用两层土工格栅或镀锌铁丝网，也可采用一层铁丝网和一层土工格栅的双层网结构固定植生袋，确保植生袋自身的稳定。

此方法既能加固边坡，又能达到绿化的目的，多用于边坡较陡、绿化困难的岩质边坡。

3）混凝土骨架＋土工格栅＋液压喷播绿化

钢筋混凝土骨架本是边坡加固的方法之一，它是在路堑边坡坡面上现浇钢筋混凝土锚梁形成骨架，与锚杆结合加固边坡。与土工格栅、液压喷播结合在一起，既起到了加固作用，又起到边坡绿化的作用。这种边坡防护可应用于坡度为1：5～1：0.75的深层稳定岩石边坡绿化。

该方法的施工顺序为：铺土工格栅并固定→锚杆及混凝土框架梁施工→框架内填土并浸润→液压喷播→铺无纺布养护。

3. 土工合成材料生态护坡施工技术

（1）三维植被网生态护坡

1）施工流程

施工流程为：坡面处理→挂三维网→固定三维网→回填土→液压喷播→盖无纺布→养护管理。

2）施工要点

施工要点的主要内容，见表8-6。

表8-6　施工要点的内容

施工要点	具体内容
坡面处理	将坡面平整，清除杂草、石块、树根等，对于较疏松的边坡应压实坡面
固定三维网	铺设三维网时，三维网须在坡顶、坡脚各延伸50cm，并用木桩和主锚钉埋于土下，四周以U形钉固定，网间搭接长度须不小于10cm，务必保证三维网紧贴坡面
挂三维网	对于土石混填边坡、土壤贫瘠路堑边坡应在坡面上填3 ~ 5cm客土，客土须具有足够肥力，保证其通透性、保水性和黏结性，客土须与坡面充分结合并保证其平整性
盖无纺布	喷播植草后，须在边坡表面覆盖无纺布，以保持坡面水分并减少降雨对种子的冲刷，促使种子生长
回填土	回填土采用客土、复合肥或泥炭肥的复合物，填土厚度不小于3cm，无网包外露、空包或压包现象，回填土的施工方法有泥浆覆盖法和干土覆盖法
液压喷播	喷播植草须采用专门的液压喷播技术及机械进行，喷播前须将草籽和附着剂、纸纤维、复合肥、保湿剂及水按一定比例混合搅拌，形成均匀混合液。草籽含量为：百慕大草12 ~ 17g/m²，百喜草9 ~ 13g/m²
养护管理	养护管理期内，应一直保持坡表湿润至草种全苗、齐苗。6周以后，视生长情况浇水和施肥。后期浇水应遵循“少量多次”的原则。待植草生长高度5cm左右时，应揭开无纺布，以免阻止植物生长。施工完成一月后，应全面普查生长情况，生长不良位置应予以补种，其他部位清除杂草和喷农药除虫

（2）土工格栅（网）植草护坡施工技术

1）施工工序及要求

该方法的施工顺序为：人工清坡→开挖楔形沟→坡面锚杆施工→楔形沟回填→铺土工网并用U形钉固定→覆土于土工格栅（网）并浸润→液压喷播（或撒播）→铺无纺布养护。

①按设计要求平整坡面。

②人工在泥岩、页岩坡面上每隔30cm形成一个宽、深各5cm左右的水平种植沟，水平沟间距20 ~ 25cm，水平带设置5%的倒坡，以保证填土的稳定。

③沟内回填富含有机肥料的土壤，土壤应有一定的湿度。

④将土工格栅（网）沿坡面顺势铺下，待铺整平顺后，用U形锚钉按2m间距在纵向搭接缝处固定，每幅土工网中央按2m × 2m网并用U形钉固定，以确保土工

网、土工格栅平整并紧贴坡面。

⑤土工格栅（网）纵向搭接10cm，横向交错搭接15cm，搭接部分用土工绳或扎丝连接，用U形锚钉固定，土工格栅亦可用连接棒连接。

⑥格栅全部铺通、固定后，采用富含有机质的塘泥抹面，为增加塘泥的糙度，建议在泥浆内加入适量的经剁碎的稻草，碎草长度不超过10cm。

⑦待泥浆抹面盖过土工网后，撒播草种，然后继续抹面，抹浆厚度以使泥浆覆盖网1cm以上为宜；覆盖土工膜，并定期洒水，养护坡直至植草成坪。

2）注意事项

在施工及养护过程中，需注意以下几点：

①要对边坡进行修整平顺，一般要求坡顶设有截水沟，防止对抹浆面的直接冲刷。

②土工网要充分展开，并有效地固定在坡面上。

③回填入开挖沟槽的营养土应人工夯实。

④应在当地生长季节进行播种、施工和覆盖。

⑤草种要均匀撒播在泥浆表面，确保草种能够均匀生长。

⑥草种发芽初期，应及时洒水，以免抹浆体因过于干燥而开裂。洒水时应控制水力，以不冲走草种和泥浆为宜。

（3）土工格室生态护坡施工技术

土工格室生态护坡施工流程：平整坡面→排水设施施工→土工格室施工→回填客土→喷播施工→盖无纺布→前期养护。

土工格室边坡生态防护施工过程中，应抓好以下几个环节。

1）边坡的修整

据调查，现有土工格室植草边坡中，较为普遍地存在格室材料节点破裂的情况，其中一个重要的原因在于坡面修整平整度不够，雨水冲刷时，导致因材料局部受力过大而撕裂。因此，坡面修整时，首先要求除去坡面的杂草，大致修平坡面。对于出现局部凹坑或小面积倒边时，要用水泥砂浆和块石垒起加以嵌补；表面无法修平，或有大块的硬质石头突出坡面的，则在其上部尽量增厚土层。

2）截排水设施的处理

在边坡坡顶设截水沟，做好排水处理，并用素混凝土回灌坡顶部分的格室网格，避免坡顶的水流形成径流对坡面造成冲刷，同时避免雨水沿原坡面渗流，造成土工格室层的滑坍破坏。

3）土工格室材料的固定

根据受力计算结果和材料的强度，确定锚钉（锚杆）直径与设置密度，利用锚钉（锚杆）来固定土工格室。采用插件式连接法连接土工格室单元时，将未展开的土工格室组件并齐，对准相应的连接塑件，插入特制圆销，然后展开。连接时，根据不同坡率的边坡采用不同单元组合形式。在坡面上按设计的锚杆位置放样，采用 ϕ38 ~ 42mm 钻杆进行钻孔，孔径基本可达 ϕ50mm，按要求进行冲孔，在钻孔内灌注 M30 砂浆。按设计要求弯制锚杆，并除锈，涂防锈油漆。悬在坡面外的锚杆，应套内径为 ϕ25mm 的聚乙稀或聚丙稀软塑料管，管内所有空间应用油脂填充，端部应密封。在坡顶先用固定钉或锚杆进行固定，按设计图纸要求展开，在坡脚用固定钉或锚杆固定，其间按图纸要求用锚杆固定。

4）营养土的拌制

由于路堑边坡一般土壤贫瘠坚硬，为提供挂土工格网植草草皮生长的基质和养料，根据现场施工条件必须要喷抹一定厚度的具有保水保肥作用的泥浆。

土工格室植草边坡中，要求格室回灌土碾成碎末状，并掺入适量的化学肥料。若化肥按袋装提供，要求化肥含有不低于 10% 的氮、15% 的磷酸钾，且施肥量每 1000m^2 不少于 70kg。

5）喷播施工

按设计比例配合草种、木纤维、保水剂、黏合剂、肥料、染色剂及水的混合物料，并通过喷播机均匀喷射于坡面，及时洒水养护，创造良好的植物生长环境。

6）表层覆盖

雨季施工，为使草种免受雨水冲失，并实现保温保湿，应加盖无纺布，促进草种的发芽生长，也可采用稻草、秸秆编织席覆盖。

7）养护

绿化边坡植草形成大面积的覆盖后，一般草皮很稳固，坡体不会坍塌。但在植草初期，如果土工合成材料被破坏或降雨过大，有可能发生坍塌。对此，要从清理坡面开始，按前述相关工艺重新植草。如系岩体膨胀造成的岩体垮塌，需要重新处理、加固修整边坡，再重新植草。平时，特别是降雨高峰期，应多加检查，发现有坍塌的迹象时，及时进行加固处理。为避免干旱对草造成永久性伤害，要及时喷水，保证其正常生长。

草种生长高峰期内，每月叶面喷施 1% 的复合肥一次，以后逐次减少，直至形成丰满密致的草皮。

用土工格室进行坡面防护施工时，还应注意以下几点：要对土工格室材料性能进行测试，质量要好，边坡处理要基本平整，以使土工格室受力均匀；土工格室铺设后应及时覆土，填土紧贴坡面，避免阳光暴晒，一般间隔时间不宜超过 48h；应选择适宜的草籽并掺加适量的肥料在坡面播种，及时洒水养护，创造良好的植物生长环境。

4. 土工合成材料加筋生态路堑墙技术

土工合成材料生态路堑墙是指采用高强度、低变形的土工合成材料如土工格栅、土工格室和有纺织物作为加筋材料的加筋土墙，通常在墙面上植草形成绿色墙体，这种新型结构既增强了边坡的稳定性，又解决了边坡绿化问题。

（1）土工合成材料加筋生态路堑墙稳定性分析

1）加筋生态路堑墙整体稳定性分析

图 8-16 中线 AB 代表原岩石边坡，ABCDE 代表使用土工合成材料构成的边坡加筋墙。计算时，视土工合成材料路堑墙为一个整体。假设破坏时，整体沿 AB 面和 BC 面滑动。因此，在不考虑墙体自身稳定性的条件下，按整体滑动来考虑，最后根据剩余下滑力来确定所需的锚固力。

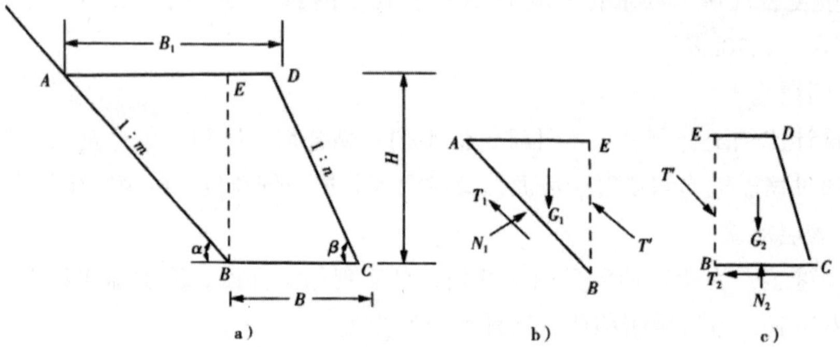

图 8-16　加筋体整体稳定受力分析

对于图 8-16b 中 ABE 有：

$$\left.\begin{aligned} G_1 &= \frac{1}{2}H^2 \cdot m \cdot \gamma \\ T_1 &= G_1 \cdot \sin \\ N_1 &= G_1 \cdot \cos a \\ T' &= T - N_1 \cdot \tan\phi \end{aligned}\right\}$$

对于图 8-16c 中 BCDE 有：

$$\left.\begin{aligned} G_2 &= H(B-\frac{H\cdot n}{2})\cdot\gamma \\ N_2 &= G_2+T'\cdot\sin a \\ T_2 &= N_2\cdot\tan\psi \\ T'' &= T'\cdot\cos a-T_2 \end{aligned}\right\}$$

式中　a,β ——原岩石边坡角和加固体的坡角，$\beta=\arctan\frac{1}{n}$ ；

ψ，Ψ——加固体与岩石和基底的摩擦角；

G_1，G_2——条块体力；

T_1，T_2 ——条底抵抗力；

N_1，N_2——条底法向力；

γ——加固体重度，取 $20kN/m^3$。

根据以上公式，可得整体稳定分析时路堑墙的安全系数 S 为：

$$S=\frac{T_2}{T'\cos a}=\frac{N_2\tan\psi}{T'\cos a}$$

T'' 计算得出的抗滑水平力与下滑水平力之差，若大于 0，表示抗滑力大于水平滑动力；若小于 0，则表示抗滑力小于水平滑动力，需要外加锚固力。

改变 ψ，Ψ 和 B、B_1 的值，应用以上计算公式，便可计算相应所需的锚固力。根据分析，基底的宽度应在 2.0m 以上，为安全起见，适当设置短锚杆。

2）土工合成材料加筋生态路堑墙内部稳定性分析

通过一系列的室内模型试验和理论分析，土工格室和土工格栅加筋生态路堑墙中，土工合成材料层间距不大于 60cm，层间土压实度大于 90% 时，加筋生态路堑墙内部是稳定的。

（2）土工合成材料生态路堑墙施工工艺

1）土工合成材料生态路堑墙施工流程

土工合成材料生态路堑墙施工流程见图 8-17。

2）施工工序及要求

①坡面清理施工要点

标记出施工范围，测量边坡的坡长、坡度等。

工人通过吊绳与安全带，利用撬棍、镐头、铁锹等进行清坡，清坡时坡底做好防护措施，坡底不许站人，坡顶须专人固定与掌握吊绳。

清坡原则为：清除坡面危石，保证施工时工人的安全；尽量使坡面平整，以方便其他工序的展开。

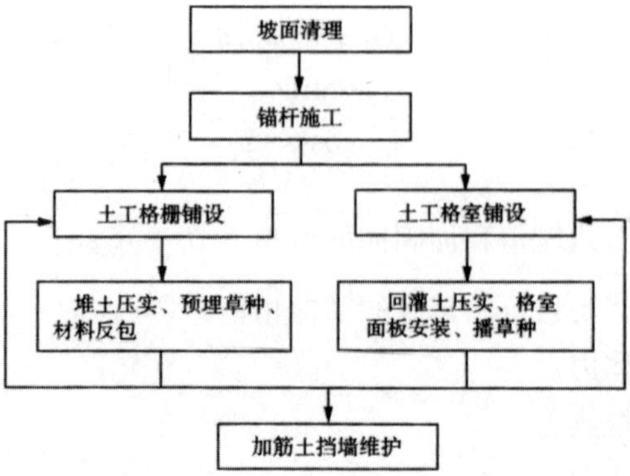

图8–17　土工合成材料生态路堑墙施工流程图

清坡完毕后，将清理的石渣外运。

②锚杆施工要点

锚杆施工前做好标记，首先必须保证横向锚杆水平且在一条直线上，若边坡底线坡度较大，则应从最低边上提 1.0m 开始进行，向上按垂直间距 1.0m 依次标记。锚孔上下排交错布置，水平间距偏差不大于 100mm，垂直间距偏差不大于 50mm，深度偏差不大于 50mm。

锚杆施工采用YT24型气腿式凿岩机，钻头直径35mm，钻孔前首先搭设脚手架，脚手架按两排承重搭设，应选用强度和长度足够的钢管，扣件使用前进行检查，不合格者弃用，扣件应拧紧并检查。

锚杆安设前应对钻孔进行高压风冲刷；锚杆出露坡体部分应事先进行防锈处理；锚杆凝固前，严禁扰动。

③路堑墙垫层施工

按设计要求平整场地，为保证土工合成材料路堑墙具有较好的排水性，在墙体底部一般要求铺设 20cm 厚碎石垫层，并在垫层顶面铺一层蛇皮袋起分隔作用。

④土工合成材料的铺设与连接

a. 地梁浇筑与土工格栅铺设施工要点

地梁施工在每一层格栅反包土之前进行。

地梁以水平向锚杆线为轴线施工，钢筋绑扎前做好地梁浇筑沟槽，宽 20cm，深 15cm，锚杆外侧穿孔焊接两块 240mm × 150mm × 4mm 钢板。

地梁 ϕ14mm 主筋顺沿边坡面布设，搭接采用单面焊接时搭接长度不小于 10

倍钢筋直径，钢筋绑扎时先将格栅端头（肋部）放于上下两层主筋之间，然后将 ф8mm 箍筋穿过格栅孔固定主筋，箍筋按 30cm 间距布设，绑扎牢固。

地梁下部利用沟槽作为模板，上部利用木板作为模板支模。

混凝土严格按 C30 配合比进行搅拌，水泥采用 32.5 级普通硅酸盐水泥，砂为中砂，石子粒径小于 31.5mm，浇筑时充分振捣，避免出现严重的蜂窝现象。

铺设第一层格栅时，将格栅放在压实好的地基之上，格栅长度方向垂直于挡墙，并将预留的反包长度部分置于墙线以外。

铺设第二层格栅，将裁剪好的土工格栅用连接棒与第一层土工格栅连接。

将铺设好的土工格栅用张拉梁拉紧，在拉紧的同时用木楔或堆土的方式使拉紧的格栅保持绷紧状态。继续下一层的回填，重复以上的操作规程直至设计高程。

b．土工格室铺设及面板安装施工要点

将土工格室展开与施工好的锚杆连接，格室铺设时可借助钢钎将格室展开临时固定，回填土使之将格室充分展开，并在坡面一侧将格室与面板用插件连接。

在靠近坡面一侧，安装两格（特制）土工格室，将掺拌一定肥料的土料装入其中，将装填好的格室按设计坡线码放成墙体，并按要求连接好格室面板。

在土工格室与面板形成的蜂窝状格子中回填耕植土并撒播草种。

⑤堆土反包与双向格栅铺设施工要点

a．某公路土工合成材料路堑墙每层土工材料的竖向间距约为 60cm，松土厚度约为 40cm，使用夯机夯实。

b．将掺拌一定肥料的土料装入编织麻袋或草袋，将装填好的土袋按设计坡线码放成墙体（编织麻袋或草袋内应混有耕植土和草种）。

c．用木板或铁锹将码放好的土袋按墙体线拍出形状。

d．在土袋后铺设好的格栅上用垂直倾倒的方式将原地面堆放的、符合设计要求的废弃土倒在格栅上。

e．同层格栅满铺，两层格栅连接处距坡面不得小于 0.5m，顶层格栅埋入土中不得小于 0.3m，埋入端不得小于 1.5m。

f．回填料找平：回填土料的表面应用机械或人工找平，局部高差不大于 5cm。如工作面允许使用履带式机械进行碾压，则要求机械不能直接压在土工合成材料上，可压在填料 1.5cm 以上部位。

⑥排水管设置

根据坡体中裂隙水发育情况，考虑设置排水孔的疏密，并用导管将其引出路堑墙坡面。

二、柔性防护网

1. 被动防护系列

SNS 被动防护系统是一种能拦截和堆存落石的柔性拦石网，用于建筑设施旁有缓冲地带的高山峻岭，把岩崩、飞石、雪崩、泥石流拦截在建筑设施之外，避开灾害对建筑设施的毁坏。系统的柔性和强度足以吸收和分散传递预计的落石冲击动能，即从观念上一改传统的刚性或低强度低柔性结构为高强度柔性结构来实现有效的系统防护功能。

（1）力学原理

被动防护（ $\Delta h \neq 0, \Delta t, \Delta s$ ）是石块在坠落过程中势能转化为动能，通过拦石网将落石的冲击动能吸收，同时将其分散并传递到整个消能系统里。

$$\Delta E = \Delta hmg - \int_{h_1}^{h_2} F_m ds$$

$$\Delta E = \frac{1}{2}mv_0^2 + I\omega_0^2, \Delta h = h_1 - h_2$$

$$mv - mv_0 = F \times \Delta t$$

式中　Δ E ——冲击动能；

Δ H ——高差；

F ——阻力；

v，v0 ——速度；

t ——时间。

这就需要系统具有足够的柔性和拦截强度，并具有高强的抗冲击能力。被动防护以落石所具有的冲击动能这一综合参数作为最主要的设计参数，避开了传统结构设计以荷载作为主要设计参数时所存在的冲击荷载难以确定的问题，实现了结构的定量设计。国内防护能量从 250 ~ 3000kJ，已能对 5000kJ 或更高能级进行特殊防护。同时，由于该系统所具有的明显的柔性特征，使其能够拦截高能量的大块落石，并可实现结构的轻型化，充分体现了柔性防护的理念。

（2）被动防护系统构成

SNS 被动防护系统由钢绳固定系统、钢丝绳网、减压环和钢柱 4 个主要部分构成（见图 8–18）。

1）钢绳固定系统

钢绳固定系统由钢绳锚杆、拉锚绳、基座和支撑绳组成。柔性双股钢丝绳锚杆与各拉锚绳相连，采用套管的环型设计，这种设计能很好地吸收高冲击荷载，同时柔韧性能良好。

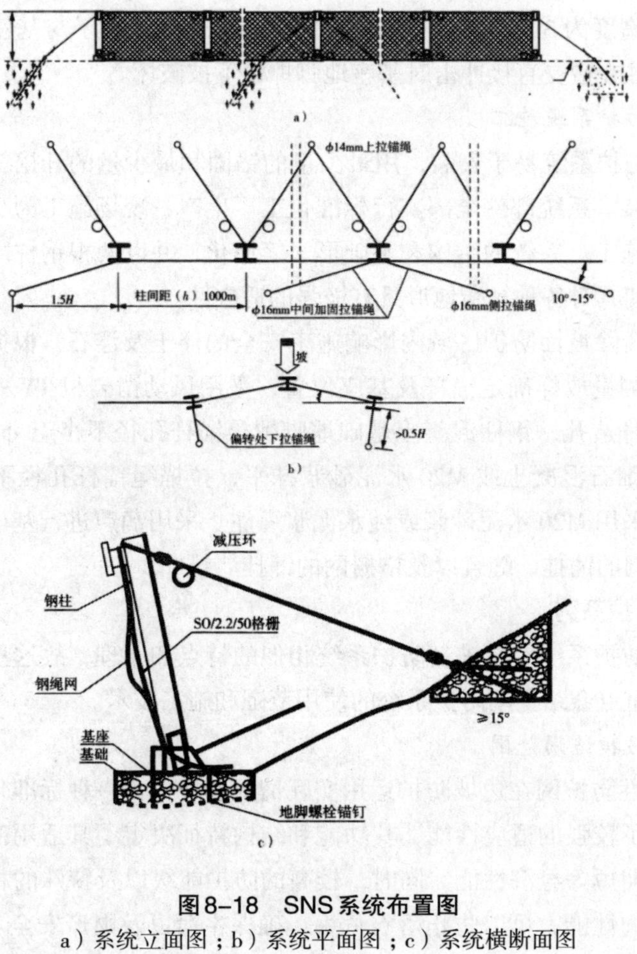

图8–18 SNS系统布置图

a）系统立面图；b）系统平面图；c）系统横断面图

2）钢丝绳网

钢丝绳网是系统的主要特征构成部分，主要由上支撑绳、下支撑绳及加固绳组成，采用的是D0/08/025型钢丝绳网，最大防护能量可以达到500kJ，为菱形钢绳网。其是把来自于落石的冲击荷载传递到支撑绳、拉锚绳、减压环等部件上，并最终传递给锚杆。同时，每隔50m左右设置加固绳。

3）减压环

减压环布置在钢绳网上，设置在钢柱两侧，减压环对系统起过载保护作用，可以避免钢柱等其他部件发生严重破坏。当与减压环相连接的钢丝绳网所受拉力达到一定程度时，减压环启动并通过变形位移来吸收能量，从而实现过载保护。

4）钢柱

钢柱采用高度为3m的钢柱，钢柱间距为8～12m，柱子与基座间采用可动铰连接，确保钢柱在遭受直接冲击时基座地脚螺栓不被破坏。

（3）被动防护系统施工

SNS被动防护系统易于安装，用最少量的锚固和最少量的开挖就能实现最快速简便的施工安装。系统部件全部实行标准化工厂生产，现场施工为少量的以锚杆安装为主的基础施工。系统的结构和基础形式简单化，并以两根钢柱之间的一跨为单元连续布置，使其对各种复杂地形具有极强的适应性。

在安装前清除坡面防护区域内影响施工安全的浮土及浮石，根据设计选择最优的基础位置，测量放样确定锚杆及基座位置，采用风动凿岩机TY—28配小型空压机进行钢绳锚杆造孔，钢柱混凝土基础地脚螺栓锚杆孔径不小于φ45mm，基础顶面用薄层C20细石混凝土或M20水泥砂浆抹平，拉锚绳锚杆孔径不小于φ45mm。钻孔注浆锚杆采用M20水泥砂浆或纯水泥浆灌注。采用葫芦进行基座及锚杆安装与调试、钢丝绳网的铺挂、缝合以及格栅网的铺挂。

2. 主动防护系列

由于主动防护系统有与被动防护系统相似的特点和原理，故这里将略去这部分的介绍，转而重点介绍主动防护系统的使用范围和施工技术。

（1）主动防护适用范围

从SNS柔性防护网在边坡防护运用实际情况看，作为一种标准化、定型化的防护系统，显示了较强的适应性能，其功能和结构特征决定了其适用范围，具有结构简单、施工周期短等经济性能。同时，较高的防护能级以及特殊的材料工艺，体现了安全、耐久的性能，可以防止落石危害，确保生命以及财产安全。因此，SNS柔性防护网在高速公路建设中具有很高的实用价值。

不同的地形地貌、工程地质条件、灾害形式、施工环境和防护安全性等级以及资金的控制等，都将影响主动柔性防护系统的具体选用。只有弄清这些条件，才能正确地选择安全可靠、经济合理的主动柔性防护系统，特别是根据主动防护的岩体重量来确定锚杆的长度和锚固力。

通常情况下，SNS柔性防护网主动防护系列适用于以下情况。

1）滑坡体

设置主动加固系统的重要目的是对表层岩土体进行加固，其锚固深度一般限制在5m以内；当潜在滑动层厚度大于3m时，不应单独采用；此时考虑与预应力锚索或预应力长锚杆结合使用，利用柔性防护系统来弥补锚索点加固所不能实现的面加固。

2）蠕滑体

钢丝绳网主动加固系统的标准结构中采用了柔性钢丝绳锚杆，其抗拔能力较强，但其抑制变形的能力较差，它会随土体的蠕动而变形。因此对存在以蠕动为潜在变形特征，并引起滑动破坏或明显改变原设计边坡，致使所采用的系统加固能力明显不足时，不能采用标准结构形式的钢丝绳网主动加固系统。

3）土体流失

对可能发生严重土体流失的土石体边坡，当从环保角度不容许这种情况发生时，或者这种不断的土体流失将进一步恶化边坡稳定性，明显改变原设计条件，可能使原来所考虑的浅表层失稳问题向更大规模的深层发展时，主动加固系统也是不能单独采用的。此时较好的方法是选择与坡面绿化相结合的方式来达到防治效果。

（2）施工流程

施工流程为：平整坡面→凿孔→安装锚杆→安装支撑绳→铺设钢绳网。

1）平整坡面

自上而下彻底清理坡面，将坡面上的浮土、松动石块统统清除，并局部加固，避免施工中落石伤人。

2）凿孔

从防护区域下沿中部开始向上和两侧放线测量，确定锚杆孔位，并在每一孔位处凿一深度不小于锚杆外露环套长度的凹坑，一般直径 20cm，深 15cm；按设计深度凿锚杆孔并清除孔内粉尘，孔深应比设计锚杆长 5cm 以上，孔径不小于 φ45mm；当受凿岩设备限制时，构成每根锚杆的两股钢绳可分别锚入两个孔径不小于 φ35mm 的锚孔内，形成人字形锚杆，两股钢绳间夹角为 15° ~ 32°，以达到同样的锚固效果。

3）安装锚杆

注浆并插入锚杆，采用强度等级不低于 M20 的水泥砂浆，宜用灰砂比 1∶1 ~ ∶1.2，水灰比为 1∶0.45 ~ 1∶0.50 的水泥砂浆，水泥宜用强度等级为 32.5 的普通硅酸盐水泥，优先选用粒径不大于 3mm 的中细砂，确保浆液饱满，在进行下一道工序前，注浆体养护不少于 3d。

4）安装支撑绳

支撑绳拉紧后两端用 2 ~ 4 个钢丝绳卡子（支撑绳长度小于 15m 时用 2 个，小于 30m 时用 4 个）将支撑绳卡死，形成 4.5m × 4.5m 的网格（实际可以在 4.2 ~ 4.8m

之间调整）。

5）铺设钢绳网

从上向下铺设钢绳网，四周用 φ8mm 的缝合绳将钢绳网与纵、横向支撑绳连接起来并张拉紧，缝合绳的两端各用两个绳卡与网绳牢固连接。钢绳网拉好后，用细石混凝土将锚杆孔口的凹坑填埋。

若要进行坡面绿化，在铺钢绳网之前，在坡面上先铺一层钢格栅，再铺设钢绳网，然后在钢格栅面上铺营养土，播撒草籽，覆盖洒水养生，确保草籽成活率在95% 以上。格栅网间重叠宽度不小于 5cm，两张格栅网缝合。格栅网与支撑绳间用铁丝按 1m 间距进行扎结。

三、喷浆防护技术

1. 滑坡体注浆加固

注浆加固技术是用液压或气压把能凝固的浆液注入物体的裂缝或孔隙，以改变注浆对象的物理力学性质，以满足各类土木建筑工程的需要；注浆加固技术的成败与工程问题、地质特征、注浆材料和压浆技术等直接相关，如果忽视其中的任何一个环节，都可能造成注浆工程的失败。工程问题、地质特征是灌浆取得成功的前提，注浆材料和压浆技术是注浆加固技术的关键。注浆的对象可以是岩石、土体、混凝土等多种材料。在公路边坡注浆加固中，注浆对象主要是岩层和土体。注浆通过把浆液注入岩石的裂隙或土体的孔隙，待浆液凝固后，使岩层和土体的强度大大提高，并改变岩土的力学性状，从而增强岩土的稳定性。

随着注浆技术和相关技术的迅速发展，注浆法已成为解决各类工程问题的非常重要的手段，许多不能满足工程要求的物体，可借助注浆技术解决，如某些化学浆液可以注入 0.01mm 的小裂隙，某些浆液的注浆体强度可高达 60MPa。

（1）注浆加固原理

引起边坡失稳的原因主要有两个方面：一方面是由于外界因素破坏了边坡原有的平衡状态，使边坡产生滑动，如边坡上缘加荷、边坡下部开挖等；另一方面是由于外界因素影响降低边坡土体或滑面的抗剪强度参数，使边坡失稳，如坡体中的地下水作用，不但可以产生水压力，而且降低边坡的值。但最终边坡失稳的实质是由于边坡的下滑力超过了边坡抗剪强度所提供的阻滑力，因此注浆加固边坡就是要达到一方面增强边坡坡体的抗剪强度、减小坡体的渗透性，从而提高其地基承载力，减小水压力或水动力，另一方面提高可能的潜在滑面的抗剪强度，以增强坡体的稳定性。

注浆加固技术在边坡处理中的应用一般有两个方面，一种是对于由崩滑堆积体、岩溶角砾岩堆积体以及松动岩体构成的极易滑动的边坡或由于开挖形成的多卸荷裂隙边坡，对坡体注入水泥砂浆，以固结坡体并提高坡体强度，避免不均匀沉降，防止出现滑裂面。另一种是对于正处于滑动的边坡、存在潜在滑面的边坡，或者处于不稳定的滑坡，运用注浆技术对滑带压力注浆，从而提高滑面抗剪强度，提高滑体稳定性；这种情况实际上是把注浆加固作为边坡滑带改良的一种技术，滑带改良后，边坡的安全系数评价一般采用抗剪断标准。

因此，边坡注浆加固一般适用于以岩石为主的滑坡、崩塌堆积体、岩溶角砾岩堆积体，以及松动岩体边坡。同时，采用注浆加固边坡前，必须进行注浆试验和效果评价，注浆后必须进行开挖或钻孔取样检验。

在注浆工程中，使用的浆液都是由主剂（主要的原材料，如水泥、砂、黏土、粉煤灰、水玻璃等）、溶剂（水或其他溶剂）以及各种外加剂（如催化剂、固化剂、凝胶剂、缓凝剂等）按照一定比例混合而成的液体。注浆材料是指构成注浆浆液的材料，简称浆材。通常所说的浆材多数系指主剂，即主要原材料。由于浆材品种和性能的好坏将直接影响到注浆工程的成败、质量和造价，因而注浆工程界长期以来对注浆材料的研究和发展都极为重视。目前可用的浆材种类繁多，特别是在我国，浆材性能和应用问题得到了系统深入的研究，部分浆材通过改性使其缺点消除后，在工程中应用广泛。

（2）注浆法及材料分类

1）注浆法

按浆液材料的品种，注浆法可分为水泥注浆、化学注浆、混合注浆。水泥注浆是指注浆采用的浆液为水泥浆，纯水泥浆由水和水泥按一定比例混合而成，常用的水灰比在0.5∶1 ~ 5∶1之间；水泥浆具有结石强度高、造价低、无毒、不污染环境等特性，在岩土加固和防渗中普遍采用；由于普通水泥浆在细小裂隙和微空隙地层中的可灌性较差，一般只能灌注0.2 ~ 0.3mm的裂隙和空隙，因此研究出了超细水泥浆。超细水泥浆可以灌注更小的裂缝。化学注浆是指注浆采用的浆液为化学浆材制成。化学注浆主要用于微裂缝的注浆。通常所用的化学浆液有硅酸盐浆（含水硅酸钠，又称水玻璃）、酸性水玻璃、丙烯酰胺类浆液、改性环氧树脂浆液以及聚氨酯浆液等。混合注浆是指注浆采用的浆液为混合浆材制成，如在水泥浆中加入粉煤灰形成粉煤灰水泥浆，在水泥浆中加入硅粉形成硅粉水泥浆，而在水泥浆中加入水玻璃形成水泥水玻璃浆等。

2）注浆材料

目前可供使用的浆材总体上可以分为化学类浆材和粒状浆材两大类。所谓化学浆材，是指配成浆液后要发生化学反应的材料，主要有水玻璃类的各种浆材和有机高分子类各种浆材；而粒状浆材是指水泥、黏土、砂、粉煤灰等颗粒的材料，又称非化学浆材。

①粒状浆材

粒状浆材是构成悬浊型浆液的主剂，目前工程中主要使用的粒状浆材有水泥、黏土、砂、粉煤灰、硅粉等。

一般性水泥：一般性水泥有普通硅酸盐水泥、矿渣水泥、高铝水泥和耐酸水泥。其中，普通硅酸盐水泥是注浆工程中最常用的水泥；矿渣水泥与普通硅酸盐水泥的主要差别是氧化钙的含量低，高铝水泥由磨细的矾土和石灰石的混合物熔融而成，它的水凝速度快，是一种早强的水硬性胶凝材料；耐酸水泥是磨细的石英砂与具有高度分散表面的活性硅土物质的混合物，具有抗酸腐蚀作用。

黏土：化学成分是含水的铝硅酸盐及一些金属氧化物，细粒成分多，亲水性好。在水泥浆中添加黏土，可大大提高浆液的稳定性。

膨润土：以蒙脱石为主要成分的黏土矿物，吸水性好，吸水后膨胀形成不透水的可塑胶体，是较好的防水材料。

粉煤灰：在潮湿的条件下，固结体具有自硬性，单轴强度随龄期的增大而增大。掺入水泥中作为注浆材料使用的主要作用是节约水泥、降低成本，同时可以提高浆液结石的抗溶蚀能力和防渗帷幕的耐久性。

超细水泥：与一般水泥相比具有渗透能力强、化学活性好、固化速度快、强度高（可达 62MPa）、抗离析能力强（分散性大，沉淀少）等特点。

硅粉：是冶金厂生产硅铁和工业硅过程中的副产品，主要成分是 SiO_2，平均粒径 0.6μm，比表面积 15×10^4 ~ $2\times10^8 cm^2/g$。在浆液中掺入硅粉，可以改善浆液的可灌性和稳定性，同时由于硅粉中的 SiO_2 与水泥水化放出 $Ca(OH)_2$ 的反应生成 Ca/Si 的 CSH 凝胶，这种凝胶的强度高于 $Ca(OH)_2$ 晶体，从而使得浆液结石的强度大大提高。

砂：是砂浆、水泥砂浆的主要材料。在浆液中掺砂可以降低成本，防止浆液扩散过远，提高浆液的固结强度。

②有机高分子类浆材

由于大多数高分子溶液含有剧毒物质，目前被一些国家列为禁用浆液。但由于这类浆材渗透性好，凝胶时间易于控制，注入后的土层抗压强度、抗渗性均较理想等优点，故这类浆液是注入水泥浆液、水玻璃浆液无法解决工程疑难问题时必不可少的主要材料，所以一些国家仍在继续使用，如丙烯酰胺类、无毒丙凝、改良的环氧树脂、聚氨酯等浆材。

③水玻璃类浆材

水玻璃又称硅酸钠，是常见的可溶性硅酸盐。因呈玻璃状，所以溶于水后所得到的黏稠溶液叫作水玻璃。

2. 注浆加固施工

（1）注浆施工前期工作

在进行注浆施工前必须进行一些准备工作。

现场调查：调查的内容包括土质调查、地下水调查、地下埋设物调查、环境调查。土质调查主要调查土层构成、地层强度、颗粒成分、压缩特性、渗透特性等，这对于选择施工方法和注浆工艺是极其重要的；地下水调查系测定调查孔的自然水位和实施渗水试验，求取地层的渗透系数，应特别注重地下水对注浆效果的影响，如水的流向和酸碱性对浆液的影响；地下埋设物一般是指地下管网或地下建筑物，对于非城市道路的公路边坡通常较少涉及该项内容；环境调查系指灌注区及其附近地区的地下水、井、动植物、公用水域、生活环境等调查，防止施工废水、有毒化学浆液、施工噪声等对环境的影响。

注入试验：注浆工程正式施工前，应在现场进行注入试验，并调查注浆是否达到预期的设计要求。通常情况下，原位现场调查和现场原位注入试验是进行注浆工程设计前需要进行的工作，在施工阶段，掌握这些资料对制订详细合理的施工计划也是极其有利的。

制订计划：根据注浆设计、原位试验和现场调查资料，策划制订施工计划，注浆施工必须按照计划进行顺序施工。施工计划通常应当包括施工工艺（如注浆顺序、注浆速度、注浆压力、节长等）、施工材料及关系（如注入材料的配比和凝胶时间等）、施工进度、施工组织管理等。

（2）注浆施工管理

注浆工程中对浆液的要求是压入地层中的浆液能确实高效硬化，并在地层中形成加固效果的固结物。同时，由于开发的主剂和硬化剂有些是有毒的，为防止注入有机高分子浆液污染地下水等严重问题，建议浆液材料（从防止污染地下水观点考虑）只限于使用水玻璃类注入压力和凝胶时间等有关参数进行切实的施工管理。

对工法的选择、设计、施工和水质监测等项目作了如下要求：①注浆工法中使用的浆液，目前为水玻璃类浆液（主剂是硅酸钠的浆液），不允许使用有毒物或者氟化物。②关于注浆工法的设计和施工，要求注浆地点周围的地下水和公共水域应维持在一定的水质标准范围内，应切实掌握该地区地层的性质、地下水和公共水域等状况。③注入机器的清洗水、浆液注入地点的涌水等废水排向公共水域时，其水质必须达到标准。④为了防止注浆造成的地下水和公共水域的水质污染，施工单位必须监视注浆周围地下水和公共水域的水质污染状况。

在制订注浆施工的具体管理办法时，通常应当包括现场质量及数量管理（浆液质量、数量的有关证明、运输、使用等）、注入量和材料使用量的确认（含相关报表）、合同与施工计划的相关事项及相应措施等。

在边坡注浆加固中如采用纯水泥浆液，则上述问题可以避免。

（3）注浆施工要求

按照注入方式，注浆施工可以分为钻杆法、花管法、双层管双栓塞法、同步注浆法、压实注浆法、布袋注浆法、高压喷射搅拌法等，边坡注浆加固施工包括施工组织、钻孔浆液配制、注浆等过程，一般要求如下：

1）造孔采用机械回转或潜孔锤钻进，严禁采用泥浆护壁。土体宜干钻，岩体可采用清水或空气钻进。

2）随钻进做好地质编录，尤其是对洞穴、塌孔、掉块、漏水等各种情况进行详细编录。

3）若岩土体空隙大时，可改用水泥砂浆。砂为天然砂或人工砂，要求有机物含量不宜大于3%，SO_3含量不宜大于1%。

4）双管法灌浆：浆液从内管压入，外管返浆。浆液注入后，通过返浆管检查止浆效果、测压及控制注浆压力，主要是通过胶塞挤压变形止浆。

5）单管法灌浆：利用钻杆直接向试段输浆，可利用胶塞止浆。主要用于止浆段孔壁不完整、利用胶塞止浆困难的试段。

6）采用自上而下分段注浆法，每段4m，孔口至地面以下1～2m留空。

3. 坡面喷浆防护

（1）喷浆护面简介

喷射混凝土是借助喷射机械，利用压缩空气将按一定比例配合的拌和料经过管道输送并以高速喷射到受喷面上凝结硬化而成的一种混凝土。它起先是由喷射水泥砂浆发展起来的，1914年美国矿山和建筑工程领域首先使用了喷射水泥砂浆，1942年瑞士研制成转子式混凝土喷射机能喷射最大粒径为25mm集料的混凝土，1948～1953年奥地利在兴建水电站隧洞时作为一种支护手段最早使用了喷射混凝土。以后美、英、法、德、加拿大和日本等国也相继在土建工程中采用了这一技术。

喷浆护面工程多与锚杆挂网结合，靠锚杆、钢筋网（或土工合成材料网）和砂浆层共同来提高边坡岩土的结构强度和刚度，减少岩（土）体侧向变形，增强边坡的整体稳定性。其主要适用于岩性较差、强度较低、易于风化的岩石边坡；或虽为坚硬岩层，但风化严重、节理发育、易受外力影响、导致大面积碎落，以及局部崩塌、落石的岩质边坡。喷射混凝土封闭坡面，对岩土体起了连续作用，混凝土在喷射压力的作用下，在岩土体表面产生嵌固效应，提高了黏结力。锚杆挂网喷浆支护能改善岩土体的性质，加强岩土体的内在强度和整体性，提高其自承自稳能力，充分发挥岩土体的潜能。喷浆护面工程一般适用于低等级公路或高速公路边坡的临时防护。

（2）喷浆护面施工

1）材料及参数

通常喷射混凝土通过加锚、挂网来作为一种支护手段。普通钢筋网喷射混凝土中钢筋网的作用主要是传递喷射混凝土层的局部受力，使其受力均匀，在喷射混凝土中起骨架作用，但由于钢筋容易锈蚀，影响了其防护功能的耐久性。20 世纪 90 年代以来，由于土工合成材料制造技术的发展，高性能土工合成材料网（格栅）使得材料的强度、抗腐蚀性能均得到提高，加之我国铁路、高速公路建设高速发展，路堑、路堤边坡稳定和滑坡处治问题也日渐突出，开始使用喷射混凝土作边坡防护，并且用土工格栅（格网）代替钢筋来进行喷射混凝土边坡防护，提高了边坡抗风化、抗冲刷性能。

2）混合料的配合比设计

混凝土是将一定配合比的水泥、砂、石子和速凝剂加在一起的拌和物。利用混凝土喷射机，通过管路再送到喷嘴与水泥混合，以高速（30 ~ 100m/s）喷射到岩土表面上凝结硬化后而形成的一种支护材料。

水泥：水泥品种和强度等级的选择主要应满足工程使用要求，当加入速凝剂时，还应考虑水泥与速凝剂的相容性。通常应优先选用不低于 32.5 级硅酸盐水泥，或普通硅酸盐水泥，这两种水泥的 C_3S 和 C3A 含量较高，与速凝剂的相容性好，能速凝、快硬，后期强度高。该公路选用了本地产的 32.5 级普通硅酸盐水泥。

砂：因砂子过细使干缩增大，过粗增加回弹，所以应选用中粗砂，细度模数大于 2.5，该公路应严格控制砂子中小于 0.075mm 的颗粒不超过 20%。

石子：卵石基砂石均可，但以卵石为好。客观存在在管道输送中卵石的阻力要小于带棱角砂石的阻力，且不容易引起管道的堵塞。尽管国内生产的喷射机能使用最大粒径 25mm 的集料，为了减少回弹，该公路喷射混凝土集料的最大粒径基本小于 20mm。

水：喷射混凝土用水要求与普通混凝土相同，不得使用污水、pH 值小于 4 的酸性水、含硫酸盐量按 SO_4^{2-} 超过水重 1% 的水及海水。

拌和料的配合比包括胶骨比、砂率、水灰比三项。

胶骨比：即水泥与集料之比，通常为 1∶4.0 ~ 1∶4.5。若水泥过少则回弹量大，初期强度增长慢，而水泥过多则不仅产生的粉尘量增多，而且硬化后混凝土收缩也增大。

砂率：即砂子在整个粗细集料中所占的百分率，它对喷射混凝土施工性能及力学性能都有影响。权衡砂率大小对喷射混凝土所带来的利弊，该公路喷射混凝土拌和料的砂率定为 50%。

水灰比：水灰比是影响喷射混凝土强度的主要因素。当水灰比为 0.2 时，水泥不能获得足够水分与其水化，硬化后有一部分未水化的水泥质点存在；当水灰比为 0.4 时，有适宜的水分与其水化，硬化后形成致密的水泥结构；当水灰比为 0.6 时，过量的多余水蒸发后在水泥中形成毛细孔。所以对喷射混凝土适宜的水灰比为 0.4 ~ 0.5，通过混凝土配合比设计和现场试喷，将试验边坡水灰比定为 0.5，该公路实践证明：这一配合比的喷射混凝土能较好地保持坡面平整，无干斑或滑移流淌现象，同时有效减少了回弹损失。

3）工艺流程

土工合成材料加筋喷射混凝土施工工艺见图 8–19，它与挂钢筋网喷射混凝土施工差别不大。

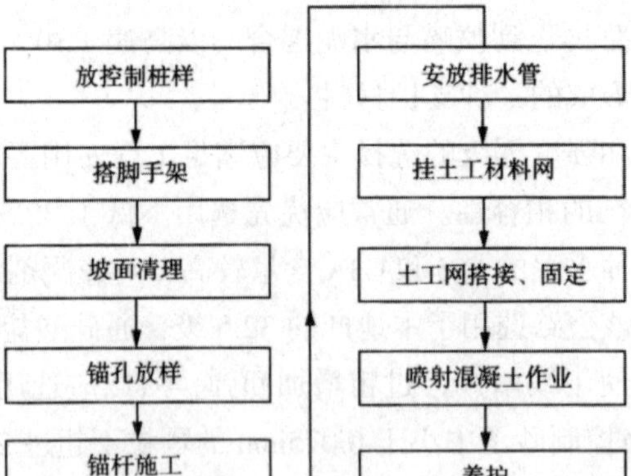

图 8–19　土工合成材料加筋喷射混凝土施工流程图

①放控制桩样

用经纬仪放出整个场地的控制粧样，要求：纵向到顶，横向到边，中间间距可根据现场条件，控制在 20 ~ 30m。控制桩用钢筋或竹桩制作，入岩或土不少于 20cm，并用水泥固定，一旦放完，施工各环节妥为保护。

②搭脚手架

脚手架搭设前必须先对现有边坡稳定情况进行观察与分析计算，确定安全后再搭设脚手架。采用扣件式钢管脚手架时，钢管支架立柱应置于坚硬稳定的岩石上，不得置于浮渣上；架宽 2.50m，立杆纵向间距为 1.50m，横向间距为 1.25m；大横杆步距 2.00m；小横杆步距不大于 1.50m，以满足施工操作；搭设管扣要牢固和稳定；钢架与壁面之间必须楔紧，相邻钢架之间应连接牢靠，以确保施工安全。

脚手架搭设要求：架子垂向不得外倾，内倾不宜大于 5° ；架子垂向不得外倾，内倾不宜大于 5°；架子纵向每 20m 设剪刀撑，横向每 6m 设剪刀撑；

③坡面清理

由于现有的岩石边坡破碎松散且不平整，故必须将松散的浮石和岩渣清除干净，处理好光滑岩面，拆除障碍物，用石块补砌空洞；因该公路边坡坡面岩渣多为直径较小的风化碎石，清坡时可用高压水冲洗受喷面；对边坡局部不稳定处进行清刷或局部支护加固；对较大的裂缝进行灌浆或勾缝处理；在边坡松散空洞处和坡脚处设置一定数量的泄水孔，预留的长度根据现场确定布设。

④锚孔放样

在控制桩基础上放桩样可采用皮尺测量。量尺时，用力要均匀，保持松紧适度。如因气候变化，量测的控制点间距误差较大时，要进行平差，将误差均分，不能积累在某一点上。

⑤锚杆施工

a. 钻入开挖孔口定位凹槽，保持各锚杆孔口位置左右、上下及前后基本一致；采用气腿式凿岩机钻孔，孔径 38mm；锚杆采用 ϕ22mm 钢筋，间排距 200cm，梅花形布置。

b. 钻机就位后，按设计和规范要求，校正钻机摆放的水平、垂直和角偏差。要求：距离偏差小于 5cm；角度偏差小于 2° 。

c. 成孔要把握以下原则：开孔慢，进尺顺，终孔吹。即：开孔时适当控制压力和转速，以利孔口成型，不偏不卡。成功开孔后，根据岩石情况，可快则快，应慢则慢，以能顺利进尺为准则。终孔时，钻具要在孔内来回推拉，吹尽孔内岩粉，保证成孔质量。根据现场的情况确定锚杆深度一般为 1.5m，钻孔要垂直边坡面。

d. 锚杆加工安装：将锚杆除锈，切割成设计要求长度；长度不够可用双面搭接焊加长，焊接时注意不得伤及杆体。每 2m 设一对中器，之后按要求放入锚孔（锚杆直径为 22mm）。锚杆的间距和排距为 3m × 2m，在一部分锚杆外露头上做出喷射层处表面位置的标记，便于控制喷层的厚度。

e. 锚孔注浆：锚杆的灌浆用 1: 1 ～ 1: 0.82 的水灰比实施，砂浆强度等级达 M30。注浆管长度不小于孔深，大小可采用 4 分 PVC 塑料管或焊接管。

要求：注浆前先检查管路是否通畅；注浆时注浆管应插至孔底 5 ～ 10cm 处，随砂浆的注入缓慢匀速拔出。注浆要保证砂浆饱满，不得有里空外满的现象；采用压力泵将 1: 1 的水泥砂浆注入锚孔。如遇空洞不能加压太大，要保持 0.1MPa 的工作压力；注完浆后立即插入锚杆，若孔口无砂浆溢出，应适时补注，使砂浆充满锚孔。

⑥安放排水管

根据边坡的地下水出露情况，在钻孔时钻一定数量的斜孔，孔内放软式透水管或留孔的 PVC 管。结合挂网设置泄水孔。

⑦挂土工材料网，土工网搭接、固定挂土工格网（格栅）自上而下，土工网悬挂在边坡上，由人工用尼龙绳在边坡下部进行牵引，从坡上由人工缓慢放下。由于岩面不平整，为保证土工网能与岩面贴合较好，网与网之间应有足够的搭接，要求有效搭接宽度不小于 10cm。放网速度不宜过快，并且要及时调整土工格栅网的位置。土工网悬挂后，先将土工格栅拉直压紧使其贴紧岩面，采用 U 形钢钉固定，U 形钉由如 φ6mm 钢筋加工而成，固定于相邻 4 根锚杆中间位置，在土工网搭接部位 U 形钉适当加密，同时还要求土工网与坡面孔隙间距不小于 3cm，故在用 U 形钉固定网时，要求在其下与坡面之间垫放厚度为 3cm 的小混凝土块，并用扎丝固定。

⑧喷射混凝土作业

a. 喷喷射作业前必须对机械设备，风、水管路和电线等进行全面检查及试运转。

b. 喷射混凝土之前，用清水将坡面冲刷干净，湿润岩层表面，以确保喷射混凝土与岩层之间的良好黏结。

c. 埋设控制喷射混凝土厚度的标志，以确保混凝土喷射的厚度，在该公路采用打人涂有红色油漆的短钢筋作为标志杆。

d. 喷射作业应分段分片依次进行。喷射顺序自上而下，按地形条件和风向从左至右，或从右至左依次进行。

e. 喷射时，应控制好水灰比，保持混凝土表面平整，呈湿润光泽，无干斑或滑移流淌现象；喷射机设置在地面平整的地方。

要求：喷枪垂直坡面，上下左右偏角 ±10°；喷头与坡面保持 0.6 ~ 1m 间距；控制水灰比在 0.4 ~ 0.5 之间，保持表面平整，无干斑或滑移流淌现象；混凝土终凝 2h 后开始养护。

（3）喷射混凝土回弹处理

回弹是指由于喷射流与受喷面相互撞击，使集料颗粒从该面上弹落下来的混合物。回弹率主要受到 4 个因素的影响：原材料配合比、施工方法、喷射部位、一次喷层厚度等。

1）配合比影响：水泥用量越多、砂率越高、用水量越大则回弹越小，不过，在水泥用量不变的条件下，砂率越高、用水量越大，则喷射混凝土的抗压强度越低，就用水量而言，它与速凝剂的效果关系也很大。因此，良好的级配与选择较小的粗集料尺寸有利于减少回弹。

2）施工方法的影响：应使喷嘴与受喷面的距离适当，且喷射流的喷射压力合适，而且最好喷枪嘴垂直于受喷面，这时的回弹量最小。

3）喷射部位的影响：据统计，向下向底板喷射时回弹率最小，约占总喷射量的 5% ~ 10%；向倾斜或直立面喷射，回弹率居中，约为喷射量的 10% ~ 20%；而向上向顶部喷射时回弹率最高，约占总喷射量的 20% ~ 30%，甚至更高。

4）一次喷层厚度的影响：一次喷层厚度对回弹的影响很大，当料流开始与受喷面碰撞时，回弹率很大，特别是粗集料几乎都会被弹回，只有当形成一层 5 ~ 10mm 的砂浆塑性层后，粗集料才能被嵌入，回弹率才逐渐减小，约在喷层厚度为 50mm 时，回弹率才稳定下来。

回弹物一般以石子为主，石子的回弹实质上是一个碰撞问题，即石子与围岩的碰撞，根据动量守恒定律，可以求得石子穿过喷层后的速度 v 与下列因素的数学关系式，即

$$v=\sqrt{\frac{mv_0^2-2ps}{m}}$$

式中　v_0——石子从喷嘴出口喷出的速度；

m——石子的质量；

p——石子在穿入砂浆时的黏度阻力；

s——石子在喷层内运动的距离。

由上式看出，当 m、v_0、p 为相对定值时 s 越大，v 越小；若要使石子不回弹，则只有使 v=0，这时由上式可以得到

$$s=\frac{mv_0^2}{2p}$$

所以当喷层厚度 $b=s=\frac{mv_0^2}{2p}$ 时，石子不会直接回弹，亦即当 $0\leq n\leq\frac{mv_0^2}{2p}$ 时，石子不会回弹。

结合该公路边坡喷浆防护的实际情况，采用以下 4 条减少回弹的措施：

①保持好喷射机喷嘴与受喷面上的距离，且垂直于受喷面，控制好风压及进水量。

②在喷厚较小时，尽量少加入粗集料中的石子量。

③当喷层厚度达 5mm 时，停止喷射 20 ~ 30min，待已喷砂浆的黏着力较大时，再继续喷射。

④当喷厚大于 10mm 时，在喷料中可以增加石子所占的比重。

为了减少回弹量，该公路一期工程喷浆配合料中的石子用粗砂取代，配合比为水泥：中砂：粗砂 1：1.3：4.17，水灰比为 1：0.5。

由于土工合成材料为柔性材料，喷射材料与土工合成材料网碰撞时，材料可以起到很好的缓冲作用，当主要喷射物——石子经过土工合成材料网的缓冲消能后，进入喷射层时的速度已经降低许多，使得喷射回弹大大降低。此外，挂网时，通过控制使挂网材料与坡面有一定间隙（该公路间隙最小为 3cm），当喷射料穿过网孔撞击坡面反弹时，与土工合成材料网的经肋形成二次碰撞后再次被弹回受喷面，也相应降低了喷射物的回弹，从降低回弹的角度看，采用挂土工合成材料网要优于挂钢筋网喷浆（该公路钢筋网网度为 30cm × 30cm），从现场施工看，挂土工网喷浆降低回弹率效果明显，约为钢筋网喷浆回弹量的 1/3。

四、砌石防护

1. 护面墙

护面墙是采用浆砌片石结构，覆盖在各种软质岩层和较破碎的挖方边坡，使之免受大气影响而修建的墙体，以防止坡面继续风化。在缺乏石料的地区，也可以采用现浇水泥混凝土或用预制混凝土块砌筑。混凝土强度不应低于 C15，砌筑用砂浆强度不应低于 M5，寒冷地区不应低于 M7.5。护面墙除自重外，不担负其他荷载，也不考虑承受墙后的土压力；护面墙除防护边坡外，也能增加路堑美观。因此，护面墙所建地段必须符合边坡稳定要求，其基础应置于稳定的地基上。

2. 干砌片石防护

对于土质、软岩及易风化、破坏较严重的路堑边坡，宜选干砌片石防护，以防雨、雪水冲刷，这不仅为了节省投资，且能适应冻胀严重和边坡的较大变形。在干砌片石防护应设置厚 10 ~ 15cm 的砂砾或碎石反滤垫层。

3. 浆砌片石防护

浆砌片石防护是公路路堑边坡防护中常用的工程防护方法。此方法材料易得，施工简单，坚固耐用，常用于高速公路边坡防护。浆砌片石是用水泥砂浆将片石间隙填满，使砌石成为一个整体，以保护坡面不受外界因素的侵蚀，所以比干砌片石有更高的强度和稳定性。干砌或浆砌片石防护在不适于植物防护或者有大量开山石料可以利用的地段最为适合。在石料缺乏的地区，路堑边坡可采用水泥混凝土预制块防护，如混凝土板，方形、菱形或六角形混凝土空心块等，混凝土等级宜选 C15 ~ C25。

第四节　公路边坡生态恢复及防护技术

一、公路边坡生态恢复

1. 边坡的生态恢复原理浅析

边坡生态恢复需在边坡的坡面放置一层经过严格配置、适合植物生长环境需要的营养土质。为了使边坡更好地恢复生态系统，选择植被时，应首选速生植物，为后续植物的生长创造有利的条件；其次再相互组合一些比较粗放型的、耐抗性较强的植物，这样一来，即使是在某种极端的自然条件下坡面也可以达到良好的遮盖效果。在边坡生态中即使有某个部位发生了滑移的情况，其自身系统也能够逐慢慢地自行修复，这主要是植物的再生以及根系间穿插的能力较强，可较快修复边坡。

2. 边坡生态恢复植物类型的选择

（1）结合当地气候条件选择合适的植物

在选择所需种植的植物类型时，首先要考虑当地气温，应选择可在当地最高气温以及最低气温内皆可适应生长的植物。在我国南方可适应暖季节类型的植物，如假俭草、狗牙根等，而在我国北方，则可选择适应寒冷季节的植物，如白三叶、高羊茅等。在冷热较适中的地方则可以选择白三叶、高羊茅作为种植对象，主要因其绿期相对较长。

（2）选择具有较强分生能力和根系较多的植物

植物根系越多，其生长能力就越大，根系分布范围也越广，在生长过程中的固土能力就越强，进一步来说，这种植物的抗耐性也会越强。植物的分行能力越强，其所能遮盖连起的能力也就越强，从而有效地降低土壤裸露和雨水侵蚀的破坏。与此同时，还要避免种植过高和生长过快的植物，有效节约成本并在一定程度上保持了坡面的美观。

（3）选择抗耐性较强的植物

选择边坡植株时，可选一些抗耐性较强的植物，主要是因为在边坡中的土壤通常要比其它地质环境中贫瘠许多，且水土流失较多等特点，这种植抗耐性较强的植物可以很好地在贫瘠、干旱、炎热以及寒冷等较极端的地质和气候条件下仍然可以很好地生长。

（4）选择混合植物种植

每一种植物都具有自身的特性，如果在边坡中只种植一种植物就很难满足边坡生态恢复的要求。如狗牙根是 1 种非常合适在边坡环境中生长的植物，其绿期相对较短，而高羊茅的绿期较长，但在夏天的生长并不理想，如果只是选择种植单一植物，一旦植物生长受到影响或退化后想让其快速恢复就十分困难。而采用混合植物种植可很好地保持植物的多样性以及稳定性，可结合植物的特性按照一定的配比混合种植，从而有效地发挥各植物的作用。

二、公路边坡生态防护技术

1. 人工植被生态恢复

在边坡生态恢复中，使用人工植被法是最常用的方式，主要依靠人力作业，通常适用于较小面积、邊坡较为平缓的土质以及沙土等地质环境。运用人工植被恢复法，结合地方环境气候等，筛选符合地方种养的树种，并统一洒水处理，待时机成熟将其以相隔 0.5m 的距离，形成梅花状交织挖坑并洒入适量水，保持土壤湿润，接着种上树种，回填土壤。

2. 植生带生态恢复

在实施边坡生态恢复中，使用植生带可较好恢复生态环境。植生带将成苗草皮以及植物种子放到多层无纺土工布中，采取直接密贴到边坡表面的方式，实现快速恢复绿色生态环境的目的，其主要用于地势较为平缓、边坡表面较为平整、土质或砂土等地质环境。

3. 厚层喷播生态恢复

厚层喷播是通过湿式喷枪，将空气压缩进而使得植物种子、肥料等混合物均匀喷洒到边坡地表，由此形成约厚 2cm 的植被层，接着需要布 1 层乳化沥青稳固土壤，同时减缓土壤里水汽蒸发，完成上述工序后铺设纤维网、聚合物网等稳固植被生长，使其附着到边坡，此方式能较好减少雨水冲刷植被，主要用于较差的土质、土石以及稳定岩质等地质土壤环境。

4. 网袋工程生态恢复

所谓网袋工程，即把植被种子、肥料等混合放入纤维网或金属网袋，接着将其固定边坡地表做生态绿化，此方法广泛应用在土石或稳定岩质等地质边坡环境。通过在植被种子企业采购优良合格种苗，选取半径为 5cm 袋，其里面放入种植土壤以及腐殖土等，接着在每袋中放 2 ~ 3 颗种苗，挖坑将袋放入 3cm 深度的地方，护理期间需结合地方气候等情况，合理浇水。

5. 框格工程生态恢复

此方法是结合圬工防护和生态防护，通常位于边坡生态恢复区域用混凝土等建材修筑设计好形状的框格，待凝结后回填土壤到框格中，并在其框格内种植植被，此方法较适宜应用凿边坡较陡、岩质较易风化的土层地质。

6. 有机基材喷播生态恢复

有机基材喷播是通过砂浆喷枪，用空气压缩之力使植物种子、有机质植物生长基以及合成树脂等混合均匀喷洒到边坡地表，由此形成约厚 5cm 的有机质植被层，主要用于不同类型的稳定岩质土壤环境。

7. 液压喷播生态恢复

所谓液压喷播，简单说来就是利用水作介质载体的建植方法，通过均匀混合适当比例的种苗、肥料以及稳定添加剂和水，接着采用高压的方式喷灌到边坡地表，应用此技术能有效缩短工期、提高植被成活率。该技术在进行喷洒后，位于边坡表面凝结出膜状物，保护植被种苗避免雨水冲刷，加快种苗生长速度提高成活率，从而达到恢复边坡生态。

第九章　公路工程项目进度与质量管理

第一节　公路工程项目进度管理

一、公路工程项目进度计划实施

1. 公路工程项目进度计划实施程序和要求

公路工程项目施工及进度计划的逐步实施，实际上就是施工项目建造的逐步完成的过程，其实施的程序和要求如下。

（1）经批准的公路工程项目进度计划，在工程正式开工之前，应向具体施工单位和人员进行交底，并逐层落实责任，以确保工程进度计划的实现。

（2）在工程进度计划交底后，具体施工单位和人员应按照下达的进度计划，根据实际情况制订实施计划方案（即分阶段编制月、旬作业计划），实施计划方案应在下达的进度计划控制范围内。

（3）在实施进度计划的过程中，应当进行下列工作：跟踪检查、搜（收）集实际进度数据；将实际进度数据与进度计划进行对比；分析进度计划的执行情况，找出存在的问题；对产生的进度变化，采取相应措施进行纠正或调整计划；检查措施的落实情况。

（4）当工程实际情况与进度计划有较大差别，且确实需要进行变更调整时，必须与有关单位和部门及时沟通，但一般不允许改变进度总目标。

2. 公路工程项目进度计划实施的具体步骤

为了保证公路工程项目进度计划的实施，并且尽量按照编制的计划时间逐步实现，公路工程项目进度计划的实施应按以下具体步骤进行。

（1）向进度计划执行者进行交底

公路工程项目进度计划制订后，把进度计划贯彻到项目经理部的每一个岗位和每一个职工，这是一项非常重要的工作。要保证施工进度计划的顺利实施，就必须做好思想发动和进度计划的交底工作，把项目进度计划讲解给广大职工，让每个职工做到心中有数，不仅作为奋斗的目标，并且提出贯彻的具体措施，针对贯彻进度计划中的存在的困难和问题，提出克服和解决的方法和步骤。

为保证工程项目进度计划的贯彻执行，工程项目管理层和作业层都要建立严格的岗位责任制，要做到分工清楚、责任明确、严肃纪律、奖罚分明，在项目经理部内部积极推行生产承包经济责任制，严格执行“按劳分配”的原则，使施工人员的利益分配与项目经理部的经济效益结合起来，以此激发施工人员执行工程项目进度计划的自觉性和主动性。

（2）制订切实可行的实施计划方案

公路工程项目进度计划是对工程施工进度的总体控制，由于公路工程施工活动的复杂性和多变性，在编制工程施工进度计划时，不可能考虑到施工过程中的一切变化情况，也不可能一次安排好施工活动中的每一个细节，所以上级下达的工程项目进度计划是比较概括的，很难作为在施工过程中具体执行的依据。

但在工程的施工过程中，影响工程进度的因素很多，不一定完全按照公路工程项目进度计划执行，而应当根据施工企业实际水平、拟建工程的特点、施工现场的条件等，制订符合当时情况、更为具体、切实可行的实施计划方案，即编制详细的施工作业计划，作为施工中进度控制的具体标准和依据。

施工作业计划是根据工程施工组织设计和现场具体情况，对施工做出的灵活安排、平衡调度，以确保实现施工进度和上级规定的各项指标任务的执行。

施工作业计划一般可分为月作业计划和旬作业计划两种。施工作业计划一般包括以下三个方面的内容。

1）明确本月（旬）的施工任务，确定本月（旬）施工进度。月（旬）作业计划应保证年、季度计划指标的完成，一般要按一定的规定填写作业计划表。

2）根据本月（旬）的施工任务及其施工进度，编制相应的各种资源需要量计划，作为施工中各种资源供应和调配的依据。

3）结合月（旬）作业计划的具体实施情况，落实和制订相应的提高劳动生产率和降低成本的措施，以利于工程按期或提前完成，并且降低工程造价。

在编制公路工程作业计划时，进度计划管理人员应深入施工现场，检查项目实施的实际进度情况。在调查研究中既要深入施工班组，了解其实际施工能力，同时也要了解设计对进度的要求，把主观和客观因素结合起来，认真征询施工第一线人员的意见，然后进行综合平衡，并修正不符合要求的计划，提出具体的作业计划指标。最后，召开有关人员参加的计划调整会，通过施工任务书将作业计划落实并下达到施工班组。

（3）记录和收集工程实际进度数据

在公路工程施工过程中，各级施工进度计划的执行者都要跟踪做好施工记录，记载计划中的每项工作开始时间、工作进度和完成日期，为工程施工项目进度检查分析提供可靠的信息，因此，对工程施工的过程要实事求是地记载，按要求填好有关图表。

公路工程中收集数据的方式有两种：一种是以报表的方式，按规定内容和时间进行上报；另一种是按规定内容和时间进行现场实地检查。不完整或不正确的进度数据，将会导致进度不全面或不正确，使工程进度管理的决策出现失误，因此，收集的数据质量要高，做到及时、准确、适用、符合要求。

对收集到的工程施工项目实际进度数据，要按要求进行必要的整理，按进度计划控制的工作项目进行统计，形成与计划进度具有可比性的数据、相同的量纲和形象进度。公路工程中一般可以按实物工程量、工作量和劳动消耗量以及累计百分比整理和统计实际检查的数据，以便与相应的计划完成量相对比。

（4）将实际的进度与计划进度对比

将实际进度与计划进度相对比，这是检验工程实际完成情况的重要方法，也是评价施工速度快慢的主要指标。将实际数据与计划进度相对比，主要是将实际检查的进度数据与计划的进度数据进行比较，如将某时期工程实际的完成量、实际完成的百分比，与同期计划的完成量、计划完成的百分比进行比较。

这种对比的方法，通常可利用表格形成各种进度比较报表，或直接绘制出比较图，这样可直观地反映实际进度与计划进度的差距。通过比较，了解工程施工实际进度比计划进度拖后或提前的原因，以便分析原因、采取措施，做出适当调整。

（5）做好在施工过程中的调度工作

工程施工调度是指在工程施工过程中，根据工程施工出现的问题和偏差，不断组织新的平衡，建立和维护正常的施工条件及施工程序所做的工作。工程施工调度的主要任务是：督促、检查工程项目进度计划和工程合同执行情况，调度物资、设备、劳力和其他资源，解决施工现场出现的矛盾，协调内外部的各种协作配合关系，促进和确保各项计划指标的落实。

为保证完成作业计划和实现进度目标，必须根据公路工程的实际情况，认真进行各方面的调度工作。根据我国公路建设的实践经验，有关施工调度涉及的工作主要包括以下几方面。

1）认真执行工程施工合同中对施工进度、开工及延期开工、暂停施工、工期延误、工程竣工验收、工程交付使用的承诺。

2）制订和落实控制施工进度的各项措施，并将控制进度的措施具体到执行人、目标、任务、检查方法和考核办法。

3）在工程正式开工之前，应监督检查施工准备工作和作业计划的实施，协调为工程施工服务的各方面的进度关系，为工程顺利进行打下良好的基础。

4）督促资源供应单位按进度计划要求，及时、准确地供应劳动力、建筑材料、施工机具、构配件、运输车辆等，并对临时出现的问题采取相应措施。

5）对于因工程变更而引起的资源需求数量的变更和品种的变化，应当及时调整资源供应计划，不得出现因缺乏资源而停工的现象。

6）在编制工程施工组织设计时，要认真搞好施工平面图设计，在施工中要按施工平面图管理施工现场，遇到问题应进行必要的调整，以保证工程文明施工。

7）在工程正式施工前，要做好“三通一平”和“天气预报”等工作；在施工过程中，要及时了解气候、水电和其他物资的供应情况，以便采取相应的防范和调整措施。

8）公路工程在施工的过程中，不可预见的因素非常多，有些会影响工程进度计划的执行，特别是施工中的各种事故和意外事件，对工程进度影响更大，应引起高度重视；公路工程是由很多分部工程所组成的，许多分部工程往往以分包的形式去完成。分部工程的进度也直接影响工程进度，因此，应协助分包人解决项目进度控制中的相关问题；公路工程施工中的情况是千变万化的，对于进度计划均有不同程度的影响。所以要定期、及时召开现场调度会，贯彻项目主管的决策，发布调度令；当发包人提供的资源供应进度发生变化，不能满足工程施工进度的要求时，应督促发包人执行原计划，并对造成的工期延误和经济损失进行索赔。

二、公路工程项目进度计划检查与调整

1. 项目进度计划的检查

在施工项目的实施进程中，由于各种不利因素的影响，原始进度计划的安排往往会被打乱而出现进度偏差。因此，在进度计划执行一段时间后，必须对执行的情况进行动态检查，并分析出现进度偏差的原因，以便为施工进度计划的调整提供必要的信息。

（1）项目进度计划检查的内容

根据公程工程项目进度控制的实践，项目进度计划的检查应包括以下内容：工程量或工作量实际完成的情况；作业人员工作时间的执行情况；资源使用与进度相

互协调的情况；上次检查提出的问题处理情况等。

（2）项目进度计划检查的方式

为了进行进度控制，进度控制人员应经常地、定期地跟踪检查施工实际进度情况，主要是收集施工项目进度材料，进行统计整理和对比分析，确定实际进度与计划进度之间的关系。其主要工作包括以下几方面。

1）跟踪检查施工实际进度

艰踪检查施工实际进度是工程项目施工进度控制的关键措施。其目的是收集实际施工进度的有关数据。跟踪检查的时间和收集数据的质量，直接影响控制工作的质量和效果。

一般检查的时间间隔与施工项目的类型、规模、施工条件和对进度执行的要求程度有关，通常可以每月、半月、旬或周进行一次。若在施工中遇到天气、资源供应等不利因素的严重影响，检查的时间间隔可临时缩短，次数应频繁，甚至可以每日进行检查，或派人员驻现场督阵。

检查和收集资料的方式一般采用进度报表方式或定期召开进度工作汇报会。为了保证汇报资料的准确性，进度控制的工作人员，要经常到现场察看施工项目的实际进度情况，以保证经常地、定期地准确掌握施工项目的实际进度。

2）整理统计检查数据

对收集到的施工项目实际进度数据要进行必要的整理，按计划控制的工作项目进行统计，形成与计划进度具有可比性的数据、相同的量纲和形象进度。一般可以按实物工程量、工作量和劳动消耗量以及累计百分比整理和统计实际检查的数据，以便与相应的计划完成量相对比。

3）对比实际进度与计划进度

将收集的资料整理和统计成与计划进度具有可比性的数据后，用施工项目实际进度与计划进度的比较方法进行比较。通过比较得出实际进度与计划进度一致、超前或拖后三种情况。

4）施工项目进度检查结果的处理

对施工项目进度检查的结果，按照检查报告制度的规定，形成进度控制报告，向有关主管人员和部门汇报。

除上述检查方式外，由监理工程师定期组织现场施工负责人召开现场会议，也是获得工程项目实际进展情况的一种较好方式。通过这种面对面的现场会议，监理工程师可以从中了解到工程施工过程中潜在的问题，以便及时采取相应的措施加以防范。

（3）项目进度计划检查的方法

公路工程项目进度检查主要是采用比较法。常用的比较方法有：横道图比较法、S形曲线比较法和“香蕉”形曲线比较法、前锋线比较法和列表比较法等。

1）横道图法比较法

横道图法比较法是指公路工程项目施工过程中利用定期检查实际进度所收集的数据资料，按照横道进度计划中的施工过程名称列项、整理统计后，直接用涂黑的粗实线（或彩色线）重合（或并列）标注在原进度计划的横道线的上方或下方，并进行直观比较的一种方法。

2）S形曲线比较法

S形曲线比较法是以进度时间为横坐标，以累计完成的任务量或累计完成任务量的百分比为纵坐标，并按施工计划进度要求的时间和应累计完成的任务量而绘制的一条S形曲线。再依据施工过程或整个施工项目各检查时间及实际完成的任务量绘制出另一条实际进度的S形曲线，S形曲线比较法就是将这两条S形曲线进行比较。

从整个工程项目实际进展全过程来看，施工过程往往是变速的，故计划线呈曲线形态。如果施工速度（单位时间完成工程任务）是先快后慢，计划累计曲线呈抛物线形态；如果施工速度是先慢后快，计划累计曲线呈指数曲线形态；如果施工速度是均匀的，计划累计曲线呈上升的波浪线；如果施工速度是中期快首尾慢，计划累计曲线呈S形曲线形态。以上几种情况，通常后者较多，所以称为S形曲线比较法。

（3）“香蕉”形曲线比较法

“香蕉”形曲线是两条S形曲线组合而成的闭合曲线。在工程项目的网络计划中，各项工作一般可分为最早和最迟开始时间，于是根据各项工作的计划最早开始时间安排施工进度，就可绘制出一条S形曲线，称为ES曲线；而根据各项工作的计划最迟开始时间安排施工进度，也可绘制出一条S形曲线，称为LS曲线。这两条曲线都是起始于计划的开始时刻，终止于计划完成时刻，因此图形是闭合的。一般情况下，在其余的时刻，ES曲线上各点均应在LS曲线的左侧，其形状好似香蕉，如图9-1所示，因此而得“香蕉”形曲线比较法。

“香蕉”形曲线的绘制方法与S形曲线的绘制方法基本相同，不同之处在于“香蕉”形曲线是以工作最早开始时间安排进度和最迟开始时间安排进度，分别绘制的两条S形曲线组合而成的。

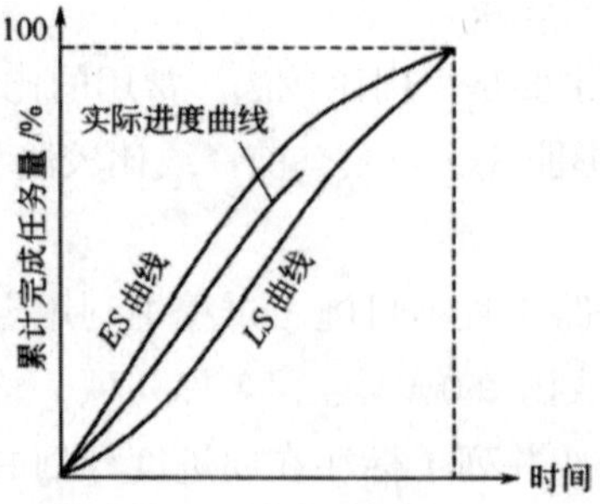

图9-1 “香蕉”形曲线比较法示意图

（4）前锋线比较法

前锋线比较法也是一种简单地将工程实际进度与计划进度进行比较的方法，主要适用于时标网络计划。其主要方法是从检查时刻的时标点出发，首先在连接与其相邻的工作箭线交点的位置判定工程实际进度点，由此点再去连接该箭线与相邻工作箭线的实际进度点，依此类推，将检查时刻正在进行工作的点都依次连接起来，组成一条一般为折线的前锋线。按前锋线与箭线交点的位置，判定工程实际进度与计划进度的偏差。简单地说，前锋线法就是通过工程项目的实际进度前锋线，比较工程实际进度与计划进度偏差的方法。

（5）列表比较法

当工程进度计划用非时标网络图表示时，可以采用列表比较法进行实际进度与计划进度的比较。这种比较方法是记录检查日期应该进行的工作名称及其已经作业的时间，然后列表计算有关时间参数，并根据工作总时差进行实际进度与计划进度比较的方法。

2. 项目进度计划的调整

工程项目进度计划的调整应依据进度计划检查的结果，在进度计划执行发生偏离的时候，通过对工程量、起止时间、工作关系、资源提供和必要的目标进行适当的调整，或通过局部改变施工的顺序，重新确认作业过程相互协作方式等工作关系进行的调整，更充分利用施工的时间和空间进行合理交叉衔接，并按实际情况编制调整后的施工进度计划，以保证工程施工总目标的实现。

（1）分析进度偏差的影响

在公路工程项目实施过程中，当通过实际进度与计划进度比较，发现有进度偏差时，首先需要分析该偏差对后续工作及总工期的影响，从而对原进度计划采取相应的调整措施，以确保工期目标的顺利实现。进度偏差的大小及其所处的位置不同，对后续工作和总工期的影响程度是不同的，分析时需要利用网络计划中工作总时差和自由时差的概念进行判断。分析进度偏差的步骤如下（见表 9–1）。

表9–1　分析进度偏差的步骤

步骤	具体内容
分析进度偏差的工作是否为网络线路中的关键工作	在公路工程项目的施工过程中，如果出现偏差的工作为关键工作，无论这个偏差大小，都必然会对后续工作及总工期产生影响，必须采取相应的调整措施；如果出现偏差的工作不为关键工作，需要根据偏差值与总时差和自由时差的大小关系，确定对后续工作和总工期的影响程度
分析进度偏差是否大于总时差	在公路工程项目的施工过程中，如果工作的进度偏差大于该工作的总时差，则说明这个偏差必将影响后续工作和总工期，必须采取相应的调整措施；如果工作的进度偏差小于或等于该工作的总时差，则说明这个偏差对总工期无影响，但它对后续工作的影响程度，需要根据比较偏差与自由时差的情况来确定
分析进度偏差是否大于自由时差	在公路工程项目的施工过程中，如果工作的进度偏差大于该工作的自由时差，则说明这个偏差必将影响后续工作，究竟应当如何调整，应根据后续工作允许影响的程度而定；如果工作的进度偏差小于或等于该工作的自由时差，则说明这个偏差对后续工作无影响，对原进度计划可以不进行调整

经过以上分析，工程进度控制人员可以确认应该调整产生进度偏差的工作和调整偏差值的大小，以便确定采取调整的新措施，获得新的符合实际进度情况和计划目标的新进度计划。

（2）项目进度计划调整方法

当工程项目施工的实际进度影响到后续工作，而总工期需要对进度计划进行调整时，通常可以采用以下两种方法进行。

1）改变某些工作间的逻辑关系。当工程项目在实施过程中，其进度偏差影响到总工期，且有关工作的逻辑关系允许改变时，可以改变关键线路和超过计划工期的非关键线路上的有关工作之间的逻辑关系，以达到缩短工期的目的。例如，将按顺序进行的工作改为平行作业、搭接作业及分段组织流水作业方式等，都可以有效地缩短工期。对于大型群体工程项目，单位工程之间的相互约束相对较小，可调整的幅度比较大；对于单位工程内部，由于施工顺序和逻辑关系约束较大，可调整的幅度比较小。

2）缩短某些工作的持续时间。采用这种调整方法不改变工作之间的逻辑关系，而只是缩短某些工作的持续时间，从而使工程施工速度加快，并保证工程项目实现计划工期。这些被压缩持续时间的工作，都是位于由于实际施工进度的拖延而引起总工期增长的关键线路和某些非关键线路上的工作。同时，这些工作又是可压缩持续时间的工作。这种调整方法实际上就是网络计划优化中的工期优化方法和工期与费用的优化方法。

三、公路工程项目进度计划管理实例

山东某高速公路工程，是国家高速路网的重要组成部分，本次投标的工程为某高速公路生态环保示范工程。主要包括全线改建和增设的路基排水和防护工程、高路堑边坡防护网防护及声屏障以及全线隧道喷涂涂料等。本工程计划开工时间为2018年6月18日，完工时间为2018年10月31日以前。工程进度计划详见《施工进度表》，具体安排严格遵守合同以及业主规定的时间表。在施工中我们将采取以下措施确保总进度的实施。

1. 工程施工进度编制原则

（1）在实事求是的基础上，以科学合理、技术工艺先进可行而又经济适用为原则，认真研读招标文件，严格遵照招标文件对本高速公路生态环保示范工程的有关质量、工期、安全、环保等要求，结合工程实际进行编制。

（2）遵循招标合同文件各项条款要求，全面响应招标文件，认真贯彻业主和监理工程师及其授权人士或代表的指示和要求。

（3）实施项目法施工的管理模式，通过对技术、方案、劳务、设备、材料、资金、信息、时间与空间条件的优化处置，实现工期、成本、质量及社会信誉的预期目标效果。

（4）按照投标安排工期比招标文件规定工期略提前的原则，编制总体施工计划，并以此为前提配备劳动力、材料和机械设备。

（5）坚持专业化组织施工的原则，安排由具有丰富的养护和路面工程施工经验的专业队伍承担。

2. 确保按期完成的措施

（1）从组织管理上保证工期

1）组织“精干、高效、权威”的工程项目经理部，挑选能力强、业务精的人员担任项目经理，切实加强对工程项目的领导和组织管理。

2）配备专业齐全、业务熟悉、责任心强的技术人员充实各关键技术管理岗位，负责各项目的具体组织指挥，保证各项具体目标的落实。

3）建立以项目经理为核心的工期控制体系，对工程采取“定岗、定人、定权、定任务、定质量、定时间”，各负其责。

4）每周由项目经理主持召开生产进度会议，总结上周的施工进度情况，安排下一周的施工生产；及时解决施工企业内部矛盾，及时协调各专业队伍之间和各职能部门之间的关系；对施工机械设备、生产物资和劳动力进行安排计划；并对资金进行合理分配，保证施工进度的落实和完成。

5）提前为下一道工序的施工做好人力、物力、财力和机械设备的准备，确保工程一环扣一环地进行。对于影响工程总进度的关键项目、关键工序，主要领导者和有关管理人员必须跟班作业，必要时组织有效力量，加班加点突破难点，以确保工程总进度计划的实现。

6）建立奖罚严明的经济责任制，将“质量、成本和工期”有机地结合起来。同时开展各种劳动竞赛，激发广大职工的工作热情和创造性，提高劳动效率，确保工期的实现。

（2）从进度计划上保证工期

1）在工程开工前，按照总工期的要求提出工程施工总体进度计划，并对其科学性和合理性，以及能否满足合同工期的要求并有所提前等问题，进行认真的论证和审查，尽量缩短进场后的筹备时间。

2）在工程施工总进度计划的控制下，坚持逐周编制出具体的工程施工计划和工期安排，以确保工期总目标的实现。

3）制订周密详细的施工进度计划，抓住关键工序，对影响到总工期的工序和作业给予人力和物力各方面的充分保证，确保总进度计划的顺利完成。

4）对生产要素认真地进行优化组合、动态管理。灵活机动地对人员、设备、物质进行调度安排，及时组织施工所需的人员、物质进场，保障后勤供应，满足施工需要，保证连续施工作业。

5）工程计划执行过程中，如发现未能按期完成计划的情况时，必须及时检查分析原因，立即采取有效的措施，调整下一周的工作计划，使上一周延误的工期在下一周补回来。

（3）从各种资源上保证工期

1）该工程为我单位的重点工程之一，该工程所需的机械、设备、技术人员、劳动力、材料、资金等资源给予优先保证。同时成立一个施工经验丰富、组织管理能力强，结构形式合理的项目领导班子，配备一批优秀的技术骨干，生产骨干和性能卓越、状况良好的施工机械，组成一个高素质、高效率的施工队伍。

2）施工机械做到统筹安排、统一调配、合理使用。尽可能组织机械化流水作业，利用施工机械高效的生产力，做好施工机械的维修、保养工作，重要的常用的机械设备有备用。

3）制订严格的材料供应计划，根据现场的施工进度情况保证各施工段材料的及时供应，杜绝停工待料的情况出现以免耽误工期。

（4）从施工技术上保证工期

1）由项目部总工全面负责该项目的施工技术管理工作，项目经理部设置工程技术科，负责制订施工方案、编制施工工艺和施工现场的技术指导，及时解决施工中出现的问题，以方案指导施工，防止出现返工现象而影响工期。

2）实行图纸会审制度。在工程开工前由总工程师组织有关技术人员进行图纸会审，了解设计意图、施工中的重点和难点。通过图纸会审及时向业主和监理工程师指出施工图纸、技术规范和其他技术文件中存在的错误和不足之处，提出自己的建议和意见，确保工程能够顺利进行。

3）实行技术交底制度。施工技术人员应在施工之前及时向班组做好详尽的技术交底，到现场对各施工过程做好跟踪技术监控，发现问题及时现场就地解决，防止工序检验不合格而进行返工，延误工期。

3. 进度控制计划和管理

（1）施工进度计划是表示各项工程的施工顺序、开始和结束时间以及相互衔接关系的计划。它既是承包单位进行现场施工管理的核心指导文件，也是监理工程师实施进度控制的依据，还是一个全员、全过程、全方位的动态管理过程。

（2）利用微机和网络计划技术进行进度管理，对进度的各项指标每天进行监测并对不合理之处进行适当调整，抓住关键工序合理组织施工。

（3）各部门进度管理责任。为使工程进度能有效地得到控制，应明确进度管理责任。

1）工程部进度管理责任

①监控每天进度的实施情况，认真分析工期超前和滞后的原因，为调整施工方案提供合理化的建议。

②加强施工技术管理、杜绝因技术问题而引起的工期拖延。

③根据项目部碰头会，每天调整进度计划，并将计划以书面形式传达到各部门。

2）施工处进度管理责任

①制订科学合理的施工方案，结合工程的具体情况全面组织施工，并尽量采用科学的流水作业。

②应当根据工程的实际情况，合理调度施工机械、人员配备，做到计划周密、调度合理。

③在施工过程中应当加强监督、检查，防止怠工现象的发生。

④加强施工质量控制，严格按照施工规范和设计要求施工，减少或避免因返工引起的工期延误，以保证计划工期的实现。

3）机料部进度管理责任。

加强与施工部门的联系，了解施工中对各种材料规格、性能的要求，做到材料质量合格、供应及时，不能因为机料而影响工期。

4）办公室进度管理责任

①积极协调与地方政府部门及当地群众的关系，为工程施工创造良好的外部环境和条件，确保工程顺利进行。

②做好后勤保障，强化工地纪律，为保证质量目标和进度目标的实现而辛勤工作。

③做好职工的思想工作，改善工地食堂的生活和住宿条件，解决好职工的后顾之忧。

5）财务部进度管理责任确保资金回收和保证生产资金的及时到位，保证生产的连续性。

6）施工队（生产班组）进度管理责任。

①根据项目部下达的生产任务，合理组织人员、设备，确保施工进度。

②搞好施工现场管理，优化施工方案。

4. 提前准备各项应变措施

（1）农忙节假日期间，应当做好施工人力的调剂，做好职工的思想工作，服从公路施工的大局。

（2）考虑到材料供应过程中可能出现的变化，提前于农忙、雨季和节日等特殊时期之前，及时加强备料工作，以便保证工程施工的需要。

（3）雨季施工保证工期措施

1）雨季路基施工措施

①填料尽量选用砂石料，尽量减少填土施工，雨季施工路基应及时摊平，及时进行碾压，并向两侧做好一定坡度，以保持填土面结实无积水现象，及时将面上水分扫去。

②在山体挖方段进行施工时，在坡顶设置临时截水沟，以防止冲刷边坡造成滑坡，致使工程更加困难，工期延误更长。

2）雨季混凝土施工措施

①消凝土在雨季施工时应对堆料场做好排水工作，不使原材料中冲人泥浆，如

果原材料中有泥浆，应加以冲洗或过筛处理；混凝土在拌和时应随时测定砂、石料含水量，及时调整水灰比，确保混凝土的质量符合设计要求。

②混凝土浇筑前和气象站密切联系，有大雨和中雨时均不得浇筑，准备足够的防雨措施和覆盖用的油布、塑料布等，并设法准备适量的雨篷，以便在淋雨时使用。

③刚浇好的混凝土若遇雨，不宜采用草包直接覆盖，采用下面用塑料薄膜，上面再盖草袋，否则草包受雨淋后会污染混凝土表面，影响混凝土面层色泽。

3）制订雨季施工应急预案，加强收听、收看天气预报，同时注意防汛工作。

第二节　公路工程项目质量管理

一、公路工程项目质量策划

1. 公路工程项目质量策划的概念

公路工程项目的质量策划，是指为确定项目质量与采用的质量体系而要求的目标和要求的活动，这是公路工程质量优劣的重要措施。

（1）质量策划是质量管理工作的前期活动，是对整个质量管理活动的策划和准备。质量策划工作的好坏，对质量管理活动的影响是非常关键的。

（2）质量策划首先是对产品质量的策划。这项工作不仅涉及大量现在有关产品专业知识，而且涉及很多有关市场调查和信息收集方面的专门知识，因此在产品的质量策划工作中，必须有设计、建设、监理和质量监督等部门人员的积极参与和支持。

（3）应当根据产品策划的结果，来确定适用的质量体系要素和采用的程度。质量体系的设计和实施，应与产品的质量特性、目标、质量要求和约束条件相适应。

（4）对于有特殊要求的产品、合同和措施，应制订相应的质量计划，并为质量改进作出相应的规定。

工程项目质量计划是指确定工程项目的质量目标，如何达到这些质量目标所规定的必要作业过程、专门的质量措施和资源等工作。对于公路工程项目而言，质量计划主要是针对特定的工程项目而编制的规定专门的质量措施、资源和活动顺序的文件，其主要作用是对外可作为针对特定工程项目的质量保证，对内可作为针对特定工程项目质量管理的依据。

2. 公路工程项目质量策划的编制

公路工程项目质量策划应由项目经理主持编制。质量策划作为对外质量保证和对内质量管理的依据文件，应体现工程项目从分项工程、分部工程到单位工程的过程控制，同时也要体现资源投入到完成工程质量最终检验和试验的全过程控制。公路工程项目质量策划编制的要求，主要包括以下几个方面。

（1）公路工程项目质量目标

公路工程项目质量目标，是指合同范围内（的）全部工程的所有使用功能均应符合设计（或设计变更）图纸的要求。分项工程（项）、分部工程和单位工程的施工质量，要达到既定施工质量验收的统一标准，合格率达到100%。

（2）公路工程质量管理职责

在公路工程质量管理过程中，项目经理是所建工程质量的第一责任人，不仅要对工程施工是否符合设计、验收规范和质量标准的要求负责，而且还要对各阶段、各工序按期交工负责。项目经理可以委托项目副经理或技术负责人，具体负责工程质量策划和质量文件实施及日常质量管理工作；当工程有变更时，负责变更后工程质量文件活动的控制和管理。

1）公路工程质量管理的内容

具体管理的内容包括以下几个方面。

①对所建公路工程的准备、施工、安装、交付和维修等，以及对整个过程质量活动的控制、管理、监督和改进负责。

②对公路工程所用的进场材料、机械设备的合格性负责，材料和设备进场后，要按照有关规定进行检查、检验，确保用于工程的材料和设备是合格的。

③当公路工程由几个分包商完成时，必须对分包工程质量的管理、监督和检查负责。

④对于设计和合同中有特殊要求的工程和部位，负责组织有关人员、分包商和用户按规定实施，指定专人进行相互联络，解决相互间接口发生的问题。

⑤对关系到工程质量的施工图纸、技术资料、项目质量文件、记录的控制和管理负责。

2）公路工程质量管理的职责

在公路工程施工过程中，不同岗位的不同质量管理人员，应在项目经理的领导下，各自尽到不同的职责，为工程质量管理贡献自己的力量。

①工程项目副经理对工程进度负责，调配人力、物力，保证按照图纸和规范施工，协调同业主、分包商的关系，负责结果审核、整改措施和质量纠正措施的实施。

②施工队长、工长、测量员、试验员、计量员，在项目质量副经理的直接指导下，负责所管部位和分项施工全过程的质量，使其全部符合图纸和规范的要求，有

更改者符合更改要求，有特殊规定者符合特殊要求。

③材料员、机械员对进场的材料、构件和机械设备，要进行质量验收或退货、索赔；有特殊要求的物资、构件和机械设备，要执行质量副经理的指令。对业主提供的物资和机械设备，负责按合同规定进行验收；对分包商提供的物资和机械设备，也应按合同的规定进行验收。

（3）公路工程项目资源提供

项目资源提供是在保证满足工程质量、工期等合同要求的前提下，对项目实施过程中所发生的资源，通过计划、组织、控制和协调等活动，实现预定质量目标的一种科学管理活动，它主要通过技术、经济和管理活动达到质量预定目标。

公路工程项目资源提供，主要包括：规定项目人员流动时进出人员的管理程序；规定人员进场培训的内容、考核和记录等；规定对新技术、新材料、新工艺、新设备和新结构等修订的操作方法、技术培训等；规定施工所需的临时设施、支持性服务手段、施工设备及通信设备等。

（4）工程项目实现过程策划

工程项目实现过程策划，主要内容包括：规定施工组织设计或专项项目质量的编制要点及其接口关系；规定重要施工过程的技术交底和质量策划要求；规定新技术、新材料、新工艺、新设备和新结构的策划要求；规定重要施工过程验收的准则或技艺评定方法。

（5）工程施工各项资源控制

工程施工各项资源控制，主要是指材料、机械、设备、劳务及其试验等采购的控制。由施工企业自行采购的工程材料、工程机械设备、施工机具等，质量计划应作出以下规定：对供方产品标准及质量管理体系的要求；选择、评估、评价和控制供方的方法；必要时对供方质量计划的要求及引用的质量计划；材料及设备等采购的法规要求；有可追溯性要求时，要明确追溯内容的形成，记录、标志的主要方法；需要的特殊质量保证证据等。

（6）工程施工工艺过程控制

工程施工工艺过程控制，是指工程从合同签订到交付使用全过程的质量控制作出规定。即对工程的总进度计划、分段进度计划、分包工程进度计划、中间交付的进度计划等，分别作出过程识别和质量管理规定。工程施工工艺过程控制，主要包括以下内容。

1）规定工程实施全过程各阶段的质量控制方案、措施、方法及特别要求等。

2）规定工程实施过程中需要的程序文件、作业指导书（如工艺标准、操作规程、具体工艺等），作为施工方案和措施必须遵循的办法。

3）规定对隐蔽工程、特殊工程进行质量控制、质量检查、鉴定验收、中间交付的方法。

4）规定工程实施过程中需要使用的主要施工机械、设备、工具的技术和工作条件，具体运行的方案，操作人员上岗条件和资格等内容，作为对施工机械设备的质量控制方式。

5）规定对各分包单位项目上的工作表现及其工作质量进行评估的方法、评估结果送交的有关部门、对分包单位的具体管理办法等，以此控制分包单位。

（7）成品保护交付过程控制

成品保护交付过程控制，是确保已完成工程质量的重要措施，也是工程质量管理的组成部分。成品保护交付过程控制，主要包括以下内容。

1）规定工程实施过程在形成分项工程、分部工程和单位工程的半成品、成品保护方案、具体措施和交接方式等内容，作为保护半成品、成品的准则。

2）规定工程期间交付、竣工交付、工程收尾、工程维护、验收评价、后续工作处理的方案、措施，作为质量管理的控制方式。

3）规定重要材料及工程设备的包装防护的方案及方法。

（8）安装和调试的过程控制

安装和调试的过程控制，是指对于工程安装、检测、调试、验评、交付、不合格的处置等内容规定的方案、措施和方式。由于这些工作同其他施工相互交叉、协作配合较多，因此对于交叉接口程序、验证哪些特性、交接验收、检测、试验设备要求、特殊要求等内容要做出明确规定，以便各方面实施时遵循，确保工程的全面施工质量。

（9）检查及试验的过程控制

检查及试验的过程控制，是指对工程施工所用材料、构件、施工条件、结构型式等，在什么条件和时间必须进行检验、试验、复验的规定。对于检查及试验的过程控制，一般具有下列要求。

1）在公路工程施工现场必须设立试验室，配置相应的试验设备和人员，规定试验人员资格和试验内容；对于特定的试验要求，要规定试验程序及对程序过程进行控制的措施。

2）当施工现场条件不能满足所需各项试验要求时，要规定委托上级试验或外单位试验的方案和措施。当有合同要求的专业试验条件时，应规定有关的试验方案和措施。

3）对于需要进行状态检验和试验的内容，必须规定每个检验试验点所需检验、试验的特性、所采用程序、验收准则、必需的专用工具、技术人员资格、标识方式、记录等要求。

4）当有当地政府部门要求进行或亲临的试验、检验过程或部位时，要规定该过程或部位在何处、何时、如何按规定由第三方进行检验和试验。

5）对于施工安全设施、用电设施、施工机械设备安装、使用和拆卸等，要规定专门安全技术方案、措施、使用的检查验收标准等内容。

6）要编制施工现场计量网络图，明确工艺计量、检测计量、经营计量的网络、计量器具的配备方案、检测数据的管理和计量人员的资格。

7）编制工程控制测量、施工测量的方案，制订测量仪器配置、人员资格、测量记录控制、标识确认、纠正、管理等方面的措施；要编制分项工程、分部工程、单位工程和项目检查验收、交付验评的方案，作为工程交工验收时进行质量控制的依据。

（10）施工中不合格产品控制

施工中不合格产品控制，也是工程施工中质量管理不可缺少的组成部分。

1）对不合格产品的控制内容

在公路工程施工过程中，对施工中不合格产品的控制，主要应注意以下几个方面的内容。

①要编制工种、分项工程、分部工程不合格产品出现的方案、措施，以及防止与合格产品发生混淆的标识和隔离措施。

②要明确规定哪些范围不允许出现不合格，如果一旦出现不合格，明确哪些允许修补返工，哪些不允许返工，哪些必须局部更改设计或降级处理。

③为避免或减少质量事故的发生，要编制控制工程质量事故发生的措施，也要编制一旦发生质量事故的处置措施。

2）对不合格产品的处理职权

由于公路工程施工质量影响因素很多，所以出现不合格产品是比较正常的现象。当分项工程、分部工程和单位工程不符合设计图纸和规范要求时，工程项目和施工企业各方面对这种情况有如下处理职权。

①质量监督检查部门有权提出返工修补处理、降级处理或作为不合格品处理。

②质量监督检查部门以图纸、技术资料、检测记录为依据，用书面形式向以下各方发出通知：当分项工程不合格时，通知项目质量副经理和生产副经理；当分部工程不合格时，通知项目经理；当单位工程不合格时，通知项目经理和公司主管生

产经理。

对于上述返工修补处理、降级处理或不合格处理，接受通知方有权接收或拒绝这些要求。当通知方和被通知方意见不一致且不能调解时，可由上级质量监督检查部门、公司质量主管部门负责人等进行裁决；如果仍不能解决时，可向当地政府质量监督部门申请裁决。

二、公路工程项目设计质量控制

1. 项目设计质量控制基础知识

（1）影响项目设计质量的因素

项目设计质量的优劣与很多因素有关，根据我国公路建设的实践证明，影响公路工程项目设计质量的因素，主要有以下几个方面。

1）人的质量控制。任何工程项目的设计都是由人完成的，因此设计人的质量是工程项目设计质量的最大影响因素。人的质量控制主要是指工程项目设计单位的各级领导、各专业技术、经济人员的技术素质、思想素质、业务能力和工程设计经验，以及设计单位的专业配置和人才结构等方面，是否有能力承担该工程项目设计的资质和资格。

2）物的质量控制。对物的质量控制主要包含两方面的含义：一是对修建工程的原材料、构配件、半成品和机械设备等物质要素，在设计中选择是否合理、先进、适用和经济；二是指设计单位所配备的硬件设施，是否能满足现代高等级公路工程设计的需要。这两方面都非常重要，是缺一不可的因素。

3）信息质量的控制。信息质量的控制是工程设计质量控制的基础。根据公路工程设计的特点，对设计信息质量的控制主要包括以下几方面。

①对公路工程设计资料数据真实性、可靠性和有效性的控制，为确保工程设计质量，必须做到真实、可靠、有效。

②对采用的工艺、技术、方法、标准、规范等，能否保证设计产品的适用性、安全性、经济性、可靠性及与环境的协调性。

③总体设计方案和专业设计方案是否先进、科学、合理，是否具有整体的最优性。

④公路工程设计成果，包括设计总说明及分部说明、设计计算书、设计图纸是否具有规范性、系统性、完整性，以满足设计深度及施工要求。

⑤设计过程中的各种指令（包括业主、监理工程师等）、各类批件及有关决策等，是否具有适时性、有效性、权威性和可靠性。

4）经济质量的控制。工程设计经济质量的控制，主要包括两个方面内容：一是对设计成果的经济效果、财务效果、社会效果和生态环境效果等的估计，是否能满足项目建设目标的要求和国家建设方针、政策、法律、法规的要求；二是指设计单位内部建立的分配制度和激励机制，是否能充分发挥设计人员的创造性和积极性，以及设计人员所创造的经济价值。

5）环境因素的控制。影响公路工程设计质量的环境因素非常多，其中包括市场环境、投资环境、建设资源的供给环境、设计施工技术发展趋势、自然环境、规划布局及人文社会环境等因素，对工程设计质量都将产生直接影响或间接影响。

6）设计单位质量体系。任何工作和活动都需要管理。当管理与质量有关时，则为质量管理。质量管理是在质量方面指挥和控制组织的协调活动，通常包括制订质量方针、目标以及质量策划、质量控制、质量保证和质量改进等活动。实现质量管理的方针目标，有效地开展各项质量管理活动，必须建立相应的管理体系，这个体系就叫质量管理体系。实践证明，建立健全设计单位的质量管理体系，是保证工程设计质量的重要措施。

（2）项目设计质量的内容与深度

公路工程设计阶段质量的控制，是高标准、高质量建设公路的前提。公路工程项目各个设计阶段的内容和应达到的设计深度，国家和地方都有一定的规定和要求，它是衡量设计质量的重要方面。公路工程基本建设项目，可根据工程规模、建设等级、质量要求和实际情况等，分别采用一阶段设计（施工图设计）、两阶段设计（初步设计和施工图设计）和三阶段设计（初步设计、技术设计和施工图设计）。

1）初步设计的内容和深度

由于各类建设项目的设计标准、使用功能、建设规模不同，其各自初步设计内容也不尽相同。公路工程项目初步设计的主要内容包括：设计依据，设计指导思想，建设规模，原材料用量和来源，工艺流程，主要设备选型及配置，主要辅助设施，新技术采用情况，新材料应用情况，外部协作条件，占地面积和土地利用情况，综合利用和“三废”治理情况，环境保护措施和评价，生产组织和劳动定员，工程抗震措施，各项技术经济措施，建设顺序和施工期限，总概算等。

初步设计的深度不仅应当能够满足设计方案的比较，也能确定主要设备、材料订货、土地征用和项目投资的控制，还能满足施工图编制、施工组织设计编制、施工准备和生产准备等方面的要求。

2）技术设计的内容和深度

技术设计是针对技术上复杂或有特殊要求而又缺乏设计经验的建设项目而增设

的一个设计阶段，以进一步解决初步设计阶段一时无法解决的一些重大问题。如初步设计中采用的特殊工艺流程须经试验研究，设备经试制及确定，大型建筑物、构筑物的关键部位或特殊结构须经试验研究落实，建设规模及重要的技术经济指标须经进一步论证等。

技术设计根据批准的初步设计进行，其具体内容视工程项目的具体情况、特点和要求确定，其深度以能解决重大技术问题，指导施工图设计为原则。技术设计的内容应根据建设项目的具体情况、特点和需要而定，国家没有具体的硬性规定。

技术设计的深度一般应能满足有关特殊工艺流程方面的试验、研究及确定，新型设备的试验、制作和确定，大型道路工程某些关键部位的试验研究和确定，以及某些技术复杂问题的研究和确定等。

3）施工图设计的内容和深度

施工图设计是在初步设计、技术设计的基础上进行详细、具体的设计，以指导施工及非标准设备的加工制造。因此必须把工程和设备各构成部分的尺寸、布置和主要施工做法等，绘制出正确的、完整的和详细的施工和加工详图及必要的文字说明。

施工图设计的内容主要包括：绘制总体平面图，绘制工程和构筑物详图，绘制公用设备详图，绘制工艺流程和设备安装图，编制重要施工、安装部位和生产环节的施工操作说明，编制设备、材料明细表和汇总表等，并确定工程合理的使用年限。

施工图设计的深度应满足设备和材料的安排，各种非标准设备的加工制作，施工图预算的编制，还要满足工程施工以及工程价款结算等的需要，等等。

（3）项目设计质量控制的依据

根据我国的具体情况，公路工程项目设计质量控制的依据，主要有以下几个方面。

1）有关工程建设及质量管理方面的法律法规，如城市规划、建设用地、市政管理、环境保护、质量管理、投资管理等。

2）有关工程建设方面的技术标准，如各种设计规范、规程、标准、设计参数的定额及指标等，以及各种公路工程的施工技术规范和验收标准等。

3）建设项目的审批文件，如项目建议书及其审批文件、项目可行性研究报告及其审批文件、项目环境影响报告及其审批文件和上级有关批文等。

4）建设项目设计的准备文件，如体现设计意图的规划设计大纲、设计纲要、设计合同，以及经有关部门审查同意的设计监理大纲和监理细则等。

5）反映项目建设过程中和建成后所需要的有关技术、资源、经济、社会协作等方面的协议、数据和资料等。

（4）项目设计质量控制的措施

项目设计质量控制的措施，见表9–2。

表9–2　项目设计质量控制的措施

控制措施	内容
编制好设计纲要等指导性文件，即设计策划	设计策划是指针对合同项目而建立的设计质量目标，并规定质量控制要求，重点是制订开展各项设计活动的计划，明确设计活动内容及其职责分工，配备合格设计人员和资源。项目的设计策划要形成文件，通常以项目设计计划的形式编制，作为项目设计管理和控制的主要文件。文件中应体现规划、设计意图，符合现行规范和规程的规定，满足可行性报告和设计任务书的要求，依据要齐全可靠，方案要合理可行，同时积极改革传统的设计方法和手段，努力提高设计质量和效率
加强设计标准化工作	标准是对工程设计中的重复性事物和概念所做的统一规定，是以科学技术和先进经验的综合成果为基础，经过有关方面协商一致，并由有关主管机构批准，通过制订、发布和实施，为设计提供共同遵守的技术准则和依据。加强设计标准化是科研成果转化为生产力、推广应用先进技术的有效途径，在促进技术进步、科技创新，保证设计质量方面起着非常重要的作用
设计接口质量控制	设计接口是为了使在设计过程中，为了设计部门以及各设计专业之间能做到协调和统一，必须明确规定并切实做好设计部门与其他部门、设计部门内部各专业间以及装置（工区）间的设计接口。设计的组织接口和技术接口应制订相应的设计接口管理程序，由技术管理部门组织评审后实施。设计过程中要严格按照规定的程序进行设计接口管理，以保证项目设计的质量
建立健全原始资料档案	原始资料是进行项目设计的基本依据，在正式进行设计之前，必须建立健全相关的原始资料档案。原始资料必须符合规范、规程的规定，及时进行编录、核对、整理，不得遗失或任意涂改。设计单位也要及时收集施工中和投产后对设计质量的意见，建立工程设计质量档案，对意见进行认真分析研究，不断改进工作，提高设计质量
严把方案选择与审核关	工程项目设计方案的合理性和先进性是项目设计质量的基础，重要项目的设计方案必须要经过认真研究讨论。设计方案包括总体方案和专业设计方案。对于公路工程建设项目，总体方案特别应注意设计规模、生产工艺及技术水平的审核。专业设计方案的选择与审核，重点是在设计参数、设计标准、设备和结构选型、功能和使用价值等方面，看其是否满足适用、经济、安全、可靠等方面的要求
进行设计验证工作	设计验证是确保设计输出满足设计输入的重要环节，是对设计产品的质量检查，通过检查和提供客观证据，证明设计输出是否能满足设计输入的要求。只有符合资格要求的人员才能承担相应级别的验证工作。设计验证除上述方法外，还可采用其他方法进行：如变换方法进行计算；将新设计与已证实的类似设计进行比较；进行试验和证实；对发表前的设计阶段文件进行评审等。设计者要按照校审意见进行修改，完成修改并经确认后的设计文件，才能进入下一道工序

续表

控制措施	内容
建立健全成品校审制度	设计文件的校审是对设计所做的逐级检查和验证检查，以保证设计满足规定的质量要求。设计校审应按设计过程中规定的每一阶段进行。对阶段性成果和最终成果的质量，应按规定程序进行严格校审。具体内容包括：对计算依据的可靠性，成果资料的数据和计算结果的准确性，论证证据和结论的合理性，现行标准规范执行的情况，各阶段设计文件的内容和深度，设计文字说明的准确性，图纸的清晰与准确，成果资料的规范化和标准化等
建立健全设计文件会签制度	工程设计文件完成后，设计人员应在设计文件上签字，对所设计的文件负责。对于结构和技术比较复杂的大型工程，应当组织有关人员进行会审，审核不合格的设计成果不得盖章出图。最后，对正式的设计文件要进行会签。设计文件实行会签制度，是保证各专业设计相互配合和正确衔接的必要手段。通过会签，可以消除专业设计人员对设计条件或相互联系中的误解、错误或遗漏，这是保证项目设计质量的重要环节
对于设计更改的控制	设计更改是指设计过程中或设计完成后，由于用户变更或项目变更而导致的设计更改，这将对设计进度、质量和费用产生直接的影响。因此，工程设计单位应制订相应的设计更改控制程序，一旦发生设计更改时，应严格按照规定的程序办理，以便保证设计质量

2. 工程初步设计阶段的质量控制

工程项目初步设计是确定建设项目、工程投资、施工方案和质量高低的关键环节，为保证工程项目初步设计的质量，必须做好初步设计前的准备工作，明确初步设计的主要内容，搞好初步设计文件的编制与审定。

（1）初步设计前的准备工作

在工程项目进行初步设计前，必须要做好明确设计委托，核准设计用的原始依据，落实设计的基础资料，扩大前期的服务等准备工作，这些都是确保初步设计质量的前提。归纳起来，初步设计前的准备工作，主要包括基础资料收集和进行设计准备两大类。

1）基础资料收集

在公路工程正式进行初步设计前，应根据国家的有关规定、工程的实际情况、工程设计中的要求等，收集有关的资料。在一般情况下，主要包括以下几个方面。

①取得工程设计立项和规模投资等方面的上级批准文件。

②取得填写项目齐全、具体明细的设计任务书或设计委托书。

③通过建设工程项目设计招标形式，与建设单位签订工程设计合同和有关协议书。

④在正式开始初步设计前，首先要核实设计任务、工艺设计文件和使用要求等。

⑤为搞好公路工程项目的设计，必须取得拟建工程的地形图及勘察报告等地质资料。

⑥如果拟建工程为改造工程设计，应当取得改建、扩建工程的原有设计文件和资料。

⑦在正式开始初步设计前，要落实城市规划、消防、人防、环保等方面提出的要求；在正式开始初步设计前，要取得工程所在地区有关气象、水文、地震等基础资料。

⑧设计部门应当根据设计任务的轻重缓急、均衡作业的原则，及时安排设计任务。

2）进行设计准备

①按照设计工作分级管理的原则，根据工程设计任务的性质、特点和工作量，由设计院、设计室研究确定参加工程设计的主要人员。

②为确保工程项目的设计质量符合合同要求，要组织有关设计人员进行现场踏勘，深入了解工程实际的环境条件。

③对于确实需要外出进行调研的项目，应认真做好调研内容和地点的考察，做到目标明确、时间紧凑、效果明显。

④适时召开有关人员会议，重点研究设计任务书、工艺和使用要求、设计进度安排等方面的前提条件以及实行限额设计，开展目标创优和组建QC小组等实施计划。

（2）明确初步设计主要内容

根据我国公路建设的实践，初步设计所包括的主要内容有以下几个方面。

①设计原则为可行性研究报告及审批文件中的设计原则，设计中所遵循的主要方针、政策和设计的指导思想。

②工程项目的建设规模，分期建设及远景建设规划，企业专业化协作和装备水平，工程建设地点，占地面积，征地数量，总平面布置和内外交通、外部协作条件。

③确定生产工艺流程。生产工艺流程为各专业主要设计方案和工艺流程。

④产品方案，主要产品和综合回收产品的数量、等级、规格、质量；原料、燃料、动力来源、用量、供应条件；工程项目主要材料用量；主要设备选型、数量、配置。

⑤在工程项目进行设计的过程中，对于新技术、新材料、新工艺、新设备和新结构的采用情况。

⑥工程项目组成的主要建筑物、构筑物，公用和辅助设施，生活区建设；必要的抗震和人防措施。

⑦综合利用情况，环境保护和“三废”治理。这是工程初步设计中新增加的内容，尤其是环境保护和“三废”治理，是工程建设项目能否获得批准的关键。

⑧在工程项目设计中的生产组织、工作制度和劳动定员，以及工程施工过程中的生产组织、工作制度和劳动定员。

⑨工程项目的各项技术经济指标，这是衡量和评价工程设计质量具体的量化指标。

⑩确定工程项目的建设顺序、建设期限，这是进行编制工程设计进度和施工计划的主要依据，也是确保工程设计的重要措施。

⑪总概算及经济评价，如成本、产值、税金、利润、投资回收期、贷款偿还期、净现值、投资收益率、盈亏平衡点、敏感性分析、资金筹措、综合经济评价等。

⑫附件、附表、附图，包括设计依据的文件批文、各项协议批文、主要设备表、主要材料明细表、劳动定员表等。

（3）初步设计文件编制与审定

1）初步设计文件编制

根据上级主管部门对初步设计方案提出的审查意见，进行必要的修改与补充，并在此基础上研究拟定进行初步设计的工作计划。

根据国家现行有关初步设计内容和深度的规定要求，精心组织各专业人员同步进行设计文件的编制工作，并及时协调解决各专业之间的矛盾和问题，确保整个工程项目设计文件内容的完备与统一。

2）初步设计文件审定

①根据设计院、所（室）两级管理的规定，设计院各专业的总工程师和所（室）各专业的主任工程师，应有计划、有重点地抓好设计的跟踪指导和目标创建工作。

②在工程设计中严格执行方针政策、技术法规，对于规定的面积规模、工程投资、设计标准等进行严格控制，对于各专业设计中的重大方案性、前提性问题，要进行进一步深化和

落实。

③院、所（室）各专业总工程师、各专业主任工程师，对院、所（室）两级工程的初步设计文件，要认真组织综合审查，填写初步设计指导检查意见，并按要求在设计文件上进行签署。

④在上级主管部门召开初步设计审查会前，设计总负责人应组织各专业人员认

真做好准备，在审查会汇报时，有条理、有层次、有重点地说明设计意图和特点，认真维护设计的科学性和公正性，对直接影响设计质量的客观因素和问题明确提出，提请领导尽快研究解决，并认真做好会议记录。

三、施工图设计阶段的质量控制

施工图设计阶段是公路工程设计的成果阶段，也是保证设计质量、提高设计水平的后期考核验收阶段。在施工图设计阶段的工序控制中，必须切实保证抓好文件的深度，坚持限额设计，提高出手质量，加强综合会审，落实创优目标，严格质量评定等项工作。

1. 充实工程设计技术准备

①进行施工图设计之前，必须取得文件的正式审查批复文件，核实各级主管部门在对工程初步设计所做的调整中需要严格控制的指令性标准。

②深入落实在满足施工图设计内容及深度要求中所需要的有关规划、消防、人防、环境、市政、公用、电力、通信及施工安装等方面的必备资料和依据的文件。

③根据初步设计的审查批复文件和各有关方面的合理意见、建议，进一步改进和完善工程设计。

④落实设计条件和要求，商定工程设计的进度，组织拟定统一技术条件和质量保证措施，认真填写有关表格，准备开始施工图设计。

2. 施工图设计的主要内容

（1）施工图设计委托书的主要内容

施工图设计委托书的主要内容包括：工程项目设计的依据；经批准的初步设计及批准部门核发的设计条件；批准的满足施工图设计的勘察资料、地形地貌资料、水文地质和工程地质资料等；施工地点的自然状况资料和有关部门及地方政府签订的外部条件正式协议书；施工条件、地方材料及有关建筑、设备的技术经济数据、资料；其他有关工程项目设计资料。

（2）施工图设计文件的主要内容

施工图设计是以图纸为主的工程实施性技术文件，应主要包括：设计图封面、图纸目录、设计说明、设计图纸和工程预算等，并以子项为编排单位。各专业的工程计算书应进行校审，签字后整理归档。设计图纸应包括以下主要内容（见表9–3）。

表9-3　设计图纸应包括的内容

项目	内容
图纸目录	图纸目录就是表明图纸顺序的说明，不仅便于进行查找，而且也显示图纸的不同类型。在一般情况下，先列出新绘制的图纸，再列出选用的标准图或重复利用图
设计说明	设计说明就是设计书的首页，主要包括：结构安全等级；公路地基情况；设计活荷载、设备荷载、结构材料、品种、规格、型号、强度等；标准构件图集及施工注意事项等
设计图纸	设计图纸主要包括：基础平面图及基础详图；结构平面布置图、结构构件详图及节点构造图等
其他图纸	其他图纸主要包括：各专业设计方案的平面图、立面图、剖面图及其详图或构造图等

四、项目设计质量控制的主要方法

1. 施工图初步设计前质量控制方法

（1）收集和熟悉项目原始资料，充分领会工程建设意图。首先要核查已批准的“项目建议书”、“可行性研究报告”、工程项目选址报告、城市规划部门批文、土地征用使用要求、工程环境要求；工程地质和水文地质勘察报告、区域图、地形图；动力、资源、设备、气象、人防、消防、地震烈度、交通运输、生产工艺、基础设施等资料；有关设计规范、规程、标准和技术经济指标等，分析、研究并整理出满足设计要求的基本条件。其次要充分掌握和理解建设单位对工程项目建设的要求、设想和各种意图。

（2）选择适宜的项目总目标论证的方法。对于建设单位提出的项目总投资、总进度和总质量目标，必须进行认真的分析研究，论证实现项目总目标的可行性。在确定的总投资数限定下，分析论证项目的规模、设备标准、施工水平等能否达到建设单位预期的水平，施工进度目标能否实现；在工程进度目标的限定下，要满足建设单位提出的项目规模、设备标准、施工水平等，估算需要的总投资数额。论证时应依据已建类似工程各种指标，结合目前各种情况出现的变化，并分析项目建设中可能遇到的风险。

（3）进行初步设计时，要以初步确定的工程规模和质量要求为基础，将论证后所得的总投资和总进度切块分解，最终再确定投资规划和进度规划。

（4）为避免设计不符合建设单位的要求，造成多次设计修改，甚至出现设计纠纷，建设单位应尽量与设计单位达成限额设计条款。

2. 施工图设计阶段质量控制方法

（1）实行跟踪式设计，实现审核制度化。为了有效地控制设计质量，必须对设计过程进行质量跟踪。设计质量跟踪不是监督设计人员画图，也不是监督设计人员的结构计算，而是要定期对设计文件进行审核，必要时也对计算书进行核查，发现不符合质量标准和要求的，立即指令设计单位进行修改，直到符合规定的标准为止。

设计质量控制的主要方法就是在设计过程中各阶段设计完成时，以设计招标文件、设计合同、监理合同、政府有关批文、各项技术规范和规定、气象条件、地区其他自然条件及相关资料、文件为依据，对设计文件进行深入细致的审核。在各设计阶段设置审查点，审核设计文件质量，如规范符合性、结构安全性、施工可行性等，审核工程概预算总额，设计进度完成情况，并与相应标准和计划值进行分析比较。

（2）采用多种方案比较法。一个工程建设项目，有多种设计方案，各设计方案均具有特点和优势。在进行公路工程项目设计质量审核时，对设计人员所定的设计标准、结构方案、施工方法等各种方案进行了解和分析，有条件时应进行两种或多种方案的比较，从中确定出最优设计方案。

（3）协调各相关单位关系。一个工程建设项目的设计质量如何，并不是一个专业设计室所决定的，而是所有设计人员水平和集体力量的体现，也是设计单位与其他单位共同努力的结果。因此，在进行工程设计的过程中，设计人员、各个部门和社会有关部门，都要支持和配合设计工作，齐心协力提高设计质量。

三、公路工程项目施工质量控制

1. 施工准备阶段的质量控制

工程施工准备是整个工程施工过程的开始，是工程施工中必须进行的一项重要工作。工程实践证明，只有认真做好施工准备工作，才能顺利地组织施工，为保证和提高工程质量、加快施工速度、缩短建设工期、降低工程成本提供可靠的保证。

公路工程施工准备阶段质量控制工作的基本任务是：掌握施工项目工程的特点；了解对施工总进度的要求；摸清工程施工的基本条件；编制施工组织设计；全面规划和安排施工力量；制订合理的施工方案；组织好施工中的物资供应；做好现场“五通一平”和平面布置；兴建施工用的临时设施等，为现场施工做好一切准备工作。公路工程施工准备工作内容很广泛，主要包括技术准备、物质准备、组织准备和现场准备等。

（1）公路工程施工的技术准备

1）图纸会审及技术交底

通过对施工图纸的研究和会审，可以广泛听取使用人员、施工人员的意见，弥补在设计上的一些不足，以集思广益的方式提高设计质量；可以使施工人员了解设计意图、技术要求、施工难点、注意重点，为保证施工质量打好基础。

技术交底是施工企业极为重要的一项技术管理工作，其目的是使参与建筑工程施工的技术人员与工人熟悉和了解所承担的工程项目的特点、设计意图、技术要求、施工工艺及应注意的问题。根据建筑工程施工复杂性、连续性和多变性的固有特点，各级建筑施工企业必须严格贯彻技术交底责任制，加强施工质量检查、监督和管理，以达到提高施工质量的目的。

2）编制好施工组织设计

公路工程施工是一项比较复杂的工作，需要组织多工种、多专业、多单位协同配合。为了在质量、进度、效益都得到保证的情况下，完成公路工程项目的建设任务，就必须编制一个统筹全局、科学安排的工作方案，那就是施工组织设计或施工方案。

施工组织设计或施工方案是指导公路工程施工的重要技术经济文件，而保证工程施工质量的各项技术措施是其中的重要组成内容。在编制施工组织设计或施工方案时，主要应做好以下工作。

①根据工程实际情况和质量、工期要求，与有关单位签订承发包合同和分包合同。

②根据建设单位和设计单位提供的设计图纸和有关技术资料，结合拟建工程的施工条件编制施工组织设计。

③及时编制并提出工程施工材料、劳动力和专业技术工种培训计划，以及施工机具、仪器的需用量计划。

④及时参加工程全部施工图纸的会审工作，对设计中的问题和有疑问之处，应随时解决和弄清，要协助设计部门消除图纸上的差错。

⑤属于国外引进的工程项目，应认真参加与外商进行的各种技术谈判和引进设备的质量检验，以及包装运输质量的检查工作。

在施工组织设计编制阶段，质量管理工作除上述几个方面外，还要着重制订好质量管理计划，编制切实可行的质量保证措施和各项工程质量的检验方法，并相应地准备好质量检验测试的器具。质量管理人员要参加施工组织设计的会审，以及各项保证工程质量技术措施的制订工作。

（2）公路工程施工的物质准备

施工物质的质量是确保工程质量的基础，必须根据工程对材料的要求，选择材料供应厂家，做到合理组织材料的供应，确保施工正常进行；合理地组织材料使用，减少材料的损失，降低工程材料的费用。

对公路工程施工物质准备，最关键问题是加强材料的检查验收，严把材料的质量关。在这个方面，主要是应当做好以下工作。

1）严格控制材料质量

①对用于公路工程的主要材料，应在订货前要求供应商提供样品或看样订货，对材料性能、质量标准、适用范围和施工要求必须有详细说明。

②对用于公路工程的主要材料，在进场时必须具备正式的出厂合格的材质化验单，如不具备或对检验证明有影响时，应当对材料补做检验。

③工程中所有使用的各种构件，必须具有生产厂家批号和出厂合格证。钢筋混凝土和预应力混凝土构件，均应按规定的方法进行抽样检验。

④凡是用于重要结构、部位的材料，使用时必须仔细地进行核对，查其材料的品种、规格、型号、性能符合要求；材料认证不合格时，不允许用于工程中。

⑤凡属标志不清或认为有质量问题的材料，应进行抽样检验；对于进口的材料和重要结构、部位所用的材料，则应进行全部检验。

⑥材料质量抽样和检验的方法，应符合相关规范标准的要求，应当能反映该批材料的质量性能。对于重要的构件或非匀质的材料，还应适当增加采样的数量。

⑦在施工现场配制的材料，如混凝土、砂浆、防水材料、防腐材料、绝缘材料等的配合比，首先应进行配合比设计，并提出试配的要求，经试配检验合格后才能使用。

2）材料质量控制内容

材料质量控制的内容主要有：材料质量的标准、材料的性能、材料取样、试验方法，材料的适用范围和施工要求等。

①材料质量标准材料质量标准是用以衡量材料质量的尺度，也是作为验收、检验材料质量的依据。不同的材料有不同的质量标准，国家和有关行业都有具体的规定，掌握材料的质量标准，就便于可靠地控制材料和工程质量。

②材料质量检验进行材料质量的检验，是确保材料质量的重要技术措施。材料质量检验的目的，是通过一系列检测手段和方法，将所取得的材料性能数据与材料的质量标准相比较，借以判断材料质量的可靠性，决定是否能用于工程，同时还有利于掌握材料的信息。

A．材料质量检验方法。材料质量检验方法主要有书面检验、外观检验、理化检验和无损检验四种（见表 9–4）。

表 9–4　材料质量检验方法

检验方法	具体内容
材料质量的外观检验	外观检验是对材料从品种、规格、标志、外形尺寸等方面进行直观检查，判断其有无质量问题
材料质量书面检验	书面检验是通过提供的材料质量保证资料、试验报告等进行审核，取得认可后才能使用
材料质量的无损检验	无损检验是在不破坏材料样品的前提下，利用超声波、X射线、表面探伤仪等进行检测
材料质量的理化检验	理化检验是借助试验设备和仪器对材料样品的化学成分、机械性能等进行科学鉴定

B．材料质量检验程度。根据材料信息和保证资料的具体情况，材料质量检验程度分为免检、抽检和全检三种。

免检。免检就是免去质量检验过程。对于有足够质量保证的一般材料，以及实践证明质量长期稳定且质量保证资料齐全的材料，可予以免检。

抽检。抽检就是按随机抽样的方法对材料进行抽样检验。当对材料的性能不清楚，或对质量保证资料有怀疑，或是成批生产的构配件，均应按规定的比例进行抽样检验。

全检。全检也称为全部检验，凡对进口的材料、设备和重要工程部位的材料及贵重的材料，都应进行全部检验，以确保材料和工程质量。

③材料质量检验取样。材料质量检验的抽样必须有代表性，即所采取样品的质量应能代表该批材料的质量。因此，在采取试样时，必须按规定的部位、数量及采选的操作要求进行。

④材料抽样检验判断。抽样检验一般主要适用于对原材料、半成品或成品的质量鉴定。由于这类材料或产品的数量大或检验费用高，不可能对产品逐个进行检验，特别是破坏性和损伤性的检验更不适用。通过抽样检验的方法，可大概判断出整批产品是否合格。

3）材料的选择和使用

如果工程材料的选择和使用不当，将会严重影响工程质量，甚至会造成质量事故。为此，必须针对工程特点，根据材料的性能、质量标准、适用范围和施工要求等方面进行综合考虑，慎重地选择和使用材料。

4）施工机械设备选用

施工机械设备是实现施工机械化、提高工程质量和生产效率的重要物质基础，是现代道路施工中不可缺少的设备，对施工项目的质量有着直接的影响。为此，施工机械设备的选用，必须综合考虑施工现场的条件、道路结构形式、机械设备性能、施工工艺和方法、施工组织与管理等各种因素进行多方案比较，使之合理装备、配套使用、有机联系，以充分发挥机械设备的效能，力求获得较好的综合经济效益。

工程施工实践证明，机械设备的选用，应着重从机械设备的选型、机械设备的主要性能参数和机械设备使用操作要求三个方面进行控制（见表 9–5）。

表 9–5　机械设备的选择

项目	内容
施工机械设备的选型	施工机械设备的选择，应本着因地制宜，按照技术上先进、经济上合理、生产上适用、性能上可靠、使用上安全、操作上方便和维修上简便的原则，使选用的机械设备具有工程的适用性，具有保证工程质量的可靠性，具有使用操作的方便性和安全性
机械设备的性能参数	机械设备的主要性能参数是选择机械设备的主要依据，应根据工程特点、施工条件和已确定的机械设备型式，来选定具体的机械。但是，要特别注意所选用的机械设备必须满足施工进度和施工质量的要求
机械设备使用操作要求	合理地使用机械设备，正确地进行操#，是保证工程施工质量的重要环节。在机械设备使用操作中，应贯彻“人机固定”的原则，实行定机、定人、定岗位的“三定”制度。操作人员必须认真执行各项规章制度，严格遵守基本操作规程，防止出现安全质量事故

机械设备在使用的过程中，要尽量避免发生故障，尤其是要预防出现人为的损坏。造成事故的主要原因有：操作人员违反安全技术操作规程和保养规程；操作人员技术不熟练或麻痹大意，或未经过专门技术培训；施工机械设备保养和维修不良；施工设备在运输和保管中不当；施工方法不合理和指挥错误；气候条件和作业条件的影响等。对以上这些可能的原因，都必须采取相应措施，严加防范。

（3）公路工程施工的组织准备

公路工程施工组织准备，主要包括建立强有力的项目组织机构，集结施工水平和管理水平较高的施工队伍，对施工队伍及全体员工进行施工前的入场教育等。

（4）公路工程施工的现场准备

公路工程施工现场准备，主要包括控制网、水准点、标桩的测量校正；施工现场的“五通一平”工作；生产、生活等临时设施的准备；组织施工机具和建筑材料进场；拟定有关试验、试制和技术进步项目研究计划；编制季节性施工措施；制定施工现场管理制度等。

2. 施工过程中工序质量控制

公路工程质量控制是指在整个生产周期中，利用系统工程理论，结合其他先进管理方法，对项目进行规划、决策、组织、协调、控制等管理工作，以求在达到工程质量、工期、造价、环保及其他要求的基础上，实现公路工程项目的目标，而工序质量控制起到了关键性的作用。因而公路工程施工工序质量控制的水平直接影响到该工程的最终效果。

（1）工序质量控制的内容

公路工程工序质量控制主要包括两方面：即对工序施工条件的控制和对工序施工效果的控制。

1）工序施工条件的控制

工序施工条件是指从事工序活动的各种生产要素及其生产环境条件。控制方法主要可以采取检查、测试、试验、跟踪监督等方法。控制依据是要坚持设计质量标准、材料质量标准、机械设备技术性能标准和操作规程等。对工序准备的各种生产要素及环境条件，控制方式宜采用事前质量控制的模式。工序施工条件的控制，主要包括以下两方面内容。

①施工准备方面的控制。即在工序正式施工前，应对影响工序质量的因素或条件进行监控。要控制的内容一般包括：人的因素，如施工操作者和有关人员是否符合上岗的要求；材料因素，如材料的质量是否符合现行标准的规定；机械设备因素，如其性能、规格、数量等是否满足施工要求；工艺因素，如采用的施工方法和施工工艺是否恰当；环境因素，如施工的环境条件是否良好等。这些因素或条件应当符合规定的要求并保持良好的状态。

②对工序活动条件控制。工程实践充分证明，对影响工序产品质量各种的因素控制，不仅要体现在开工前的施工准备中，而且还应当贯穿于整个施工过程中，当然也包括各工序、各工种的质量保证活动。在施工过程中，工序活动是经过审查认可的施工准备条件下展开的，要注意各因素或条件的变化，如果发现某种因素或条件向不利于工序质量方面变化，应当及时予以控制或纠正。

在各种影响因素中，投入施工的物料（如材料、半成品等）及施工操作或施工工艺，是最活跃和最容易变化的因素，应当予以特别的监督与控制，使这些因素的质量始终处于控制之中，并符合现行标准的规定。

2）工序施工效果的控制

工序施工效果主要反映在工序产品的质量特征和特性指标方面。对工序施工效果控制就是控制工序产品的质量特征和特性指标是否达到了设计要求和施工验收标准。工序施工效果控制一般属于事后质量控制，其控制的基本步骤主要包括：实测、统计、分析、判断、认可或纠偏（见表9–6）。

表9–6　工序施工效果控制

步骤	具体内容
实测	实测即采用必要的测量或检测手段，对抽取的样品进行检验，测定其质量特性指标，如测定混凝土一定龄期的抗压强度或抗拉强度等
统计	统计是人类对事物数量的认识形成的过程。日常中所讲的"统计"有合计、总计的意思。这里是指采用数理统计方法对工序施工效果一些质量特征和特性指标的统计，以统计出来的实际数字进行有关方面的分析
分析	分析是把一件事情、一种现象、一个概念分成较简单的组成部分，找出这些部分的本质属性和彼此之间的关系。这里是指对检测所得到的数据进行整理、分析，并从中找出一定的规律
判断	判断是对思维对象有所肯定或有所否定的一种思维形式。这里是指根据对数据分析的结果，判断该工序产品是否达到规定的质量标准。如果没有达到标准，应当找出存在的问题和原因，以便于纠正和改进
认可	《认证认可条例》第2条中规定："认可，是指由认可机构对认证机构、检查机构、实验室以及从事评审、审核等认证活动人员的能力和执业资格，予以承认的合格评定活动。"这里所指的认可，是指工程工序质量经检验符合现行现范的要求，对其质量合格予以确认
纠偏	纠偏的基本含义是纠正偏向或偏差。这里所指的纠偏，是指发现工序质量不符合规定标准，应采取相应的措施加以纠正，使工序质量符合要求

（2）公路工程的工序分析

在公路工程的施工过程中，有许多影响工程质量的因素，但是这些因素并不是同等重要的，重要的影响因素只是少数，往往是某个因素对工程质量起决定性作用，处于主导和支配地位，只要控制了重要的影响因素，质量就可以得到保证。因此，施工中的任何一个要素，都可能在工序质量中起关键的作用，必须认真对施工中的工序进行分析。

工程工序的分析，概括地讲，就是要通过分析找出对工序的关键或重要质量特性起支配性作用的全部活动。对于这些支配性的要素，要制定成标准，加以重点控制。工程实践证明：不进行工序分析，就不能搞好工序的控制，也就不能保证工序质量。工序质量不能保证，工程质量自然也无法保证。因此，工序分析是施工现场质量体系的一项重要基础工作。

工程工序分析一般可按三个步骤、八项活动进行，具体如下。

第一步，用因果分析图法进行工序分析，通过分析在书面上找出支配性要素。这个步骤主要包括以下五项活动。

1）选定分析的工序。对关键、重要工序或根据以往经验认为经常发生问题的工序，均可作为工序的分析对象。

2）根据所选定的分析工序和人员组成情况，确定进行工序分析的具体人员，并明确任务，落实责任，以便将工序分析工作搞好。

3）对经常发生质量问题的工序，应掌握其现状和问题点，并确定改善和提高工序质量的目标，使工序质量达到规范的要求。

4）组织召开工序分析会议，应用因果分析图法进行工序分析，从中找出工序中的支配性要素，以便于采取相应的技术措施进行改进。

5）根据因果分析图法分析找出的工序支配性要素，拟订提高工序质量对策计划，决定试验方案。

第二步，根据以上分析和拟订的提高工序质量对策计划，并实施这个对策计划。这个步骤只包括一项活动，如下。

6）按照确定的试验方案进行试验，找出质量特性和工序支配性要素之间的关系，经过反复认真审查，确定试验结果。

第三步，在进行以上分析的基础上，制定相关的工序施工标准，控制工序支配性要素。这个步骤包括两项活动，如下。

7）将试验核实的支配性要素编入工序质量表，并纳入施工标准或规范，落实责任部门或人员，并经有关部门批准。

8）各部门或有关人员对属于自己负责的支配性要素，要按标准规定实行重点管理，并随时检查实施的结果。

（3）工序质量控制点的设置

在工序质量控制中设置质量控制点，是指为了保证工序质量而确定的重点控制对象、关键部位或薄弱环节。设置工序质量点是保证工序质量达到规定要求的必要前提，监理工程师在拟定质量控制点计划时，应当予以详细考虑，并以制度来保证落实。对于质量控制点，一般事先要分析可能出现质量问题的原因，再针对产生原因制订对策和措施。

1）质量控制点设置原则

质量控制点设置的原则，是根据工程的设计等级和重要程度，即质量特性值对整个工程质量的影响程度来确定。为此，在设置质量控制点时，首先要对施工的工程对象进行全面分析和比较，以明确质量控制点；在确定质量控制点之后，进一步分析所设置的质量控制点在施工中可能出现的质量问题或造成质量隐患的原因，针对这些隐患或原因，相应提出对策、措施予以预防。由以上可以看出，设置质量控制点是对工程质量进行预控的有力措施。

设置质量控制点涉及面比较广，根据公路工程的特点，无论是建筑材料、机械设备、施工工艺、施工方法，还是技术参数、自然条件、协作配合、工程环境等，均可以作为质量控制点来设置，也可选择其中的部分来设置，但主要应根据其对质量特征影响大小及危害程度而确定。

根据公路工程质量控制实际经验，质量控制点一般设置在下列部位：①重要的和关键性的施工环节和部位；②质量不稳定、施工质量没有把握的工序和环节；③施工技术难度大、施工条件困难的部位或环节；④质量标准或质量精度要求高的施工项目；⑤对后续施工或工序质量、安全有重要影响的工序或部位；⑥采用新技术、新工艺、新材料的施工部位或环节等。

2）质量控制点的实施要点

质量控制点的实施要点主要包括：实施要点交底、进行重点控制、认真进行操作、做好检查记录、进行分析改进等（见表 9–7）。

表 9–7　质量控制点的实施要点

要点	具体的内容
实施要点交底	即将质量控制点的“措施控制”向具体操作班组进行认真交底，必须使工人真正了解和掌握操作要点，这是保证“创造质量”，实现“预防为主”的关键
进行重点控制	质量控制人员在现场进行重点指导、检查和验收。尤其是对于重要的质量控制点，质量管理人员应当进行旁站指导，进行全过程检查和验收
认真进行操作	具体施工的工人要按作业指导书认真进行操作，保证操作中每个环节的质量都符合规定
做好检查记录	质量管理人员要按规定做好检查，并认真、如实记录检查结果，取得质量方面的第一手数据
进行分析改进	运用数理统计方法不断进行分析与改进，直至质量控制点验收合格

3）质量见证点和停止点

所谓“见证点”和“停止点”是国际上对于重要程度不同及监督控制要求不同

的质量控制对象的一种区分方式。实际上,“见证点”和“停止点”都是质量控制点，只是由于其重要性或其质量后果影响程度有所不同，所以在实施监督控制时的动作程序和监督要求也不同。

①见证点。见证点也称截流点或 W 点，它是指重要性一般的质量控制点，在这种质量控制点的施工前，施工单位应提前一定时间通知监理工程师，在约定的时间到现场进行见证，对该质量控制点的施工进行监督检查，并在见证表上详细记录该质量控制点所在的建筑部位、施工内容、设置数量、施工质量和所用工时，并签字作为凭证。如果在规定的时间监理工程师未能到达现场进行见证和监督，施工单位可以认为已经取得监理单位的同意，有权进行该见证点的施工。

②停止点。停止点也称待检点或 H 点，它是指重要性较高、其质量无法通过施工以后的检验来得到证实的质量控制点。对于这种质量控制点，在施工之前施工单位应提前一定时间通知监理工程师，在约定的时间到现场进行见证，对该质量控制点的施工进行监督控制。如果在规定的时间内监理工程师未能到达现场进行见证和监督，施工单位应停止该质量控制点的施工，并按合同中的规定等待监理人员，或另行约定该质量控制点的施工时间。

三、施工质量控制的影响因素

1. 施工人员的管理

施工人员的管理是指对直接参与工程施工的组织者、指挥者和操作者的管理。人，作为管理的对象，是要避免产生失误；作为管理的动力，是要充分调动人的积极性，发挥人的主导作用。为此，除了加强政治思想教育、劳动纪律教育、职业道德教育、专业技术培训，健全岗位责任制，改善劳动条件，激励劳动热情以外，还应当根据工程特点，从确保工程质量的角度出发，从人的技术水平、人的生理特点、人的心理行为、人的错误行为等方面来管理人的使用。

对施工人员的管理内容包括：针对组织机构的整体素质以及每一个体的知识、能力、特长、生理条件、心理状态、质量意识、行为表现、组织纪律、职业道德等，做到合理用人，发挥团队精神，调动人的积极性和主动性。

在施工现场对人的控制，主要措施和途径如下。

（1）以项目经理的管理目标和职责为中心，根据工程实际情况组建项目管理机构，并配备合适的质量管理人员。

（2）严格实行分包单位的资质审查，控制分包单位的整体素质，包括技术素质、思想素质、管理素质、服务态度和社会信誉等。严格禁止分包工程或作业的转包，防止资质失控。

（3）坚持技术培训制度，坚持作业人员持证上岗，特别是重要技术工种、特殊工种等，做到有资质者上岗。

（4）加强对施工现场管理和作业人员的质量意识教育，开展作业质量保证方面的研究交流活动等，使先进经验得以推广。

（5）严格施工现场管理制度和生产纪律，制定相关的规章制度，规范人的作业技术和管理活动的行为；并采取有效的激励措施和沟通活动，调动全员的积极性。

2. 施工材料的管理

施工材料的管理包括原材料、半成品、成品、构配件等的管理，主要是进行严格检查验收，正确合理地使用，建立材料管理台账，进行收、发、储各环节的技术管理，避免将不合格的材料用于工程。在实施材料质量管理时，主要应抓好以下环节。

（1）材料的采购。施工单位采购的材料应根据工程特点、施工合同、材料适用范围、施工要求、材料技术性能和价格等因素综合考虑。采购材料的品种和数量，应根据施工进度提前安排，项目经理部或施工企业应建立常用材料的供应商信息并及时追踪市场。必要时，应让材料供应商送材料样品或对材料进行实地考察，应特别注意材料采购合同中对质量条款的说明。

（2）材料的质量检验。材料质量检验是确保其质量的重要手段，其目的是事先通过一系列的检测方法，将所取得的材料数据与其质量标准相比较，以此判断材料质量的可靠性，确定是否能用于工程。业主供应的材料，也必须进行质量检验，检验方法有书面检验、外观检验、理化检验和无损检验四种。抽样理化检验是建筑材料最常用的质量检验方式，应按照国家有关规定的取样方法及试验项目进行检验，并对材料的质量作出评定。

（3）材料的仓储和使用。运至施工现场或在现场加工的材料，经过检验合格后应重视对其仓储和使用的管理，避免因材料变质或误用而造成质量问题，如水泥受潮结块、钢筋产生锈蚀、不同直径钢筋混合等。为此，材料管理人员要合理调度，避免施工现场材料大量积压，坚持对材料应按不同类别挂牌排放，并在使用材料时进行现场检查督导。

3. 机械设备的管理

施工机械设备是现代公路工程施工必不可少的设施，是反映一个施工企业实力和能力的重要标志，对工程项目的施工进度和质量都有直接影响。在进行施工前，要根据不同工艺特点、技术要求和施工进度，选用合适的机械设备，并正确使用、管理和保养好施工机械设备。要建立健全“人机固定”制度、“持证上岗”制度、岗位责任制度、交接班制度、“技术保养”制度、“安全使用”制度、机械设备定期检查制度等，确保机械设备处于最佳使用状态。

在施工机械设备管理方面，主要应注意以下几个方面。

（1）施工企业应根据拟建工程的规模、特点、工期、要求等，按照技术先进、经济合理、生产适用、性能可靠、使用安全的原则选择机械设备，使其具有特定工程的适用性和可靠性。

（2）应从施工实际需要和保证施工质量的要求出发，正确确定相应类型的性能参数，使选用的机械设备具有适用性和经济性。

（3）在施工过程中，应定期对施工机械设备进行校正和检查维修，使机械设备处于良好的使用状态。

（4）在选择机械设备时，还要注意选择的机械设备必须与施工企业现有的操作人员相适应，避免不熟练的人员去操作不熟悉的机械设备。

4. 施工方法的管理

施工方法的管理，主要包括施工方案、施工工艺、施工组织设计和施工技术措施等方面的管理，主要应当结合工程实际，解决施工中的难题，做到技术可行、经济合理，有利于保证质量、加快进度、降低成本。

在施工方法管理方面，应当着重抓好以下几个关键问题。

（1）在工程正式施工之前，要根据工程实际制订施工方案，施工方案应随着工程进展而不断进行细化和深化。

（2）在选择施工方案时，对主要施工项目要拟订几个可行的方案，突出主要矛盾，摆出其主要优缺点，以便反复讨论、加以比较，最终选出最佳方案。

（3）对于主要项目、关键部位和施工难度较大的工程项目，在制订施工方案时要充分估计到可能发生的施工质量问题和处理方法。

5. 施工环境的管理

创造良好的施工环境，对于提高施工质量、速度和施工安全，实现文明施工，树立施工企业的良好形象，都具有非常重要的作用。施工环境管理是一个非常复杂的工作，既包括对自然环境的了解、限制、改造和利用问题，也包括对管理环境及劳动作业环境的创设活动，有时还包括对施工周围社会秩序的管理。

（1）自然环境的管理。主要是掌握施工现场水文、地质和气象资料信息，以便在制订施工方案、施工计划和技术措施时，能够从自然环境的特点和规律出发，建立地基和基础施工的对策，防止地下水和地表水对施工的影响，保证周围建筑物及构筑物的安全。从实际条件出发做好冬、雨季施工项目的安排和防范措施；加强环境保护和建设公害的治理。

（2）管理环境的管理。管理环境的管理主要是根据承发包的合同结构，理顺各参建施工单位之间的管理关系，建立现场施工组织系统和质量管理的综合运行机制，能够确保施工程序的安排，在施工质量形成过程中能起到相互促进、相互制约、协调运转的作用。另外，在管理环境的创建方面，还应特别注意与现场近邻单位、居民及有关方面的协调和沟通，取得他们对工程施工的谅解和支持。

四、公路工程项目质量管理实例

1. 质量方针

本公路工程的质量方针是："质量第一，精心施工，恪守合同，争创一流"。

生产要素的质量保证如下：从工程一开始就做好质量策划，建立质量岗位责任制，把工程质量目标层层分解到各部门，从管理、实施和检验三个层次把关，在人员、设备、材料、工艺、环境五个方面采取一整套切实可行的措施，确保优质工程。

各部门及特殊岗位人员的质量责任如下。

（1）总工办质量责任。确保工程各技术数据准确。认真执行质量管理体系的要求，进行详细的技术交底，使每个职工都明确本工种质量要求。

（2）施工处质量责任。施工处应对工程施工质量负责，严格按规范规定要求施工，严禁发生返工现象。

（3）质检科质量责任。质检部负责领导并组织好试验室、各队现场的质检员，做好项目的质量管理工作，并负责工程施工全过程的质量控制、检查、监督工作。

（4）施工队长质量责任 . 对本队的工程施工质量负全责。负责对施工队各工种人员进行详细的技术交底。负责检查、指导各班组按操作规程施工。确保工程质量。

（5）其他各工种质量责任。主要包括机械工质量责任和操作工质量责任。

1）机械工质量责任按照正确的操作规程使用，经常维修保养。

2）操作工质量责任

①保证模板制作正确、支设牢固、尺寸正确，符合技术规范的各项要求。保证结构物外型尺寸符合设计要求，外观质量优良。

②保证钢筋加工、绑扎、焊接符合设计的各项要求。

③保证混凝土和砂浆的拌和质量，正确使用各种建筑材料并严格按监理工程师批准的配合比计量投料，严格按设计的各项要求进行浇注、振捣和养护。

④保证预制构件预应力张拉程序符合技术规范要求，预制构件的起吊、码存及

搬运等操作符合规范规定，不得损伤构件，梁板架设质量符合要求。

2. 公路工程质量控制

（1）工程质量分析

收集现场考查、检测数据，通过计算机处理，得出质量管理结论，重点用于以下方面。

1）影响质量原因分析。当质量问题出现征兆之后，组织进行现场考查，制订改进措施，杜绝或减少质量问题的出现。

2）质量要点分析。通过对生产检测数据的分析，找出工程建设过程中的薄弱环节、工序，开展技术革新，努力提高工程质量水平。

3）质量内部对比。通过各施工队、班组的工程质量分析，统计出各施工队、班组的工程质量状况，通过内部生产经验交流，提高工程施工质量。

（2）工程质量预测

1）通过对工程检测数据的分析，可以从中找出质量波动趋势，在质量问题出现之前提出有预见性的警告，从而采取相应措施，避免问题的发生，实现对质量状况的动态管理。

2）通过对某段时间内的产品检测数据与各种影响因素的对比分析，找出对工程质量有较大影响的因素，提前入手采取措施，在质量问题发生之前将其解决，把质量事故消灭在萌芽状态。

（3）工程质量评定

随着工程检测数据的积累，迅速得出已完成的各分项、分部、单位工程的质量状况，同时也为竣工资料的及时完成打下基础。

3. 建立健全质量保证措施

（1）为实现质量目标而制定的各种制度

1）建立设计文件会审制度。在接到设计图纸后由总工程师主持，施工部、技术部、质检部参加设计文件会审，明确工程质量要求，做好会审记录，发现设计问题及时上报，对返回的设计问题的答复和设计变更应立即由技术部组织上述人员进行学习、贯彻并存档。

2）建立技术交底制度。总工办向各施工处处长及技术人员进行技术交底，并留有记录，施工处处长和技术员应向各工种工人进行分类技术交底，使各工种工人明确职责和技术要求，努力把好质量关。

3）建立碰头会议制度。由项目经理主持，各处室、各施工队负责人、技术人员参加，研究解决工程质量中的“多发病”和“疑难病”，找出病因，提出对策付诸实施。

4）工程复查制度。对越冬工程，在春季复工前，对已完工程进行全面复查，重点检查冻损害、工程变位、沉降情况，提出复查报告（含处理意见），报监理工程师审批，隐患消除后方可全面复工。

5）建立工程质量。110指挥中心项目总工任指挥长，副总工任副指挥长，各施工处处长为成员。施工过程中若出现质量问题，现场技术员、质检员要立即上报，施工处处长必须8分钟内赶到施工现场，正或副指挥长必须15分钟内赶到施工现场，指挥处理。

6）建立分级审核制度。各项原始记录必须有两个以上人员进行复核并签字，以防出现差错。重大技术问题应由项目技术负责人、项目经理审核，特别重大问题应上报总部总工审查，以便确保施工质量。

（2）为实现质量目标而制订的各种保证措施

为实现质量目标而制订的各种保证措施，见表9–8。

表9–8　为实现质量目标而制订的各种保证措施

保证措施	内容
技术保证	施工前认真会审图纸，吃透设计意图，并组织人员对施工现场进行深入的踏勘和调查，制订切实可行的施工方案；努力推广和采用新技术、新工艺、新材料；做好施工记录，严格遵守监理程序
人员保证	安排得力的技术骨干，充实各关键技术岗位。特别是对技术和质量要求较高的工程部位，必须选择技术水平高、责任心强的技术骨干施工
设备保证	按工程性质调配所需的适用机械设备，坚持维修、保养制度，确保机械设备的完好，满足工程施工要求
原材料保证	施工所需原材料必须具有材料合格证和检验证，并经试验室抽样，检验合格后方可使用，不合格的原材料不准进场入库。入库原材料严格按仓库规定实施管理，严把质量关，对统供原材料、构件也不免除质量检验的责任
环境保证	坚持经常性的天气预报监收，对不利天气及时采取相应措施，保证将自然灾害损失降到最低。加强与地方政府的关系协调，避免地方矛盾干扰工程施工
场地保证	建立合格的试验室，严格抓好试验检测工作。认真贯彻执行现行的各项技术规范和技术标准

（3）把住控制工程质量的关键环节

1）路基填土的施工必须要控制好填料的层厚度、含水量、平整度、压实度等指标。

2）台背回填必须要控制好填料的质量、含水量、层厚度、压实度等指标。

3）钻孔灌注桩的施工要控制好桩的位置、钻孔深度、钻孔直径、泥浆密度、混凝土的和易性、导管埋深、桩顶高程等指标。

4）对于扩大基础施工要控制好挖深、基底承载力等指标。

5）下部结构要控制好预埋钢筋位置、混凝土的振捣效果，必须做到内实外光。

6）预应力梁的施工要控制好梁的位置、尺寸、预应力张拉及松张控制程序等。

7）梁板结构的安装要控制好支座高程、梁板位置。桥面铺装施工要控制好标高、厚度、平整度；护栏施工要控制好线型、混凝土的和易性、振捣效果。

第十章　公路工程合同与成本管理

第一节　公路工程项目合同管理

一、公路工程项目合同策划与评审

1. 公路工程项目合同策划

（1）合同策划的重要性

在公路工程招标过程中，发包商是通过合同分解项目目标，委托给有相应资质的单位承担，从而实施对工程项目的控制。合同策划的确定对工程项目合同管理有重大的影响，它对整个公路工程项目的顺利实施有重要作用。

1）合同策划决定着工程项目的组织结构及管理体制，也决定合同各方的责任、权利和工作的划分，所以对整个工程项目的实施和管理过程产生根本性的影响。

2）公路工程招投标实践证明，合同策划是起草招标文件和合同文件的依据，策划的结果如何具体地通过合同文件体现出来。

3）通过合同策划摆正工程施工过程中

各方面的重大问题，防止由于这些重大问题的不协调或矛盾而造成工作上的障碍，从而造成重大损失。

4）合同是确保项目实施的手段。正确的合同策划能够保证圆满地履行各个合同，促使各个合同达到完善的协调，减少或避免矛盾和争执，顺利实现工程项目的总目标。

（2）项目合同策划程序

我国公路工程建设项目的实施过程证明，项目合同策划必须按照一定的程序进行，这样才能得到较好的效果，如图 10-1 所示。

1）进行工程项目总目标和战略分析，确定企业和项目对合同的总体要求。由于工程合同是实现项目目标和企业目标的手段，所以合同策划必须体现和服从企业及项目的目标。

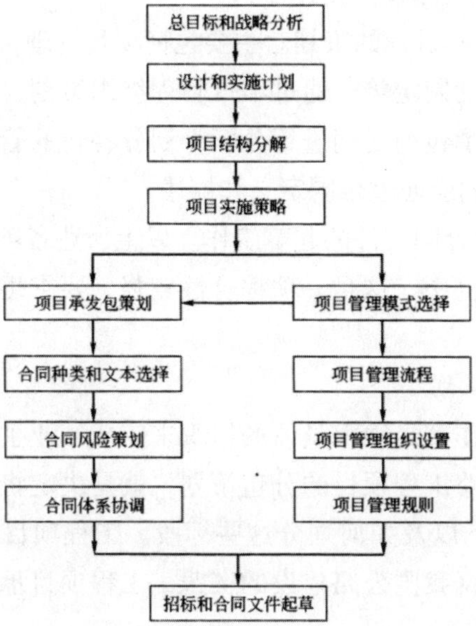

图10–1　公路工程项目合同策划程序示意图

2）进行完成相应阶段项目技术设计和总体实现计划的制订。根据我国公路建设的实践，公路工程项目在早期就要进行合同策划工作。例如，对公路工程实行“设计—施工—验收”的总承包项目，在设计任务书完成后就要进行合同策划，并进行工程招标工作。

3）进行工程项目的结构分解工作。工程项目的分解结构图是工程项目承发包策划最主要的依据，以此可对工程分别进行签订承包合同。

4）确定工程项目的实施策略。这项工作内容主要包括：对工作的具体分配；准备采用的承发包模式；对工程风险分配的策划；发包商准备对工程项目实施的控制程度；对工程所用材料和设备而采取的供应方式。

5）发包商对工程项目管理模式的选择。将工程项目管理工作分阶段委托，如分别委托设计监理、施工监理、造价咨询等，或者采用工程项目管理承包方式等。工程项目管理模式与工程的承发包模式互相制约，对工程项目的组织形式、风险分配、合同类型和合同内容都有很大的影响。

6）进行工程项目承发包策划。即按照工程承包模式和管理模式，对工程项目结构分解得到的项目工作进行具体的分类、打包和发包，形成一个个独立的，同时又是互相影响的合同，作为工程具体承包的依据。

7）进行与具体合同相关的策划工作。主要包括合同种类的选择、合同风险分配策划、与项目相关的各个合同之间的协调等。

8）进行工程项目工作过程的策划。主要包柯项目管理工作的流程、项目管理组织设置和项目管理制度的制定等。通过项目管理组织策划，将整个项目管理工作在发包商、监理工程师和承包商之间进行分配，划分各自的管理工作范围、职责、权利并进行协调。这些策划应通过合同定义和描述。

9）进行招标文件和合同文件的起草工作。以上所述各项工作成果都必须具体体现在招标文件和合同文件中，这是一项综合性较强、要求很高的工作，是在具体合同的招标过程中完成的。

（3）项目合同分包策划

工程项目的所有工作都必须由具体的组织来完成，业主应当将工程项目委托给具体的单位或人员。公路工程项目的分包策划，就是决定将整个工程项目的任务分为多少个包（或标段），以及如何划分这些标段。工程项目的分包方式，对承包商来说就是承包方式。根据我国公路建设的实践，工程项目承包的分包策划有以下几种方式。

1）分阶段分专业工程平行承包

这种分包方式是指业主将设计、设备供应、电器安装、机械安装等工程的施工分别委托给不同的相应承包商。各承包商分别与业主签订承包合同，并向业主负责。这种分包方式具有如下特点。

①在具体操作过程中，业主有大量的管理工作，需要进行多次招标，作比较精细的计划及控制，因此，在项目前期需要用比较充足的时间进行准备。

②在工程项目的实施过程中，业主必须负责各承包商之间的协调，对各承包商之间互相干扰造成的问题承担责任。所以在这种承包工程中组织争执较大，工程索赔较多，施工工期较长，业主需要花费很大的精力。

③这种工程承包方式业主管理和控制得比较细，需要对实施中出现的各种问题进行中间决策，业主必须具有较强的项目管理能力。

④在大中型公路工程项目中，业主将面对很多承包商（如设计单位、供应单位、施工单位等），由于直接管理的承包商数量太多，管理范围和跨度太大，容易造成项目协调比较困难，造成工程中的混乱和项目失控现象。

⑤业主不仅可以分阶段进行招标，而且也可以通过协调和项目管理加强对工程项目的干预。这种承包方式使承包商之间存在着相互制约的作用，如各专业设计、材料设备供应、专业工程施工之间存在着相互制约的关系。

⑥采用这种承包方式，工程项目的计划和设计必须周全、准确、细致，否则很容易造成工程项目实施中的混乱状态。如果业主不是工程项目管理专家，或没有聘请得力的咨询（监理）工程师进行全过程的项目管理，则不能将工程项目分标太多。

2）“设计—施工—验收”总承包

这种承包方式又称为全包工程或统包工程，即由一个承包商承包工程项目的全部工作，包括工程设计、物资供应、工程施工及管理工作，甚至包括工程项目的前期筹划、方案选择、可行性研究等，由承包商向业主承担全部工程责任。这种承包方式与平行承包方式不同，具有如下特点。

①这种承包方式可以大大减少业主面对承包商的数量，给业主的招标和管理工作减少很大工作量。在工程项目实施的过程中，业主所承担的责任较小，主要是提出工程的总体要求（如工程功能要求、设计标准、材料设备标准等），进行宏观控制，最后进行工程验收，一般不干涉承包商的工程实施过程和具体的项目管理工作。

②这种承包方式可使得承包商能将整个项目管理形成一个统一系统，非常方便地协调和控制，减少大量的重复管理工作和矛盾，有利于施工现场的管理，减少工程中间检查、交接环节和手续，可以避免由此而引起的工程拖延，从而使建设工期大大缩短。

③这种承包方式无论是设计与施工、施工与供应的互相干扰，还是不同施工专业之间的互相干扰，都是由总承包商负责解决，业主不承担任何责任，业主与承包商之间的矛盾很少，因此出现的争执和索赔自然也较少。

④这种承包方式要求业主必须加强对总承包商的宏观控制，特别要注意选择资信好、实力强、适应全方位工作的承包商。

（4）项目合同风险策划

广义的风险是指各种非正常的损失，它既包括可归责于合同一方或双方当事人的事由所导致的损失，又包括不可归责于合同双方当事人的事由所导致的损失；狭义的风险仅指因不可归责于合同双方当事人的事由所带来的非正常损失。

公路工程合同风险是工程承包合同中的不确定因素，它是工程风险、业主资信风险、外界环境风险的集中反映和体现。工程合同风险是客观存在的，它受工程复杂程度的影响，是合同双方必须共同决定和共同承担的。

项目合同风险策划在一定程度上可以降低工程施工中潜在的风险，加快工程的施工进度。根据公路工程建设的实践经验，项目合同风险策划主要包括以下工作。

1）项目合同风险的分析

①工程项目环境方面的风险分析。如工程实施期间工资和物价上涨，有关工程

项目的法律发生变化，复杂恶劣的气候条件和现场条件，如发生洪水、地震、台风和自然灾害，工程所在地区治安不良，工程水文和地质条件存在不确定性等。

②工程技术和实施方法等方面的风险分析。公路工程由于采用新技术、新材料、新工艺和新结构，如果施工企业对其不够熟悉和熟练，在工程技术上就存在很大困难和风险。

③项目组织成员的资信和能力风险分析。如业主（包括投资者）、承包商（分包商、供应商）的资信和能力风险；项目管理者（如监理工程师）的资信和能力风险；可能存在的其他方面（如政府机关工作人员、城市公共供应部门等）对项目的干扰；项目涉及的居民或单位的干预、抗议或苛刻的要求等。

④项目在实施和管理的过程中，可能出现的预测、决策、计划和实施控制中出现的各种问题。

2）项目合同风险的分配

如何对项目合同风险进行合理的分配，这是合同风险策划中的一个重要内容，不仅关系到工程项目进展是否顺利，而且关系到各方的利益分配是否合理。在项目合同风险分配方面应当注意以下几方面。

①工程项目风险的分配，首先取决于所签订合同的类型。如果签订的是固定总价合同，则承包商需要承担全部物价和工作量变化的风险；如果签订的是成本加酬金合同，则承包商不需要承担任何风险；对于常见的单价合同，承包商则要承担报价风险，发包方则要承担工作量风险。

②通常承包商承担的风险主要有：对招标文件理解和环境调查的风险；报价的完备性和正确性的风险；施工方案的安全性、正确性、完备性和效率方面的风险；工程所用材料和设备采购的风险；自己的分包商、供应商、招聘工作人员的风险；工程施工进度和施工质量的风险等。

③通常发包方承担的风险主要有：招标文件及所提供资料是否正确的风险；工程量变动、合同缺陷（如设计错误、图纸修改、合同条款矛盾、歧义性等）的风险；国家法律发生变更的风险；一个有经验的承包商不能预测情况的风险；不可抗拒因素作用的风险；业主聘用的咨询（监理）工程师和其他承包商的风险等。

④在工程项目实施过程中，对于物价风险的分担比较灵活，共同协商好以后，可以由一方承担，也可以划定范围由双方共同承担。

2. 公路工程项目合同评审

公路工程项目合同评审工作应在合同签订之前进行，主要是对招标文件和合同条件进行审查、认定、评价。通过项目合同评审，不仅可以发现合同中存在的含糊内容、概念不清之处，也可以发现未能完全理解的条款。对这些不明白的条款，通过仔细研究、认真分析、请教询问、采取必要措施等，减少合同中存在的风险，减少合同谈判和签订中的失误，有利于合同双方达成一致意见，使合同双方合作愉快，促进公路工程项目的顺利进行。

（1）公路工程项目招标文件的分析

1）招标文件的基本组成

工程招标文件是整个公路工程项目招标过程所遵循的基础性文件，是工程投标和评标的基础，也是工程合同的重要组成部分。在一般情况下，为保证工程招投标的严肃性和公正性，招标人与投标人之间不进行或进行有限的面对面交流，投标人只能根据招标文件的要求编写招标文件。因此，招标文件是联系、沟通招标人与投标人的桥梁和纽带。能否编制出完整、严谨的招标文件，不仅直接影响到招标的质量，而且也影响到招投标双方的切身利益，这是工程招标成败的关键。

根据我国公路建设的有关规定，公路工程项目招标文件的内容，大体分为以下三类。

①编写和提交投标文件的规定。载入这些内容的目的是尽量减少承包商或供应商由于不明确编写投标文件而处于不利地位或其投标遭到拒绝的可能。

②对投标人资格审查的标准及投标文件的评审标准和方法。载入这些内容的目的是为了提高招标过程的透明度和公平性，这是招标文件必不可缺少的内容。

③合同的主要条款。文件中主要是商务性条款，有利于投标人了解中标后签订合同的主要内容，明确双方的权利和义务。其中技术要求、投标报价要求和主要合同条款等内容是工程招标文件的关键内容，统称为实质性要求。

2）招标文件分析的内容

承包商在公路工程项目投标过程中，在得到招标文件后，首先进行总体检查，重点是检查招标文件的完备性。一般是对照招标文件目录检查文件是否齐全，是否存在缺页现象；对照图纸目录检查图纸是否齐全，是否有残缺问题。在检查完以上各项后，再按照以下三部分进行全面分析。

①进行招标条件分析。进行招标条件分析的对象是投标人须知，通过对“投标人须知”的分析，不仅掌握招标过程、评标的规则和各项要求，对招标报价工作作出具体安排，而且要了解投标的风险，以确定投标的策略。

②工程技术文件分析。工程技术文件分析主要是进行图纸会审、工程量复核、图纸和规范中的问题分析，从中了解发（承）包商具体的工程范围、技术要求、质量标准。在此基础上进行施工组织，确定劳动力的安排，进行材料、设备的分析，

制订具体的实施方案，并对承包工程进行报价。

③进行合同文本分析。工程合同文本分析是一项综合性的、复杂的、技术性很强的工作，分析的对象主要是合同协议书和合同条件。对合同文本分析要求合同管理者必须熟悉与合同相关的法律、法规，精通工程合同条款，对工程环境有全面的了解，有合同管理的实际工作经验。

根据我国公路工程的实际，对合同文本分析主要包括以下 5 个方面的内容：①承包合同的合法性分析；②承包合同的完备性分析；③承包合同双方责任和权益及其关系分析；④承包合同条件之间的联系分析；⑤承包合同实施的后果分析。

（2）公路工程项目合同合法性审查

合同的合法性是指合同依法成立所具有的约束力。对公路工程项目合同合法性的审查，主要可以从合同主体、客体、内容三方面进行考虑。在公路工程项目合同合法性审查中，应当特别注意以下几个方面。

1）没有经营资格而签订的合同。主要是审查公路工程施工合同的签订双方是否具有专门从事公路工程业务的资格，这是判断合同有效或无效的重要条件之一，不具备这个条件的合同是无效的合同。

2）缺少相应资质而签订的合同。公路工程是一种投资巨大、建造困难、要求较高的建筑产品，不是一般的商业产品，因此工程施工合同的主体除了具备可以支配的财产、固定的经营场所和组织机构外，还必须具备与公路工程项目相适应的资质条件，并且也只能在资质证书核定的范围内承接相应的公路工程任务，不允许擅自越级或超越规定的范围。

3）其他违反法律和行政法规订立的合同。如合同中的内容违反法律和行政法规，也可能导致整个合同的无效或部分无效。例如发包方指定承包商一定购用其指定的生产厂、供应商的产品，且产品质量不符合规定标准要求，这类合同也为无效合同。

在实际合同的订立和审查中，构成合同无效的情况很多且很复杂，这就需要具有一定的法律和专业知识才能判别。为正确进行合同合法性审查，承发包双方将合同审查落实到合同管理机构和专门人员，每一个项目的合同文本，均须经过经办人员、部门负责人、法律顾问及总经理把关审查，并批注具体意见，必要时还应听取财务人员的建议，以期尽可能地完善合同，确保在谈判时使己方利益得到最大保护。

（3）公路工程项目合同完备性审查

合同条款的内容直接关系到合同双方的权利和义务，在公路工程项目合同正式签订之前，应当严格审查各项合同条款内容的完备性。合同完备性包括相关合同文件的完备性和合同条款的完备性。合同文件的完备性是指属于该合同的各种文件齐全。合同条款的完备性是指合同条款齐全，对各种问题都有规定，不漏项，这是合同完备性分析的重点。

在进行公路工程项目合同完备性审查时，应当重点注意以下内容。

1）明确合理的施工工期。公路工程施工应当有一个适宜的工期。如果工期过长，不利于工程及早发挥作用，也不利于发包方及时收回投资；如果工期过短，不利于承包方保证工程质量，也不利于施工过程中半成品的养护。对于承包方而言，应当合理计算自己能否在发包方要求的工期内完成承包任务，否则应当按照合同约定承担逾期竣工的违约责任。

2）明确双方代表的权限。在工程施工承包合同中，通常都明确甲方代表和乙方代表的姓名和职务，但对其代表的权限没有体现或规定不明确。由于代表的行为代表了合同双方的行为，因此有必要对其权限进行一定的约定和限制。

3）明确工程造价及计算。工程造价条款是工程施工合同中的关键条款，也是双方最关心的内容，但通常会发生约定不明的情况，往往为日后争议与纠纷的发生埋下隐患。在处理这类纠纷时，仲裁机构或法院一般委托有权审核造价的单位鉴定，这必然使当事人陷入持久性诉讼，有时也会因审核的工程造价无可靠的计算依据而缺乏准确性，对维护当事人的合法权益极为不利。

工程实践证明，“设定分阶段决算程序，强化过程控制”是一种有效的方法。具体地讲，就是在设定承发包合同时，增加工程造价过程控制的内容，按工程形象进度分段进行预决算并确定相应的操作程序。在合同履行过程中，使承发包合同签约时不确定的工程造价，按约定的程序得到确定，从而避免可能出现的造价纠纷。

4）明确材料设备的供应。在工程建设过程中，材料、设备采购和供应方面的纠纷很多，特别是在质量、品种和规格方面最容易出现问题。因此，必须在合同中明确约定相关条款，主要包括发包方或承包商所采购供应材料、设备的名称、型号、规格、数量、质量要求，以及运送时间、交货地点、验收标准、检验方法，运输费用的承担、计算方法、保管责任、违约责任等。

5）明确工程竣工的标准。工程竣工进行验收，也是工程合同中的重要条款，为使工程能够顺利进行验收，在合同条款中应当明确约定工程竣工交付的标准。如发包方需要工程提前竣工交付使用时，承包商也表示同意的，由于承包商将投入更大的人力、物力和财力，不仅劳动强度增大，而且材料损耗和管理难度相应增加，所以应约定（由）发包方另外给予适当奖励。

6）明确双方违约的责任。在工程合同中明确双方违约的责任，是合同中最重要的条款之一，目的在于促使合同双方严格履行合同义务，防止违约行为的发生。如发包方不能及时拨付工程款，承包方不能保证工程施工质量或不能按期竣工，均会给对方及第三方带来不可估量的损失。

在审查违约责任条款时，还应注意以下两点。

①对于违约责任的约定不应笼统化，而应当区分情况作出相应的约定。有的合同不论违约的具体情况，笼统地约定一笔违约金，不与违约所造成的实际损失额挂钩，从而会导致违约金不合理。因此，对于不同的违约情况做出不同的约定，如承包方质量不符合合同约定标准应承担的责任，因工程未按合同工期交工应承担的责任，发包方逾期支付工程款所应承担的责任，材料设备供应商的产品不合格应承担的责任等。

②审查对双方违约责任的约定是否全面。在公路工程施工承包合同中，双方的权利和义务是很多的，有的合同仅对主要的违约情况做出违约责任的约定，而忽视了违反其他主要义务应承担的违约责任，所以在审查过程中要特别注意这一方面。

（4）公路工程项目合同风险的评价

在项目管理实践中，风险是时时存在的。因此，如何评价、度量风险的大小，确定可接受风险和不可接受风险，对不可接受风险做进一步分析，制定补偿措施，将风险减至最小或可以接受的水平，都是亟需解决的课题。

公路工程项目承包合同中，一般都有风险条款和一些明显或隐含的对承包商不利的条款，这些不利的条款会对承包商造成损失，因此，在合同条款完备性审查中，合同风险的分析、审查和评价是非常重要的方面。

1）合同风险的基本特征

不同的公路工程具有不同的施工地点、施工环境、施工条件，需要不同的施工方案、施工方法、管理措施，所以工程合同风险具有不确定性，归纳起来有以下特征。

①合同风险事件具有明显的不确定性，即可能发生也可能不发生，一旦发生就会给承包商带来一定的损失；从另一个方面来说，风险的对立面是机会，避开风险、抓住机会就会带来收益。

②在一个具体的环境中，双方签订一个内容基本确定的合同，实施一个规模和技术要求确定的工程，则工程有一定的范围，风险的发生和影响有一定的规律性。

③合同风险是相对的，可以通过合同条文定义风险及其承担者。在工程实施的过程中，如果风险成为现实，则由承担者主要负责风险控制，并承担相应的损失责任。所以，对风险的定义属于双方责任划分问题，不同的表达，就有不同的风险和

不同风险承担者。

2）合同风险的主要类型

工程合同中明确规定由承包商承担的风险。承包商的合同风险首先与所签订的合同类型密切有关。如果签订的是固定总价合同，承包商则承担全部物价浮动和工程量变化的风险；如果签订的是成本加酬金合同，承包商则不承担任何风险；如果签订的是单价合同，风险则由承包商和发包方共同承担。

为防止在工程实施过程中出现过多的争议和纠纷，在签订公路工程承包合同时，一般应有明确规定由承包商应承担的风险条款，实际公路工程合同中常见的有以下几条。

①工程变更的补偿范围和补偿条件。即对工程变更风险出现后，进行补偿的具体规定。如某工程合同规定，工程量变更在5%的范围内，承包商则得不到任何补偿，在5%范围内增加的工程量就是承包商的风险，发包方则不存在这个风险。

②合同价格的调整条件。这是非常重要的一个方面，直接关系到承包商的经济利益。如在工程实施期间出现的通货膨胀、汇率变化、税收增加等，如果合同中规定不予调整，一旦出现，承包商必须承担全部风险；如果合同中规定在一定范围内可以调整，一旦出现，承包商应承担部分风险。

③工程范围不确定承包商所承担的风险。特别是签订的固定总价合同，由于工程范围仅列出主要的，设计图纸是不完备的，有些范围是不确定的，所以承包商无法精确计算出工程量，这样，风险很容易给承包商造成较大损失。

④业主和监理工程师对设计、施工、材料供应的认可权和各种检查权。在国际工程中，合同条件常赋予业主和监理工程师对承包商工作和工程的认可权、检查权，但这些权力必须有一定的限制和条件，不能有绝对服从和无条件执行的条款。

⑤其他形式的风险条款，如索赔有效期的限制等。

合同条文不全面、不完整导致承包商损失的风险。这是工程合同中经常出现的一种风险。合同条文不全面、不完整，没有将合同双方的“责、权、利”关系全面表达清楚，没有预计到合同实施过程中可能发生的各种情况，从而引起合同实施过程中的争议和纠纷，最终导致承包商受到较大损失。这一类型的风险表现在很多方面，在公路工程合同中常见到的有下列情况。

①合同条款中缺少工期拖延违约金最高限额或限额过高；缺少工期提前的奖励条款；缺少业主拖欠工程款的处罚条款等。

②对工程量变更、通货膨胀、汇率变化等引起的合同价格的调整，在合同中没有具体规定调整方法、计算公式、计算基础等；对材料差价的调整没有具体说明材

料的范围，也没有对所有相关费用（如基价、运输费、税收、采购保管费等）进行调整，以及差价的支付时间等。

③在签订工程合同中，只注意到发包方的权益，而缺少对承包商合法权益的保护条款，如当工程受到外界干扰情况下的工期和费用的索赔权等。

④在承包国际工程中，施工合同中遗漏工程价款的外汇额度条款，结果承包商无法获得已商定的外汇款额，造成承包商不应有的损失。

⑤由于在工程承包合同中没有具体规定，如果发生以上这些情况，发包方完全可以以“合同中没有明确规定”为理由，推卸自己的合同责任，使承包商蒙受损失。

合同条文不清楚、不细致、不严密导致承包商损失的风险。这也是工程合同中经常出现的一种风险。合同条文不清楚、不细致、不严密，承包商不能清楚地理解合同中的内容，或出现失误。这些风险可能是由于招标文件的语言表达方式、表达能力，或者承包商专业理解能力不高、工作不够细致等原因所造成。这类的风险也很多，在公路工程合同中常见到的有下列情况。

①在某些工程承包合同中，有的合同条款提法对承包商非常不利，如“承包商为施工方便而设置的任何设施均由自己负责”，在实际施工过程中业主对承包商所使用的某些设施，会以“施工方便而设置”为借口而拒绝支付。

②在工程承包合同中，对一些问题不作具体规定，习惯用“另行协商解决”代替，结果有些问题出现后，便出现争议和纠纷，缺乏解决的法定依据，给双方都造成麻烦。

③业主要求承包商提供业主的现场管理人员（包括监理工程师）的办公和生活设施，但又没在合同条款中列出提供的具体内容和标准，使承包商无法进行准确报价。

④对业主供应的材料和生产设备，合同条款中未明确规定详细的送达地点，更没有“必须送达施工和安装现场”的规定，这样对材料和设备的具体供应地点等引起争执。

⑤有些工程承包合同中，对工程拨款条款表述不严密，也会使承包商对业主无法进行约束。如有的条款规定：“工程款根据工程进度和合同价格，按照当月完成的工程量支付”，这项条款由于没有规定业主上级主管部门审批，也没有规定审批时间限定，所以业主可以利用这两个方面拖欠工程款。

发包方提出单方面约束性的、“责权利”不平衡合同条款的风险。这是一种“霸王”式合同条款的表现，在很多工程承包合同中常出现这种风险。在工程承包竞争日益激烈的情况下，发包方为了转嫁工程风险，提出单方面约束性的、过于苛刻的、

“责权利”不平衡的合同条款，往往还在合同中注明“业主不负任何责任”。常见的这类风险主要有以下几个方面。

①业主对任何潜在的问题，全部推给承包商负责，如工期拖延、施工缺陷、工程款不到位等所引起的损失概不负责。

②业主对招标文件中所提供的地质资料、水文资料、试验数据、气象资料、工程环境资料等的准确性不负责。

③在公路工程施工过程中，由于影响施工质量、进度和成本的因素非常复杂，所以经常遇到一些不可预见的风险，业主对这些不可预见的风险不负责。

④在公路工程施工过程中，往往会遇到一些第三方的干扰，如当地群众阻止施工、当地政府的额外要求等，业主对于第三方干扰造成的工期延误不负责等。

其他对承包商要求苛刻条款的风险。这类的风险也很多，有时承包商也觉得不合理，但为承包工程又违心接受。如工程施工由承包商先垫资、工期紧得超过常规、质量要求过于苛刻等。

3. 合同管理的有效控制手段

合同管理的有效控制手段，见表 10–1。

表 10–1　合同管理的有效控制手段

控制手段	具体内容
研究合同预测工程风险	项目管理人员首先要对施工合同进行完整、全面、详细的研究分析，切实了解自己和对方在合同中约定的权利和义务，预测合同风险，分析进行合同变更和索赔的可能性，以便采取最有效的合同管理策略
明确项目管理目标	在开工准备阶段，要根据合同要求编制施工组织设计，安排生产计划，制订工期目标、质量目标、成本目标，建立配套的组织体系、责任体系，确保目标实现
加强现场施工管理	现场施工管理是防范风险的重要环节，组建强有力的项目班子，对工程实施全过程管理，对工程质量、施工进度、工程成本严格控制，做好事前、事中和事后控制，避免因工期延误、质量问题、材料、设备的浪费带来的风险
加强安全管理	实行全员、全过程的安全管理，教育员工必须严格遵守安全操作规程，并每天对现场进行检查考核，建立严格的奖惩措施，杜绝安全事故的发生，避免由于生产过程当中的安全因素造成责任事故和人身伤亡等重大法律风险
注意和重视索赔资料的收集和准备	在施工合同履行过程中，由于一些不可预测风险的发生，发包方不能履行合同或不能完全履行合同，而使承包方遭受到合同价款以外的损失和影响了工期的，承包方就要依法索赔。索赔的成功在很大程度上取决于承包方对索赔做出的解释和强有力的证据。公路工程索赔证据主要有：会议纪要、施工日志、工程照片、设计变更、指令或通知、气象资料、造价指数等，注意和重视索赔资料的收集，及时合理地提出索赔，是使工程法律风险合理合法转移的有效措施

续表

控制手段	具体内容
注意索赔方法和策略	索赔方法以单项索赔为主，单项索赔事件简单，容易解决，而且能及时得到补偿。当索赔事件发生后，严格按合同规定的要求和程序提出索赔，保证索赔事件的真实，要有足够的证据来证明索赔事件是由于对方责任引起的。如遇突发性索赔事件，要强调即使一个有经验的工程师也难以预见，并且要指出在事件发生后承包方为减少损失，已采取了最有力的措施，用证据和事实促使索赔成功

二、公路工程项目合同的实施控制

1. 公路工程项目合同交底工作

在公路工程实施过程中，承包商的各职能部门不可能人手一份合同，各职能人员所涉及的活动和问题，不一定全是合同文件中的内容，有时仅涉及合同中的部分条款，有的也可能超出合同界定的职责。因此，公路工程项目合同管理人员，首先自己认真了解合同，对合同进行全面分解和理解，然后再向各相关人员进行合同交底工作。

公路工程项目合同交底工作，实际上是合同管理人员将各种合同事件的责任分解，并落实到各施工班组或分包商。在一般情况下，主要分解落实如下合同和合同分析文件：合同事件表、结构施工图纸、设备安装图纸、详细的施工说明等。

根据公路工程的实际，其合同交底的内容主要包括：工程质量和技术要求；工程的施工工期要求；工程各种消耗标准；相关事件之间的搭接关系；各施工单位的责任界限划分；完不成责任的影响和法律后果等。

2. 公路工程项目合同跟踪与诊断

（1）合同实施中的跟踪

在公路工程实施过程中，由于影响因素甚多、情况千变万化，所以会导致合同实施与预定目标产生一定偏离。如果不及时采取措施，这种偏差会由小到大、逐渐积累。为根本解决这个问题，就需要对公路工程项目合同实施的情况进行跟踪，以便及早发现问题，使出现的偏差得到缩小或纠正。

1）合同实施跟踪的依据

公路工程项目施工的实践证明，对其合同实施情况进行跟踪时，主要有以下几个方面的依据。

①工程合同和合同分析的结果，如各种计划、施工方案、合同变更文件等，这些都是比较对照的基础，也是合同实施的目标和方向。

②各种实际的工程文件，如工程原始记录、各种工程报表与报告、工程验收结果、实际量方结果等。

③工程管理人员每天对施工现场情况的直观了解，如通过对施工现场的巡视、与操作者谈话、召集班组会议、检查工程质量、填写工程报表、编写工程报告等。

2）合同实施跟踪的对象

根据我国公路工程的实践经验，合同实施跟踪的对象主要如下。

①跟踪具体的合同事件。对照合同事件表中的具体内容，分析该事件的实际完成情况。对一些有异常情况的特殊事件，即实际情况与原计划存在较大偏离的事件，可以列出特殊事件分析表，以便进行更深入的分析和处理。

②跟踪作业班组或分包商的工作。一个作业班组或分包商可能需要承担许多专业相同、工艺相近的分项工程或许多合同事件，所以必须对其实施的总情况进行检查分析。在实际工程中，常常因为某一个作业班组或分包商的工作质量不高或拖延工期而影响整个工程施工。合同管理人员应在这方面给他们提供帮助，协调他们之间的工作，对工程缺陷提出意见、建议或警告，责成他们在一定时间内提高质量、加快进度。

③跟踪业主和监理工程师的工作。业主和监理工程师是承包商的主要合作伙伴，对他们的工作进行监督和跟踪是十分重要的。具体工作主要包括以下几个方面。

业主和监理工程师必须正确、及时下达工程指令，及时提供各种工程实施条件，如及时提供施工图纸、提供场地，及时下达指令、作出答复，及时提供材料、支付工程款等。以上这些常常是承包商推卸工程责任的理由，也是进行工程索赔的依据。

在工程实施中承包商应积极主动地做好工作，如提前催要施工图纸、材料，对工作事先通知。这样不仅可以让业主和监理工程师及时准备，建立良好的合作关系，保证工程顺利实施，而且还可以推卸自己的责任。

在工程实施的全过程中，承包商遇到问题应及时与监理工程师沟通，勤向监理工程师汇报施工情况，及时听取监理工程师的意见，以便改进工作。

参与工程施工的各方，要及时收集各种工程资料，对施工各种活动、双方的交流要进行记录，作为工程实际情况的证据。

业主和监理工程师要遵守职业道德，对有恶意的业主和监理工程师要提前防范，并及时采取措施。

④跟踪工程总实施中存在的问题。对于工程总的实施状况的跟踪，可以就如下几方面进行。

A．工程整体施工秩序情况。主要包括各分部（分项）的施工顺序是否正确、工程施工进度是否符合计划要求、质量和成本是否相符等。

B. 施工进度未达到预定计划，主要的工程活动出现一定的拖延，在工程周报表和月报表上，实际施工进度和计划进度出现较大的偏差。

C. 计划与实际的成本曲线出现较大的偏离。在工程项目的管理过程中，工程累计成本曲线对合同实施的跟踪分析起着很大作用。

D. 已完工程没有通过验收、出现较严重的质量问题、工程试生产不成功或达不到预定的生产能力等。

（2）工程合同实施诊断

工程合同实施诊断是在合同实施跟踪的基础上进行的，是指对合同实施偏差情况的分析。合同实施偏差的分析，主要是评价合同实施情况及其偏差，预测偏差的影响及发展的趋势，并分析产生偏差的原因，以便对出现的偏差采取调整措施。

1）合同实施诊断的内容

①合同执行差异的原因分析。通过对不同监督和跟踪对象的实际与计划对比分析，不仅可以得到它们之间的差异，而且可以探索引起这些差异的原因。原因分析一般可以采用鱼刺图、因果分析图等方法，进行定性或定量分析。

②合同出现差异的责任分析。即出现差异是由谁引起，该由谁承担责任，这是进行工程索赔的理由。只要对产生原因分析详细，得出的结论有根有据，责任也就自然分明。责任分析必须以合同为依据，按合同规定落实双方的责任。

③合同实施过程的趋向预测。分别考虑不采取调控措施、采取调控措施及采取不同的调控措施，合同的最终执行结果。

2）合同实施偏差处理措施

经过合同实施诊断后，根据合同实施偏差分析的结果，承包商应采取相应的调整措施，纠正偏差和防止再出现偏差。在公路工程实施过程中，调整措施主要有以下几类（见表 10–2）。

表 10–2　调整措施的种类

类型	具体内容
技术措施	这是从施工技术和施工组织方面采取的措施，如变更技术方案，采用新的高效率的施工方案等
经济措施	这是利用经济手段改变合同实施现状的措施，如对工程增加投入，对工作人员进行经济激励等
组织措施	这是在人员组成上的一种措施，如增加人员的投入，重新计划或调整计划，更换有关负责人，派遣得力的管理人员等

续表

类型	具体内容
合同措施	这是通过改变或补充合同的方法改善原来状况。如进行合同变更，签订新的附加协议、备忘录，通过索赔解决费用超支问题等

3. 公路工程项目合同变更管理

合同变更是指依法对原来的合同进行修改和补充，即在履行合同项目的过程中，由于实施条件或相关因素的变化，不得不对原合同中的某些条款做出修改、订正、删除或补充。合同变更一经成立，原合同中的相应条款就应解除。

公路工程项目合同变更，包括设计变更、进度计划变更、施工条件变更等，以及原招标文件和工程量清单中未包括的"新增工程"。

（1）合同变更的原则

合同变更主要是指合同内容的变更，即在合同成立后尚未履行完毕前，合同当事人就合同中的有关内容进行修改和补充的行为。公路工程项目合同变更应当遵循的原则有以下几点。

1）合同变更是原签订合同双方的事情，需要变更必须经双方协调一致，并在原合同的基础上达成新的协议，任何一方不能单独进行合同变更。

2）合同变更必须在原合同履行完毕之前实施，原合同履行结束后一般不能再出现合同变更。

3）合同变更只是在原合同存在的前提下，对合同中的部分内容进行修改和补充，而不是将原合同推翻重新编制合同。

4）合同变更要根据原合同履行的实际情况，对确实需要变更的才予以变更，把合同变更限制到最少的程度。

5）对于重要的合同变更，要采取尽量提前的原则。但合同的变更不得影响当事人要求赔偿损失的权利。

6）合同变更不是消灭既有合同的效力，对于已履行的债权债务，除非法律有规定或当事人特别约定，不得主张变更。

（2）合同变更的范围

合同变更是合同实施调整措施的综合体现。公路工程合同变更的范围十分广泛，一般在合同签订后所有工程范围，如质量、进度、价款，合同条款内容，合同双方责权利关系的变化等，都可以被视为合，同变更。根据工程实践，合同变更的范围主要包括以下几方面。

1）涉及合同条款的变更，合同条件和合同协议书中所定义的双方责权利关系，或一些更大问题的变更。这是狭义的合同变更，以前人们定义的合同变更即属于这一类。

2）工程方面的变更。指在工程施工的过程中，监理工程师或业主代表在合同约定范围内，对工程范围、质量、数量、性质、施工次序和实施方案等方面作出变更，这是最常见和最多的合同变更。

3）合同主体的变更。如由于某些特殊原因造成合同责任和权益的转让，或合同主体的变化，这种合同变更一般不多见。

（3）合同变更的处理要求

1）合同变更应尽可能快速做出。在实际工程实施中证明，合同变更决策的时间过长和变更程序过慢会造成很大的损失。如承包商等待变更指令或变更会谈决议，造成工程施工停止；变更指令不能迅速做出，而施工仍在继续进行，会造成更大的返工损失。以上这些情况不仅要求提前发现变更需求，而且要求变更程序要简单、快捷。

2）迅速、全面、系统地落实变更指令。当合同变更指令做出后，承包商应迅速、全面、系统地落实变更指令；全面修改与变更相关的各种文件，如施工图纸、施工规范、施工计划、施工方法、采购计划等，使上述各项都适应合同变更的要求。在相关的施工班组和分包商的工作中要落实变更指令，并提出相应的措施，对新出现的问题作解释和对策，同时又要协调好各方面的工作。

3）妥善处理好技术资料。这是合同变更处理工作非常重要的一个方面，要按照有关规定保存原始设计图纸、设计变更资料、业主书面指令、变更后发生的采购合同、货物发票及实物、工程现场照片和录像等。

4）对合同变更影响进行分析，进行合同索赔处理。合同变更是索赔的机会，应在合同规定的索赔有效期内完成对索赔的处理。在合同变更过程中，应认真记录、收集、整理有关文件，如图纸、各种计划、技术说明、规范和业主变更指令，作为进行索赔的证据。在实际工作中，合同变更必须与提出索赔同步进行，甚至对重大的合同变更，应先进行索赔谈判，达成一致后，再实施合同变更。

5）合同变更的评审。在对合同变更的相关因素和条件进行分析后，应及时进行对合同变更内容的评审，评审包括合理性、合法性、可能出现的问题及采取的措施等。

如果合同变更对公路工程施工过程影响过大，这样必然很容易造成工程拖延工期和增加费用，也会引起合同双方的争执。合同双方都应当慎重对待合同变更问题，将合同变更降低到最少的程度。

（4）工程变更的程序

为确保工程按原工期完成，并尽快进行必要的工程变更，我国《建设工程施工合同示范文本》中对工程变更程序作出了明确规定，在一般情况下，应当按照如下程序进行。

1）发包人对原设计进行变更。施工中发包人如果需要对原工程设计进行变更，应不迟于 14 天以书面形式向承包人发出变更通知。承包人对发包人的变更通知没有拒绝的权利，但是当变更超过原设计标准或批准的建设规模时，需经原规划管理部门或其他有关部门审查批准，并由原设计单位提供变更相应的图纸和说明。

2）因承包人原因对原设计进行变更。施工过程中承包人提出的合理化建议，对设计图纸或施工组织设计进行变更，及对原材料、设备进行更换，必须经过监理工程师的同意，需经原规划管理部门和其他有关部门审查批准，并由原设计单位提供相应的变更图纸和说明。

3）其他变更的程序。除了工程设计变更外，其他能够导致合同内容变更的都属于其他变更。这些变更的程序，首先应当由一方提出，并与对方协商一致签署补充协议后，方可进行变更。

（5）工程变更的申请

在公路工程项目管理中，工程变更一般是由业主通过监理工程师下达书面或口头指令。但工程变更通常要经过一定的手续，如申请、审查、批准、通知等。工程变更申请表的格式和内容可以按具体工程进行设计。

工程变更申请的内容包括很多，在公路工程项目管理中常见的有以下几种情况。

1）需要变更的相关分项工程尚未开始，只需对工程设计进行修改或补充，双方的争议比较小，比较容易进行变更。如发现施工图中有错误，业主对工程有新的要求，已设计工程有新的设计标准和施工规范等。

以上这几种情况，因工程尚未开始，工程变更时间比较充裕，价格谈判和变更的落实可有条不紊地进行。

2）工程变更所涉及的工程如果正在进行施工，如在施工中发现设计存有错误或业主突然有新的要求。这种工程变更通常是在实施中发现，时间非常紧迫，甚至有停止施工的可能，等待变更指令。

3）对业主已经验收的工程进行变更，这时必须对一些已完工程做返工处理。由于工程已经完成并验收，所以这种变更的时间也比较充裕。

第二节 公路工程项目成本管理

一、公路工程项目成本控制的依据

对公路工程项目进行成本的有效控制，是进行项目成本核算的前提条件。在成本控制中，项目经理部应依据下列资料进行成本控制。

（1）工程项目承包合同文件。工程项目承包合同文件，是项目成本控制的主要依据，围绕降低工程成本这个目标，从预算收入和实际成本两个方面，努力挖掘增收节支的潜力，以求获得最大的经济效益。

（2）工程项目成本计划。工程项目成本计划是根据工程项目的具体情况制订的施工成本控制方案，既包括预定的（项目）具体控制目标，又包括实现控制目标的措施和规划，是项目成本控制的指导文件。

（3）工程施工进度报告。施工进度报告可以提供每一时刻工程实际完成量、各种资源的实际消耗、工程施工成本实际支付情况等重要信息。施工成本控制工作正是通过实际情况与施工成本计划相比较，从而找出两者之间的偏差，分析偏差出现的原因，采取改进措施的工作。此外，施工进度报告还可以及时发现工程实施工中存在的隐患，并在事态还未造成重大损失前采取有效措施，尽量避免造成损失。

（4）工程变更与索赔资料。在工程项目实施的过程中，由于各方面的原因，出现工程变更是很难避免的。工程变更主要包括设计变更、进度计划变更、施工条件变更、技术规范与标准变更、施工顺序变更、工程数量变更等。一旦出现变更，工程量、工期、成本必然会发生变化，从而使施工成本控制工作更加复杂和困难。因此，施工成本管理人员应当通过对变更要求中各类数据的计算、分析，随时掌握变更的情况（如工程量、工程、支付情况等），判断变更损失及变更可能带来的索赔额度等。

二、公路工程项目成本控制的程序

1. 分解预算成本

工程项目中标后，以审定的施工图预算为依据，确定预算成本。预算成本是对施工图预算所列价值、按照成本项目的核算内容进行分析归类而得的，其中直接成本的人工费、材料费、机械使用费要根据分部分项工程量和预算单价（定额）计算求得，直接成本的其他直接费、间接成本的施工管理费，按工程类别、计费基础和取费系数计算求得。

属于有专门用途的费用，如间接费、利润、税金、概预算定额编制费和劳动定额测定费等，不包括在预算成本内，但为便于对比计算，也作为独立的项目反映。

2. 确定计划成本

计划成本的确定要从两个方面考虑，一是按预算成本，二是按可能支出。在按预算成本确定计划成本前，一定要先计算税金、利润、概预算定编费和定额测定费是否够缴纳，如果向业主收取的此四项费用超出应向税务局、公司和有关部门缴纳的数额，超出部分可作为暂时实现的收入；如果可取的此四项费用小于应向税务局、公司和有关部门缴纳的数额，差额部分从直接费或间接费中弥补。

按预算成本确定计划成本时，主要的一点是先把不可控的费用剔除，然后按照各成本项目的预算成本折算成各成本项目的计划成本。

在按预算成本确定了初步的计划成本后，还须按预算工程量、材料用量、机械设备需用量和实际人工单价、材料采购价、机械设备使用、租赁单价等因素确定可能支出的计划成本。

人工费支出的计划成本，要根据预算总工日数、内部职工平均实际工日工资计算，还可以按照分部分项的工程量和单项工程人工费单价计算人工费支出的计划成本。

材料费支出计划成本，可根据预算材料费减去材料计划降低额求得。材料计划降低额的计算，分两个方面进行，一是价差，即根据材料预算价和市场采购价的差额来计算综合材料采购降低率，然后乘以预算材料费即可，也可以几种用量大的主要材料的材料采购降低率代替综合材料采购降低率，计算材料价差的计划降低额；二是量差，即根据以往的经验、采用的工艺、方法先推算出可节约的主要材料用量比例，再乘以主要材料的用量，便可计算出主要材料量差的计划降低额。

机械使用费支出计划成本的测算，分为两部分，一部分是使用自有机械的折旧大修费、经常修理费、操作人员的工资及奖金、燃油及电费等，根据使用台数、有关资料及经验测算；另一部分是使用租赁机械，根据需要租赁台数及租赁单价分类计算。

将按预算成本确定的计划成本和按可能支出确定的计划成本对照比较，互相修正，如各成本子项数额不相接近时，要调整计划成本数额。如按预算成本确定的计划成本高于按可能支出确定的计划成本时，以按可能支出确定的计划成本作为最终的计划成本，其超出额可弥补其他成本子项支出的不足；如按预算成本确定的计划成本低于按可能支出确定的计划成本，要找出原因所在，其差额需从其他成本子项的节余中弥补，如无法弥补，则从上缴公司的利润中弥补。这样则需要向公司打报告，申请核减等额的上缴利润。

计划成本的确定要实事求是，因为市场经济条件下所承揽的工程项目普遍存在压级压价现象，要实现项目盈利，只有控制成本，但成本支出不可能是越低越好，因为实现质量目标所要求的成本支出有一最低额度，成本控制只能是在一定的额度区间进行。

在计划成本确定的同时，必须制订降低成本的措施与方法，使成本的降低建立在可能与积极的基础上。

3. 实施成本控制

成本控制包括制度控制、定额或指标控制、合同控制等。

制度控制是指在成本支出过程中，必须执行国家、公司的有关制度，如财经制度、工资含量包干制度等。

定额或指标控制是指为了控制项目成本，要求成本支出必须按定额执行，没有定额的，要根据同类工程耗用情况，结合本工程的具体情况和节约要求，制定各项指标，据以执行。如材料用量的控制，应以消耗定额为依据，实行限额领料，没有消耗定额的材料，要制定领用材料指标。如果材料购置的实际单价超过预算单价，可能的话，要报经营部门找业主签证或直接找业主签证，以便在合同外另结算工程款。

合同控制是指项目部为了达到降低成本的目的，根据已确定各成本子项的计划成本，与各专业管理人员、施工队长等签订成本承包合同，即按照费用归口管理的要求，确立各部门、各有关人员的成本管理责任制。

4. 进行成本核算

成本核算，要严格遵守成本开支范围，划清成本费用支出与非成本费用支出的界限，划清工程项目成本和期间费用的界限。

实际成本中耗用材料的数量，必须以计算期内工程施工中实际耗用量为准，不得以领代耗。已领而未耗用的材料，应及时办理退料手续；需留下期继续使用的，应办理假退料手续。实际成本中按预算价（计划价）核算耗用材料的价格时，其材料成本差异应按月随同实际耗用材料计入工程成本中，不得在季（年）末一次计算分配。

5. 组织成本分析

项目部每月按成本费用项目进行成本分析，提出截止本月项目累计成本实现水平，并逐项分析成本项目节约或超支情况，寻找产生的原因，之后，根据成本分析报告，定期或不定期召开项目成本分析会，总结成本节约的经验，吸取成本超支的教训，为下月成本控制提供对策和经验。

6. 严格成本考核

公路工程项目竣工后，工程结算收入与各成本项目的支出数额才能最终确定，项目部整理汇总有关的成本核算资料，报公司进行审核。根据公司的审核意见及项目部与各部门、各有关人员签订的成本承包合同，项目部对责任人予以奖罚。如果成本核算和信息反馈及时，在工程施工过程中，可以分次进行成本考核并兑现奖罚，效果会更好。

三、公路工程项目成本控制的原则

公路工程项目成本控制原则是成本控制管理的基础和核心，只有确立正确的原则，才能更好地进行成本的控制。项目经理部在对项目施工进行成本控制时，必须遵循以下基本原则（见表 10-3）。

表 10-3　施工进行成本控制遵循原则

原则	具体内容
全面成本控制原则	全面成本控制与全面质量控制一样，即全企业、全员、全过程进行成本管理，也称为“三全”成本管理。项目成本的全员控制有一个系统的实质性内容，包括各部门、各单位责任网络和班组经济核算等防止出现成本控制人人有责、人人不管的局面
成本最低化原则	施工项目进行成本控制的根本目的，就是通过成本管理的各种有效手段，在确保工程质量和施工进度的前提下，促进不断降低施工项目成本，以达到可能实现最低目标成本的要求
目标成本管理原则	目标成本管理的内容主要包括：成本目标的设定分解，成本目标的责任到位和执行，检查成本目标的执行结果，评价成本目标和修正成本目标，形成成本目标管理的计划、实施、检查和处理循环
动态控制成本原则	施工过程是产品不断形成的过程，也是项目成本不断变化的过程，因此项目成本控制应当强调动态控制。在施工准备阶段的成本控制，只是根据施工组织设计的具体内容确定成本目标、编制成本计划、制订成本控制方案，为以后的成本控制做好准备；而竣工阶段的成本控制，由于成本盈亏已基本定局，即使发生偏差，也不能再纠正
责权利相结合原则	在项目施工过程中，项目经理部的各部位、各班组在肩负成本控制责任的同时，也享有成本控制的权力，同时项目经理要对各部门、各班组在项目成本控制中的业绩进行定期的检查和考评，并根据创造的业绩给予适当的奖罚，以激励全员进行项目成本控制的积极性

四、公路工程项目成本控制的对象

公路工程项目在实施成本控制的过程中，必须针对工程实际情况，根据类似工程的实践经验，找准成本控制的对象，才能做到全面、系统、有效的控制。

1. 以项目成本形成的过程作为控制对象

根据公路工程对项目成本实行全面、全过程系统控制的要求，在项目成本形成的过程中具体的控制内容主要包括以下几点。

（1）在公路工程的投标阶段，应根据拟建工程概况和招标文件，进行项目成本的预测，并提出进行投标的决策意见。

（2）在公路工程施工准备阶段，应结合设计图纸的自审、会审和其他资料等，编制实施性施工组织设计，通过多方案的技术经济比较，从中选择经济合理、技术先进、实施可行的施工方案，编制明细而具体的项目成本计划，对项目成本进行事前控制。

（3）在公路工程施工阶段，以施工图预算、，施工预算、劳动定额、材料消耗定额和费用开支标准等，对工程施工过程中实际发生的成本费用进行控制。

（4）在公路工程竣工交付使用及保修期阶段，应对工程竣工验收过程发生的费用和保修费用进行严格控制。

2. 以项目实施中的组成部门为控制对象

项目成本控制的具体内容，大多数都是在日常中发生的各种费用和损失。这些费用和损失都发生在各个职能部门、专业施工队和生产班组。因此，在项目成本控制中，应当以职能部门、专业施工队和生产班组作项目成本控制对象，接受项目经理和企业有关部门的指导、监督、检查和考评。

项目成本控制不仅需要上级对下级的控制，而且也要求各个职能部门、专业施工队和生产班组，对自己承担的责任成本进行自我控制，这才是最直接、最有效的项目成本控制。

3. 以分部分项工程作为成本的控制对象

建设项目是由分部分项工程组成的，项目成本计划目标也是在完成各个分部分项工程的基础上实现的。因此，为了把成本控制工作做得扎实、细致、具体，应当以分部分项工程作为项目成本的控制对象。在正常情况下，项目预算人员应根据分部分项工程的实物量，参照施工预算定额，联系项目管理的技术素质、业务素质和技术组织措施的节约计划，编制包括人工、材料、机械消耗数量及单价、金额在内的施工预算，作为对分部分项工程成本进行控制的依据。

根据我国公路建设的实际，边设计、边施工、边修改的项目较多，不可能在开工前一次性编制出整个项目的施工预算，但可以根据施工图纸的出图，编制出分阶段或分部分项工程的施工预算。总的来说，不论是完整的施工预算，还是分阶段或分部分项工程的施工预算，都是进行项目成本控制不可缺少的依据。

4. 以对外经济合同作为成本的控制对象

公路工程项目的对外经济业务，都要以经济合同为纽带建立合约关系，以便明确双方的权利和义务。在签订对外经济合同时，除了要根据业务要求规定的时间、质量、地点、结算方式和履（违）约奖罚等条款外，还必须强调要将合同的数量、单价、金额控制在预算收入以内。合同金额超过预算收入，就意味着成本亏损；反之，就能降低工程成本。

五、公路工程项目成本控制的方法

工程项目成本控制，是指工程施工过程中，把控制成本的观念渗透到施工技术、施工方法、施工管理的措施中，通过技术、方法比较、经济分析和效果评价，对工程施工过程中所消耗的资源和费用开支进行指导、监督、调节和限制，及时纠正将要发生和已经发生的偏差，把各项施工费用控制在成本控制方案的范围之内。

工程项目成本控制的方法很多，只要在满足质量、工期和安全的前提下，能够达到成本控制的方法都是好方法。由于各种方法都有一定的随机性，所以需要根据不同的情况，选择相适应的控制手段和方法。一般公路工程项目成本控制方法宜选用价值工程与赢得值法。

1. 价值工程

价值工程是一种系统化的、多专业的研究活动，通过项目的功能分析，用最低的寿命周期成本可靠地实现使用者所需要的功能，以获取最佳的综合效益。价值工程主要强调以下五个方面：系统性、多学科知识、功能分析、全寿命周期成本和价值（见表 10–4）。

表 10–4　价值工程主要强调的方面

名称	内容
系统性	价值工程的系统性也就是工作计划，价值工程工作计划详细规定了每一个工作的内容，而且是按照一定的程序和步骤进行的
多学科知识	多学科知识是指价值管理研究需要收集大量的信息作为决策的依据，需要具有多学科知识和专业深度的人员参与，对于不同的研究对象，价值管理小组的成员也有不同

续表

名称	内容
功能分析	功能分析是指价值工程研究的重点，通过对研究对象的功能进行分析，找出并剔除不必要和过剩的功能，从而降低成本，提高效益
全寿命周期成本	全寿命周期成本是投资者在项目整个寿命周期内考虑资金的时间价值的情况下，用来作经济评估时考虑的所有相关费用，包括投资费用、能源费用、维护费用和处理或拆除的费用
价值	价值工程研究的核心是从降低项目寿命周期成本的角度来可靠提高建设工程项目的价值

2. 赢得值法

赢得值法是一种能全面衡量工程进度、成本状况的整体方法，其基本要素是用货币量代替工程量来测量工程的进度，它不以投入资金的多少来反映工程的进展，而是以资金已经转化为工程成果的量来衡量，是一种完整和有效的工程项目监控指标和方法。

赢得值法用三个基本值来表示项目的实施状态，并以此预测项目可能的完工时间和完工时的可能费用，三个基本值是累计计划成本额、赢得值和实际成本额。

（1）累计计划成本额。某一时刻应当完成的工作所需投入资金或花费成本的累计值，它等于计划工程量与预算单价的乘积之和。该值是衡量工程进度和工程费用的一个标尺或基准。

（2）赢得值。某一时刻已经完成的工作所需投入资金的累计值，等于已完工程量与预算单价的乘积之和。该值反映了满足质量标准的工程实际进度和工作绩效，体现了从投资额到工程成果的转化。

（3）实际成本额。某一时刻已完成的实际工作所花费的成本总金额，等于已完工程量与实际支付单价的乘积之和。

通过三个基本值的对比，可以对工程的实际进展情况作出明确的测定和衡量，有利于对工程进行监控，也可以清楚地反映出工程管理和工程技术水平的高低。使用赢得值法进行成本、进度的综合控制，必须定期监控以上三个参数。

第十一章　公路工程其他项目管理

第一节　公路工程施工安全管理

一、公路工程施工准备的安全

1．施工测量的安全

（1）在密林草丛间进行施工测量时，应当严格遵守护林防火规定，特别应严禁烟火，并应预防有害动物、植物伤人。

（2）测量设置的钉桩要注意周围行人的安全，固定时不得在人的对面使锤。钢钎和其他工具不得随意抛掷，以防止伤人。

（3）测量人员在高压线和变压器附近工作时，必须保持足够的安全距离。遇到雷雨天气时，不得在高压线和大树下停留。

（4）在陡坡及危险地段测量时应系安全带，脚穿软底防滑轻便鞋。在桥墩上测量时，应有上下桥墩及防止人体坠落的安全措施。

（5）在公路、街道、市场、交通繁忙的道路上测量时，必须设置专人警戒，防止出现交通阻塞和事故。

（6）水文测量人员应穿救生衣。在陡峻的河岸测量时，应有简易便道和防护措施。在通航河流上，测量船应有信号设备。在河道中抛锚时应按照港航监督部门的规定设置信号，并有专人负责观察。夜间进行水文测量时，必须备有足够的照明设备。

（7）冬季在冰上测量时，首先应向当地有关部门了解冰封情况，确认无危险后，方可作业。遇有封冰不稳定的河段及春季融冰期间，不得在冰上进行测量。

2．施工机械的安全

（1）施工机械操作人员在工作中不得擅离岗位，不得操作与上岗证不符合的机械，不得将机械设备交给无该机械操作证的人员操作。

（2）施工机械操作人员必须按照机械说明书的规定，严格执行工作前的检查制度和工作中的注意观察制度及工作后的检查保养制度。

（3）施工机械的驾驶室或操作室内应保持整洁，严禁存放易燃、易爆和腐蚀性物品，严禁酒后操作施工机械，严禁机械带病运转或超负荷运转。

（4）机械设备在施工现场停放时，应停放在安全可靠的地点，关闭好驾驶室或操作室，并要拉上主制动闸。在坡道上停车时，一定要用三角木或石块抵住车轮。夜间机械设备应有专人进行看管，防止出现偷盗和破坏机械设备的现象发生。

（5）放置电动机的地点必须保持干燥，在周围不得堆放杂物和易燃品。启动高压电开关及高压电机时，必须戴绝缘手套，穿上绝缘胶鞋。

二、公路路基工程的施工安全

公路路基工程施工，一般分为土方施工、石方爆破施工、基槽开挖和砌筑，在这些工程施工中应分别注意如下安全问题。

1. 土方施工的安全问题

（1）人工挖掘土方时必须遵守下列规定：开挖土方的操作人员之间，必须保持足够的安全距离，横向间距不小于 2m，纵向间距不小于 3m；土方开挖必须按自上而下的顺序放坡进行，严禁采用挖空底脚的操作方法。

（2）高陡边坡处施工必须遵守下列规定：边坡开挖中如遇到地下水涌出，应当先排水，后开挖；开挖工作应与装运作业面相互错开，严禁上、下双重作业；弃土下方或滚石危及范围内的道路，应设立警示标志，作业时坡下严禁通行；坡面上的操作人员对松动的土、石块必须及时清除，严禁在危石下方作业、休息和存放机具。

（3）滑坡地段的土方开挖，应从滑坡体两侧向中部自上而下进行，严禁全面拉槽开挖，弃土不得堆放在主滑坡区内。开挖挡墙基槽也应从滑坡体两侧向中部分段跳槽进行，并加强支撑，及时砌筑和回填墙背，施工中应设专人观察，严格防止出现塌方。

（4）在落石与岩堆地段施工，应先清理危石和设置拦截设施后再进行开挖。其开挖面的坡度应按设计进行，坡面上松动的石块应边挖边清除。

（5）岩溶地区施工，应当认真处理岩溶水的涌出，以免导致突发性的坍陷。泥沼地段施工，应当有必要的防范措施，避免出现人、机下陷。挖出的废土应堆置在合适的地方，以防汛期造成人为的泥土流。

（6）当采用机械开挖土方时，应遵照有关施工机械的有关规定进行。

2. 石方爆破的施工安全

（1）当采用石方爆破方法施工时，爆破施工方案必须报请当地公安机关批准后，才能正式组织实施。

（2）爆破工程的作业人员，必须经公安机关或公安机关指定的部门进行培训，考试合格后，持有县级以上公安机关核发的有效操作证件，才能参加爆破工程的施工。

（3）当爆破点距村庄太近时，必须采取防震措施：一是分散爆破点，每隔 50m 左右设一个爆破点，依此循环进行；二是减少装药量；三是采用表层震动爆破法，减轻震动波。

（4）爆破点上空有高压架空线路横穿路基时，必须采取防护措施；在采取防护措施的同时，在爆破点上部用草袋、胶管帘和安全网三层覆盖，并用钢钎将网绳固定在石缝中，保证爆破碎石飞溅高度不超过 1.0m，以保证高压架空线路的安全运行。

（5）每次爆破作业结束后，必须对施工现场进行认真的清理，防止产生瞎炮和爆炸物的丢失。

3. 基槽开挖和砌筑安全

（1）基槽开挖深度在 1.5 ~ 6.0m 范围内，应根据土质情况放坡，最小放坡比可参考表 11-1 中的数值。深度超过 6.0m，或虽不超过 6.0m 但不允许放坡时，应编制单项施工方案。

表 11-1　不同土质、不同槽深的最小放坡比

土质分类	砂土	亚砂土	亚黏土	黏土	黄土	风化石
槽深 1.5 ~ 3.0m	1 : 0.80	1 : 0.50	1 : 0.40	1 : 0.30	1 : 0.25	1 : 0.40
槽深 3.0 ~ 6.0m	1 : 1.00	1 : 0.70	1 : 0.50	1 : 0.40	1 : 0.40	1 : 0.12

（2）基槽边缘 1.0m 范围内不准堆放土石和其他材料，基槽周围松动的石块应随时清除干净，防止坠落砸伤槽内施工人员。

（3）在构筑物砌筑时，每天砌筑高度不宜大于 1.8m，相邻两段砌筑体的高差不宜大于 1.2m，砌筑作业面应水平增长，以便保证砌体的整体强度。

（4）当砌体高度超过 1.5m 时，应搭设作业平台；当砌体高度超过 2.0m 时，应搭设垂直运输设施和脚手架，其他安全技术要求应符合有关规范标准。

（5）在石料装卸、运输过程中，防止超载和掉落，搬运时要量力而行，防止失手砸伤；正在砌筑的挡墙土上，石料堆放不超过两层；距挡墙边 1.0m 范围内不准堆放石料。

三、公路路面工程的施工安全

1. 公路基层施工过程中的安全

（1）公路基层所用的消解石灰，不得在浸水的同时边投料、边翻拌，操作时人员应尽量远离，以防止被热水烫伤。

（2）装卸、洒铺和翻动粉状材料时，操作人员应站在上风一侧，要轻拌低翻以减少粉尘飞扬。散装粉状材料宜使用粉料运输车运输，否则车厢上应用篷布遮盖；装卸应尽量避免在大风天气中进行。

（3）当用碎石机进行作业时，应注意如下事项：进料要均匀，粒径不宜过大，严防金属混入；为防止出料飞溅伤人，在出料口上方应设置挡板；操作人员不得从上方向碎石机口内窥视；石料卡住进口，应用铁钩翻动，严禁用手搬动。

（4）当用稳定土拌和机作业时，应注意如下事项：应根据不同材料，选用合适的拌和齿；拌和时应先将转子提离地面空转，然后慢速降至拌和深度；拌和中不能急转弯或原地转向，严禁使用倒挡进行拌和作业；拌和与行驶必须保持低速和匀速，液压油的温度不得超过规定；停车时应拉上制动，将转子置于地面。

2. 沥青混凝土路面的施工安全

（1）沥青材料的操作人员均应进行身体检查。凡患有结膜炎、皮肤病及对沥青有过敏反应者，都不得从事沥青作业。

（2）从事沥青材料作业的人员，皮肤外露部分均应涂抹防护药膏，施工中工地上应配有医务人员。

（3）直接接触沥青材料的作业人员，应按规定佩戴个人防护用品（如工作服、过滤式呼吸器、防护眼镜、围裙、隔垫鞋 h 每天工作结束后，应对全身进行沐浴冲洗。

（4）人工熬制、喷洒沥青时，应站在上风口作业，防止喷溅在皮肤上；用烙铁修补路面的人员，防止被烙铁烫伤，防止火源与沥青接触引起火灾。

3. 水泥混凝土路面的施工安全

（1）混凝土拌和与运送的安全问题

1）手推车或小型翻斗车装运混凝土，车辆之间应保持一定的安全距离。

2）水泥混凝土运输车运送混凝土拌和物时，应遵守下列规定。

液压泵、液压马达及各种阀件应紧固，并与管道连接牢固，密封应当良好。各泵旋转时应无卡阻和异常声响。

当传动系统出现故障时，液压油输出中断而导致滚筒停止转动，并且一时无法修复时，要利用紧急排出系统快速排净筒内混凝土。

在机械运转的过程中，严禁用手触摸旋转中的搅拌筒和随动轮。

3）自卸汽车运送混凝土拌和物，不得超载和超速行驶。车停稳并对准卸料处以后方可顶升车厢卸料。车厢尚未放下时，操作人员不得上车厢内清理残料。

（2）机械摊铺混凝土的安全问题

1）采用轨模式水泥混凝土摊铺机摊铺时，应遵守下列规定。

为防止机械和人员过于集中，布料机和振平机之间应保持 5 ~ 8m 的安全距离。

布料机传动钢丝的松紧要适度。不得将刮板置于运行方向的垂直位置，也不得借助整机的惯性冲击料堆。

作业中严禁驾驶员擅自离开驾驶台。无关人员不得在驾驶台上停留或上下摊铺机。在弯道上进行作业时，要注意防止摊铺机出现脱轨。

2）采用滑模式水泥混凝土摊铺机摊铺时，应遵守下列规定。

停机处应平坦、坚实，并用牢固的木块垫起机体。履带垫离地面后方可进行调整和安装工作。

在调整机器的高度时，工作踏板及扶梯等处不得站人。在作业期间严禁碰撞引导线。

摊铺机应避免紧急转向，防止与预置钢筋、路缘石等碰撞。

摊铺机不得牵引其他机械，其他机械牵引摊铺机时应用刚性拖杆。

摊铺机停放在通车道路上时，周围必须设置明显的安全标志。夜间应以红灯警示，能见度不得小于 150m。

3）当采用真空水作业时，严禁操作人员在吸垫上行走或将物件置压在吸垫上。

4）使用水泥混凝土抹平机时，应确保抹平机的叶片光洁平整，并处于同一水平面，其连接螺栓应紧固，并在无负荷的状态下启动。电缆要专人收放，确保不打结、不碾压。

（3）切缝与养生中的安全问题

1）切缝机在进行锯缝时，刀片夹板的螺母应紧固，各连接部位和安全防护罩应完好正常。切缝前应先打开冷却水，冷却水中断时必须停止切缝。

2）切缝时刀片要缓慢切入，并时刻注意割切深度指示器。当遇有较大切割阻力时，应立即升起刀片检查。停止切缝时应先将刀片提离板面后才可停止运转。

四、公路桥涵工程的施工安全

（1）桩基施工。首先要做好河道内的防洪抢险工作。河道的主要任务是排涝防洪，特别是季节性的河流，在进行桩基施工时，必须从计划安排上避开汛期。如因特殊情况部分基桩需要在汛期施工时，要与当地水利部门取得联系，并做好一切应急措施。当遇有险情时，施工设备和人员应能及时撤离到安全地带。

（2）围堰打桩。围堰设计要满足河道最高水位和有利于汛期施工要求，施工期间要设专人值班，现场必须备足抢险物资。

（3）墩台施工。当高度超过2m时，四周应设作业平台和防护栏杆；作业人员上下墩台时，应走专门设置的马道，禁止沿着脚手架爬行。

（4）大梁安装。当单片大梁安装就位后，禁止人员在上边行走和操作；在整跨梁全部安装完毕后，应立即采取临边防护措施；在正式桥梁栏杆安装之前，临边防护设施不得拆除。

（5）在进行桥梁上部结构施工时，桥梁两端应设警示标志和围挡，防止非施工车辆和人员进入施工现场。

第二节　公路工程项目风险管理

一、公路工程项目风险应对计划

1. 公路工程项目的规避风险

规避风险是指施工企业设法远离、躲避可能发生风险的行为和环境，从而避免风险的发生。公路工程项目规避风险的具体方法有以下三种。

（1）拒绝承担风险。当预计承担的风险明显很大时，承包商可以拒绝承担。主要包括：对某些存在致命风险的工程拒绝投标；利用合同保护自己，不承担应当由业主承担的风险；不接受实力差、信誉不良的分包商和材料设备供应商。

（2）承担小风险回避大风险。在公路工程项目决策时要特别注意，放弃明显导致亏损的工程项目。对于风险超过自己的承受能力、成功把握不大的项目，不参与投标，不参与合资。预测个别工程项目后期风险很大，必然有更大亏损时，也可以采取中断项目的措施。

（3）为避免风险而损失较小利益。利益是可以计算的，但风险损失有时很难估计，在特定的情况下可以采取“舍小利、避风险”的措施。如建筑材料市场价格波动较大时，承包商与供应商提前订立购销合同，并预付一定数量的定金，从而可避免因涨价带来的风险。

规避风险虽然是一种风险应对策略，但应该承认这是一种消极防范的手段，如果企业想生存、图发展、避免风险，最好不采用规避风险的办法，而采取其他相应的策略。

2. 公路工程项目的接受风险

公路工程项目的接受风险是指施工企业将风险留给自己，不进行转移和回避，也称为风险自留。这种手段有时是无意识的，即当初并不曾预测的，不曾有意识地采取种种有效措施，以致最后只好自己承担；有时也可以是主动的，即经营者有意识、有计划地将某些风险主动留给自己。

决定接受风险（风险自留）必须符合以下条件之一：①自留费用低于保险公司所收取的费用；②企业的期望损失低于保险人的估计；③企业有较多的风险单位，有能力准确地预测其损失；④企业的最大潜在损失或最大期望损失较小；⑤短期内企业有承受最大潜在损失或最大期望损失的经济能力；⑥风险管理目标可以承受年度损失的重大差异；⑦费用和损失支付分布于很长的时间里，导致有很大的机会成本；⑧投资的机会很好；⑨内部服务或非保险人服务优良。如果实际情况与以上条件相反，则应当放弃风险自留的决策。

3. 公路工程项目的降低风险

承包商的实力越强，在市场上的占有率越高，抵御风险的能力也就越强，一旦出现风险，其造成的影响和损失相对就小些。如承包商只承担一个项目，当出现风险时很可能使他难以承受；如果有实力承包若干个工程，某个项目上出现风险损失，还可以有其他项目成功地加以弥补。这样，承包商的风险压力自然就会减轻。

在分包合同中，通常要求分包商接受建设单位合同文件中的各项合同条款，这样就可以使分包商承担一部分风险。有的承包商直接把风险比较大的部分分包出去，将建设单位规定的误期损失赔偿费如数加入分包合同中，将这项较大的风险分散。

4. 公路工程项目的分担风险

公路工程项目的分担风险是指施工企业在不能回避风险的情况下，将自身面临的风险转移给其他主体来承担，也称为风险转移。风险转移并非转嫁损失，有些承包商无法控制的风险因素而其他主体却可以控制。风险转移一般可采取转移给分包商和保险机构的方式。

（1）转移给分包商。工程项目风险中的很大一部分，可以分散给若干分包商和生产要素供应商。如对业主拖欠工程款的风险，可以在分包合同中规定，在业主支付给总包的款项后若干日内必须向分包方支付工程款。

承包商在工程项目中投入的资源越少越好，以便于一旦遇到风险，可以进退自如、损失较小。在工程实施过程中，可以采取租赁或指令分包商自带机械设备等措施，这样可减少自身的资金和其他资源的投入。

（2）采取工程保险。为承担的工程购买保险是一种非常有效的转移风险的手段，将自身面临的风险很大一部分转移给保险公司来承担。

工程保险是指业主和承包商为了工程项目的顺利进行，向保险公司支付保险费，保险公司根据合同约定对在工程建设中可能产生的财产和人身伤害承担赔偿保险全责任。

（3）采取工程担保。工程担保制度是工程建设领域的一项国际惯例，是国外工程风险管理的主要方法。由于工程担保运用的是信用手段，因此可以加强工程各方之间的责任关系，有效地转移工程风险，保障工程建设的顺利完成。

工程担保是指担保人（如银行、担保公司、保险公司、其他金融机构、商业团体或个人）应工程合同一方（申请人）的要求向另一方（债权人）做出的书面承诺。

工程担保是工程风险转移的一项重要措施，它能有效地保障工程建设的顺利实施，在许多国家的有关法规中都有（要求）进行工程担保的要求，在标准合同中也含有关于工程担保的条款，我国在公路工程项目中已开始实施这种担保。

5. 公路工程项目常用的风险对策

我国经过多年的实践，在公路工程项目风险管理方面积累了丰富的经验，尤其是在风险对策方面有很多成功做法。目前在工程中常用的风险对策有以下几项。

（1）权衡利弊后，回避风险大的项目，选择风险小或适中的项目。这在项目决策中就应该提高警惕，对于那些可能明显导致亏损的项目就应该放弃，而对于某些风险超过自己承受能力，并且成功把握不大的项目也应该尽量回避，这是相对保守的风险对策。

（2）采取先进的技术措施和完善的组织措施，以减小风险产生的可能性和可能产生的影响。一方面要选择有弹性的、抗风险能力强的技术方案，进行预先的技术模拟试验，采用可靠的保护和安全措施。另一方面，对管理的项目选派得力的技术和管理人员，采取有效的管理组织形式，并在实施的过程中实行严密的控制，加强计划工作，抓紧阶段控制和中间决策等。

（3）购买保险或要求对方担保，以转移风险。对于一些无法排除的风险，可以通过购买保险的办法解决；如果是由于合作伙伴可能产生的资信风险，可要求对方出具担保，如银行出具的投标保函、合资项目政府出具有保证、履约的保函以及预付款保函等。

（4）提出合理的风险保证金。这是从财务的角度为风险作准备，在报价中增加一笔不可预见的风险费，以抵消或减少风险发生时的损失。

（5）采取合作方式共同承担风险。因为大部分项目都是多个企业或部门共同合作，这必然有风险的分担，但这必须考虑寻找可靠的（即抗风险能力强、信誉好的）合作伙伴，再合理明确地进行分配风险（通过合同规定）。

（6）可采取其他的方式减少或降低风险。如采用多领域、多地域、多项目的投资以分散风险，因为这可以扩大投资面及经营范围，扩大资本效用，能与众多合作企业共同承担风险，进而降低总经营风险。

二、公路工程项目风险控制

1. 公路工程项目风险预警

公路工程项目在建设过程中会遇到各种风险，要做好项目风险管理工作，避免或减轻风险对项目的影响，就要建立完善的项目风险预警系统。通过跟踪项目风险因素的变动趋势，预测评价风险所处的状态，尽早地发出预警信号，及时向业主、监理及施工方发出警报，为决策者掌握和控制风险争取更多的时间，以便尽早采取有效措施防范和化解项目风险。

在公路工程项目中需要不断地收集和分析各种信息，捕捉风险出现的前奏信号，一般可通过以下几种途径进行：天气预测警报；各种市场行情、价格动态；各投资者企业状况报告；政治形势和外交动态；施工中进度、工期、成本、质量报表；工程实施中的各种状况报告等。

2. 公路工程项目风险监控

风险在市场经济体制中普遍存在。任何企业、任何经济活动，从始至终都伴随着风险。既有来自内部的风险，又有来自外部的风险；既有显性风险，又有隐性风险。

在公路工程项目实施的过程中，各种风险在性质、程度和数量上都是在不断变化的，可能会增大或减小。因此，在工程项目的整个周期中，需要时刻监控风险的发展与变化情况，并确定随着某种风险的消失而带来新的风险。在公路工程施工中，风险监控常用的方法有以下三种。

（1）风险审计。风险审计是指企业内部审计机构采用一种系统化、规范化的方法来进行以测试风险管理信息系统、各业务循环以及相关部门的风险识别、分析、评价、管理及处理等为基础的一系列审核活动。

（2）偏差分析。偏差分析是指在项目管理中实际完成工作与计划完成工作之间的差异。在公路工程中主要包括：进度偏差、成本偏差和质量偏差等。如未能按计划工期完工、实际投资超过预算等都是潜在的问题。

（3）技术指标分析。技术指标分析，是依据一定的数理统计方法，运用一些复杂的计算公式来判断汇率走势的量化分析方法。公路工程项目的风险监控就是比较原定技术指标和实际技术指标的差异，如测试的性能指标未能达到设计指标要求等。

3. 公路工程项目风险应急计划

在公路工程项目实施的过程中，有时可能会遇到一些大量未曾预料到的风险因素，或风险因素的后果比预料的更严重，使事先编制的计划不能奏效，这时施工企业必须重新研究应对措施，即编制附加的项目风险应急计划。

公路工程项目应急计划是指为控制和防止公路工程施工中出现意想不到的风险事件、减轻这些风险事件产生的损害，在特定的条件下，根据可能产生的不同风险事件的状况而制订的紧急对付风险事件的措施方案。公路工程项目风险应急计划，应当清楚地说明当发生风险事件时要采取的措施，以便快速、有效地对这些风险事件作出响应。

（1）风险应急计划的主要内容

公路工程项目在编制风险应急计划时，应根据工程特点、实际要求进行规划。在一般情况下，风险应急计划的编写内容主要包括：应急预案的目标；主要参考文献；应急计划适应范围；组织情况说明；风险定义及其控制目标；组织的职能；应急工作流程及其控制；应急知识培训；应急演练计划；演练总结报告等。

（2）风险应急计划的编制程序

为编制一个有效的风险应急计划，在编制过程中应遵循以下程序：成立预案编制小组；制订编制计划；现场调查，收集资料；环境因素或危险源的辨别和风险评价；控制目标、能力与资源的评估；编制应急预案文件；对应急预案进行评估；应急预案的发布。

第三节　公路工程项目信息管理

一、公路工程项目信息的收集

信息收集是指通过各种方式获取所需要的信息。信息收集是信息得以利用的第一步，也是关键的一步。信息收集工作的好坏，直接关系到整个信息管理工作的质量。信息管理工作质量的好坏，在很大程度上也取决于原始资料的全面性和可靠性。

公路工程项目参建的各方，对数据和信息的收集是不同的，有不同的来源、不同的角度和不同的处理方法，但要求各方的数据和信息都应当规范。另外，公路工程项目参建的各方，在不同的时期对数据和信息收集也是不同的，虽侧重点有所不同，但也要规范信息行为。

在公路工程项目建设的每一个阶段，都要进行大量的各种活动，这些活动必然会产生大量的信息，而在这些信息中包含着丰富而有价值的内容，它们将是工程项目管理人员实施工程项目管理的重要依据。因此，项目管理人员应当充分了解和掌握这些内容。

1. 项目决策阶段信息的收集

在工程项目的决策阶段，由于该阶段对于公路工程项目的整体效益影响很大，所以在进入工程咨询期间就应当进行项目决策阶段相关信息的收集。这个阶段主要收集工程项目外部的宏观信息，要收集过去的、现代的和未来的与项目相关的信息，虽然这些信息具有较多的不确定性，但也是极其重要的信息。

根据公路工程项目的实践经验，在项目前期决策阶段，项目管理人员应向有关单位收集以下资料：批准的“项目建议书”、“可行性研究报告”及“设计任务书”；批准的建设选址报告、规划部门的批文、土地使用要求、环保要求；工程地质和水文地质勘察报告、区域图和地形测量图；气象和地震烈度等自然条件资料；矿藏资源报告；施工机械设备条件；规定的设计标准；国家或地方的监理法规或规定；国家或地方有关的技术经济指标和定额等。

以上这些信息的收集是为了帮助建设单位避免决策失误，进一步开展调查和投资机会的研究，编写可行性研究报结，进行投资估算和工程建设经济评价。

2. 项目设计阶段信息的收集

项目的设计阶段是工程建设的重要阶段，在设计阶段不仅可以决定工程规模、工程等级、工程投资和建筑形式，而且还可以决定技术的先进性、适用性和标准化程度等一系列具体的要素。在这个阶段将产生一系列的设计文件，这些设计文件是业主选择承包商，以及在施工阶段实施项目管理的重要依据。

根据公路工程项目的实践经验，在项目设计阶段，项目管理人员应收集以下方面的资料。

（1）可行性研究报告，前期相关文件资料，存在的疑点和建设单位的意图，建设单位的前期准备和项目审批完成的情况。

（2）同类工程的信息，包括建设规模，结构形式，造价构成，工艺和设备的选型，地质处理方式及实际效果，建设工期，采用新材料、新工艺、新设备、新技术的实际效果及存在问题，主要技术经济指标等。

（3）拟建工程所在地相关信息，包括工程地质和水文地质，地形地貌，地下埋设和人防设施情况，城市拆迁政策和拆迁户数，各种补偿。还有环境周围方面的信息，包括包括水、电、气、道路等的接入点，周围建筑、学校、医院、交通、商业、绿化、消防、排污等。

（4）工程项目所在地政府的相关信息，包括国家和地方政策、法律、法规、规范、规程、环保政策、某些限制、政府和有关部门的服务情况等。

（5）项目设计中的设计进度计划，设计质量保证体系，设计合同执行情况，偏差产生的原因及纠偏措施，专业间设计交接情况，执行规范、规程、技术标准，特别是强制性标准或规范的执行情况，设计概算和施工图预算结果，了解超过限额的原因，了解各设计工序对投资的控制等。

（6）勘察、测量、设计单位的相关信息，包括同类工程项目的完成情况和实际效果，完成该项目工程的人员构成，设备投入状况，质量管理体系完善情况，各自的创新能力和收费标准，施工期间技术服务主动性和处理问题的能力，设计深度和技术文件质量，专业配套能力，设计概算和施工图预算编制能力，合同履约情况，采用设计新技术、新设备的能力等。

在项目设计阶段，信息的收集范围非常广泛，不仅不确定因素较多，而且外部信息也较多，难度比较大，因此，不但要求信息收集者要有较高的业务能力和技术水平，也要求具有一定的设计相关经验、投资管理能力和信息分析处理能力，这样才能完成该阶段的信息收集。

3. 项目施工招标阶段信息的收集

在项目施工招标阶段，信息的收集是一项非常重要的信息管理工作，不仅有助于协助建设单位编制项目招标书，而且有助于帮助建设单位选择理想的施工企业，有利于签订工程施工合同，为保证施工阶段监理目标的实现打下良好基础。

根据公路工程项目的实践经验，在项目招标阶段，项目管理人员应收集以下方面资料。

（1）对工程建设起到制约作用的合同文件，包括投标邀请书、投标须知、合同双方签署的合同协议书、履约保函、合同条款、投标书及其附件、工程报价表及其附件、技术规范、招标图纸、发包单位在招标期内发出的所有补充通知、投标单位在投标期内补充的所有书面文件、投标单位在投标时随同投标书一起递送的资料与附图、发包单位发出的中标通知书、合同双方在洽商合同时共同签字的补充文件等。

（2）工程地质、水文地质勘察报告，施工图设计及施工图预算、设计概算，设计、地质勘察、测绘的审批报告等方面的信息，特别是该建设工程有别于其他同类工程的技术要求、材料、设备、工艺、质量要求等有关方面的信息。

（3）同类工程造价的市场变化规律，以及所在地区的材料、构件、设备、劳动力的差异。

（4）拟建公路工程适用的规范、规程、标准，特别是强制性标准或规范是最重要的信息。

（5）建设单位建设前期报审的文件，如立项文件，建设用地、征地、拆迁等方面的文件。

（6）拟建公路工程采用的新技术、新设备、新材料、新工艺和新结构，投标单位对“五新”的技术水平、处理能力和了解程度、采取措施等信息；拟建工程当地施工单位的管理水平，质量保证体系，施工质量、设备和机具的能力；拟建工程所在地关于招投标有关法规、规定，国际招标和国际贷款指定适用的范本，本工程适用的施工合同范本及特殊条款的精髓所在。

在工程项目施工招标阶段，要求信息收集人员充分了解施工设计和施工图预算，熟悉现行的法律法规，熟悉工程招投标程序，熟悉合同范本，特别要求在了解工程特点和工程量分解上有较强的能力，才能为建设方决策提供必要的信息。

4. 项目施工阶段信息的收集

公路工程项目在施工阶段，主要应收集建设单位提供的信息、承包商提供的信息、工程项目监理的记录、工地会议方面的记录和来自其他方面的信息等。

（1）建设单位提供的信息

建设单位（业主）是工程项目建设的组织者，在施工过程中要按照合同文件规定提供相应的条件，并且要不时地表达对工程各方面的意见和看法，根据情况下达某些指令。因此，应及时地收集建设单位（业主）提供的信息。

1）当建设单位（业主）负责某些材料的供应时，需要收集提供材料的品种、数量、质量、价格、提货地点、提货方式等方面的信息。

2）建设单位（业主）在建设过程中，对各种有关进度、质量、投资、合同等方面的意见和看法，监理工程师应及时收集，同时也应及时收集甲方的上级单位对工程建设的各种意见和指令。

（2）承包商提供的信息

施工单位在工程施工过程中，现场所发生的各种情况都包含着大量的内容，施工单位自身必须掌握和收集这些内容。经过收集和整理后，汇集成丰富的信息资料。

施工单位在工程施工过程中，必须向有关单位（包括上级部门、建设单位、设计单位、监理单位及其他方面）发出某些文件，传达一定的内容。如向监理单位报送施工组织设计，报送各种计划、单项工程施工措施、月支付申请表、各种工程项目自检报告、质量问题报告、有关问题的意见等，承包商（施工单位）应当全面系统地收集这些信息资料。

（3）工程项目监理的记录

监理工程师代表（驻地工程师）是工程项目质量、进度、成本等方面的监督者和指导者，对于工程项目管理起着极其重要的作用，其所做的工程项目监理记录是评价工程质量最重要的依据，主要包括工程施工历史记录、工程施工质量记录、工程计量和付款记录、工程竣工验收记录等方面。

1）工程施工历史记录工程施工历史记录主要包括以下几个方面。

①现场监理人员的日报表。现场监理人员的日报表可以采用表格式，力求简明扼要、表达清楚，要求每日填报，一式两份。主要包括：当天的施工内容；当天参加施工人员的情况，如工种、数量、施工单位等；当天施工所用的机械，如名称、规格、数量、时间等；当天发生的质量问题；当天的施工进度与计划进度的比较，如果发生进度拖延，应说明其原因；当天施工的综合评语；其他需要说明的情况等。

②工地施工日记。工地施工日记主要包括：现场监理人员的日报表；现场每日的天气情况记录；监理工作纪要；其他有关情况与说明等。

③现场每日的天气、水情记录。这方面主要包括：当天的最高气温、最低气温；当天的降雨、降雪量；当天的风向、风力；当天河流的最大流量；当天的最高水位；当天因自然原因损失的工作时间等。如果工地线路太长，工地的气候差别较大时，应当记录多个地点的气候资料。

④驻施工现场监理负责人日记。主要包括：当天所做的重大决定；当天对施工单位所做的主要指示；当天发生的纠纷及可能的解决办法；该工段项目监理总负责人在现场谈及和决定的问题；当天与该工程项目总负责人的口头谈话摘要；当天对驻施工现场监理人员的指示；当天与其他人达成的任何主要协议，或对其他人的主要指示等。驻施工现场监理负责人的日记，必须由个人每日进行记录。

⑤驻施工现场监理负责人周报。驻施工现场监理负责人应每周向工程项目监理总负责人（总监理工程师）汇报一周内所发生的重大事件。

⑥驻施工现场监理负责人月报。驻施工现场监理负责人应每月向工程项目监理总负责人（总监理工程师）及业主汇报下列情况：工程施工进度，并与合同规定的进度比较；工程款的支付情况；工程进度拖延的原因分析；工程质量情况与问题；工程进度方面存在的问题，如施工中的重大差错，重大索赔事件，材料、设备供货

困难，组织协调方面的问题，异常的天气情况等。

⑦驻施工现场监理负责人对施工单位的指示。主要包括：正式函件（用于极其重大的指示）；日常指示；如在每日工地协调会中发出的指示，在施工现场发出的指示等。

⑧驻施工现场监理负责人给施工单位的补充图纸。

2）工程施工质量记录。工程施工质量记录是关于工程质量方面的信息，是评价工程质量的重要依据，工程质量记录可分为试验记录和质量评定记录。

3）工程计量和付款记录。工程计量是确定工程造价的原始数据，是工程造价确定过程中最重要、最繁重的一个环节。它不仅影响工程进度和进展情况的及时性，更重要的是影响工程付款的准确性。

4）工程竣工验收记录。工程竣工验收记录真实反映了质量如何记载，是全面检查工程是否符合设计要求和施工规范的重要环节，对于促进公路工程投入运行、及早发挥投资效果、总结建设经验有重要作用。

（4）工地会议方面的记录

工地会议是公路工程监理工作中的一种重要方法，通过会议的形式决定、商议和解决很多问题，也包含着大量的信息。监理工程师必须十分重视工地会议，建立一套完善的会议制度，以便于会议信息的收集。会议制度主要包括：会议的名称、主持人、参加人、会议的时间、地点、会议的主要内容等，每次会议都应有专人记录，会议后应有正式会议纪要。

（5）来自其他方面的信息

在公路工程项目的施工阶段，除了上述几个方面会产生各种信息外，其他方面也会产生一些信息，如项目设计单位、物资供应单位、建设银行、国家及地方政府有关部门、供电部门、供水部门、通信部门、交通运输部门等都会产生大量信息，项目管理人员也应随时注意收集这些信息，这些信息也是实施项目管理的重要依据。

5. 项目竣工阶段信息的收集

项目竣工阶段的信息是建立在施工期间日常信息积累基础上的信息收集。传统工程管理和现代工程管理的最大区别，在于传统工程管理不重视信息的收集和规范化，收集的数据不能及时整理，往往采取事后补写或填写假数据的方法处理。现代工程管理则要求数据实时记录，真实反映施工过程，真正做到在平时积累，竣工保修期只是参建各方最后的汇总和总结。

公路工程项目竣工阶段需要收集的信息很多，主要包括以下几个方面。

（1）公路工程项目准备阶段的文件，如工程立项文件，建设用地、征地、拆迁文件，开工审批文件等。

（2）公路工程项目监理文件，如监理规划、监理实施细则、有关质量问题和质量事故的相关记录、监理工作总结以及监理过程中各种控制和审批文件等。

（3）公路工程项目施工文件，分为建筑安装工程和市政基础设施工程两大类分别收集。

（4）公路工程项目竣工图，分为建筑安装工程和市政基础设施工程两大类分别收集。

（5）公路工程项目竣工验收资料，如工程竣工总结、竣工验收备案表、电子档案等。

二、项目信息的加工、整理与存储

原始信息经过加工才能成为有用的信息，在解决问题和完成任务中发挥作用。项目信息的加工、整理与存储，实际上是按照应用需求对其进行判别、筛选、分类、排序、分析、研究、整理、编制和存储等一系列的处理过程。

将项目中收集的数据经过加工、整理后才能产生信息。公路工程项目信息是指导工程施工和工程管理的基础，要把管理由定性分析转到定量管理上来，信息是不可缺少的要素。

1. 项目信息的加工与整理

经过优化选择的信息要进行加工整理，确定信息在社会信息流这一时空隧道中的"坐标"，以便使人们在需要时能够通过各种形式查寻、识别并获取信息。

（1）公路工程信息加工整理的内容

在公路工程项目的施工过程中，信息加工整理的内容主要包括以下几个方面（见表11–2）。

表11–2　信息加工整理的内容

项目	具体内容
工程施工的进展情况	每月、每季度都要对工程进度进行分析对比，并作出综合评价，主要包括当月（季度）整个工程各方面实际完成量，实际完成量与计划完成量的比较。如果某些工作进度有拖延，应当分析产生的原因、存在的主要问题，并提出解决问题的建议
工程质量情况与问题	系统地将当月（季度）施工过程中的各种质量情况，在月报（季报）中进行归纳和评价，主要包括现场管理检查中发现的各种问题，施工中出现的重大事故，对各种情况、问题、事故的处理意见，也可以定期印发专门的质量情况通报

续表

项目	具体内容
工程价款结算情况	根据公路工程的习惯，工程价款结算一般按月进行。对投资耗费情况进行统计分析，并在统计分析的基础上作出短期预测，计算下月（季度）大概的工程价款，以便为业主在组织资金方面的决策提供可靠依据
工程施工索赔情况	在公路工程施工过程中，由于业主或监理工程师的原因，或外界客观条件的影响使承包商遭受损失，承包商提出索赔；或者由于承包商的违约使工程造成损失，业主提出索赔，提出索赔的处理意见

（2）公路工程信息加工整理的步骤

将工程中产生的原始数据收集后，需要进行加工整理使其成为有用的信息。一般的加工整理步骤如下。

1）原始数据收集后，依据一定的标准将数据进行排序或分组。

2）将两个或多个简单有序的数据集按照一定的顺序连接、合并。

3）按照不同的用途和目的，将数据计算求和或求平均值等。

4）为在使用中方便、快捷地查找信息，建立索引或目录文件等。

2. 项目信息的传输与检索

在通过对收集的数据进行分类、加工、处理成为信息后，要及时提供给需要使用数据和信息的部门，信息和数据的传输要根据需要来分发，信息和数据的检索则要建立必要的分级管理制度，这样就需要使用软件来保证实现信息和数据的传输与检索。在进行信息和数据的传输与检索时，关键是要决定信息的传输与检索的原则。

（1）信息传输与检索的原则

在进行信息的传输与检索时，应当遵循以下原则。

1）需要的部门和使用人，在需要的第一时间有权方便地得到所需要的、以规定形式提供的一切信息和数据。

2）为确保信息和数据在一定范围具有保密性，保证不向不该知道的部门（或个人）提供任何信息和数据。

（2）信息传输设计的内容

1）了解使用部门（或个人）的使用目的、使用周期、使用数量、使用范围、使用频率、得到时间、数据的安全要求。

2）决定分发的项目、内容、分发量、范围、数据来源。

3）决定分发信息和数据的数据结构、类型、精度和如何组合成为规定的格式。

4）决定提供的信息和数据介质，如纸张、显示器显示、磁盘或其他形式。

（3）信息检索设计的内容

1）决定信息允许检索的范围、检索的密级划分、密码的管理。

2）说明检索的信息和数据能否及时、快速地提供，采用什么手段实现（如网络、通信、计算机系统等）。

3）说明提供检索需要的数据和信息输出形式，能否根据关键词或关键字实现智能检索。

3. 项目信息的储存

信息储存是将获得的或加工后的信息保存起来，以备将来应用。信息储存是信息系统的重要方面，如果没有信息储存，就不能充分利用已收集、加工所得的信息，同时还要耗资、耗人、耗物来组织信息的重新收集、加工。有了信息储存就可以保证随用随取，为单位信息的多功能利用创造条件，从而大大降低了费用。

对于有价值的原始资料、数据及经过加工整理的信息，要长期积累以备查阅。信息的储存一般需要建立统一的数据库，各类数据以文件的形式组织在一起。具体的组织方法一般由单位自定，但要考虑到信息储存的规范化。

三、项目信息的输出与反馈

1. 项目信息的输出

信息处理的主要任务是为用户提供有价值、所需要的信息，输出信息的内容和格式是用户最关心的问题。因此，对项目信息的输出设计应引起重视，主要包括信息输出内容设计和信息输出格式设计。

（1）信息输出内容设计

根据数据的性质和来源，信息输出的内容可分为原始基础数据类、过程数据类和文档报告类，一般可按照这三类进行信息输出内容的设计。

1）原始基础数据类。如市场环境信息等。这类数据主要用于辅助企业决策，其输出方式主要采用屏幕输出，即根据用户查询、浏览和比较的结果来输出，必要时也可以打印。

2）过程数据类。主要指由原始基础数据推断、计算、统计、分析而得的数据，如市场需求量的变化趋势、方案的收支预测数、方案的财务指标、方案的敏感性分析等，这类数据采用以屏幕输出为主、打印输出为辅的输出方式。

3）文档报告类。这类数据主要包括市场调查报告、经济评价报告、投资方案决策报告等，文档报告类数据主要是存档、备案、送上级主管部门审查用，因此采用打印输出的方式，而且打印的格式必须符合规定的规范。

（2）信息输出格式设计

信息输出格式设计或输出信息的表格设计，应当以满足用户需要及习惯为目标。一般的格式形式主要由表头、表底和存放正文的“表体”三部分组成。

2. 项目信息的反馈

信息反馈就是将输出信息的作用结果再返送回来的一种过程，也就是施控系统将信息输出，输出的信息对受控系统作用的结果又返回施控系统，并对施控系统的信息再输出发生影响的这样一个过程。

在管理信息系统中，反馈是一种控制职能。所谓控制，就是根据反馈信息的偏差程度，采取有效措施使输出量与给定值的偏差保持在允许范围内。在管理工作中，信息反馈在工程项目管理过程中起着非常重要的作用，信息反馈它是一个不断循环的过程，也是工程项目现代化管理的重要手段，没有良好的信息反馈，企业就无法对各项活动进行有效的控制。

（1）信息反馈的基本原则

为使信息反馈起到规定的作用，在项目信息进行反馈的过程中，必须遵守以下几项基本原则（见表 11–3）。

表 11–3　信息反馈的基本原则

原则	具体内容
及时快速的原则	信息具有一定的时效性，反馈各种相关信息时，要以最快的速度进行，以便及时纠正决策过程中出现的偏差
真实准确的原则	科学、正确的决策，必须建立在真实、准确的信息反馈的基础上。反馈客观实际情况，要尽量做到真实、准确，不得任意夸大或缩小事实，不得脱离实际
集中和分流相结合的原则	决策者在运用反馈方法时，需要掌握好信息资源的流向，一方面要把某类事物的各个方面集中反馈给决策系统，使管理者能够掌握全局的情况；另一方面要把反馈信息根据内容不同分别流向不同的方向
全面完整的原则	只有全面、完整、系统地反馈各种信息，才能有利于建立科学、正确的决策。因此，反馈的信息一定要有深度和广度，尽可能地保持系统完整
反复进行的原则	在信息反馈的过程中，经过一次反馈后制订出纠偏的措施；纠偏措施实施之后的效果需要再次反馈给决策系统，使实施效果与决策预期目标基本吻合
反馈适量的原则	在决策实施的过程中，要合理控制信息正负两个方面的反馈量。过量的负反馈会助长消极情绪，怀疑决策的正确性，影响决策的顺利实施；过量的正反馈会助长盲目乐观，忽视存在的困难和问题，阻碍决策的完善和发展

（2）信息反馈的基本方法

在公路工程项目信息管理过程中，经常采用的信息反馈方法有：跟踪反馈法、典型反馈法、组合反馈法和综合反馈法。

1）跟踪反馈法。跟踪反馈法主要是指在决策实施的过程中，对特定主题内容进行全面跟踪，有计划、分步骤地组织连续反馈，从而形成反馈系列。跟踪反馈法具有较强的针对性和计划性，能够围绕决策实施主线，比较系统地反映决策实施的全过程，便于决策机构随时掌握相关情况，控制工作进度，及时发现问题，采取相应的解决方法。

2）典型反馈法。典型反馈法主要是指通过某些典型组织机构的情况、某些典型事例、某些典型人物的观点言行等，将其实施决策的情况以及对策的反映反馈给决策者。

3）组合反馈法。组合反馈法主要是指在某一时期将不同阶层、不同行业和不同单位对决策的反映，通过一组信息分别进行反馈。由于每一反馈信息着重突出一个方面、一类问题，所以将所有反馈信息组合在一起，便可以构成一个完整的面貌。

4）综合反馈法。综合反馈法主要是指将不同地区、不同阶层和不同单位，对某项决策的反映汇集在一起，通过分析和归纳，从中找出其内在联系，形成一套比较完整、系统的观点与材料，并加以集中进行反馈。

第四节　公路工程项目环境管理

一、公路工程项目环境管理的程序

公路工程施工企业应根据批准的建设项目环境影响报告，对施工现场进行认真的考察和核实，通过对环境因素的识别和评估，经过反复比较和研究后确定环境管理目标及主要指标，并在各个阶段贯彻实施。根据我国公路建设环境管理方面的经验，公路工程项目的环境管理应遵循下列程序。

1. 确定项目环境管理目标

工程项目的环境管理目标，就是实施项目环境管理所要达到的期望结果，也是环境管理要达到的约束性目标。环境管理的约束性目标通常又称为环境管理限制性条件，是实施项目环境管理目标的客观条件和必要条件，也是实施项目环境管理过程中必须遵循的条件，从而它就成为项目实施过程中管理的主要目标。工程实践充分证明：没有明确的环境管理目标，环境管理行动就没有方向，也就不成其为一项任务，亦不会有项目环境管理的存在。

2. 进行项目环境管理策划

制订环境管理计划在管理中是非常重要的，而进行环境管理策划比环境管理计划具有更为广泛的内容。如果说确定项目环境管理目标是奋斗的方向和结果，而进行项目环境管理策划则是寻求实现奋斗目标的具体措施。

公路工程项目环境管理策划的内容非常广泛，主要包括环境信息收集策划、环境管理体系策划、环境目标和指标策划、环境管理方案策划、环境组织机构策划和环境管理职责策划等方面。

3. 实施项目环境管理策划

实施项目环境管理策划是实现环境管理目标的重要环节，也是实现环境管理目标的基础和关键。实际上，实施项目环境管理策划是指为确保项目目标的实现，在项目环境管理的各个阶段，针对项目的实施阶段的实际情况，建立一整套项目实施期的科学化、规范化的管理模式和具体方法。

4. 验证和改进环境管理目标

依据一些参考资料和走马观花式的考察而确定的项目环境管理目标，在很多方面不一定完全符合实际，有时甚至差距很大。在公路工程具体实施的过程中，也会遇到这样或那样环境方面的问题，这就需要在实践中一方面要验证原确定项目环境管理目标，另一方面要根据实际情况进行必要的改进，以便使项目环境管理更加有效。

二、公路工程项目环境管理的内容

公路工程是战线很长、工程量大、施工困难、涉及面广的建设项目，特别是与区域、城镇、村庄、农田、河流、森林、地形、地质、文物等密切相关，对环境的影响和改变也最大，与工程沿线地方政府和群众的矛盾也最多。因此，对项目环境管理工作应引起高度重视。

作为公路工程施工企业来说，项目经理应当负责现场环境管理工作的总体策划和部署，建立项目环境管理组织机构，制定相应的环境管理制度和措施，组织进行环境管理方面的培训，使各级人员明确环境保护和管理的意义与责任。

公路工程项目经理部在环境管理方面的工作，主要应包括以下几个方面。

（1）按照分区划块的原则，搞好工程项目的环境管理，进行定期检查，加强合作协调，及时解决施工中的问题，实施有效的纠正和预防措施，保持现场良好的作业环境、卫生条件和工作秩序，做到污染预防。

（2）对施工环境因素进行控制，制订应急准备和相应措施，并保证环境保护信息通畅，预防可能出现非预期的损害。在出现环境事故时，应消除污染，并应制订相应措施，防止环境的二次污染。

（3）根据工程实际情况和现场状况，尽量保持原来的自然环境面貌，特别是对森林、河流、山坡、文物、景区等，应采取最大限度的保护措施。

（4）进行有效的施工现场节能管理，有条件时应规定能源使用指标。施工现场的环境管理工作应有记录。

三、项目环境管理体系的内容

1. 环境方针

环境方针代表组织建立环境管理体系的核心，也代表组织对环境提出的整体目标及行动原则。环境方针的内容必须包括对遵守法律及其他要求、持续改进和污染预防的承诺，并作为制订评审环境目标和指标的框架。

2. 环境因素

公路工程在识别环境因素时，要考虑到“三种状态”（正常、异常、紧急）、“三种时态”（过去、现在、将来）、向大气排放、向水体排放、废弃物处理、土地污染、原材料和自然资源的利用、其他当地环境问题、及时更新的环境方面的信息，以确保环境因素识别的充分性，以及重要环境因素评价的科学性。

3. 法律和其他要求

组织应建立并保持正常程序，以保证活动、产品或服务中环境因素遵守法律和其他要求，还应建立获得相关法律和其他要求的渠道，包括对变动信息的跟踪。

4. 目标和指标

（1）项目组织内部的各管理层次、各有关部门和岗位，在一定时期内均有相应的目标和指标，并用文本加以表示。

（2）组织在建立和评审目标时，应考虑的因素主要有环境影响因素、遵守纪律法规和其他要求的承诺、相关方的要求等。

（3）项目环境管理的目标和指标，应与环境方针中的承诺相呼应。

5. 环境管理方案

环境管理组织应制订一个或多个环境管理方案，其主要作用是保证环境目标和指标的实现。环境管理方案的内容一般包括：组织的目标、指标的分解落实情况；使各相关层次与职能在环境管理方案中，与其所承担的目标、指标相对应，并应规定实现目标、指标的职责、方法和时间表等。

6. 组织结构与职责

（1）环境管理体系的有效实施，必须要靠组织的所有部位承担相关的环境职责，必须对每一层次的任务、职责、权限作出明确规定，形成正式文件并向有关人员传达。

（2）环境管理机构的主要领导应指定管理者代表，并明确其任务、职责、权限，应为环境管理体系的实施提供各种必要的资源。

（3）环境管理者代表应对环境管理体系的建立和实施负责，并向环境管理机构的主要领导报告环境管理体系的运行情况。

7. 培训、意识和能力

环境管理机构应明确培训要求，确定需要特殊培训的工作岗位及人员，建立科学的培训程序，明确培训应达到的效果，并对可能产生重大影响的工作要有必要的教育、培训、工作经验和能力方面的要求，以保证这些人员能胜任所承担的工作。

8. 环境管理信息交流

环境管理机构应建立对内、对外双向信息交流的程序，信息交流的主要功能是：能在环境管理机构的各层次和职能间交流有关环境因素和环境体系的信息，以及外部相关方信息的接收、成文、答复，特别注意涉及重要环境因素的外部信息的处理并记录其决定。

9. 环境管理体系文件

环境管理体系文件应充分描述环境管理体系的核心要素及其相互作用，应给出查询相关文件的主要途径，明确查找的基本方法，使相关人员易于获得有关环境管理方面的知识。

10. 文件的控制程序

（1）环境管理机构应建立并保持有效的控制程序，保证所制定文件的实施。在注明日期（发布及修订日期）时，要做到字迹清楚、标志明确，妥善保管并在规定期间予以保留；还应及时发放和收回使用场所的失效文件，防止发生混乱和误.用，建立并保持有关制定和修改各类文件的程序。

（2）环境管理体系重在运行和对环境因素的有效控制，这就要求避免文件过于烦琐，缺乏实用性和实效性，这样才能建立起良好的控制系统。

11. 环境管理运行控制

（1）环境管理机构的方针、目标和指标及与重要环境因素有关的运行和活动，应确保它们在规定程序下运行；当某些活动有关标准已有具体规定时，程序可予以引用。

（2）对于缺乏程序指导可能偏离方针、目标、指标的运行，应建立有效的运行控制程序，但并不要求所有的活动和过程都建立相应的运行控制程序。

（3）应识别环境管理机构使用的产品或服务中的重要环境因素，并建立和保持相应的文件程序，将有关程序与要求通报给供方和承包方，以促进他们提供的产品或服务符合环境管理机构的要求。

12. 应急准备和响应

（1）环境管理机构应建立并保持一套程序，使之能有效确定潜在的事故或紧急情况，并在其发生前予以预防，减少可能伴随的环境影响；一旦紧急情况发生时及时做出响应，尽可能地减少由此造成的环境影响。

（2）环境管理机构应考虑可能会有潜在事故或紧急情况，采取预防和纠正的措施应针对潜在的发生原因，必要时特别是在事故或紧急情况发生后，应对程序予以评审和修订，确保其切实可行。

（3）当预防和纠正的措施可行时，定期按程序有关规定进行实验或演练。

13. 环境管理的监测

（1）对于环境管理体系进行监测和测量，既是对环境管理体系运行状况的监督手段，又是发现问题、及时采取纠正措施，实施有效运行控制的首要环节。

（2）监测的主要内容通常包括：环境管理机构在环境管理方面的绩效，有关的环境管理运行控制目标、指标和环境管理方案的实现程度等。为组织评价环境管理体系的有效性提供充分的客观依据。

（3）对于监测活动，在程序中提出明确规定：如何进行例行监测，如何使用、维护、保管监测设备，如何记录数据，如何保管记录，如何参照标准进行评价，何时向何人报告监测结果和发现的问题等。

（4）环境管理机构应建立评价程序，定期检查有关法律法规的持续执行情况，以判断环境方针相关承诺的符合性。

14. 纠正与预防措施

（1）环境管理机构应建立并保持文件程序，用来规定有关的职责和权限，对不符合的进行处理与调查，采取措施减少由此产生的影响。

（2）对于旨在消除已存在的和潜在的不符合的，应采取纠正或预防措施，应分析产生原因并与该问题的严重性和伴随的环境影响相适应。

（3）对于纠正由预防措施所引起的对程序文件的任何更改，环境管理机构均应遵守实施并予以记录的原则。

参考文献

[1] 孙大权．公路工程施工方法与实例 [M]．人民交通出版社，2003.

[2] 中国交通建设股份有限公司．公路工程施工安全技术规范 [M]．人民交通出版社，2015.

[3] 文德云．公路工程施工现场控制要点 [M]．人民交通出版社，2003.

[4] 熊广忠．公路工程施工质量监理手册 [M]．中国水利水电出版社，2003.

[5] 吉跃峰．公路工程施工中的试验检测 [M]．山东大学出版社，2015.

[6] 程正刚，祝健恺．公路工程施工技术 [J]．中外企业家，2017 (30): 152-153.

[7] 李东旭．公路工程施工技术管理和控制的探析 [J]．科技创新与应用，2013，000 (013): 163-163.

[8] 安静．公路工程施工技术与安全管理浅谈 [J]．太原城市职业技术学院学报，2012，000 (011): 165-166.

[9] 梁晨，谢海雄．公路工程施工技术管理及控制分析 [J]．交通企业管理，2019，034 (003): 89-90.

[10] 吴曲．公路工程施工技术管理措施探讨 [J]．交通建设与管理，2014(08): 99-101.

[11] 尉翠兰，汪河山，陈伟．公路工程管理的试验检测技术 [J]．中国水运：理论版，2007，5 (006): 105-106.

[12] 胡奎．关于公路工程管理的现状与措施的分析 [J]．科技与企业，2013，000 (013): 38-38.

[13] 邓新．新形势下公路工程管理模式的创新与应用 [J]．交通世界 (建养．机械)，2014.

[14] 杨铭．公路工程管理探析 [J]．建筑工程技术与设计，2017，000 (014): 3721-3721.

[15] 吴波涛．探究公路工程管理中的问题与改善 [J]．黑龙江交通科技，2014

(4): 184-184.

[16] 武彦芳，高峻岭. 公路工程管理 [M]. 西南交通大学出版社，2009.

[17] 张建边. 公路工程管理与实务 [M]. 中国电力出版社，2012.

[18] 李绪梅. 公路工程项目管理 [M]. 人民交通出版社，2009.